L'intégralité de votre livre* accessible en ligne

W0357115

Votre livre en ligne :
- un sommaire interactif
- un surlignage en couleurs
- l'ajout de notes personnelles

Smartphone | Tablette | PC/Mac

Pour ACTIVER et accéder à votre livre en ligne

- Rendez-vous sur www.nathan.fr/livre-en-ligne .
- Créez un compte **Nathan** en suivant les indications en ligne.
- Cliquez sur « Activer un livre », saisissez votre clé d'activation personnelle puis le mot du livre qui vous sera demandé.

Votre clé d'activation personnelle :

1ID7EP-MFN-B24G

Pour toute CONNEXION ULTÉRIEURE

Connectez-vous sur www.nathan.fr/livre-en-ligne avec vos identifiants **Nathan**.

IMPORTANT

Votre clé d'activation est unique et personnelle : une fois utilisée, elle ne sera plus valide. Elle offre un accès de 24 mois à compter de la date d'activation. Elle est réservée à un seul utilisateur et ne peut être partagée.
Configuration minimale requise : Internet Explorer 8, Mozilla Firefox 3.4, Chrome, Safari, Opera toutes versions.
Retrouvez les conditions générales d'utilisation sur www.nathan.fr/livre-en-ligne.

*Service disponible à partir du 10/09/2021

Concours Technicien territorial et technicien principal 978-2-09-167413-1

Nathan

INTÉGRER
LA FONCTION
PUBLIQUE

CONCOURS 2022/2023

CATÉGORIE B

Technicien territorial et technicien principal

Concours externe, interne et 3e voie
Examens professionnels

Sous la direction de Fabienne Geninasca
DGAS ville des Ulis et formatrice au CNFPT

Serge Bertrand
Ingénieur territorial

Pascal Maire
Ingénieur territorial principal

Franck Guillon
Ingénieur territorial, intervenant au CNFPT
et membre du jury de concours de technicien

cap carrieres-publiques.com

Nathan

OFFERT EN LIGNE

Connectez-vous à notre site www.nathan.fr/livre-en-ligne et retrouvez en **accès gratuit** :

- **un sujet 2018 de questions techniques à partir d'un dossier** (spécialité : aménagement urbain et développement durable) ;
- **un sujet 2018 de questions techniques à partir d'un dossier** (spécialité : prévention et gestion des risques, hygiène, restauration) ;
- **un sujet 2018 de rapport technique.**

Responsable éditoriale : Géraldine de Saint Palais
Conception maquette et couverture : Marc et Yvette
Coordination artistique : Vincent Rioult
Fabrication : Christine Aubert
Composition : C.G.I.
Photographie : Shutterstock (couverture)

ISBN 978-2-09-167413-1

Sommaire

Présentation générale du cadre d'emplois des techniciens territoriaux

Références réglementaires

- **Décret n° 2010-329 du 22 mars 2010** portant dispositions statutaires communes à divers cadres d'emplois de fonctionnaires de la catégorie B de la fonction publique territoriale.
- **Décret n° 2010-1 357 du 9 novembre 2010** portant statut particulier du cadre d'emplois des techniciens.

1. Les missions et les fonctions des techniciens territoriaux

• Les techniciens territoriaux constituent un cadre d'emplois technique (cat. B) résultant de la fusion des cadres d'emplois de technicien supérieur et de contrôleur de travaux.
Ce cadre d'emplois comprend trois grades :
– le grade de **technicien** ;
– le grade de **technicien principal de 2e classe** ;
– le grade de **technicien principal de 1re classe** (dernier grade du cadre d'emplois des techniciens territoriaux).

• Les membres du cadre d'emplois sont chargés, sous l'autorité d'un supérieur hiérarchique, de participer à l'élaboration d'un projet de travaux neufs ou d'entretien, de diriger des travaux sur le terrain ou de procéder aux enquêtes, contrôles et mesures techniques ou scientifiques.
Ils exercent ainsi leurs fonctions dans les domaines de la gestion technique, de l'ingénierie et des bâtiments, de l'infrastructure et des réseaux, de la prévention et de la gestion des risques, de l'hygiène, de l'aménagement urbain et paysager, de l'informatique et des systèmes d'information, des techniques de la communication et des activités artistiques, ou de tout autre domaine à caractère technique et scientifique entrant dans les compétences d'une collectivité territoriale ou d'un établissement public en relevant. À titre d'exemples plus précis :
– ils assurent l'encadrement des équipes et contrôlent les travaux confiés aux entreprises ;
– ils participent à la mise en œuvre de la comptabilité analytique et du contrôle de gestion ;
– ils peuvent instruire des affaires touchant l'urbanisme, l'aménagement, l'entretien et la conservation du domaine de la collectivité ;
– ils participent également à la mise en œuvre des actions liées à la préservation de l'environnement ;

– ils assurent le contrôle de l'entretien et du fonctionnement des ouvrages, ainsi que la surveillance des travaux d'équipements, de réparation et d'entretien des installations mécaniques, électriques, électroniques ou hydrauliques ;
– ils peuvent aussi assurer la surveillance du domaine public. À cet effet, ils peuvent être assermentés pour constater les contraventions ;
– ils peuvent participer à des missions d'enseignement et de formation professionnelle.

• Les titulaires des grades de technicien principal de 2e et de 1re classe ont vocation à occuper des emplois qui, tout en relevant des domaines d'activité mentionnés ci-dessus, correspondent à un niveau d'expertise acquis soit par la formation initiale, soit par l'expérience professionnelle, soit par la formation professionnelle tout au long de la vie :
– ils peuvent assurer la direction des travaux sur le terrain, le contrôle des chantiers, la gestion des matériels et participer à l'élaboration de projets de travaux neufs ou d'entretien. Ils peuvent procéder à des enquêtes, contrôles et mesures techniques ou scientifiques ;
– ils peuvent également exercer des missions d'études et de projets et être associés à des travaux de programmation. Ils peuvent être investis de fonctions d'encadrement de personnels ou de gestion de service ou d'une partie d'un service dont l'importance et le niveau d'expertise et de responsabilité ne justifient pas la présence d'un ingénieur.

2. Présentation du cadre d'emplois : recrutement, nomination, carrière et rémunération

A. La liste d'aptitude

• Après admission à un des concours ou après réussite à examen professionnel, les candidats sont inscrits sur une **liste d'aptitude**, par ordre alphabétique.

Attention !

Le lauréat ne peut être inscrit que sur **une seule liste d'aptitude d'un même grade d'un même cadre d'emplois**. Ainsi, en cas de réussite simultanée à un même concours dans deux centres de gestion différents, le lauréat doit adresser au centre de gestion, organisateur des concours et examens professionnels, dans un délai de 15 jours, par lettre recommandée avec accusé de réception, sa décision d'opter pour son inscription sur la liste d'aptitude choisie et de renoncer à l'inscription sur l'autre liste.

• La durée de validité de la liste d'aptitude, suite à la réussite au concours ou à l'examen professionnel de promotion interne, est d'**un an**. Elle est reconduite d'une année, voire de deux années supplémentaires pour les lauréats non nommés. Toutefois, pour bénéficier d'une réinscription sur la liste d'aptitude pour une deuxième ou une troisième année, **le lauréat doit en faire la demande, par courrier recommandé avec accusé de réception** un mois avant le terme de la première ou de la deuxième année.

Le décompte de cette période de trois ans est suspendu, le cas échéant, en cas de congé parental ou de maternité. Pour bénéficier de ces dispositions, le lauréat doit adresser au centre de gestion une demande accompagnée de justificatifs.

• Pour les **lauréats à un examen professionnel d'avancement de grade**, la durée de validité de l'examen professionnel est **illimitée**.

• **L'inscription sur la liste d'aptitude ne vaut pas recrutement**. Elle permet au lauréat de postuler auprès des collectivités territoriales : communes, départements, régions et leurs établissements publics (à l'exception de la ville de Paris qui a un statut particulier).
La recherche d'emploi relève d'une démarche personnelle du lauréat qui pourra adresser des candidatures spontanées aux collectivités (lettre de motivation et CV).
Les centres de gestion facilitent la recherche d'emploi des lauréats qui le souhaitent, ceux-ci pouvant, sur le site Internet RDV Emploi public (région parisienne) ou celui des centres de gestion (www.fncdg.com), ou sur le site Emploi Public :
– consulter les offres d'emploi proposées par les collectivités ;
– faire figurer leurs coordonnées personnelles sur la liste d'aptitude, facilitant ainsi la prise de contact par les collectivités ;
– faire connaître aux collectivités leur CV et leurs souhaits professionnels et géographiques, en adressant au centre de gestion leur demande d'emploi qui sera diffusée sur Internet.

B. Le recrutement et la nomination

Le recrutement et la nomination dans le cadre d'emplois des techniciens intervient :
– soit dans le grade de technicien, accessible soit par concours, soit par avancement de grade (la voie du choix ou promotion interne) ;
– soit dans le grade de technicien principal de 2e classe, accessible soit par concours, soit par avancement de grade (examen professionnel ou au choix) ;
– soit dans le grade de technicien principal de 1re classe, accessible par avancement de grade (examen professionnel ou au choix).

1) Après admission au concours

• Le candidat inscrit sur une des listes d'aptitude au grade de technicien ou de technicien principal de 2e classe et recruté dans le cadre d'emplois des techniciens dans une collectivité territoriale est nommé technicien stagiaire ou technicien principal de 2e classe stagiaire durant une période d'un an, par l'autorité territoriale investie du pouvoir de nomination. Cette période peut être prolongée de 9 mois.

• Au cours de son stage, il est astreint à suivre une formation d'intégration délivrée par le Centre national de la fonction publique territoriale (CNFPT), d'une durée de 5 jours. Après cette période de stage, l'agent a vocation à être titularisé.

2) Après réussite à examen professionnel

• Le candidat inscrit sur une des listes d'aptitude au grade de technicien, de technicien principal de 2e classe ou de technicien principal de 1re classe et recruté dans le cadre d'emplois des techniciens dans une collectivité territoriale est nommé technicien stagiaire ou technicien principal de 2e classe stagiaire ou **technicien principal de 1re classe** durant une période de **6 mois**, par l'autorité investie du pouvoir de nomination. Cette période peut être prolongée de 4 mois.

• Au cours de son stage, il est astreint à suivre une formation d'intégration délivrée par le Centre national de la fonction publique territoriale (CNFPT), d'une durée de 5 jours. Après cette période de stage, l'agent a vocation à être titularisé.

Le stage est une période probatoire au cours de laquelle l'aptitude à l'exercice des fonctions est vérifiée.

3) Par la voie du choix

- Le choix – ou promotion interne – constitue un autre mode de recrutement réservé aux fonctionnaires territoriaux qui remplissent certaines conditions.
- Les conditions requises pour accéder au grade de **technicien territorial**, de **technicien principal de 2e classe** ou de **technicien principal de 1re classe**, après inscription sur un tableau d'avancement, sont précisées ci-après.

4) Formation statutaire obligatoire

- Dans un délai de 2 ans après leur nomination, les agents relevant du cadre d'emplois des techniciens sont astreints à suivre une **formation de professionnalisation au premier emploi**, pour une durée de 5 jours.
- À l'issue de ce délai de 2 ans, les agents sont astreints à suivre une **formation de professionnalisation tout au long de leur carrière**, à raison de 2 jours par période de 5 ans.
- Lorsqu'ils accèdent à un poste à responsabilité, ils suivent, dans un délai de 6 mois à compter de leur affectation sur l'emploi considéré, une formation d'une durée de 3 jours.
- Ces durées planchers de formations de professionnalisation peuvent être étendues au maximum à 10 jours en cas d'accord entre l'agent et l'autorité territoriale dont il relève.

C. Déroulement et évolution de carrière

- Les techniciens sont susceptibles, au cours de leur carrière, de bénéficier d'un avancement au grade de technicien principal de 2e classe.

Les techniciens principaux de 2e classe sont susceptibles, au cours de leur carrière, de bénéficier d'un avancement au grade de technicien principal de 1re classe.

- Sous réserve de l'existence d'un poste vacant, la nomination au grade supérieur est prononcée par l'autorité territoriale, après inscription sur un tableau annuel d'avancement, établi par ordre de mérite, après avis de la commission administrative paritaire, soit au choix, soit après examen professionnel.
- Passer un examen professionnel permet d'accélérer la progression de carrière.
- Dans le cadre de l'avancement de grade, la durée de validité de l'examen professionnel n'est pas limitée. Le fonctionnaire ne peut être promu que tant qu'il est inscrit sur le tableau d'avancement.

Toutefois, le nombre de réinscriptions sur un tableau annuel d'avancement n'est pas limité. Aussi, un fonctionnaire qui ne serait pas promu au titre d'un tableau annuel d'avancement peut être réinscrit sur un ou plusieurs tableaux successifs, si l'autorité territoriale le décide ainsi.

1) De technicien territorial à technicien principal de 1re classe

TECHNICIEN TERRITORIAL

CONDITIONS PAR L'EXAMEN PROFESSIONNEL POUR PRÉTENDRE À UN AVANCEMENT DE GRADE

- Avoir réussi l'examen professionnel de Technicien principal de 2e classe
- Avoir atteint le 4e échelon
- Comptant au moins 3 ans de services effectifs en catégorie B

Le nombre de promotions prononcées après examen professionnel ou par ancienneté ne peut être inférieur au 1/4 du nombre total de promotions sauf si une seule promotion a été prononcée (qu'elle soit suite à un examen professionnel ou à l'ancienneté). L'avancement de grade suivant, s'il a lieu dans les 3 ans qui suivent, ne pourra être effectué que par l'autre voie d'avancement. Après cet avancement, la même règle est à nouveau applicable.

Se référer à la circulaire NOR IOCB1023960 C du 10 novembre 2010

CONDITIONS À L'ANCIENNETÉ POUR PRÉTENDRE À UN AVANCEMENT DE GRADE

- Avoir au moins 1 an d'ancienneté dans le 6e échelon
- Comptant au moins 5 ans de services effectifs en catégorie B

Le nombre de promotions prononcées après examen professionnel ou par ancienneté ne peut être inférieur au 1/4 du nombre total de promotions sauf si une seule promotion a été prononcée (qu'elle soit suite à un examen professionnel ou à l'ancienneté). L'avancement de grade suivant, s'il a lieu dans les 3 ans qui suivent, ne pourra être effectué que par l'autre voie d'avancement. Après cet avancement, la même règle est à nouveau applicable.

Se référer à la circulaire NOR IOCB1023960 C du 10 novembre 2010

TECHNICIEN PRINCIPAL DE 2e CLASSE

CONDITIONS PAR L'EXAMEN PROFESSIONNEL POUR PRÉTENDRE À UN AVANCEMENT DE GRADE

- Avoir réussi l'examen professionnel de Technicien principal de 1re classe
- Avoir atteint le 5e échelon
- Comptant au moins 3 ans de services effectifs en catégorie B

Le nombre de promotions prononcées après examen professionnel ou par ancienneté ne peut être inférieur au 1/4 du nombre total de promotions sauf si une seule promotion a été prononcée (qu'elle soit suite à un examen professionnel ou à l'ancienneté). L'avancement de grade suivant, s'il a lieu dans les 3 ans qui suivent, ne pourra être effectué que par l'autre voie d'avancement. Après cet avancement, la même règle est à nouveau applicable.

Se référer à la circulaire NOR IOCB1023960 C du 10 novembre 2010

CONDITIONS À L'ANCIENNETÉ POUR PRÉTENDRE À UN AVANCEMENT DE GRADE

- Avoir au moins 1 an d'ancienneté dans le 6e échelon
- Comptant au moins 5 ans de services effectifs en catégorie B

Le nombre de promotions prononcées après examen professionnel ou par ancienneté ne peut être inférieur au 1/4 du nombre total de promotions sauf si une seule promotion a été prononcée (qu'elle soit suite à un examen professionnel ou à l'ancienneté). L'avancement de grade suivant, s'il a lieu dans les 3 ans qui suivent, ne pourra être effectué que par l'autre voie d'avancement. Après cet avancement, la même règle est à nouveau applicable.

Se référer à la circulaire NOR IOCB1023960 C du 10 novembre 2010

TECHNICIEN PRINCIPAL DE 1re CLASSE

2) La promotion interne

La promotion interne intervient dans le cadre d'un avancement lors d'un changement de cadre d'emplois et/ou de catégorie hiérarchique.

- **De technicien territorial ou technicien principal de 2e classe à ingénieur**

TECHNICIEN TERRITORIAL
OU
TECHNICIEN PRINCIPAL DE 2e CLASSE

CONDITIONS PAR EXAMEN PROFESSIONNEL POUR PRÉTENDRE À UNE PROMOTION INTERNE

- Avoir réussi l'examen professionnel du grade d'ingénieur
- Justifier au 1er janvier de l'année considérée d'au-moins 8 ans de services publics effectifs dans un cadre d'emplois technique de catégorie B

QUOTA : 1 nomination pour 3 recrutements

CONDITIONS À RÉUNIR POUR PRÉTENDRE À UNE PROMOTION INTERNE

- Avoir réussi l'examen professionnel du grade d'ingénieur
- Être seul de leur grade et qui dirige depuis au-moins 2 ans la totalité des services techniques d'une commune ou d'un EPCI de moins de 20 000 habitants dans laquelle il n'existe pas d'ingénieur ou d'ingénieur principal

QUOTA : 1 nomination pour 3 recrutements

INGÉNIEUR

- **De technicien principal de 1re classe à ingénieur**

TECHNICIEN PRINCIPAL DE 1re CLASSE

CONDITIONS PAR EXAMEN PROFESSIONNEL POUR PRÉTENDRE À UNE PROMOTION INTERNE

- Avoir réussi l'examen professionnel du grade d'ingénieur
- Justifier au 1er janvier de l'année considérée d'au-moins 8 ans de services publics effectifs dans un cadre d'emplois technique de catégorie B

QUOTA : 1 nomination pour 3 recrutements

OU

CONDITIONS À RÉUNIR POUR PRÉTENDRE À UNE PROMOTION INTERNE

- Avoir réussi l'examen professionnel du grade d'ingénieur
- Être seul de leur grade et qui dirige depuis au-moins 2 ans la totalité des services techniques d'une commune ou d'un EPCI de moins de 20 000 habitants dans laquelle il n'existe pas d'ingénieur ou d'ingénieur principal

QUOTA : 1 nomination pour 3 recrutements

CONDITIONS PAR ANCIENNETÉ POUR PRÉTENDRE À UNE PROMOTION INTERNE

- Justifier au 1er janvier de l'année considérée d'au-moins 8 ans de services publics effectifs dans un cadre d'emplois technique de catégorie B

QUOTA : 1 nomination pour 3 recrutements

INGÉNIEUR

D. Grilles indiciaires

1) Technicien territorial

ÉCH	Durée	1er janvier 2021		
	30 ans	IB	IM	TIB
13e	-	597	477	2 357,07 €
12e	4 ans	563	477	2 235,23 €
11e	3 ans	538	457	2 141,51 €
10e	3 ans	513	441	2 066,54 €
9e	3 ans	500	431	2 019,68 €
8e	3 ans	478	415	1 944,70 €
7e	2 ans	452	396	1 855,67 €
6e	2 ans	431	381	1 785,38 €
5e	2 ans	415	369	1 729,14 €
4e	2 ans	397	361	1 691,66 €
3e	2 ans	388	355	1 635,42 €
2e	2 ans	379	349	1 635,42 €
1er	2 ans	372	343	1 607,31 €

ÉCH = échelon

IB/IM = indice brut/indice majoré

TIB = traitement indiciaire brut arrondi à l'unité IM X valeur du point)

2) Technicien principal de 2e classe

ÉCH	Durée	1er janvier 2021		
	30 ans	IB	IM	TIB
13e	-	638	534	2 502,34 €
12e	4 ans	599	504	2 361,76 €
11e	3 ans	567	480	2 249,29 €
10e	3 ans	542	461	2 160,26 €
9e	3 ans	528	452	2 118,08 €
8e	3 ans	506	436	2 043,11 €
7e	2 ans	480	416	1 949,39 €
6e	2 ans	458	401	1 879,10 €
5e	2 ans	444	390	1 827,55 €
4e	2 ans	429	379	1 776,00 €
3e	2 ans	415	369	1 729,14 €
2e	2 ans	399	362	1 696,34 €
1er	2 ans	389	356	1 668,22 €

3) Technicien principal de 1re classe

ÉCH	Durée	1er janvier 2021		
	30 ans	IB	IM	TIB
11e	-	707	587	2 750,70 €
10e	3 ans	684	569	2 666,35 €
9e	3 ans	660	551	2 582,00 €
8e	3 ans	638	534	2 502,34 €
7e	3 ans	604	508	2 380,50 €
6e	3 ans	573	484	2 268,04 €
5e	2 ans	547	465	2 179,00 €
4e	2 ans	513	441	2 066,54 €
3e	2 ans	484	419	1 963,44 €
2e	2 ans	461	404	1 893,15 €
1er	1 an	446	392	1 836,92 €

Présentation des concours et examens professionnels

RÉFÉRENCES RÉGLEMENTAIRES

- **Décret n° 2010-1361 du 9 novembre 2010** fixant les modalités d'organisation des concours pour le recrutement des techniciens territoriaux.
- **Arrêté du 15 juillet 2011** fixant le programme des épreuves des concours et examens professionnels pour l'accès au grade de technicien, technicien principal de 2e classe et technicien principal de 1re classe du cadre d'emplois des techniciens territoriaux.

1. Conditions préalables d'accès aux concours

Les candidats doivent, pour être admis à concourir, remplir des conditions générales ainsi que des conditions particulières.

A. Les conditions générales

- Être de nationalité française ou ressortissant d'un État membre de la Communauté Européenne ou d'un autre État partie à l'accord sur l'Espace économique européen. (L'attention du candidat est appelée sur le fait qu'au moment de son recrutement, la collectivité employeur appréciera la condition de nationalité au vu des fonctions à exercer ; le cas échéant, la nationalité française pourra être exigée.)
- Jouir de ses droits civiques (y compris électoraux).
- Ne pas avoir de casier judiciaire (bulletin n° 2) portant des mentions incompatibles avec l'exercice des fonctions.
- Être en situation régulière au regard du Code du service national pour les hommes nés au plus tard le 31 décembre 1978 ou avoir satisfait à l'obligation de recensement et, le cas échéant, avoir participé à l'appel à la journée « défense et citoyenneté » pour les jeunes hommes nés après le 31 décembre 1978 et les jeunes femmes nées après le 31 décembre 1982 ou être en position régulière au regard des obligations du service national de l'État dont il est ressortissant.
- Remplir les conditions d'aptitude physique exigées pour l'exercice de la fonction, compte tenu des possibilités de compensation du handicap.

Les trois premières conditions feront l'objet d'une appréciation par l'autorité territoriale de recrutement.

B. Les conditions particulières

- Des conditions d'âge : être âgé d'au moins 16 ans.
- Des conditions de diplômes (voir ci-dessous).
- Des conditions d'ancienneté de service pour le concours interne (voir p. 14).

2. Modalités d'accès aux concours et examens professionnels

A. Modes d'accès aux concours et examen professionnel de technicien territorial

Ce sont les centres de gestion qui organisent ces concours/examen professionnel (un centre de gestion par département).

1) Mode d'accès aux concours

Il existe trois concours distincts d'accès au grade des techniciens territoriaux :
– le **concours externe,** qui s'adresse à tout candidat remplissant les conditions pour se présenter au concours qui l'intéresse. Il est généralement ouvert aux titulaires de certains titres ou diplômes ;
– le **concours interne,** qui s'adresse à des candidats ayant déjà la qualité de fonctionnaire ou d'agent public et justifiant d'une expérience professionnelle ou d'une durée de service particulière dans l'administration. Les conditions précises sont fixées par le statut particulier des techniciens territoriaux ;
– le « **3e concours** », accessible aux candidats ayant acquis une expérience dans l'exercice soit d'une activité professionnelle de droit privé (salarié d'une entreprise publique ou privée, indépendant, agent avec un contrat emploi-jeune n'ayant pas le statut d'agent public), soit d'un mandat d'élu local, soit d'une activité associative (salarié ou responsable bénévole).

- **Le concours externe**

Ce concours est ouvert, pour 30 % au moins des postes à pourvoir, aux candidats remplissant les conditions générales d'accès à la Fonction publique et titulaires d'un baccalauréat technologique, ou d'un baccalauréat professionnel, ou d'un diplôme homologué au niveau IV sanctionnant une formation technico-professionnelle, ou d'une qualification reconnue comme équivalente, correspondant à l'une des spécialités ouvertes au concours.

Demande d'équivalence de diplômes

1. Si vous justifiez d'un titre ou diplôme obtenu en France, d'un niveau similaire ou différent de celui requis et, le cas échéant, si vous avez une expérience professionnelle en complément ou en l'absence de tout diplôme, vous pouvez demander une équivalence de diplôme ou d'expérience (procédures RED et REP).
Pour cela, vous devez, sans attendre la période d'inscription, vous adresser au Centre national de la fonction publique territoriale – Commission de reconnaissance de l'expérience professionnelle (www.cnfpt.fr).

Pour les spécialités « aménagement urbain et développement durable », « déplacements, transports » et « espaces verts et naturels », adressez-vous au :
CNFPT – Commission nationale
Secrétariat de la commission nationale d'équivalence de diplômes
80, rue de Reuilly
CS 41232
75578 Paris CEDEX 12

Pour les spécialités « artisanat et métiers d'art », « ingénierie, informatique et systèmes d'information », « métiers du spectacle » et « services et interventions techniques », adressez-vous au :
CNFPT – Commission de Bordeaux
Secrétariat de la commission d'équivalence de diplômes
71 allée Jean Giono
33075 Bordeaux CEDEX

Pour les spécialités « bâtiments, génie civil » et « réseaux, voirie et infrastructures », adressez-vous au :
CNFPT – Commission de Rennes
Secrétariat de la commission d'équivalence de diplômes
1 avenue de Tizé
CS 53613
35236 Thorigne-Fouillard CEDEX

Pour la spécialité « prévention et gestion des risques, hygiène, restauration », adressez-vous au :
CNFPT - Commission de Dijon
Secrétariat de la commission d'équivalence de diplômes
6-8 rue Marie Curie
BP 37904
21079 Dijon CEDEX

2. Si vous justifiez d'un titre ou diplôme délivré dans un État autre que la France, d'un niveau similaire ou différent de celui requis et, le cas échéant, si vous avez une expérience professionnelle en complément ou en l'absence de tout diplôme, vous pouvez demander une équivalence de diplôme.

Pour cela, vous devez vous adresser à la DGCL dont les coordonnées sont les suivantes :
Direction générale des collectivités locales
Commission d'équivalence pour les diplômes délivrés par des États autres que la France (FPT)
Ministère de l'Intérieur – Direction générale des collectivités locales
Bureau FP1 – Secrétariat de la commission
Place Beauvau
75800 Paris CEDEX 08

Les décisions des commissions sont communiquées directement aux candidats. La décision favorable d'une commission (DGCL ou CNFPT) reste valable pour toute demande d'inscription lors d'un concours ultérieur pour lequel la même condition de qualification est requise (si aucune modification législative ou réglementaire n'a remis en cause l'équivalence accordée).

Une décision défavorable empêche le candidat pendant 1 an (à compter de la notification de la décision défavorable) de représenter une demande d'équivalence pour le même concours ou tout autre concours pour lequel la même condition de qualification est requise.

Autres conditions dérogatoires

– Les mères et les pères élevant ou ayant effectivement élevé au moins trois enfants sont dispensés de toute condition de diplôme. Les candidats souhaitant bénéficier de ces dispositions doivent justifier de leur position en fournissant à l'appui de leur candidature la photocopie de l'ensemble des pages du livret de famille concernant les parents et les enfants.

– Les sportifs de haut niveau figurant sur la liste des sportifs de haut niveau fixée chaque année par le ministre chargé de la Jeunesse et des Sports sont dispensés de toute condition de diplôme. Ils doivent alors joindre à leur candidature une copie de l'arrêté sur lequel ils figurent.

IMPORTANT

- Les autorités chargées de délivrer les équivalences communiquent directement au candidat les décisions le concernant.
- Saisir une commission ne dispense en aucun cas des démarches d'inscription au concours.
- Le candidat doit communiquer une copie de la décision favorable de la commission d'équivalence au plus tard le jour de la première épreuve pour pouvoir participer au concours.
- Toute décision favorable reste valable pour toute demande d'inscription à un concours ultérieur pour lequel la même condition de qualification est requise (si aucune décision législative ou réglementaire n'a remis en cause l'équivalence accordée). Une décision défavorable empêche le candidat pendant un an de représenter une demande d'équivalence pour le même ou tout concours pour lequel la même condition de qualification est requise.

- **Le concours interne**

Ce concours est ouvert, pour 50 % au plus des postes à pourvoir :
– aux fonctionnaires et agents publics ;
– aux agents en fonction dans une organisation intergouvernementale ;
– aux militaires et aux magistrats ;
– aux agents ayant effectué des services dans une administration, un organisme ou un établissement d'un État membre de la Communauté européenne ou d'un État partie à l'accord sur l'Espace économique européen autre que la France et dont les missions sont comparables à celles des administrations et des établissements publics dans lesquels les fonctionnaires civils exercent leurs fonctions.

Ces candidats doivent justifier, au 1er janvier de l'année du concours, de 4 ans au moins de services publics et ils doivent être en activité en moment de la clôture des inscriptions. Les années de service effectuées en tant que contractuel sont prises en compte lors de l'inscription au concours interne.

- **Le 3e concours**

Ce concours est ouvert, pour 20 % au plus des postes à pourvoir, aux candidats justifiant, au 1er janvier de l'année du concours, de l'exercice, pendant une durée de 4 ans au moins :

– d'une ou de plusieurs activités professionnelles dans des domaines correspondant aux missions dévolues à un technicien territorial ;
– d'un ou de plusieurs mandats de membre d'une assemblée élue d'une collectivité territoriale ;
– d'une ou de plusieurs activités accomplies en qualité de responsable d'une association (président, secrétaire général, trésorier).
La durée de ces activités ou mandats ne peut être prise en compte que si les intéressés n'avaient pas, lorsqu'ils les exerçaient, la qualité de fonctionnaire, de magistrat, de militaire ou d'agent public.

Dispositions applicables aux candidats handicapés

La demande d'aménagement d'épreuves doit être faite par le candidat durant la période d'inscription au concours.

Des aménagements d'épreuves peuvent être accordés aux personnes bénéficiaires de l'obligation d'emploi (titulaires de l'allocation aux adultes handicapés, d'une carte d'invalidité...) et, notamment, aux titulaires d'une reconnaissance de la qualité de travailleur handicapé délivrée par la MDPH ou la Commission des droits et de l'autonomie.

Il appartient aux candidats souhaitant bénéficier d'un tel aménagement de fournir soit la photocopie de la décision MDPH ou de la Commission des droits et de l'autonomie leur reconnaissant la qualité de travailleur handicapé, soit la photocopie de tout document de la MDPH ou de la Commission des droits et de l'autonomie leur reconnaissant le bénéfice de l'obligation d'emploi.

Toutes les informations utiles concernant les aménagements d'épreuves sont à demander au service concours du centre de gestion organisateur du concours.

Tout candidat atteint d'un handicap et qui ne demande pas d'aménagement d'épreuves doit s'assurer de l'accessibilité aux lieux d'épreuves.

2) Mode d'accès à l'examen professionnel

Peuvent être inscrits sur la liste d'aptitude pour **accéder au grade de technicien** :
– les fonctionnaires relevant du **cadre d'emplois des agents de maîtrise territoriaux** comptant au moins 8 ans de services effectifs, en position d'activité ou de détachement dans un emploi d'une collectivité territoriale ou de l'État, dont 5 années au moins en qualité de fonctionnaire territorial dans un cadre d'emplois technique ;
– les fonctionnaires relevant du **cadre d'emplois des adjoints techniques territoriaux** titulaires du grade d'adjoint technique principal de 1re classe ;
– les fonctionnaires relevant du **cadre d'emplois des adjoints techniques territoriaux des établissements** d'enseignement titulaires du grade d'adjoint technique principal de 1re classe.
Ces deux catégories doivent compter au moins 10 ans de services effectifs, en position d'activité ou de détachement dans un emploi d'une collectivité territoriale ou de l'État, dont 5 années au moins en qualité de fonctionnaire territorial dans un cadre d'emplois technique.

Remarque : ces conditions doivent être remplies au 1er janvier de l'année de l'établissement de la liste d'aptitude.

B. Mode d'accès aux concours et examens professionnels de technicien territorial principal de 2e classe

Ce sont les centres de gestion qui organisent ces concours/examens professionnels (un centre de gestion par département).

1) Mode d'accès aux concours

Il existe trois concours distincts d'accès au grade de technicien territorial principal de 2e classe :

– le **concours externe,** qui s'adresse à tout candidat remplissant les conditions pour se présenter au concours qui l'intéresse. Il est généralement ouvert aux titulaires de certains titres ou diplômes ;

– le **concours interne,** qui s'adresse à des candidats ayant déjà la qualité de fonctionnaire ou d'agent public et justifiant d'une expérience professionnelle ou d'une durée de service particulière dans l'administration. Les conditions précises sont fixées par le statut particulier des techniciens territoriaux ;

– le « **3e concours** », accessible aux candidats ayant acquis une expérience dans l'exercice soit d'une activité professionnelle de droit privé (salarié d'une entreprise publique ou privée, indépendant, agent avec un contrat emploi-jeune n'ayant pas le statut d'agent public), soit d'un mandat d'élu local, soit d'une activité associative (salarié ou responsable bénévole).

- **Le concours externe**

Ce concours est ouvert, pour 50 % au moins des postes à pourvoir, aux candidats remplissant les conditions générales d'accès à la Fonction publique et titulaires d'un diplôme sanctionnant 2 années de formation technico-professionnelle homologué au niveau III (*cf.* DUT, BTS) ou d'une qualification reconnue comme équivalente à un de ces diplômes (*cf.* décret du 13 février 2007) et correspondant à l'une des spécialités ouvertes au concours.

Des conditions dérogatoires sont prévues :

– les mères et les pères élevant ou ayant effectivement élevé au moins trois enfants sont dispensés de toute condition de diplôme ;

– les sportifs de haut niveau figurant sur la liste des sportifs de haut niveau fixée chaque année par le ministre chargé de la Jeunesse et des Sports sont dispensés de toute condition de diplôme.

- **Le concours interne**

Ce concours est ouvert, pour 30 % au plus des postes à pourvoir :

– aux fonctionnaires et agents publics ;

– aux agents en fonction dans une organisation intergouvernementale ;

– aux militaires et aux magistrats ;

– aux agents ayant effectué des services dans une administration, un organisme ou un établissement d'un État membre de la Communauté Européenne ou d'un État partie à l'accord sur l'Espace économique européen autre que la France et dont les missions sont comparables à celles des administrations et des établissements publics dans lesquels les fonctionnaires civils exercent leurs fonctions.

Ces candidats doivent justifier, au 1er janvier de l'année du concours, de 4 ans au moins de service public et ils doivent être en activité en moment de la clôture des inscriptions. Les années de service effectuées en tant que contractuel sont prises en compte lors de l'inscription au concours interne.

- **Le 3e concours**

Ce concours est ouvert, pour 20 % au plus des postes à pourvoir, aux candidats justifiant, au 1er janvier de l'année du concours, de l'exercice, pendant une durée de 4 ans au moins :
– d'une ou de plusieurs activités professionnelles dans des domaines correspondant aux missions dévolues à un technicien territorial principal ;
– d'un ou de plusieurs mandats de membre d'une assemblée élue d'une collectivité territoriale ;
– d'une ou de plusieurs activités accomplies en qualité de responsable d'une association (président, secrétaire général, trésorier).
La durée de ces activités ou mandats ne peut être prise en compte que si les intéressés n'avaient pas, lorsqu'ils les exerçaient, la qualité de fonctionnaire, de magistrat, de militaire ou d'agent public.

REMARQUE

> Lorsque le nombre de candidats ayant subi avec succès les épreuves de l'un de ces trois concours est inférieur au nombre de places offertes à ce concours, le jury peut modifier le nombre de places aux concours externe, interne et au 3e concours, dans la limite de 25 % de la totalité des places offertes à ces concours ou d'une place au moins.

2) Mode d'accès aux deux examens professionnels

Il existe deux examens professionnels pour accéder au grade de technicien territorial principal de 2e classe.

- **L'examen professionnel d'avancement de grade**

Peuvent être inscrits sur la liste d'aptitude, après admission à l'examen professionnel, les fonctionnaires justifiant d'au moins 1 an dans le 4e échelon du grade de technicien et d'au moins 3 années de services effectifs dans un corps, cadre d'emplois ou emploi de catégorie B ou de même niveau.

- **L'examen professionnel de promotion interne**

Peuvent être inscrits sur la liste d'aptitude, après admission à l'examen professionnel :
– les fonctionnaires relevant du **cadre d'emplois des agents de maîtrise territoriaux** comptant au moins 8 ans de services effectifs, en position d'activité ou de détachement dans un emploi d'une collectivité territoriale ou de l'État, dont 5 années au moins en qualité de fonctionnaire territorial dans un cadre d'emplois technique ;
– les fonctionnaires relevant du **cadre d'emplois des adjoints techniques territoriaux** titulaires du grade d'adjoint technique principal de 1re classe ou d'adjoint technique principal de 2e classe ;
– les fonctionnaires relevant du **cadre d'emplois des adjoints techniques territoriaux des établissements d'enseignement** titulaires du grade d'adjoint technique principal de 1re classe ou d'adjoint technique principal de 2e classe.
Ces deux dernières catégories doivent compter au moins 10 ans de services effectifs, en position d'activité ou de détachement dans un emploi d'une collectivité territoriale ou de l'État, dont 5 années au moins en qualité de fonctionnaire territorial dans un cadre d'emplois technique.

C. Mode d'accès à l'examen professionnel de technicien territorial principal 1re classe

• Peuvent être inscrits sur la liste d'aptitude, après admission à l'examen professionnel, les fonctionnaires justifiant d'au moins 2 ans dans le 5e échelon du grade de technicien principal de 2e classe et d'au moins 3 années de services effectifs dans un corps, cadre d'emplois ou emploi de catégorie B ou de même niveau.
• Le décret n° 85-1229 du 20 novembre 1985 modifié (art. 13) précise que : « sauf dispositions contraires dans le statut particulier, les candidats peuvent subir les épreuves d'un examen professionnel au plus tôt un an avant la date à laquelle ils doivent remplir les conditions d'inscription au tableau d'avancement ou sur la liste d'aptitude au grade d'accueil ou au cadre d'emplois d'accueil fixé par le statut particulier ».

3. La nature des épreuves

A. Les épreuves des concours de technicien territorial

1) Le concours externe

Le concours externe sur titre de recrutement des techniciens comporte une épreuve d'admissibilité et une épreuve d'admission.

Durée : 3 heures.
Coefficient : 1.

• **Épreuve d'admissibilité**
L'épreuve d'admissibilité consiste en des **réponses à des questions techniques** à partir d'un dossier portant sur la spécialité au titre de laquelle le candidat concourt.
Peuvent seuls être autorisés à se présenter à l'épreuve d'admission les candidats déclarés admissibles par le jury.

Durée totale de l'entretien : 20 minutes, dont 5 minutes au plus d'exposé.
Coefficient : 1.

• **Épreuve d'admission**
L'épreuve d'admission se compose d'un **entretien ayant pour point de départ un exposé du candidat sur sa formation et son projet professionnel** permettant au jury d'apprécier ses motivations et son aptitude à exercer les missions dévolues au cadre d'emplois, notamment dans la spécialité choisie par le candidat.

2) Le concours interne

Le concours interne de recrutement des techniciens comporte une épreuve d'admissibilité et une épreuve d'admission.

Durée : 3 heures.
Coefficient : 1.

• **Épreuve d'admissibilité**
L'épreuve d'admissibilité consiste en l'**élaboration d'un rapport technique** rédigé à l'aide des éléments contenus dans un dossier portant sur la spécialité au titre de laquelle le candidat concourt.
Peuvent seuls être autorisés à se présenter à l'épreuve d'admission les candidats déclarés admissibles par le jury.

Durée totale de l'entretien : 20 minutes, dont 5 minutes au plus d'exposé.
Coefficient : 1.

• **Épreuve d'admission**
L'épreuve d'admission se compose d'un **entretien ayant pour point de départ un exposé du candidat sur les acquis de son expérience** permettant au jury d'apprécier ses motivations et son aptitude à exercer les missions dévolues au cadre d'emplois, notamment dans la spécialité choisie par le candidat.

3) Le 3e concours

Le 3e concours des techniciens comporte une épreuve d'admissibilité et une épreuve d'admission.

Durée : 3 heures.
Coefficient : 1.

- **Épreuve d'admissibilité**

L'épreuve d'admissibilité comprend l'**élaboration d'un rapport technique** rédigé à l'aide des éléments contenus dans un dossier portant sur la spécialité au titre de laquelle le candidat concourt.

Peuvent seuls être autorisés à se présenter à l'épreuve d'admission les candidats déclarés admissibles par le jury.

Durée totale de l'entretien : 20 minutes, dont 5 minutes au plus d'exposé.
Coefficient : 1.

- **Épreuve d'admission**

L'épreuve d'admission consiste en un entretien ayant pour point de départ un exposé du candidat sur les acquis de son expérience permettant au jury d'apprécier ses connaissances, son aptitude à exercer les missions dévolues au cadre d'emplois, ainsi que sa capacité à s'intégrer dans l'environnement professionnel.

B. Les épreuves des concours de technicien principal de 2e classe

1) Le concours externe

Le concours externe sur titres de recrutement des techniciens principaux de 2e classe comporte une épreuve d'admissibilité et une épreuve d'admission.

Durée : 3 heures.
Coefficient : 1.

- **Épreuve d'admissibilité**

L'épreuve d'admissibilité consiste en la **rédaction d'un rapport technique** portant sur la spécialité au titre de laquelle le candidat concourt. Ce rapport est assorti de propositions opérationnelles.

Peuvent seuls être autorisés à se présenter à l'épreuve d'admission les candidats déclarés admissibles par le jury.

Durée totale de l'entretien : 20 minutes, dont 5 minutes au plus d'exposé.
Coefficient : 1.

- **Épreuve d'admission**

L'épreuve d'admission consiste en un **entretien ayant pour point de départ un exposé du candidat sur sa formation et son projet professionnel** permettant au jury d'apprécier ses connaissances dans la spécialité choisie, ses motivations et son aptitude à exercer les missions dévolues au cadre d'emplois.

2) Le concours interne

Le concours interne de recrutement des techniciens principaux de 2e classe comporte deux épreuves d'admissibilité et une épreuve d'admission.

- **Épreuve d'admissibilité**

Durée : 3 heures.
Coefficient : 1.

1. La rédaction d'un rapport technique portant sur la spécialité au titre de laquelle le candidat concourt. Ce rapport est **assorti de propositions opérationnelles**.

Durée : 4 heures.
Coefficient : 1.

2. Une étude de cas portant sur la spécialité au titre de laquelle le candidat concourt.

Peuvent seuls être autorisés à se présenter à l'épreuve d'admission les candidats déclarés admissibles par le jury.

Durée totale de l'entretien : 20 minutes.
Coefficient : 1.

- **Épreuve d'admission**

L'épreuve d'admission consiste en un **entretien ayant pour point de départ un exposé du candidat sur les acquis de son expérience et des questions** sur la spécialité au titre de laquelle il concourt.

3) Le 3e concours

Le 3e concours des techniciens principaux de 2e classe comporte deux épreuves d'admissibilité et une épreuve d'admission.

• **Épreuve d'admissibilité**

Durée : 3 heures.
Coefficient : 1.

1. **La rédaction d'un rapport technique** portant sur la spécialité au titre de laquelle le candidat concourt. Ce rapport est **assorti de propositions opérationnelles.**

Durée : 4 heures.
Coefficient : 1.

2. **Une étude de cas** portant sur la spécialité au titre de laquelle le candidat concourt.

Peuvent seuls être autorisés à se présenter à l'épreuve d'admission les candidats déclarés admissibles par le jury.

• **Épreuve d'admission**

Durée totale de l'entretien : 20 minutes, dont 5 minutes au plus d'exposé.
Coefficient : 1.

L'épreuve d'admission consiste en **un entretien ayant pour point de départ un exposé du candidat sur les acquis de son expérience** permettant au jury d'apprécier ses connaissances, son aptitude à exercer les missions dévolues au cadre d'emplois, ainsi que sa capacité à s'intégrer dans l'environnement professionnel.

4) Règles communes aux concours des deux grades

• Les épreuves d'admissibilité et d'admission sont notées de 0 à 20 ; chaque note est multipliée par le coefficient correspondant.

• Toute note inférieure à 5 sur 20 à l'une des épreuves d'admissibilité entraîne l'élimination du candidat de la liste d'admissibilité.

• L'absence à l'une des épreuves entraîne l'élimination du candidat.

• Les épreuves écrites sont anonymes et font l'objet d'une double correction.

• Pour chacun des concours, le jury détermine le nombre total de points nécessaires pour être admissible et arrête la liste des candidats admis à se présenter aux épreuves d'admission.

• À l'issue des épreuves, le jury arrête, dans la limite des places mises aux concours, la liste d'admission ; cette liste d'admission est distincte pour chacun des concours.

• Au vu des listes d'admission, la liste d'aptitude est établie par ordre alphabétique. La liste fait mention de la spécialité au titre de laquelle le lauréat a concouru.

• De plus, il est formellement interdit à tout candidat :
– d'introduire dans la salle, pendant la durée des épreuves, des documents ou imprimés autres que ceux désignés dans la convocation, ainsi qu'aucun objet susceptible de dissimuler des notes ;
– de consulter ou de tenter de consulter de tels documents ;
– de communiquer avec un autre candidat au cours des épreuves.

• En outre, il est interdit, **à moins de circonstances exceptionnelles,** de s'absenter pendant la durée des épreuves.

• Il est strictement interdit de faire apparaître, ailleurs que dans la partie à coller de la copie, l'identité ou le numéro de candidat au risque de faire l'objet d'une élimination par le jury.

• Les brouillons ne sont pas pris en compte lors de la correction.

C. Les épreuves des examens professionnels

1) L'examen professionnel d'avancement de grade de technicien territorial principal de 2e classe

L'examen professionnel d'avancement de grade comporte une épreuve écrite et une épreuve orale d'admission.

Durée : 3 heures.
Coefficient : 1.

- L'épreuve **écrite** consiste en la **rédaction d'un rapport technique** portant sur la spécialité au titre de laquelle le candidat concourt. Ce rapport est **assorti de propositions opérationnelles.**

Durée totale de l'entretien : 20 minutes, dont 5 minutes au plus d'exposé.
Coefficient : 1.

- L'épreuve **orale** consiste en un **entretien ayant pour point de départ un exposé du candidat portant sur son expérience professionnelle ; elle se poursuit par des questions techniques,** notamment dans la spécialité au titre de laquelle le candidat concourt.

2) L'examen professionnel de promotion interne de technicien territorial principal de 2e classe

L'examen professionnel de promotion interne de technicien territorial principal de 2e classe comporte une épreuve d'admissibilité et une épreuve d'admission.

Durée : 3 heures.
Coefficient : 1.

- L'épreuve d'**admissibilité** comprend la **rédaction d'un rapport technique** portant sur la spécialité au titre de laquelle le candidat concourt. Ce rapport est **assorti de propositions opérationnelles.**

Durée totale de l'entretien : 20 minutes, dont 5 minutes au plus d'exposé.
Coefficient : 1.

- L'épreuve d'**admission** consiste en **un entretien ayant pour point de départ un exposé du candidat sur les acquis de son expérience** permettant au jury d'apprécier ses connaissances, son aptitude à exercer les missions dévolues au cadre d'emplois, ainsi que sa capacité à s'intégrer dans l'environnement professionnel.

3) L'examen professionnel d'avancement de grade de technicien territorial principal de 1re classe

L'examen professionnel d'avancement de grade de technicien territorial principal de 1re classe comporte une épreuve écrite et une épreuve orale d'admission.

Durée : 3 heures.
Coefficient : 1.

- L'épreuve **écrite** consiste en la **rédaction d'un rapport technique** portant sur la spécialité au titre de laquelle le candidat concourt. Ce rapport est **assorti de propositions opérationnelles.**

Durée totale de l'entretien : 20 minutes, dont 5 minutes au plus d'exposé.
Coefficient : 1.

- L'épreuve **orale** consiste en un entretien ayant pour point de départ un **exposé du candidat portant sur son expérience professionnelle ; elle se poursuit par des questions** visant à permettre d'apprécier les facultés d'analyse et de réflexion du candidat, ses connaissances techniques, ainsi que sa motivation et son aptitude à exercer les missions du cadre d'emplois et à encadrer une équipe.

4) Règles communes aux examens professionnels

- Chacune des épreuves est notée de 0 à 20 ; chaque note est multipliée par le coefficient correspondant.
- Toute note inférieure à 5 sur 20 à l'une des épreuves d'admissibilité entraîne l'élimination du candidat de la liste d'admissibilité.
- L'absence à l'une des épreuves entraîne l'élimination du candidat.
- Les épreuves écrites sont anonymes et font l'objet d'une double correction.

• Pour chacun des examens professionnels, le jury détermine le nombre total de points nécessaires pour être admissible et arrête la liste des candidats admis à se présenter aux épreuves d'admission. **Un candidat ne peut être admis si la moyenne de ses notes aux épreuves est inférieure à 10 sur 20 après application des coefficients correspondants.**

• De plus, il est formellement interdit à tout candidat :
– d'introduire dans la salle, pendant la durée des épreuves, des documents ou imprimés autres que ceux désignés dans la convocation, ainsi qu'aucun objet susceptible de dissimuler des notes ;
– de consulter ou de tenter de consulter de tels documents ;
– de communiquer avec un autre candidat au cours des épreuves.

• En outre, il est interdit, **à moins de circonstances exceptionnelles,** de s'absenter pendant la durée des épreuves.

• Il est strictement interdit de faire apparaître, ailleurs que dans la partie à coller de la copie, l'identité ou le numéro de candidat au risque de faire l'objet d'une élimination par le jury.

• Les brouillons ne sont pas pris en compte lors de la correction.

4. Le programme des épreuves des concours et examens professionnels

Le candidat choisit au moment de son inscription la spécialité dans laquelle il veut concourir :
1. bâtiment, génie civil ;
2. réseaux, voirie et infrastructures ;
3. prévention et gestion des risques, hygiène, restauration ;
4. aménagement urbain et développement durable ;
5. déplacements, transports ;
6. espaces verts et naturels ;
7. ingénierie, informatique et systèmes d'information ;
8. services et interventions techniques ;
9. métiers du spectacle ;
10. artisanat et métiers d'art.

Les programmes des épreuves relatives à la spécialité choisie par les candidats aux concours externe, interne et 3e concours, ainsi qu'aux examens professionnels prévus par les décrets du 9 novembre 2010 susvisés pour l'accès au grade de technicien, technicien principal de 2e classe et technicien principal de 1re classe du cadre d'emplois des techniciens territoriaux sont fixés comme suit (conformément à l'arrêté du 15 juillet 2011).

Spécialité 1 : Bâtiment, génie civil

1.1. Construction et bâtiment

Connaissances de base

Cadre réglementaire et institutionnel :
– connaissance des principaux textes réglementaires et normatifs ;

– l’acte de construire : rôle, obligations et responsabilités des intervenants, procédures administratives relatives aux travaux, assurances ;
– notions générales sur les règlements de la construction et normes en vigueur ;
– réglementations applicables dans les établissements recevant du public ;
– notions de marchés publics.

Aspects généraux :
– sols et fondations ;
– notions sur la résistance des matériaux des structures : règlements de calcul, prédimensionnement ;
– technologies, matériaux, maintenance et normes en vigueur de tous les corps d’État du gros œuvre et du second œuvre ;
– notions générales sur les équipements : courants forts, courants faibles, chauffage, ventilation, climatisation, éclairage, circulation des fluides ;
– lecture de plans et métré.

Hygiène, santé et sécurité :
– étude des risques ;
– arbre des causes ;
– élaboration de procédures appliquées sur les chantiers de bâtiments.

Ingénierie :
– programmation : faisabilité et pertinence des opérations, notion de coût global, approche qualité et développement durable dans les constructions ;
– réalisation de projet : dispositions constructives, choix de matériaux et équipements, élaboration de pièces techniques contractuelles, rédaction de descriptifs, estimation des coûts de construction ;
– organisation et suivi des chantiers de bâtiment.

Organisation et gestion de service :
– gestion d’un service et encadrement ;
– organisation d’un service bâtiment ;
– conduite d’opération : organisation de la maîtrise d’ouvrage et de la maîtrise d’œuvre ;
– gestion de patrimoine : organisation des contrôles et entretiens réglementaires ;
– conduite de dossier.

1.2. Génie climatique

Connaissances de base

Cadre réglementaire et institutionnel :
– connaissance des principaux textes réglementaires et normatifs ;
– réglementation thermique ;
– règles sanitaires liées aux installations de génie climatique ;
– réglementations applicables dans les établissements recevant du public ;
– équipement de travail ;
– notions de marchés publics.

Aspects généraux :
– énergétique : les énergies et les fluides ; thermique bâtiment ;
– bâtiment : technologies, matériaux, maintenance et normes en vigueur de tous les corps d’état du second œuvre ;
– chauffage, ventilation, climatisation ;
– notions de courants forts, courants faibles et éclairage.

Hygiène, santé et sécurité :
– étude des risques ;
– arbre des causes ;
– connaissance des procédures appliquées sur les chantiers de bâtiments.

Ingénierie :
– énergie : production, transport et consommation, approche qualité et développement durable, utilisation des énergies renouvelables ;
– bâtiments : diagnostic thermique, conception en termes de coût global, optimisation de la consommation énergétique, outils domotiques ;
– conception et prédimensionnement des installations climatiques ;
– gestion des consommations : chauffage, climatisation, électricité, eau, téléphone, carburants ;
– apport de la gestion et maintenance assistée par ordinateur et de la gestion technique centralisée.

Organisation et gestion de service :
– gestion d'un service et encadrement ;
– organisation d'un service énergie ;
– analyse des coûts et raisonnement en coût global ;
– gestion financière et comptable : comptabilité analytique et coût global ;
– conduite de dossier.

Spécialité 2 : Réseaux, voirie et infrastructures

Connaissances de base

Cadre réglementaire et institutionnel :
– connaissance des principaux textes réglementaires et normatifs ;
– documents d'urbanisme, de protection et de valorisation de l'environnement ;
– notions de marchés publics.

Aspects généraux :
– sols et fondations : notions de géologie, de géotechnique et de mécanique des sols ;
– ouvrages d'art : notions sur les types d'ouvrages et leur prédimensionnement.

Réseaux divers :
– notions d'hydraulique et d'hydraulique des sols ;
– évacuation des eaux pluviales : réglementation et techniques.

Ingénierie

Conception et réalisation de la voirie et des réseaux :
– élaboration de projet à partir des données de trafic, d'environnement, de sécurité et d'économie ;
– éléments topographiques et géométriques de calculs de tracés pour voirie, réseaux et espaces publics, pour tous modes de déplacements ;
– conception géométrique d'aménagement des voies et des carrefours ;
– structures de chaussée : dimensionnement ;
– terrassements, déblais, remblais : exécution et types de matériel ;
– matériaux utilisés en voirie et en réseaux : provenance, caractéristiques, conditions de mise en œuvre et d'utilisation ;
– organisation des chantiers, planification et phasage des travaux ;
– coordination des interventions et occupation du domaine public.

Équipements de la voirie :
– signalisation routière, signalisation des chantiers ;
– éclairage public ;
– mobiliers urbain et routier ;
– équipements de sécurité.

Organisation et gestion de service

Gestion d'un service et encadrement.

Suivi et exploitation du patrimoine de voirie :
– programmation de l'entretien du patrimoine ;
– surveillance, contrôle et entretien des voiries et des équipements ;
– traitement hivernal et nettoiement des voies.

Conduite de dossier.

Routes et chemins : terminologie, technologie, technique de construction.

Domaine public. Conservation et police des routes et chemins.

Prévention des accidents.

Spécialité 3 : Prévention et gestion des risques, hygiène, restauration

3.1. Sécurité et prévention des risques

Connaissances de base

Cadre réglementaire et institutionnel :
– connaissance des principaux textes réglementaires et normatifs ;
– connaissance des acteurs institutionnels et des enjeux de la sécurité et de la prévention des risques ;
– notions de marchés publics ;
– autorités de police, pouvoirs et obligations de mise en œuvre ;
– connaissance du territoire : inventaire des risques naturels et technologiques, implication des différents services ;
– information et communication écrite et orale, interne et externe.

Connaissances générales :
– connaissances de base en chimie organique et inorganique, toxicologie et écotoxicologie, biologie, microbiologie ;
– connaissances environnementales et sanitaires des milieux naturels : air, eau, sols et autres écosystèmes ;
– connaissances de géologie générale et appliquée, hydrologie, géomorphologie ;
– connaissances des matériaux, des produits et gestion des déchets des activités : propriétés physiques et chimiques ; mise en œuvre : consignes d'utilisation de transport, de stockage, de manutention des procédés.

Dangers et intoxications potentiels et accidentels :
– nature des expositions physiques et matériels ;
– risques environnementaux, sanitaires, chimiques, biologiques.

Ingénierie :
– méthodes d'analyse et de traitement des risques : applications aux risques naturels et technologiques ;

– méthodes d'évaluation et grilles d'acceptabilité, application aux risques environnementaux, sanitaires, toxiques, chimiques : incendies, catastrophes naturelles, évolution des produits et matériaux ;
– réalisation de documents de référence : études d'impact, plans d'intervention, documents d'information et communication sur les risques ;
– mobilisation des acteurs internes et externes requis dans les réglementations ;
– normes applicables aux équipements, produits et activités des secteurs public et privé ;
– documentation juridique et technique ;
– politiques de prévention et culture du risque.

Organisation et gestion de service :
– gestion d'un service et encadrement ;
– conduite de dossier.

3.2. Hygiène, laboratoires, qualité de l'eau

Connaissances de base

Cadre réglementaire et institutionnel :
– connaissance des principaux textes réglementaires et normatifs ;
– connaissance des acteurs institutionnels ;
– notions de marchés publics.

Chimie, microbiologie, immunologie, risques sanitaires, hygiène des milieux.

Données fondamentales de ces disciplines appliquées aux activités du domaine : les eaux, l'environnement, l'agroalimentaire, les diagnostics biologiques.

Maîtrise et interprétation des données fondamentales issues de laboratoires et autres mesures pour réaliser les documents techniques :
– diagnostics, études des risques environnementaux et sanitaires ;
– études des impacts sur les milieux et les populations ;
– validations des mesures, interprétation et communication ;
– culture de prévention par les suivis scientifiques et techniques des milieux.

Ingénierie

Techniques de base :
– prélèvements ;
– analyses chimiques ;
– analyses microbiologiques : bactériologie, virologie, parasitologie ;
– analyses immunologiques ;
– mesures de terrain : méthodes, outils, interprétations.

Statistiques appliquées aux analyses, notions de base :
– définition et objectifs des outils statistiques ;
– tests statistiques simples ;
– normes ISO et autres référentiels.

Métrologie pratique de laboratoire et des méthodes de mesure et observations :
– introduction à la métrologie ;
– métrologie et respect des normes : appareil, mesures et analyses.

Estimation des incertitudes :
– incertitude associée à une mesure issue d'un appareil ;
– applications pour les masses, les températures et les volumes.

Hygiène et sécurité des biens et des personnes en situation normale, en cas de crise :
– agents des services ;
– populations.

Organisation et gestion de service :
– gestion d'un service et encadrement ;
– assurance qualité, démarche qualité ;
– conduite de projet.

3.3. Déchets, assainissement

Connaissances de base

Cadre réglementaire et institutionnel :
– connaissance des principaux textes réglementaires et normatifs ;
– connaissance des acteurs institutionnels ;
– notions de marchés publics ;
– services publics locaux : définition, organisation, mode de gestion.

Physique, chimie, microbiologie, risques sanitaires, hygiène des milieux.

Données fondamentales de ces disciplines appliquées au domaine : les déchets, les eaux usées, environnement.

Ingénierie :
– déchets et eaux usées : collecte, traitement, élimination et valorisation ;
– éléments techniques, technologiques, économiques, sociologiques, environnementaux : impacts sur les milieux et les populations ;
– interprétation des analyses ;
– données économiques : financement et coût des services ;
– hygiène et sécurité des biens et des personnes.

Organisation et gestion de service :
– gestion d'un service et encadrement ;
– assurance qualité, démarche qualité ;
– conduite de dossier lié à l'option.

3.4. Sécurité du travail

Connaissances de base

Cadre réglementaire et institutionnel :
– connaissance des principaux textes réglementaires et normatifs ;
– connaissance des acteurs institutionnels ;
– notions de marchés publics ;
– réglementation applicable aux collectivités territoriales, en matière de sécurité au travail ;
– obligations de l'employeur public : mise en place d'une politique de prévention des risques professionnels efficace et continuellement réévaluée. Fonctionnement des acteurs internes : autorité, encadrement, ACMO, ACFI, comité technique, commission d'hygiène et sécurité, agents ;
– information et communication orale et écrite, interne et externe.

Connaissances générales :
– notions de base en chimie, toxicologie et écotoxicologie ;
– connaissance et identification des dangers : conditions climatiques, bruits, rayonnements, vibration, travail en hauteur, utilisation de produits chimiques ;
– connaissance des matériaux, des produits et des procédures de travail : propriétés physiques et chimiques, mise en œuvre, consignes d'utilisation, de manutention, de stockage ;

– élaboration et mise en place de procédures de travail ;
– accidents de travail et maladies professionnelles : dangers susceptibles de porter atteinte à l'agent dans son travail, risques encourus (risques chimiques, chute de hauteur, mécanique, électrique) ;
– moyens de prévention.

Ingénierie

Analyse, évaluation des activités de travail :
– conception des locaux et des situations de travail mobiles et secondaires : ergonomie, facteurs d'ambiance, moyens de protection collectifs et individuels ;
– recensement des risques professionnels ;
– planification des moyens de prévention.

Organisation de la prévention des risques professionnels :
– mise en place des mesures de prévention et contrôle de leur efficacité ;
– habilitations, certifications et normes.

Mobilisation des acteurs internes et externes.

Organisation et gestion de service :
– gestion d'un service et encadrement ;
– conduite de dossier.

3.5. Restauration

Les formules de restauration.
Les concepts de production.
Les produits.
L'organisation et l'approvisionnement.
L'organisation des locaux et les matériels.
L'organisation du travail et du contrôle.
Les modes de cuisson.
L'hygiène et la prévention générales en matière de restauration.
L'ergonomie et le secourisme liés à ce secteur d'activité.

Spécialité 4 : Aménagement urbain et développement durable

4.1. Environnement architectural

Connaissances de base

Connaissance des principaux textes réglementaires et normatifs.

Les collectivités territoriales et leurs compétences.

Histoire de la ville :
– ville historique et ville contemporaine ;
– notions sur le patrimoine architectural et urbain.

Notions juridiques sur le droit de l'urbanisme et de la construction :
– différentes échelles de la planification urbaine, du schéma de cohérence territoriale au plan local d'urbanisme ;
– procédures d'urbanisme opérationnel ;
– application du droit des sols, permis de construire, certificat d'urbanisme… ;
– politiques de renouvellement urbain et de réhabilitation des centres anciens ;
– notions de base sur la fiscalité de l'urbanisme.

Notions de marchés publics.

Ingénierie

Qualité architecturale et urbaine :
– morphologie du bâti ;
– notions de qualité architecturale ;
– mise en œuvre traditionnelle ou contemporaine des matériaux ;
– réhabilitation de l'habitat existant.

Qualités environnementales et paysagères :
– insertion paysagère du bâti ;
– habitat et environnement : maîtrise des nuisances urbaines.

La ville et ses habitants :
– mixité sociale et prise en compte des besoins spécifiques des différentes populations : personnes âgées, enfants, personnes à mobilité réduite… ;
– notions d'élaboration d'un programme d'aménagement : abords d'un bâtiment public, espace public, cheminements piétons.

Systèmes d'information géographique :
– notions de base sur les SIG et leur utilisation dans la planification urbaine ;
– utilisation et lecture de documents cartographiques.

Organisation et gestion de service :
– gestion d'un service et encadrement ;
– gestion financière et comptable : comptabilité analytique et coût global ;
– conduite de projet.

4.2. Génie urbain

Connaissances de base

Cadre réglementaire et institutionnel :
– connaissance des principaux textes réglementaires et normatifs ;
– connaissance des acteurs institutionnels ;
– notions de marchés publics.

Les différentes échelles de la planification urbaine, du schéma de cohérence territoriale (SCOT) au plan local d'urbanisme (PLU), les procédures d'urbanisme opérationnel.

L'application du droit des sols, permis de construire, certificat d'urbanisme…

Notions de maîtrise d'ouvrage publique.

Ingénierie

Projet urbain :
– prise en compte de la qualité urbaine et paysagère dans les projets urbains ;
– projet d'aménagement : les étapes de la conception, prise en compte des besoins des utilisateurs, site propre, circulation spécifique (bus, cycles…) ;
– notions de base sur l'accessibilité aux personnes à mobilité réduite ;
– qualité des matériaux et matériels utilisés : mobilier urbain, sols, éclairage... ;
– utilisation d'éléments naturels : eau, végétation, plantations… ;
– notion de sécurité liée aux aménagements : normes, identification et prévention des risques, sécurité routière, chantier propre… ;
– traitement des entrées de villes : pollution visuelle et sonore, aménagements urbains et paysagers ;
– études d'impact ;

– notions de base d'écologie urbaine : les implications concrètes du développement durable dans les projets d'aménagement ;
– différents types de nuisances générés par un aménagement ou une infrastructure (route, transport, autres réseaux), définitions de base sur les indicateurs bruit, qualité de l'air… ;
– contenu technique de l'étude d'impact d'un projet d'aménagement.

Génie urbain :
– composantes du génie urbain : concevoir, réaliser et gérer des réseaux urbains ;
– prise en compte des réseaux dans la planification urbaine, à l'échelle des SCOT, des PLU et de l'urbanisme opérationnel ;
– notions de base sur les systèmes d'informations géographiques et leur utilisation dans la gestion de réseaux et l'aménagement urbain, aux différentes échelles de projet.

Organisation et gestion de service :
– gestion d'un service et encadrement ;
– communication : actions de sensibilisation, réunions publiques, concertation ;
– gestion financière et comptable : comptabilité analytique et coût global ;
– conduite de projet.

Spécialité 5 : Déplacements, transports

Connaissances de base

Cadre réglementaire et institutionnel :
– connaissance des principaux textes réglementaires et normatifs ;
– fonctions urbaines ;
– définition d'une politique de déplacements ; plan de déplacements urbains, loi SRU ;
– différents acteurs : État, collectivités locales, associations, usagers ;
– réglementation et pouvoirs de police ;
– élaboration des plans de déplacements : enquêtes, prévision de trafic ;
– notions de marchés publics.

Transports publics urbains et non urbains :
– contexte institutionnel et réglementaire : autorités organisatrices, entreprises… ;
– composantes économiques et sociales ;
– études de transports ;
– techniques des transports publics : organisation, exploitation, matériel, information… ;
– compétence transport ferroviaire dans les régions.

Ingénierie

Recueil des données.

Organisation des déplacements.

Conception et évaluation des aménagements :
– caractéristiques géométriques ;
– carrefours.

Théorie de l'accessibilité urbaine :
– prise en compte des piétons, des personnes à mobilité réduite, des deux roues (vélos et motos), des transports en commun.

Stationnement, transports de marchandises, livraisons.

La sécurité des déplacements, politique locale de sécurité routière.

La signalisation routière :
– signalisation de police ;
– signalisation horizontale ;
– signalisation de jalonnement.

La signalisation tricolore et la régulation du trafic.

Les contraintes liées aux travaux :
– itinéraires de déviations ;
– signalisation temporaire.

Information des usagers.

Systèmes d'information géographique (SIG).

Organisation et gestion de service :
– gestion d'un service et encadrement ;
– entretien et mise aux normes des équipements ;
– communication : actions de sensibilisation, réunions publiques, site Internet…

Conduite de dossier.

Spécialité 6 : Espaces verts et naturels

6.1. Paysages, espaces verts

Connaissances de base

Cadre réglementaire et institutionnel :
– connaissance des principaux textes réglementaires et normatifs ;
– connaissance des acteurs institutionnels ;
– notions de marchés publics ;
– connaissance des documents d'urbanisme, des programmes d'aménagement et d'équipement.

Connaissances générales :
– botanique, physiologie végétale : reproduction, développement, reconnaissance, association végétale ;
– pédologie, hydrologie : constituants, propriétés du sol, besoin et rétention d'eau dans le sol ;
– histoire des jardins ;
– diagnostic et prévention des pathologies végétales.

Ingénierie

Techniques d'horticulture et de travaux :
– production végétale : floriculture et pépinière, arboriculture ;
– agronomie : irrigation, drainage, travail de serre, fertilisation et protection des cultures, traitement phytosanitaire ;
– gestion du patrimoine technique et du vivant : arbres, aires de jeux, eau… ;
– entretien et maintenance des équipements sportifs.

Aménagement paysager :
– analyse et diagnostics des espaces publics et des besoins des usagers ;
– intégration des paysages et espaces verts dans le projet urbain ;
– élaboration d'un projet paysager, notions de voirie et réseaux divers ;
– coordination des travaux paysagers et sécurité des chantiers ;

– plans de gestion durable et différenciée des espaces jardinés, agricoles, naturels et de loisirs ;
– valorisation des ressources naturelles : eau, déchets verts et traitement des pollutions.

Organisation et gestion de service :
– gestion d'un service et encadrement ;
– relations aux usagers des espaces publics, animation et sensibilisation ;
– conduite de projet.

6.2. Espaces naturels

Connaissances de base

Cadre réglementaire et institutionnel :
– connaissance des principaux textes réglementaires et normatifs ;
– connaissance des acteurs institutionnels ;
– notions de marchés publics ;
– protection, préservation, ouverture au public, valorisation économique et sociale des milieux et des espaces naturels et paysagers ;
– connaissance des documents d'urbanisme et des règlements spécifiques sur les zones urbaines, périurbaines et rurales ;
– politiques contractuelles nationales, régionales, départementales et locales.

Connaissances scientifiques :
– botanique, zoologie et phytosociologie ;
– géologie, pédologie, hydrologie et hydraulique ;
– notions d'habitats pour les flores et les faunes locales et importées :
– diversité des écosystèmes ruraux et urbains naturels et créés ;
– écosystèmes ruraux remarquables et ordinaires ;
– écosystèmes littoraux et lacustres remarquables et ordinaires ;
– valorisation des espèces végétales et animales locales ;
– approche sanitaire de la flore et de la faune.

Connaissance des statuts, missions et fonctionnement des organismes spécifiques dans la gestion des espaces naturels :
– collectivités territoriales ;
– établissements publics de l'État ;
– autres établissements publics locaux ;
– associations.

Ingénierie :
– méthodes d'expertise faunistique et floristique d'espaces urbains, ruraux et naturels ;
– diagnostics écologiques et paysagers des espaces à aménager : entités paysagères, circulations, patrimoine naturel, agricole, urbain ;
– schéma directeur paysager et plans de gestion durable des espaces agricoles, naturels et aménagés : élaboration des documents de références, objectifs, préconisations, évaluation ;
– maîtrise des techniques douces et alternatives pour l'entretien et la restauration des espaces et des paysages ;
– stratégie des modes de maîtrise et de gestion en régie, convention, contrats, marchés ;
– cartographie des paysages et des espaces naturels ;
– communication scientifique et technique.

Organisation et gestion de service :
– gestion d'un service et encadrement ;
– conduite de projet ;
– création d'équipements et de services d'éducation à l'environnement des espaces verts.

Spécialité 7 : Ingénierie, informatique et systèmes d'information

7.1. Systèmes d'information et de communication

Connaissances de base

Cadre réglementaire et institutionnel :
– connaissance des principaux textes réglementaires et normatifs : droits du citoyen (CNIL), droit d'auteur, propriété intellectuelle, directives européennes, lois et décrets appliqués aux champs de l'informatique et systèmes d'information ;
– connaissance des acteurs institutionnels ;
– notions de marchés publics.

Concepts et notions de système d'information.

Principes généraux d'architecture matérielle et logicielle.

Système de gestion de bases de données.

Logiciels, progiciels et applicatifs.

Ingénierie

Langages de programmation algorithmique.

Conception, intégration d'application :
– méthodes, normes, outils de développement et maintenance applicative ;
– applications métiers.

Internet :
– dématérialisation, gestion électronique des documents, travail collaboratif, coopératif… ;
– services de l'Internet dans l'administration (téléprocédures, téléservices), standards et normes d'échange ;
– informatique au service de l'usager citoyen.

Connaissance des outils de la communication écrite et numérique de la PAO et de l'Internet.

Gestion et maintenance des infrastructures techniques.

Assistance fonctionnelle et technique aux services et aux utilisateurs.

Organisation et gestion de service :
– gestion d'un service et encadrement ;
– administration, sécurité et qualité de service ;
– conduite de projet.

7.2. Réseaux et télécommunications

Connaissances de base :

Cadre réglementaire et institutionnel :
– connaissance des principaux textes réglementaires et normatifs : droits du citoyen (CNIL), droit d'auteur, propriété intellectuelle, directives européennes, lois et décrets appliqués aux champs de l'informatique et systèmes d'information ;

– connaissance des acteurs institutionnels ;
– notions de marchés publics.

Concepts de base et architecture réseau local, d'entreprise, global, topologie.

Matériel actif de réseau : adressage, acheminement, routage, commutation, qualité de service.

Normes réseaux et supports de transmission associés :
– couches réseaux, liaisons… ;
– systèmes de transmission, infrastructure, câblage et connectique ;
– fibre optique et réseaux métropolitains ;
– technologie des réseaux : filaires, sans fils…

Ingénierie :
– réseaux publics et réseaux constructeurs, réseaux haut débit ;
– théorie générale en radiocommunications, normes et standards ;
– convergence voix-données : téléphonie, exploitation et administration du réseau téléphonique, de la messagerie vocale, de la vidéotransmission, systèmes dédiés pabx… ;
– Internet, aspects techniques : protocoles et services ;
– maintenance et sécurité des réseaux : aspects techniques, mise en place des outils et contrôle, mesure de performance ;
– administration, contrôle, suivi des ressources, ingénierie des réseaux : modélisation, cahier des charges… ;
– gestion et maintenance des infrastructures techniques.

Organisation et gestion de service :
– gestion d'un service et encadrement ;
– sensibilisation des services et utilisateurs à la sécurité du travail en réseau ;
– conduite de dossier.

Spécialité 8 : Services et interventions techniques

8.1. Ingénierie, gestion technique

Centres techniques.

Connaissances de base

Cadre réglementaire et institutionnel :
– connaissance des principaux textes réglementaires et normatifs ;
– obligations de l'employeur en matière d'hygiène et de sécurité ;
– réglementations applicables dans les établissements recevant du public ;
– contrôles réglementaires périodiques concernant les bâtiments, les équipements de travail et les matériels ;
– notions de marchés publics.

Aspects généraux :
– notions générales sur les technologies et matériaux mis en œuvre dans les parcs et ateliers, dans la maintenance des bâtiments, des espaces publics, de la voirie et des réseaux ;
– prescriptions techniques applicables à l'utilisation des équipements de travail.

Hygiène, santé et sécurité :
– étude des risques, consignes générales, fiches de poste ;
– arbre des causes ;
– élaboration de procédures.

Ingénierie :
– principes de l'organisation, de l'ordonnancement et de la gestion de la production ;
– approche qualité ;
– moyens de coordination et de planification ;
– élaboration de pièces techniques contractuelles.

Organisation et gestion de service :
– gestion d'un service et encadrement ;
– organisation d'un service technique et d'un centre technique ;
– gestion financière et comptable : comptabilité analytique et coût global ;
– notions de contrôle de gestion ;
– conduite de dossier.

8.2. Logistique et maintenance

Connaissances de base

Cadre réglementaire et institutionnel :
– connaissance des principaux textes réglementaires et normatifs ;
– obligations de l'employeur en matière d'hygiène et de sécurité ;
– réglementations applicables dans les établissements recevant du public ;
– contrôles réglementaires périodiques concernant les bâtiments, les équipements de travail et les matériels ;
– notions de marchés publics.

Aspects généraux :
– courant fort, courant faible et réseaux : appareillage électrique, réseaux de distribution, installations provisoires ;
– automatismes : analyse fonctionnelle d'automatismes, régulation, asservissement et suivi, diagnostic de dysfonctionnement et processus de contrôle.

Hygiène, santé et sécurité :
– étude des risques, consignes générales, fiches de poste ;
– arbre des causes ;
– élaboration de procédures.

Ingénierie :
– problématique générale et stratégies de la maintenance : entretien préventif, curatif ;
– établissement d'un programme d'entretien ;
– approche qualité appliquée à la maintenance ;
– contrats d'entretien, contrats de services, contrats de contrôle technique ;
– élaboration de pièces techniques contractuelles ;
– évaluation de la qualité de travail des prestataires ;
– apport de la gestion et maintenance assistée par ordinateur et de la gestion technique centralisée ;
– maintenance technique appliquée aux parcs automobiles et centres techniques ;
– maintenance des constructions.

Organisation et gestion de service :
– gestion d'un service et encadrement ;
– organisation d'un service logistique et maintenance ;
– gestion financière et comptable : comptabilité analytique et coût global ;
– gestion des stocks ;
– conduite de dossier.

8.3. Mécanique-électromécanique

Systèmes de fabrication.
Systèmes de montage et d'assemblage.
Techniques d'assemblage.
Agencement et gestion des outillages de coupe.
Agencement et gestion des outillages d'installation de produit.
Sécurité, conditions du travail, ergonomie.
Mesures électriques, usage des appareils.
Notions sur les ouvrages.
Production et transport d'énergie en haute tension et basse tension, postes de transformation, tableaux de distribution, dynamos et alternateurs moteurs ; connexions des moteurs, redresseurs et convertisseurs, monte-charge, installations d'éclairage.

8.4. Imprimerie

Chaîne graphique (processus de fabrication d'un produit imprimé).
Matières premières et matières consommables :
– encres (caractéristiques, composition et fabrication des encres) ;
– support (composition et fabrication du papier) ;
– blanchets.
Forme imprimante (différents types de forme imprimante, confection/montage, repérage, calage, fixation, contrôle de positionnement de l'élément imprimant).
Procédés d'impression.
Procédés de transformation (exemple : tracés de coupe, perforation, pliage).
Contrôle de qualité (conformité des couleurs, conformité de la maquette, contrôles relatifs aux encres, vernis et adjuvants).
Informatique (logiciels de contrôle de qualité, de surveillance et de maintenance, gestion de production assistée par ordinateur).
Gestion de production :
– plannings (général, de charge, d'approvisionnement, de maintenance) ;
– cahier des charges ;
– processus de fabrication : choix et méthodes ;
– gestion des stocks : manuelle, informatisée ;
– ergonomie/hygiène et sécurité :
– ergonomie du poste de travail ;
– normes.

Spécialité 9 : Métiers du spectacle

9.1. Connaissances de base relatives aux métiers du spectacle

Cadre réglementaire et institutionnel :
– connaissances des principaux textes réglementaires et normatifs ;
– connaissances des acteurs institutionnels ;
– notions de marchés publics.
Connaissances des formes et structures du spectacle vivant.
Maîtrise du vocabulaire et des termes techniques des techniciens du spectacle.

Connaissances de base des organismes de reproduction et de perception des droits directs, voisins et indirects en matière d'image, son, scénographie, arts visuels.

Connaissances de base sur la résistance des matériaux.

Modalités de gestion et de production d'un spectacle : licences d'entrepreneurs de spectacle, notion d'employeur occasionnel, régimes des salariés.

Hygiène et sécurité :
– sécurité et électricité. Les différentes habilitations électriques ;
– sécurité incendie dans les établissements recevant du public : protection des personnes et des biens, acteurs institutionnels. Plan d'urgence ;
– sécurité des manifestations extérieures : chapiteaux, tentes, structures, feux d'artifices… ;
– sécurité des agents au travail. Les équipements de protection individuels. Les règles de sécurité du travail en hauteur ;
– registre de sécurité ;
– responsabilité du technicien et des autres acteurs.

Ingénierie :
– maîtrise théorique et pratique des outils et techniques dans les domaines de la sonorisation, de la lumière, de la machinerie, des structures métalliques et composites, de l'acoustique, de la scénographie et des techniques de production image : vidéo… ;
– interprétation et adaptation d'une fiche technique ;
– scénographie dans les établissements recevant du public ;
– conditions de maintenance, de gestion et d'exploitation des salles, plan de feu ;
– traduction de la commande artistique en projet technique ;
– gestion et maintenance du parc matériel et des locaux d'exploitation.

Organisation et gestion de service :
– gestion d'un service et encadrement ;
– relations-communication avec les intervenants ;
– conduite de projet.

9.2. Audiovisuel

Connaissances de base

Cadre réglementaire et institutionnel :
– connaissances des principaux textes réglementaires et normatifs ;
– connaissances des acteurs institutionnels ;
– connaissances juridique sur le droit à l'image, connaissance de base des organismes de reproduction et de perception des droits directs, voisins et indirects en matière d'image, son, scénographie, arts visuels ;
– notion de marchés publics ;

Histoire de l'image et des techniques.

Formes d'expression plastique. Écriture cinématographique.

Maîtrise des techniques d'archivage et de conservation du patrimoine photographique.

Hygiène et sécurité :
– la sécurité incendie dans les établissements recevant du public : protection des personnes et des biens, acteurs institutionnels. Plan d'urgence ;
– sécurité des agents au travail. Les équipements de protection individuels. Les règles de sécurité du travail en hauteur.

Ingénierie :
– sciences appliquées : signaux et systèmes, colorimétrie, traitement du signal, physique du rayonnement, optique géométrique, physique instrumentale, électrotechnique et électronique, informatique ;
– technologies des matériels de prise de vues (photo, cinéma, vidéo) et des matériels de prise de son, matériels vidéo et autres supports ;
– traitement analogique et numérique de l'image ;
– montage image et son ;
– postproduction et transferts ;
– prises de vues : sensitométrie, surfaces sensibles, métrologie, prise de vues film et vidéo, trucage, effets spéciaux ;
– gestion et maintenance du parc matériel et des locaux d'exploitation.

Organisation et gestion de service :
– gestion d'un service et encadrement ;
– gestion de projet.

Spécialité 10 : Artisanat et métiers d'art

10.1. Artisanat et métiers d'art

Connaissances de base

Cadre réglementaire et institutionnel :
– connaissances des principaux textes réglementaires et normatifs ;
– connaissance des acteurs institutionnels et des publics concernés ;
– notions de marchés publics.

Connaissances des matériaux (bois, métaux, verre, tissus, papier, matériaux de synthèse, matériaux neutres...) et maîtrise de leur emploi dans une démarche de création artistique.

Hygiène et sécurité :
– sécurité incendie dans les établissements recevant du public : protection des personnes et des biens, acteurs institutionnels. Plan d'urgence ;
– traitement des déchets.

Ingénierie

Conception et mise en œuvre des conditions matérielles de présentation et d'exposition des matériaux, objets, œuvres ou biens culturels :
– conception et exécution de mobilier d'exposition, de scénographie : tous supports et matériaux de contact ;
– contrôle et maintenance des conditions climatiques.

Accompagnement technique de la démarche artistique ou muséographique.

Élaboration des conditions matérielles de conditionnement des matériaux, objets, œuvres ou biens culturels :
– diagnostic des conditions environnementales ;
– maîtrise des contraintes de sûreté et de sécurité.

Inventaire :
– inventaire des procédures des fonds ou des collections ;
– identification et connaissance de la chaîne opératoire du déballage-remballage, marquage ;
– maîtrise des techniques de conditionnement, de leur nettoyage et entreposage ;

– constitution et actualisation des données sur l'état sanitaire et environnemental des matériaux, objets, œuvres ou biens culturels.

Gestion et maintenance du parc matériel et des locaux d'exploitation.

Organisation et gestion de service :
– gestion d'un service et encadrement ;
– gestion des stocks ;
– conduite de projet.

10.2. Arts graphiques

Connaissances de base

Cadre réglementaire et institutionnel :
– connaissances des principaux textes réglementaires et normatifs ;
– connaissance des acteurs institutionnels ;
– notions de marchés publics.

Maîtrise de la chaîne graphique en imprimerie et infographie.

Hygiène et sécurité :
– sécurité incendie dans les établissements recevant du public : protection des personnes et des biens, acteurs institutionnels. Plan d'urgence ;
– obligations en matière d'hygiène, de sécurité des personnes et des biens ;
– ergonomie du poste de travail ;
– traitement des déchets d'imprimerie.

Ingénierie

Techniques de production :
– techniques de composition : maquettage, typographie, couleur ;
– techniques de photocomposition : technique de reproduction, matériels de photogravure ;
– techniques d'impression : techniques générales, offset, offset numérique, reprographie analogique et numérique… ;
– techniques de façonnage ;
– techniques de composition, photocomposition et impression en infographie ;
– maîtrise des logiciels de graphisme et d'infographie.

Gestion de la production :
– contrôle de la qualité : contrôle de l'ensemble de la chaîne, outils et normes ;
– organisation et méthodes d'ordonnancement : devis, délai, qualité, approvisionnement, gestion des stocks.

Informatique :
– connaissance des systèmes d'exploitation, gestion des ressources ;
– connaissance des réseaux, protocoles ;
– conception et gestion assistée par ordinateur.

Gestion et maintenance du parc matériel et des locaux d'exploitation.

Organisation et gestion de service :
– gestion d'un service et encadrement ;
– conduite de projet.

Conseils pratiques pour vous préparer efficacement

1. Être conscient de la sélectivité des concours et examens professionnels

• Vous avez décidé de vous présenter à un concours ou un examen professionnel et de vous donner les moyens de préparer les différentes épreuves dans les meilleures conditions. Déjà, par cette « simple » décision de vous préparer plusieurs mois à l'avance, vous avez gagné des places : en moyenne entre 25 et 30 % des candidats à un concours ou examen professionnel n'ont fait aucune préparation !
Il faut avoir conscience qu'une préparation à tout concours ou examen professionnel requiert un **important investissement personnel,** en termes de temps et d'implication, s**ur une durée de plusieurs mois.**

• Tous les concours administratifs revêtent un caractère de plus en plus sélectif. Plusieurs facteurs concourent à cette situation : un fort niveau d'exigence des sujets proposés, des candidats souvent « surdiplômés » au regard de la condition de diplôme exigée et du niveau requis des épreuves. Il importe donc de vous organiser et de mettre en place les moyens et conditions de travail adéquats bien en amont des épreuves, pour vous donner un maximum de chances.

Exemples

À titre d'exemple, voici les chiffres du concours Technicien territorial, toutes spécialités, externe, interne et 3e voie, pour la session 2018 du centre de gestion de la Grande Couronne (Île-de-France).
3 257 candidats étaient inscrits au concours pour un total de 589 postes à pourvoir. 2 381 candidats étaient présents à l'épreuve écrite d'admissibilité. 746 candidats étaient admissibles.
Voici comment se répartissaient le nombre de postes à pourvoir :
– **bâtiment, génie civil :** 120 postes (48 en externe, 60 en interne et 12 pour la 3e voie) ;
– **réseaux, voirie et infrastructures :** 87 postes (35 en externe, 43 en interne et 9 pour la 3e voie) ;
– **prévention et gestion des risques, hygiène, restauration :** 74 postes (30 en externe, 37 en interne et 7 pour la 3e voie) ;
– **aménagement urbain et développement durable** 41 postes (17 en externe, 20 en interne et 4 pour la 3e voie) ;
– **déplacements, transports :** 17 postes (7 en externe, 8 en interne et 2 pour la 3e voie) ;
– **espaces verts et naturels :** 74 postes (30 en externe, 37 en interne et 7 pour la 3e voie) ;

– **ingénierie, informatique et systèmes d'information :** 109 postes (44 en externe, 54 en interne et 11 pour la 3e voie) ;
– **services et interventions techniques :** 65 postes (26 en externe, 32 en interne et 7 pour la 3e voie) ;
– **métiers du spectacle :** 26 postes (10 en externe, 13 en interne et 3 pour la 3e voie) ;
– **artisanat et métiers d'art :** 7 postes (3 en externe, 3 en interne et 1 pour la 3e voie) ;
– soit un **total de 589 postes :** 238 en externe, 291 en interne et 60 pour la 3e voie.

2. S'informer sur le contenu et les exigences des épreuves

• **Consultez les sites Internet des centres de gestion organisateurs,** mais également des autres centres de gestion (un par département). Ils constituent en effet une ressource particulièrement précieuse en proposant des notes de cadrage des différentes épreuves explicitant clairement les programmes et niveaux attendus, des sujets proposés lors des sessions précédentes – sous formes d'annales –, accompagnés parfois des propositions de corrigés, et des rapports de jurys.

À CONSULTER

À titre d'exemple, vous pouvez aller sur les sites www.cgd35.fr, www.cdg69.fr et www.cdg74.fr qui proposent de nombreuses annales.

Sur le site www.cdg929394.fr, vous trouverez les notes de cadrage des différentes épreuves, dans la rubrique « concours/examens ».

• **Sollicitez la communication de bonnes copies :** une copie est en effet considérée comme un document communicable à toute personne qui en fait la demande (avis de la CADA, Commission d'accès aux documents administratifs).

3. Bien choisir la spécialité dans laquelle concourir

• Au moment de remplir le dossier d'inscription au concours ou examen professionnel, vous devez identifier la spécialité dans laquelle vous souhaitez concourir, s'agissant des épreuves écrites (*cf.* rapport, études de cas, questions écrites). La spécialité à privilégier est celle se trouvant le plus en corrélation avec les études que vous avez suivies, ou le domaine d'intervention/métier que vous exercez au quotidien.
• Faire le « bon choix » est très important car, lors des épreuves orales, les membres du jury vous poseront assez naturellement des questions en lien avec la spécialité que vous aurez choisie.

4. S'engager dans une formation

Quel que soit le mode de formation adopté, cette démarche s'inscrit dans un entraînement de fond indispensable pour multiplier les chances de réussir. De plus, pour tout candidat ayant quitté depuis un certain temps le circuit scolaire, c'est un appui très précieux pour retrouver une méthode de travail et de révision.

A. Les formations en présentiel

- Pour mettre toutes les chances de votre côté, il importe, si vous avez la qualité d'agent public, de demander lors de l'évaluation annuelle à votre supérieur hiérarchique de pouvoir bénéficier de la formation organisée par le CNFPT, dans le cadre de l'élaboration annuelle du plan de formation. De même, il importe que vous alliez sur le site du CNFPT afin de connaître les dates de déroulement des tests préalables de sélection à toute inscription en formation.
- Si votre inscription aux préparations concours/examens professionnels est validée et acceptée par votre collectivité, il est indispensable que vous la suiviez de façon assidue et jusqu'au bout.

B. Les formations à distance

- Si pour les agents publics, la demande de formation n'a pu aboutir, ou si elle s'avère trop chronophage au regard des conditions d'exercice de l'activité professionnelle, les formations à distance sont une bonne alternative. En effet, de nombreux organismes reconnus ont développé ce dispositif : envoi d'ouvrages méthodologiques de connaissances, manuels de méthodologie appliquée, devoirs à faire à domicile.
- De plus, ces mêmes organismes proposent également un accompagnent de *e-learning*. Les candidats travaillent à leur rythme par le biais d'une plate-forme Web, où ils trouvent tout le matériel pédagogique nécessaire à leurs révisions.

À consulter

> S'agissant des concours de technicien territorial et technicien principal, vous pouvez consulter le site www.carrieres-publiques.com qui propose des préparations à distance et en *e-learning*.

5. Mettre en place un planning de travail

Il est indispensable d'organiser votre emploi du temps, en vous fixant des plages précises, fixes et régulières, par semaine, représentant au global entre 8 et 10 heures de travail, et de vous y tenir, afin :
– de construire sur la durée un vrai savoir, pour combler vos lacunes et/ou renforcer vos connaissances ;
– d'assimiler progressivement et donc durablement les connaissances nécessaires relevant du programme. Cela vous donnera le temps de maîtriser ce qui est appris au fur et à mesure des semaines et des mois de préparation ;

– de vous inscrire dans une dynamique ambitieuse : visez la « meilleure » note possible à l'écrit, par exemple 15 ou 16 (quand on vise 10 ou 12 sur 20, on a rarement plus…). En décidant consciemment de viser un 15 ou 16, vous mobilisez inconsciemment toutes vos ressources cérébrales et physiques pour y parvenir. À l'inverse, en ne visant que 10 ou 12 sur 20, vous ferez probablement l'impasse sur des sujets que vous estimez peu importants, alors qu'ils le sont. Donc donnez-vous les moyens de vous « élever » pour réussir ;
– d'élaborer des fiches thématiques synthétiques à partir d'un ou de deux manuels de préparation aux concours/examens de la fonction publique territoriale, fiches qui seront fort utiles pour vos ultimes révisions de « dernière minute ». Ces fiches vont être les supports facilitant votre mémorisation : prévoyez une fiche par thème, avec la définition du concept, éventuellement quelques dates significatives si une évolution réglementaire a eu lieu, les connaissances à maîtriser (contenu, principe, déclinaison, avantages et inconvénients) et les autres concepts qui y sont liés.

Exemple de fiche : un contrat

- Définir ce qu'est un contrat : fait partie des deux grandes catégories d'actes administratifs, aux côtés des actes administratifs unilatéraux. Les contrats permettent à l'administration d'obtenir des biens, des prestations, de fournir des services et donc d'organiser le service public. Deux grandes catégories de contrats existent : ceux par détermination de la loi et ceux en vertu de critères jurisprudentiels (*cf.* critère organique et critère alternatif).
- Le régime juridique du contrat : comment il se forme (accord explicite et écrit de deux volontés), choix du cocontractant par l'administration.
- L'exécution du contrat : les prérogatives de l'administration (pouvoir de direction, de contrôle, pouvoir de modification unilatérale, pouvoir de sanction, pouvoir de résiliation). Le droit du cocontractant à l'équilibre financier.
- L'échéance du contrat (fin normale, fin anticipée).

6. Constituer un fonds documentaire et une veille professionnelle et culturelle

- Suivez quotidiennement l'actualité, au travers d'un quotidien d'information.
- Lisez chaque semaine des revues professionnelles, telles *La Gazette des communes, La Lettre du Cadre, Le Moniteur, Techni.Cités, la Lettre du CERTU,* etc.
- Consultez très régulièrement les sites suivants :

– www.wikiterritorial.cnfpt.fr : le wikiterritorial du CNFPT, gratuit, contient de très nombreux dossiers sur des sujets techniques, des tests pour évaluer ses connaissances et la possibilité de télécharger l'ensemble des ouvrages réalisés par le CNFPT ;
– www.vie-publique.fr ;
– www.ladocumentationfrancaise.fr.

La connaissance livresque ne suffit pas ; à l'écrit comme à l'oral, il est essentiel d'illustrer vos propos par des informations pratiques en lien avec l'environnement professionnel et, plus globalement, en lien avec l'actualité générale et l'environnement sociétal.

7. S'entraîner régulièrement dans les conditions du concours

• Chaque épreuve requiert une méthodologie spécifique et adaptée. L'objet de cet ouvrage est d'en présenter les aspects essentiels, à l'aide d'exercices d'entraînement, à partir de sujets correspondant aux exigences des concours et examens professionnels.

• Toutefois, il est important que vous puissiez également trouver le temps, pour l'écrit comme pour l'oral, de vous mettre dans les conditions « réelles » du concours, en faisant en temps limité des sujets de notes, de rapports, de questions écrites, à partir des annales des années précédentes, et en vous entraînant, devant un miroir, ou une personne de votre entourage, à présenter votre parcours professionnel.

• Ainsi, vous serez mieux « armé » pour maîtriser le temps imparti des épreuves et pour dominer votre stress, clés de la réussite. Cela vous permettra également de vous rendre compte des efforts qu'il convient de continuer de fournir.

8. Le jour « J »

A. Avant l'épreuve

• Ne révisez pas comme un « forcené » jusqu'à une heure tardive, la veille du jour « J » ! Il importe de vous réserver une bonne nuit de sommeil, de privilégier un temps de respiration et donc de repos, de détente, de façon à éloigner les tensions et à atténuer le stress inévitable dans ce type de circonstances.

• Prévoyez d'arriver un peu en avance, pour éviter de débuter l'épreuve dans une situation d'anxiété ou d'être à la merci d'un incident de parcours (panne de voiture, incident dans les transports en commun).

B. Le moment des épreuves

• **N'oubliez pas de vous munir de l'ensemble des pièces nécessaires :** convocation, pièce d'identité et instruments utiles pour la prestation (stylos de couleur bleue ou noire – mais surtout ne changez pas de couleur en cours de rédaction, ce serait considéré comme un signe distinctif –, stabylos, gomme, crayon, montre pour bien gérer votre temps, etc.).

• Remplissez soigneusement en haut et à droite de la copie le cadre précisant votre état civil, qui ensuite doit être cacheté, afin de respecter l'anonymat et donc l'égalité de traitement de tous les candidats. Ne signez jamais votre copie, ne portez pas sur la copie le moindre signe distinctif susceptible d'entraîner l'élimination de votre copie. Si aucun nom de collectivité n'est mentionné dans l'intitulé du sujet, ne mettez aucune mention de lieu, même pas celui où se déroule l'épreuve.

• **Ayez toujours en tête qu'un concours est un recrutement :** les membres du jury cherchent à savoir si le candidat sera un bon professionnel dans le cadre de ses missions quotidiennes, s'ils le recruteraient comme collaborateur. Mettez-vous dans la posture de

passer un entretien de mobilité avec votre supérieur hiérarchique ou avec le directeur des ressources humaines.
Aussi, privilégiez, car ce sont précisément ces éléments qui feront la différence, le bon sens, la capacité de réflexion, la maîtrise de l'environnement professionnel et de manière plus générale, l'intelligence sociale.
Même si cela paraît évident, vous ne passez pas un examen ce jour-là, que ce soit à l'écrit ou à l'oral. **Vous devez avant tout démontrer que vous êtes prêt à prendre et à exercer les responsabilités d'un cadre administratif.** D'où l'exigence d'implication de plus en plus élevée.

- **Acceptez de ne pas tout maîtriser.** D'un jour sur l'autre, pour un même sujet, vous ne rendrez pas la même copie, vous ne vous exprimerez pas de la même manière à l'oral. Aussi, efforcez-vous d'être tout simplement vous-même, de faire du mieux possible, d'avoir confiance en vous, dans vos capacités, dans votre potentiel et de trouver du plaisir dans les différentes étapes du concours ou de l'examen professionnel, afin de renvoyer la meilleure image de vous, en visant la réussite.

Comme précisé ci-dessus, projetez-vous dans la situation suivante, pour ce qui concerne l'oral : vous êtes devant votre supérieur hiérarchique, dans le cadre d'un entretien de mobilité interne. Une telle posture vous mettra naturellement en confiance et vous donnerez assurément une image positive et dynamique de vous-même.

Bonne préparation !

Épreuve de réponses à des questions techniques à partir d'un dossier

Technicien territorial (concours externe)

Présentation de l'épreuve

Durée : 3 heures.
Coefficient : 1.

Cette nouvelle épreuve du concours externe d'accès au grade de technicien territorial est l'unique épreuve d'admissibilité de ce concours. Elle consiste en des **réponses à des questions techniques à partir d'un dossier** portant sur la spécialité au titre de laquelle vous avez décidé de concourir.

1. Objectif

L'objectif de cette épreuve est d'évaluer votre capacité à :
– analyser un dossier pour en identifier les informations pertinentes ;
– élaborer des réponses construites ;
– maîtriser les connaissances techniques nécessaires à une bonne compréhension des éléments du dossier et à la rédaction de réponses adaptées.

2. Les attentes vis-à-vis du candidat

Le niveau hiérarchique du grade postulé (catégorie B), la nature et la durée de l'épreuve impliquent des questions appelant de votre part tant **une réflexion qu'un raisonnement logique**. Cela exige également que vous disposiez d'une bonne maîtrise des connaissances techniques dans la spécialité que vous avez choisie. À partir de ce « bagage technique », il s'agit de vous permettre à la fois de mesurer l'importance relative des informations du dossier, de les reformuler en les organisant et de les compléter, si nécessaire, avec **vos connaissances personnelles** afin d'apporter les réponses les plus pertinentes.

3. Précisions

- Le libellé de l'épreuve ne précise ni le nombre de questions, ni la longueur de la réponse attendue. Compte tenu de la durée de l'épreuve et de son caractère technique puisque vous êtes évalué dans la spécialité choisie, les sujets pourront comporter jusqu'à une dizaine de questions, non nécessairement liées entre elles. Lorsque les questions ne sont pas liées, vous pouvez les traiter dans l'ordre qui vous convient.
- Le nombre de points alloués peut varier d'une question à l'autre. Le sujet précise alors le nombre de points attaché à chaque question, afin que vous puissiez choisir en toute connaissance de cause l'ordre de traitement des questions, selon votre faculté à les traiter rapidement.

• Des réponses rédigées sont attendues : elles doivent respecter des règles de présentation, d'orthographe et de syntaxe. Ainsi, à titre indicatif, le barème de pénalités peut être le suivant :
– copie négligée (soin, calligraphie, présentation) : – 0,5 point ;
– copie contenant 11 fautes et plus d'orthographe ou de syntaxe : – 1 point.
Les réponses apportées doivent également révéler votre capacité à reformuler les informations puisées dans le dossier **sans « copier-coller »**, ce qui serait fortement pénalisé.

À RETENIR

L'épreuve n'est en aucune manière une épreuve de synthèse de l'ensemble des éléments du dossier.

Le dossier est mis à votre disposition pour que vous y puisiez les éléments utiles à l'élaboration de vos réponses. Cependant, des connaissances et des compétences sont attendues pour comprendre les questions, identifier les informations les plus pertinentes, le cas échéant apporter les compléments nécessaires, opérer des calculs simples, présenter des données sous forme de schémas, tableaux, graphiques, esquisses, etc.

Conseils méthodologiques

• Le dossier constitutif de l'épreuve est la source essentielle d'appui, en termes d'informations. C'est à partir de ces informations que vous devez proposer une réponse claire, construite, argumentée et hiérarchisée. Elle doit être immédiatement compréhensible et évidente pour le correcteur. On attend donc de vous une réelle capacité à valoriser et reformuler les informations essentielles tirées du dossier, avec vos propres termes, votre propre style rédactionnel.

• L'introduction au sein des réponses de tableaux, de graphiques ou de schémas constitue également un mode de réponse pertinent.

• Le dossier, qui **en moyenne** fait **20 pages**, comprend plusieurs documents de nature variée : texte administratif et réglementaire, article technique, schéma, illustration, article ou dossier de vulgarisation, etc. Chaque document comporte **généralement 4 pages** ; ce nombre peut varier légèrement selon la densité de l'information (rarement au-delà). On attend donc également que vous ayez une réelle capacité de lecture rapide des documents.

• N'oubliez pas que vos réponses permettent de faire un certain nombre de constats et d'esquisser des pistes de réflexion. Les correcteurs liront chaque réponse comme un outil d'aide à la décision.

1. Repérer les informations essentielles

• L'analyse de chacun des libellés des questions doit être faite avec attention. Des renseignements sont en effet donnés afin de répondre à la demande.
Un ou plusieurs documents sont là pour vous aider à répondre aux questions.

• **Utilisez la lecture d'écrémage pour chaque document afin de repérer rapidement l'information** qui vous sera utile en parcourant la totalité du texte en diagonale, de l'angle gauche vers l'angle droit en bas de page pour découvrir la périphérie du texte, **ses extrémités, ses aspérités.**
Lisez en premier les extrémités : l'introduction, qui formule le sujet et le cadre de réflexion, soulève une problématique et parfois annonce un plan. **La conclusion**, qui récapitule le propos, s'attache à reprendre la problématique ou le point de vue de l'auteur. Cette lecture des extrémités vaut également pour la lecture plus approfondie des documents, par paragraphe : lisez les débuts et les fins de paragraphe.
Puis lisez les aspérités : le titre (qui fournit des indications sur le message essentiel), **les intertitres, les chapeaux introductifs, les encadrés** (souvent en **caractères gras**, sous le titre) qui proposent une synthèse de l'article, et évaluez le nombre de paragraphes marqués par des alinéas ou des mots de liaison (d'abord, ensuite, enfin, mais, en outre…). Ces mots révèlent la structure du texte. Chaque paragraphe développe une idée nouvelle.

Dans cette analyse des aspérités, favorisez une lecture de repérage par les mots-clés : cette lecture n'est possible que si vous avez bien analysé auparavant la question.
En tout état de cause, survolez ainsi tout le dossier pour vous en imprégner et repérer les grandes idées. Ce n'est qu'une fois ce survol global effectué que vous vous attacherez à répondre aux questions, les unes après les autres, en prenant appui, de façon plus approfondie, sur les documents du dossier correspondant à chacune des questions.

Astuce

Pour vous aider dans le survol du dossier, nous vous conseillons très vivement de détacher ses pages afin d'avoir chaque document se rapportant à la question à disposition, car de nombreux aller-retour entre la question et les documents sont nécessaires. Cela vous fera gagner un temps précieux. L'objectif est en effet que vous répondiez à toutes les questions dans le temps imparti.

2. La rédaction

- Vous rédigerez vos réponses en respectant les règles d'orthographe et de syntaxe (**– 1 point à partir de 11 fautes généralement**). Vos réponses doivent également révéler votre capacité à reformuler les informations extraites des documents, sans « copier-coller », ce qui serait fortement pénalisé.
- Le style à adopter doit être clair : concevez des **phrases courtes** par exemple. Il vous faudra également être précis, adopter un vocabulaire qui ne soit ni général, ni vague. Vous devez vous faire comprendre par un élu, un supérieur hiérarchique ou un collaborateur.
- Inscrivez bien le numéro de la question à laquelle vous répondez ; écrivez l'intitulé de la question, voire les intitulés des sous-questions, et soulignez-les.
- N'hésitez pas à sauter entre 1 et 2 lignes entre chaque question, pour bien aérer la copie et rendre ainsi sa lecture plus agréable pour le correcteur.
- Enfin, pensez à utiliser des tableaux ou des schémas pour appuyer vos raisonnements.

3. Les consignes à respecter

Des instructions précises sont données sur la page de garde présentant le sujet, et il convient de les respecter très scrupuleusement, au risque de voir votre copie annulée par le jury.

- Vous ne devez faire apparaître **aucun signe distinctif** dans votre copie, ni votre nom ou un nom fictif, ni votre signature ou un paraphe. Aucune référence (nom de collectivité, nom de personne…) autre que celles figurant le cas échéant sur le sujet ou dans le dossier ne doit apparaître dans votre copie.
- **Les feuilles de brouillon ne seront en aucun cas prises en compte.**
- L'utilisation d'une calculatrice de fonctionnement autonome et sans imprimante est autorisée.

Sujet 1

Durée : 3 heures.
Coefficient : 1.

Concours externe de technicien territorial – Spécialité : Réseaux, voirie et infrastructures.

Sujet

4 points

1 Vous avez à requalifier une voie urbaine communale dont la largeur de façade à façade est de 14 mètres et la longueur de 250 mètres. Le programme d'aménagement que les élus de votre collectivité vous fixent est le suivant :
– circulation automobile bi-latérale ;
– intégration des modes doux ;
– plantation d'arbres d'alignement ;
– stationnement automobile ;
– implantation d'éclairage public ;
– implantation d'un arrêt de bus au tiers de la voie.
Dessinez un tronçon de la voie (50 mètres linéaires environ) et précisez l'échelle utilisée.
Dessinez le profil en travers et précisez l'échelle utilisée.
Définissez les revêtements utilisés.
Le plan et le profil en travers seront à réaliser chacun sur une feuille blanche A4 mise à votre disposition. Il y aura donc 2 feuilles A4 à remettre avec votre copie.

3 points

2 Sur la base des documents n° 2 et n° 3 du dossier joint, on vous demande de chiffrer le coût € HT de la création d'un parking public de 10 stationnements sur un terrain en herbe de 20 m × 10 m.
Le parking aura les caractéristiques suivantes :
– périmètre entouré de bordures type basaltine T2 avec une entrée et une sortie distinctes de 3 m de large chacune sans bordure ;
– finition du parking enrobé Béton Bitumineux Semi Grenu 0/10 à 120 kg/m² mis en œuvre manuellement.

1 point

3 Le maire de votre commune souhaite implanter dans la rue principale de la ville des potelets d'un diamètre de 10 cm.
Quelle hauteur minimale devront-ils mesurer une fois posés ?
Quelles règles et recommandations pour l'implantation devez-vous respecter ?
Pour répondre à la question, vous disposez de votre règle kutch.

1 point

4 Dans la continuité de la question précédente, quels vêtements les agents de la commune qui réaliseront les travaux devront-ils porter ? Comment devra être équipé le véhicule utilisé dans le cadre de ce chantier ?

2 points

5 Vous avez à aménager plusieurs carrefours en croix de votre commune. Vous avez à traiter une problématique de vitesse, de respect de priorités et de traversée piétonne. Donnez plusieurs solutions permettant de traiter les carrefours en établissant un tableau comparatif des solutions possibles. Précisez et expliquez la solution la plus pertinente, à retenir.

2 points

6 Vous avez à monter un MAPA (marché à procédure adaptée) pour la réalisation d'un aménagement de voirie d'un coût estimatif de 50 000 € HT.
Quelles sont les pièces constitutives du marché ? Précisez l'utilité de chaque pièce au regard de votre aménagement.

2 points

7 Vous êtes responsable du service de viabilité hivernale de votre commune. Il est jeudi soir, la météo annonce un important épisode neigeux pour le week-end et vos équipes travaillent normalement jusqu'au vendredi midi. Vous savez que votre équipe d'astreinte sera insuffisante pour assurer le déneigement.
Décrivez l'organisation que vous souhaitez proposer à votre supérieur hiérarchique de mettre en place.

2 points

8 Vous êtes responsable d'une équipe de 10 agents chargés de l'entretien du réseau d'assainissement de votre commune. Vous avez constaté un taux d'accident du travail très élevé dû :
– au non-port des équipements de sécurité ;
– à une méconnaissance des règles de sécurité par les agents.
Quelles procédures allez-vous élaborer et mettre en œuvre pour tendre à la diminution des accidents du travail de votre service ?

2 points

9 Quelles sont les modifications induites par le « Code de la rue » sur les aménagements urbains ? Vous préciserez et justifierez l'intérêt de ce « Code » pour les modes de déplacement doux.

1 point

10 Technicien territorial au sein d'un conseil général, vous devez conduire des travaux de voirie dans l'agglomération de Techniville. Ces travaux, d'une durée de deux mois, doivent faire l'objet d'autorisations de la commune. Quelles sont les autorisations que vous allez demander à la commune ? Pourquoi ces autorisations sont-elles nécessaires ?

Liste des documents

1. *Le profil en travers, outil du partage des voiries urbaines* (extraits). Jean-Luc Reynaud, CERTU, ministère de l'Écologie, de l'Énergie, du Développement durable et de l'Aménagement du territoire, 14 décembre 2009.
2. Bordereau fictif de prix unitaires pour un marché à bons de commande de travaux courants de voirie et des réseaux divers.
3. Schémas de principe de la question n° 2.
4. « Accessibilité de la voirie et des espaces publics » (extraits), Cahier pratique. *Le Moniteur des travaux publics et du bâtiment*, 8 avril 2011.
5. Extrait de l'arrêté du 15 janvier 2007 portant application du décret n° 2006-1658 du 21 décembre 2006 relatif aux prescriptions techniques pour l'accessibilité de la voirie et des espaces publics, *Journal officiel*, 3 février 2007.
6. Extrait de l'ouvrage *Signalisation temporaire*, *OPPBTP*, édition 2010.

7. « Grenoble teste la surélévation partielle au centre de carrefours » (extraits), Olivier Baille, Certu et Thierry Marsick, service voirie-circulation de la ville de Grenoble, *Techni-Cités*, n° 140, 8-23 décembre 2007.

8. « Carrefour à quatre stops : trop de stops tuent le stop ! » (extraits), Daniel Lemoine, Certu, *Techni-Cités*, n° 154, 8 septembre 2008.

9. « N'inverse pas une priorité qui veut ! » (extraits), Daniel Lemoine, Certu, *Techni-Cités*, n° 178, 9 novembre 2009.

10. Les documents constitutifs du marché public, Conseil général des Alpes Maritimes, août 2010.

11. « Réseaux d'assainissement : maîtriser les risques pour les agents », Guy Delorne, DST, *Techni-Cités*, n° 169, 8 mai 2009.

12. « Le travail réel des agents territoriaux au cœur de leur sécurité », Elie Maroglou, ville de Lyon, *Techni-Cités*, n° 154, 8 septembre 2008.

13. « Démarche code de la rue : quelles conséquences pour les collectivités ? », Frédéric Murard, Certu, *Techni-Cités*, n° 165, 8 mars 2009.

14. « Les arrêtés et autorisations de voirie : définition et législation », Site Internet La vie des réseaux, consulté le 29 septembre 2011.

15. « Il va neiger… », site Internet de la ville de Thiers, consulté en septembre 2011.

DOCUMENT N° 1

« Le profil en travers, outil du partage des voiries urbaines » (extraits), Jean-Luc Reynaud, Certu, ministère de l'Écologie, de l'Énergie, du Développement durable et de l'Aménagement du territoire, www.developpement-durable.gouv.fr, 14 décembre 2009.

Certu

Construire le profil en travers

Choix des espaces constituant le profil :

- ➢ Penser d'abord aux piétons et cyclistes
- ➢ Puis selon les objectifs hiérarchisés du programme aux VL, TC, stationnement…

Organisation des espaces :

- ➢ Mettre au centre les usagers les plus rapides et laisser les piétons au contact des espaces riverains

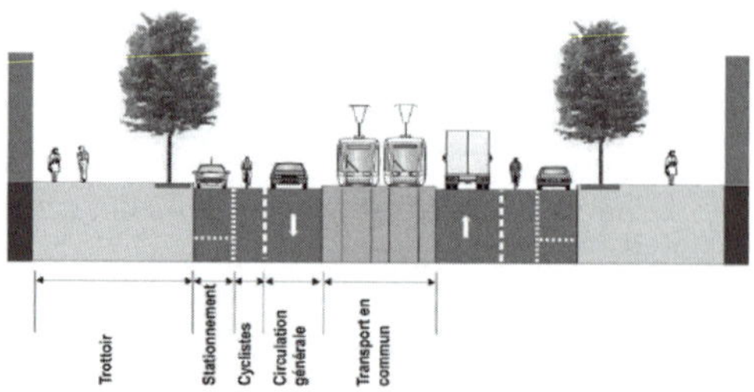

Les « espaces civilisés » de Paris

Contexte :

- ➢ grandes artères suffoquées par le trafic et ayant perdu leur convivialité

Un programme ambitieux :

- ➢ Accroître et sécuriser l'espace des piétons
- ➢ Réduire la place de la voiture
- ➢ Mieux stationner, mieux livrer
- ➢ Améliorer la régularité et la vitesse des bus
- ➢ Requalification des espaces publics

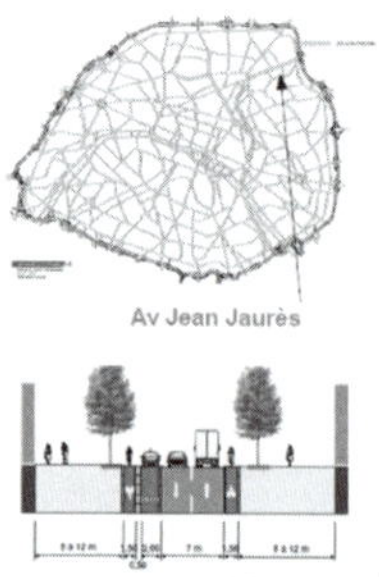

DOCUMENT N° 2

BORDEREAU FICTIF DE PRIX UNITAIRES

Marché à bons de commande « travaux courants de voirie et des réseaux divers »

N°	DÉSIGNATION	Prix en € H.T.
PR	**TRAVAUX PRÉPARATOIRES**	
	DÉCAPAGE DE TERRE VÉGÉTALE	
	Ce prix rémunère, au mètre cube, quelle que soit la pente du terrain naturel, le décapage de la terre végétale existante sur une épaisseur comprise entre 10 et 30 cm. Ce prix comprend le nettoyage, le défrichage, le débroussaillage, l'enlèvement des détritus de toutes natures, des taillis, dans la zone de chantier. Il comprend les frais correspondant à l'évacuation à la décharge choisie par l'Entrepreneur ainsi que le droit de décharge, ainsi que toutes sujétions et aléas.	
PR06	***Le mètre cube :***	11,00
	EXTRACTION DE DÉBLAIS	
	Ce prix rémunère, au mètre cube, quelle que soit la pente du terrain naturel, l'extraction et l'évacuation de déblais généraux de toute nature. Ce prix comprend l'amenée et le repli des engins, les implantations, l'extraction et le chargement des matériaux, la protection contre les eaux de toute nature, les sujétions de phasage, les sujétions dues à la présence de réseaux enterrés, le réglage des talus au profil définitif.	
	À l'aide d'engins mécaniques en pleine masse pour une épaisseur égale ou supérieure à 0,70 m	
PR25	***Le mètre cube :***	20,00
	À l'aide d'engins mécaniques en pleine masse pour une épaisseur inférieure à 0,70 m	
PR26	***Le mètre cube :***	24,00
CH	**TRAVAUX SUR CHAUSSÉE**	
	FOURNITURE ET MISE EN ŒUVRE DE GRAVE NON TRAITÉ	
	Ce prix comprend la fourniture et mise en place de grave non traité, y compris compactage et réglage. Ce prix rémunère les fournitures à pied d'œuvre des constituants désignés ci-après. Il comprend notamment la fourniture, le transport, le déchargement, la mise en œuvre, le compactage et le réglage au grader à la cote prescrite. Ce prix s'applique quelle que soit la localisation du chantier.	
	> Fourniture et mise en œuvre de grave concassée 0/20	
CH15	***Le mètre cube :***	61,20
	> Fourniture et mise en œuvre de grave concassée 0/100	
CH17	***Le mètre cube :***	30,00
	> Fourniture et mise en œuvre de grave roulée 0/100	
CH20	***Le mètre cube :***	30,50

●●●

●●●

N°	DÉSIGNATION	Prix en € H.T.
	FOURNITURE ET MISE EN ŒUVRE DE BÉTON BITUMINEUX GRANITIQUE OU SILICO-CALCAIRE	
	Ce prix rémunère, à la tonne de matériau en place, la fourniture, le transport et la mise en œuvre de béton bitumineux granitique ou silico-calcaire. Il comprend notamment l'étude de formulation, tous les frais de fourniture et de stockage de tous les constituants, avec l'organisation des livraisons et du stockage, tous les frais de fabrication, le chargement (et le pesage des camions de transport), le transport sur chantier, la mise en place des dispositifs de repérage, le répandage des matériaux, le déchargement, les planches de vérification et d'essais de compactage, le réglage et le compactage.	
CH27	Fourniture, transport et mise en œuvre mécanique au finisseur de Béton Bitumineux **à Module Élevé 0/10** ***La Tonne :***	84,00
CH29	> Fourniture, transport et mise en œuvre mécanique au finisseur de Béton Bitumineux **Semi Grenu 0/10** ***La Tonne :***	92,00
CH32	> Fourniture, transport et mise en œuvre mécanique au finisseur de Béton Bitumineux **Drainant 0/10** ***La Tonne :***	95,00
CH36	> Plus-value au prix CH26 à CH33 pour mise en œuvre manuelle de Béton Bitumineux quelle qu'en soit la nature. ***La Tonne :***	58,00
	FOURNITURE ET POSE DE FEUTRE ANTICONTAMINANT	
CH56	Ce prix rémunère au mètre carré la fourniture et la mise en place d'un feutre anticontaminant sur fond de forme de chaussée. ***Le mètre carré :***	1,00
BC	**BORDURES ET CANIVEAUX**	
	FOURNITURE ET POSE DE BORDURE BASALTINE TYPE 1	
	Ce prix rémunère au mètre linéaire la fourniture et la pose de bordures de trottoir type BASALTINE ou similaire avec parement granité, y compris fourniture et mise en place de béton de fondation dosé à 250 kg de ciment, réglage aux pentes prescrites, calage des bordures, exécution des joints au mortier de ciment tirés au fer et toutes sujétions.	
BC11	> Bordures Type T2 droites ***Le mètre linéaire :***	37,00
BC12	> Bordures Type T2 courbes, 1 m < Rayon < 5 m ***Le mètre linéaire :***	40,00
BC13	> Bordures Type T2 courbes, 6 m < Rayon < 15 m ***Le mètre linéaire :***	38,50

Document n° 3

SCHÉMAS DE PRINCIPE DE LA QUESTION N° 2

Schéma de principe de l'aménagement du parking (sans échelle)

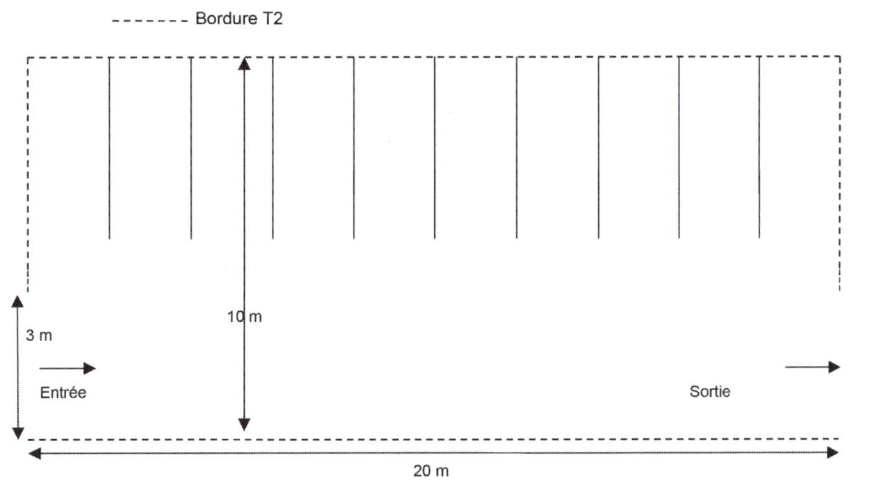

Structure du terrain existant	Structure du parking
Herbe et terre végétale épaisseur 20 cm	**Béton Bitumineux épaisseur 5 cm**
Terrain naturel	**Grave concassée 0/20 épaisseur 25 cm + feutre anti-contaminant**
	Terrain naturel

DOCUMENT N° 4

« Accessibilité de la voirie et des espaces publics » (extraits), Cahier détaché n° 2, en complément du Moniteur *n° 5602 du 8 avril 2011. Auteur : Carole Le Bloas, dessinateur : Ursula Bouteveille. www.lemoniteur.fr*

21. Repérage du mobilier urbain

Références
Arrêté du 15 janvier 2007, art. 1. 6°, annexes 1, 2, 3.
Décret n° 2006-1658, art. 1, 1°.

Le mobilier urbain (bornes, poteaux, banc, poubelles, mât d'affiche, etc.) doit être détectable par les personnes aveugles ou malvoyantes. Ils ne doivent pas entraver la circulation des piétons et donc être implantés en dehors de la largeur utile du cheminement et de préférence en alignement les uns des autres.

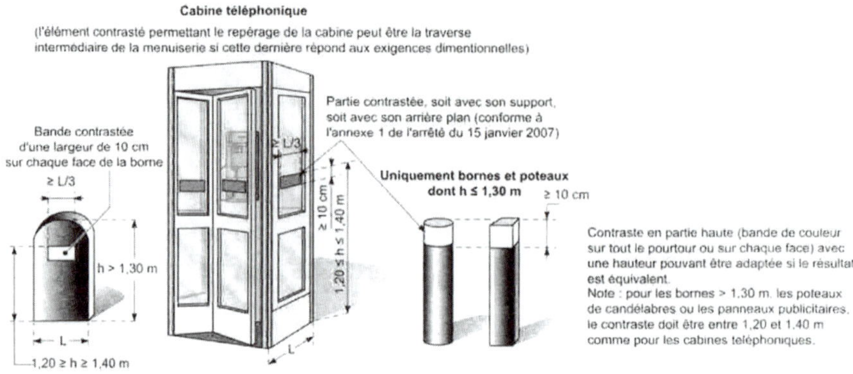

Figure 1. Exemples de repérage du mobilier urbain.

23. Implantation de poteaux le long d'un trottoir

Références
Arrêté du 15 janvier 2007, art. 1. 6°, annexes 1, 2, 3.
Décret n° 2006-1658, art. 1, 1°.

Le mobilier urbain doit être implanté sans gêner la circulation des piétons. Il est recommandé des les implanter en alignement les uns par rapport aux autres.

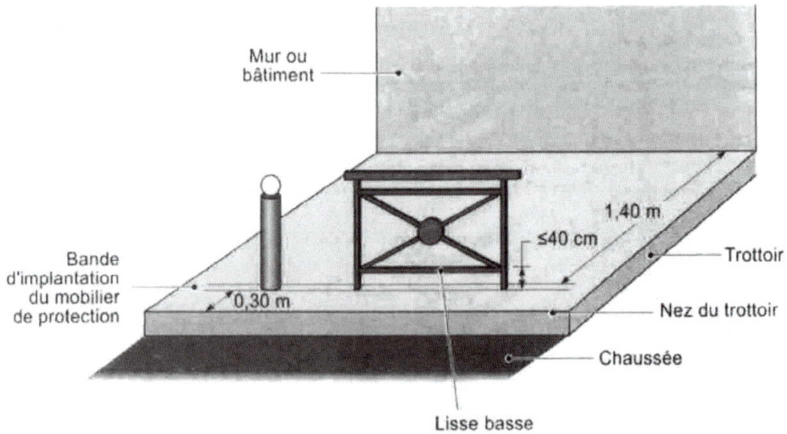

Figure 1. Exemples d'implantation de poteaux le long du trottoir

•••

•••

24. Implantation de potaux pour la protection contre le stationnement

Références
Arrêté du 15 janvier 2007, art. 1. 6°, annexes 1, 2, 3.
Décret n° 2006-1658, art. 1, 1°.

Les potelets empêchant le stationnement sur le trottoir doivent être implantés à bon escient afin de ne pas gêner la circulation des piétons en situation de handicap.

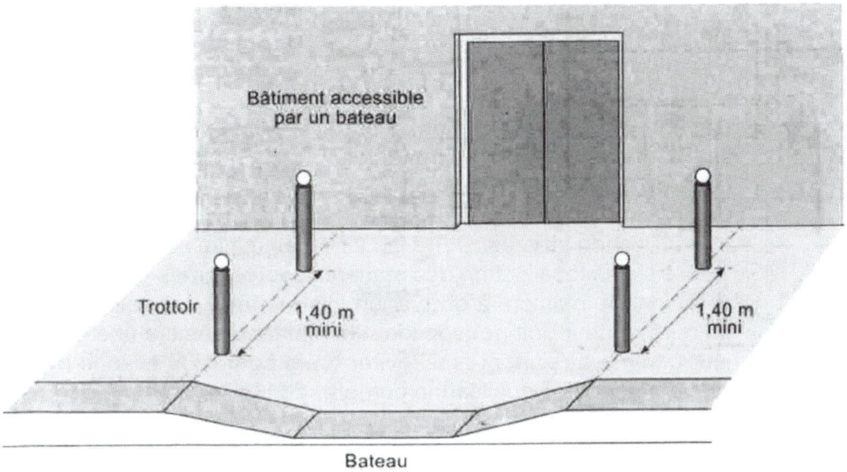

Figure 1. Exemple d'implantation de poteaux pour la protection contre le stationnement.

Document n° 5

Extrait de l'arrêté du 15 janvier 2007 portant application du décret n° 2006-1658 du 21 décembre 2006 relatif aux prescriptions techniques pour l'accessibilité de la voirie et des espaces publics.

2 février 2007 JOURNAL OFFICIEL DE LA RÉPUBLIQUE FRANÇAISE

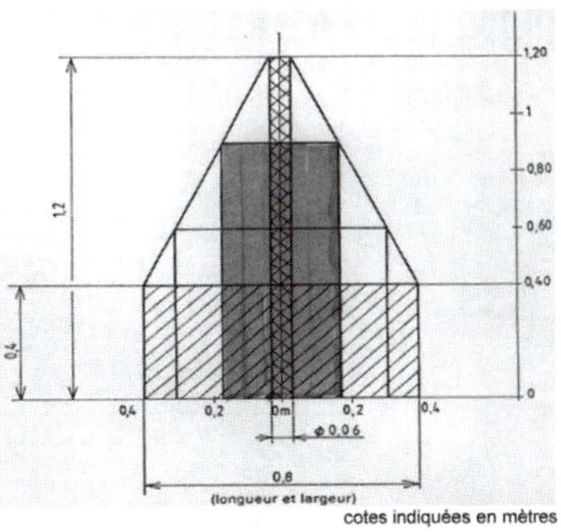

La hauteur du poteau est de 1,20 m au minimum pour un diamètre ou une largeur de 0,06 m.
La longueur et la largeur de la borne (ou massif bas) sont de 0,80 m au minimum pour une hauteur maximale de 0,40 m.
Au-dessous de 0,80 m de côté, la hauteur à respecter augmente à mesure que la largeur de la base diminue, selon les dimensions intermédiaires lues sur l'abaque.

DOCUMENT N° 6

Extrait de l'ouvrage Signalisation temporaire, OPPBTP, *édition 2010.*

Vêtements de signalisation à haute visibilité

Sur les routes circulées, la protection collective est réalisée à l'aide d'un balisage et d'une signalisation temporaire adaptés. Toutefois, cette protection a ses limites dans la mesure où, dans ce contexte, l'individu reste l'élément le moins bien identifié sur le chantier. De plus, les automobilistes ne respectent que partiellement les prescriptions de la signalisation de chantier. Il est donc important de pouvoir identifier facilement toute présence humaine depuis le poste de conduite. Le dernier rempart des personnels à pied est donc assuré par une protection individuelle réalisée au moyen d'un vêtement de signalisation à haute visibilité.

CARACTÉRISTIQUES

Le vêtement de signalisation à haute visibilité est un vêtement qui permet à l'utilisateur d'être vu dans des conditions défavorables, de jour dans toutes les variations de luminosité, et de nuit. Ce type de vêtement fait partie des équipements de protection individuelle (EPI). À ce titre, il est soumis à des règles de fabrication et d'utilisation strictes. Outre les surfaces minimales, la norme NF EN 471 définit la forme et la localisation des matières fluorescentes et rétroréfléchissantes sur le vêtement de manière à obtenir un silhouettage optimal. Grâce à ces vêtements, un œil extérieur doit pouvoir identifier instantanément une silhouette humaine, de jour comme de nuit, et ainsi éviter toute confusion avec le balisage du chantier. Un vêtement de signalisation comprend :

- un support fluorescent de couleur jaune, orange ou rouge pour assurer la visibilité et le contraste de jour ;
- des éléments rétroréfléchissants de couleur gris-argent pour assurer la visibilité et le contraste de nuit.

CONFORMITÉ DU VÊTEMENT DE SIGNALISATION

Tout vêtement de signalisation doit porter un marquage CE de conformité comme dans l'exemple ci-dessous.

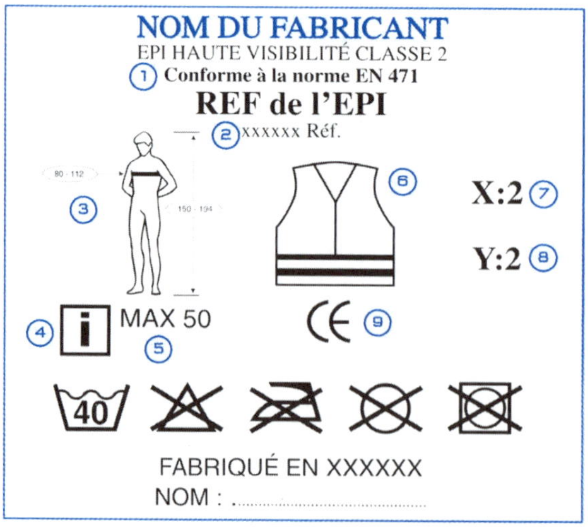

1. Référence commerciale du fabricant
2. Référence commerciale de la matière rétroréfléchissante
3. Pictogramme de la taille
4. Des instructions particulières d'entretien sont mentionnées dans la notice d'information et doivent être consultées.
5. Nombre de lavages théorique
6. Pictogramme spécifique de l'EN 471
7. Classe du vêtement
8. Classe de la matière rétroréfléchissante
9. Marquage CE

•••

•••

La certification des vêtements de signalisation

➤ Les vêtements de signalisation à haute visibilité sont des EPI de classe 2 (risques intermédiaires, lésions graves) au sens du Code du travail. Ils sont soumis à la procédure d'examen « CE de type » réalisée par un organisme habilité, pour obtenir leur certification de conformité. Cela signifie que, préalablement à la mise sur le marché, un organisme habilité procède au contrôle de la documentation technique, constituée par le fabricant ou le responsable de la mise sur le marché, et à des essais sur le modèle d'EPI concerné.

➤ Si le contrôle est concluant, l'organisme fournit une attestation CE de type au fabricant qui, dès lors, peut apposer le marquage CE. Toutefois, les EPI de catégorie 2 ne font pas l'objet d'une procédure de contrôle de fabrication. Le fabricant doit établir une déclaration CE de conformité selon le modèle fixé dans l'arrêté du 18 décembre 1992.

Véhicules d'intervention

Les véhicules d'intervention et de travaux assurant la signalisation de position et d'approche d'un chantier doivent être équipés :

- de feux spéciaux,
- d'un panneau AK5, équipé de trois feux de balisage synchronisés R2,
- d'une signalisation complémentaire (bandes rouges et blanches).

Ces éléments doivent être visibles à l'avant et à l'arrière du véhicule.

Feux spéciaux

Feux tournants ou à tubes à décharge, ou clignotants, de couleur jaune-orangé.

Panneaux AK5 + Jeux R2

- Gamme petite ou miniature pour véhicules légers.
- Gamme normale ou petite pour les poids lourds.

Signalisation complémentaire

Bandes rétroréfléchissantes adhésives de classe 1 ou 2, d'une largeur minimale de 0,14 m :

- à l'avant : deux bandes horizontales d'une surface totale au moins égale à 0,16 m^2,
- à l'arrière : deux bandes verticales et deux bandes horizontales d'une surface totale au moins égale à 0,32 m^2,
- sur chaque côté : une bande horizontale d'une surface au moins égale à 0,16 m^2.

CAS PARTICULIER : UTILISATION DE FEUX SPÉCIAUX SEULS

Les véhicules légers qui ne sont pas affectés à des missions d'intervention de travaux, mais qui sont susceptibles de s'arrêter sur la chaussée ou de pénétrer dans une zone de travaux, peuvent être équipés des seuls feux spéciaux.

Document n° 7

Par Olivier Baille, Certu et Thierry Marsick, service voirie-circulation de la ville de Grenoble (extrait), Techni. Cités, *n° 140, 8-23 décembre 2007.*

VOIRIE

GRENOBLE TESTE LA SURÉLÉVATION PARTIELLE AU CENTRE DE CARREFOURS.

La ville de Grenoble a récemment expérimenté, dans une zone résidentielle, un nouveau type de ralentisseur implanté au centre de carrefours plans fonctionnant sur le régime de priorité à droite : le bilan a montré l'efficacité de l'aménagement, à la fois sur la modération des vitesses et sur la baisse des accidents.

La ville de Grenoble était confrontée ces dernières années à une problématique d'accidents sur et à proximité de carrefours plans, fonctionnant en régime de priorité imposé par panneaux, au niveau d'un quartier résidentiel. Ces carrefours avaient des problèmes de visibilité des branches adjacentes, provoqués par la présence de murets délimitant le domaine public.

Des résultats positifs

Trois carrefours plans présentaient des problèmes d'accidentologie, avec vingt accidents impliquant des blessés légers, dont dix en carrefour sur cinq ans, entre 2001 et 2004.

Dès septembre 2004, la ville a entrepris l'implantation de surélévations partielles au centre de ces carrefours, accompagnée d'un rétablissement de régime de priorité à droite.

Depuis, plus aucun accident en carrefour n'a été recensé, et les accidents en amont et en aval de ces carrefours ont diminué, avec trois accidents avec blessés légers sur une période de deux ans.

À noter qu'aucun accident de vélo, cyclo, ou moto n'a été recensé sur les sites après aménagement.

Des mesures de vitesses avant/après aménagement ont été effectuées au niveau des intersections. Elles montrent que la V85 (vitesse en dessous de laquelle roulent 85 % des usagers) est globalement passée de 40 km/h à 30 km/h, et que les vitesses maximums ont fortement diminué, passant de 75 km/h à 40 km/h avec une efficacité maintenue la nuit.

La combinaison de ce dispositif en carrefour, avec la mise en place du régime de priorité à droite, a donc eu un effet positif. [...]

Avantages et inconvénients

Au niveau des avantages, ce dispositif est d'une relative facilité de mise en œuvre et d'un coût peu élevé par rapport au plateau aménagé en carrefour. L'assainissement n'est pas à reprendre et la quantité de matériau est moindre. Une sécurisation du carrefour à l'aide de coussins aurait nécessité huit coussins (deux pour chaque branche), ce qui aurait coûté quatre fois plus cher, et aurait été déconseillé du fait d'une largeur de chaussée inférieure à 6 mètres en bidirectionnel en approche des carrefours.

Mais ce dispositif est naturellement à proscrire pour des voies supportant une ligne régulière de transports en commun, les pentes étant incompatibles avec le souci légitime de confort de conduite des véhicules de transports en commun et de moindre pénalisation de la vitesse commerciale.

De plus, contrairement aux plateaux en carrefour, cette surélévation ne traite pas les aménagements piétons en amont des carrefours, et n'offre pas le même confort pour les traversées.

Enfin, la qualité esthétique de cette surélévation est moindre que celle d'un plateau en carrefour.

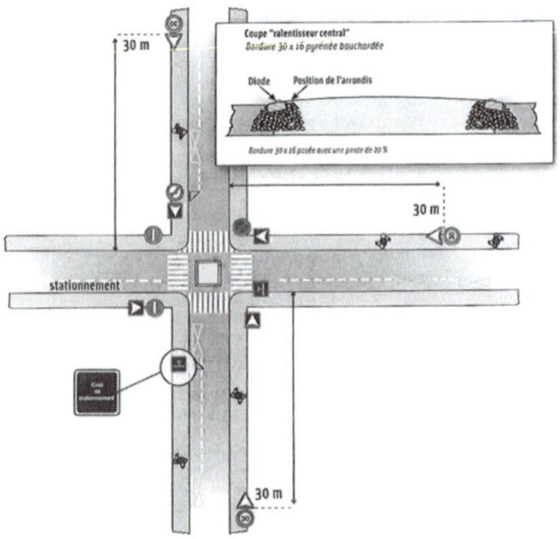

« L'aménagement est efficace sur la baisse des vitesses et des accidents, s'il est associé au régime de priorité à droite du carrefour. »

DOCUMENT N° 8

Par Daniel Lemoine-Certu (extrait), Techni. Cités, *n° 154, 8 septembre 2008.*

VOIRIE

Carrefour à quatre stops : trop de stops tuent le stop

La fausse bonne idée de disposer un panneau stop à chaque branche d'un carrefour a connu récemment une promotion involontaire.
Le point sur cette pratique incompatible avec la réglementation française. (...)

Les quatre stops d'Angers.

Les principes généraux de la signalisation

La réglementation française ne prévoit pas de faire stopper tous les usagers à un carrefour. Chaque voie a son importance propre, la circulation doit s'y écouler sans à-coup, le régime de priorité de chaque carrefour doit être étudié au cas par cas.

La possibilité est laissée à l'autorité investie du pouvoir de police de choisir ledit régime de priorité. Pour cela, le statut, la cohérence, le trafic de chaque voie, sont pris en compte. Si l'arrêt ne doit pas être marqué, il faut donc prévoir des cédez-le-passage.

Les principes généraux de la signalisation routière répondent notamment au besoin de simplicité et d'harmonisation attendu des conducteurs. L'homogénéité de la signalisation est un des critères fondamentaux à respecter : en tout lieu, deux points singuliers, identiques doivent être signalés de la même manière, ou, réciproquement, un signal donné doit être toujours utilisé dans les mêmes conditions, et avec la même signification. Ceci interdit donc en France les quatre stops, qui ne sont ni dans l'esprit, ni dans la règle de la signalisation française.

Des expériences peu concluantes

Quelques municipalités ont implanté ce type d'aménagement, comme Angers en 1980 : en venant chercher sa fiancée dans un quartier assez tranquille, un jeune militaire n'a pas respecté un stop et a blessé mortellement un adolescent qui traversait la rue.

[...]

L'idée est ensuite venue, pour ce carrefour relativement exigu, avec des trottoirs peu larges, de tester une signalisation permanente imposant la prudence à tous : un signal stop sur les quatre branches (en place des deux stops sur l'un des axes). Le raisonnement était simple : ce serait bien le diable si deux conducteurs grillaient chacun leur stop au même moment. Il est vrai que le problème de visibilité de ce carrefour étant patent, les usagers le franchissaient en général prudemment : seul un événement perturbateur avait pu générer l'accident précité.

Une commune plus rurale du département du Rhône a fait récemment les gorges chaudes d'une célèbre chaîne de télévision qui a présenté, dans une de ses émissions populaires, « les quatre stops de Dommartin » : en 1990, les usagers avaient dû s'habituer à cette signalisation insolite. D'autres complètent le stop d'un panonceau littéral contradictoire...

Force est de constater que généralement, les automobilistes ne marquent pas l'arrêt à ces endroits : le stop n'est donc pas respecté, les usagers sont en infraction, et la municipalité les a éduqués en ce cens. En effet, l'arrêt y est imposé en permanence, même si l'on se présente seul, la tentation est donc forte de ne pas s'arrêter. Les communes qui ont testé ce pseudo-régime de priorité s'accordent sur le fait qu'il ne faut pas généraliser ce pis-aller. [...]

Le risque d'un discrédit du stop

Pour les carrefours plans sans feux autres que les priorités à droite, giratoires et mini-giratoires, le choix du stop n'apporte pas une réelle amélioration de la sécurité par rapport au cédez-le-passage. Le stop se justifie dans le cas d'une visibilité très tardive en venant d'une voie non prioritaire. En dehors de ces cas, le cédez-le-passage devrait rester la disposition la plus courante de façon à ne pas aboutir à un discrédit du stop, c'est-à-dire sa non-observation dans la plupart des cas. À travers le respect de ce signal impératif, c'est le crédit de toute la signalisation qui est en jeu.

DOCUMENT N° 9

Par Daniel Lemoine-Certu (extrait), Techni.Cités, *n° 178, 9 novembre 2009.*

VOIRIE

N'inverse pas une priorité qui veut !

Non moins incongrus que les carrefours à quatre « stop », il existe des carrefours dits à « stop inversé ».
Une réponse aux problèmes de circulation qui s'avère contre-productive.
Un panneau ne remplace jamais un bon aménagement !

Certains maires, confrontés à des vitesses qu'ils jugent excessives dans la traversée de leur commune, ont opté pour une solution à bon compte. Plutôt que d'aménager un carrefour, ils se contentent de modifier son régime de priorité, réglé par des panneaux. Cet aménagement consiste à inverser le régime de priorité d'une ou plusieurs intersections classiques jalonnant l'itinéraire d'un usager en transit, en implantant des « stop » sur les voies les plus chargées en trafic, souvent aussi les plus larges, voire les plus rectilignes. Par exemple, sur un carrefour en T, au lieu de placer le panneau sur la voie secondaire débouchant sur la barre du T, la municipalité en place un (voire deux) sur la voie principale. Un arrêté, des panneaux et le tour semble joué, pour de faibles dépenses.

Dans ce cas, le signal « stop » est détourné, afin de réguler la traversée d'agglomération, alors que son usage premier est de sécuriser un carrefour présentant une visibilité limitée.

C'est sans compter les règles de l'art, l'accidentologie (en carrefour, le nombre d'accidents est proportionnel à l'intensité du trafic de la voie non prioritaire) et l'argumentaire sur la cohérence des carrefours (développé dans un précédent article de *Techni-Cités*).

Un tel aménagement étant atypique, on peut donc s'interroger sur sa pertinence et son fonctionnement.

Gêne et insécurité

Le Centre d'études techniques de l'équipement Normandie-Centre (Cete NC) a étudié en février 2009 le fonctionnement d'un carrefour à « stop inversés » en Seine-Maritime. Il ressort principalement de cette étude que 93 % des usagers ne respectent pas le stop (c'est-à-dire le franchissent sans marquer l'arrêt).

Dans ce cas précis, pour un trafic de 20 000 véhicules/jour, l'analyse vidéo a permis de recenser plus de 350 situations dangereuses en une semaine, soit 18 000 situations à risque par an. L'observation d'autres sites corrobore ces résultats.

Si le plus souvent, les intersections ainsi transformées ne présentent pas de problème de sécurité avéré, la modification du régime de priorité sans autre mesure d'accompagnement dégrade le niveau de sécurité de carrefour. En effet, sur de tels sites, le signal « stop » est décrédibilisé. Son respect général est battu en brèche. L'usager ne peut plus discerner pourquoi

•••

•••

l'aménageur lui impose un stop à tel endroit, et pourquoi, ailleurs, il est passé outre ! Incomprise, cette mesure n'est pas toujours respectée et engendre des déviances. Toutes les études de sécurité routière, le Code de la route, les conventions internationales, n'auront servi à rien si des gestionnaires locaux ne respectent pas les règles de l'art.

L'homogénéité de la signalisation routière – l'un de ses critères d'efficacité – est foulée, entraînant gêne et insécurité. [...]

Lorsqu'un bureau d'études conçoit un carrefour, il doit prendre en compte l'immuable triangle de visibilité. Il n'est donc pas possible, du jour au lendemain, de modifier les régimes de priorité.

En outre, si l'on poursuit dans ce choix, les travaux peuvent être lourds pour rendre le carrefour lisible du fait de la modification désirée. L'énergie déployée serait donc mieux utilisée à entreprendre des études un peu plus poussées, à analyser le fonctionnement du carrefour mais aussi de l'ensemble du quartier. La recherche de l'homogénéité s'impose alors, et l'analyse de l'axe et du quartier permet de vérifier s'il est possible d'améliorer la situation sans créer un point au fonctionnement hasardeux.

Envisager des solutions alternatives

Un carrefour doit être pensé et conçu en cohérence avec le réseau routier et les carrefours environnants, tout en respectant les principes de la signalisation routière. La multiplication de dérives telles que le « stop inversé » est contre-productive pour l'ensemble de la sécurité routière. Un aménagement plus global (zone 30, zone de rencontre...), une modification du plan de circulation, voire des aménagements plus ponctuels (chicanes, plateaux...) donnent de bien meilleurs résultats, sans mettre à mal et galvauder une signalisation internationale qui doit rester homogène et cohérente pour le bien de tous.

DOCUMENT N° 10

Conseil général des Alpes-Maritimes.

Les documents constitutifs du marché public

Conseil général des Alpes Maritimes, sous-direction de l'achat et de la commande publique, août 2010

Les points essentiels à retenir :

– Le dossier de consultation des entreprises (DCE) se compose de l'ensemble des documents fournis par l'administration aux candidats, en vue de répondre à un avis d'appel public à concurrence (AAPC).

– Avec l'avis d'appel public à concurrence, le règlement de la consultation est un document de mise en concurrence destiné à informer les candidats des modalités pratiques de la consultation et des conditions de jugement des offres. Le règlement de la consultation est facultatif si les mentions qui doivent y être portées figurent dans l'AAPC.

⇨ Les documents relatifs à la consultation

• Les documents réglementaires

Les documents réglementaires sont utilisés lors de la passation des marchés. Ils servent au respect des principes de base de la réglementation.

Principe à respecter	Document utilisé
Organisation de la transparence	Avis de publicité (AAPC)
Libre accès à la commande publique	
Mise en concurrence obligatoire	
Égalité de traitement des candidats	Règlement de la consultation (RC)
Organisation de la transparence	Avis d'attribution

•••

●●●

ATTENTION :
Les documents réglementaires sont opposables à tous :
Si, en tant qu'entreprise candidate, vous ne respectez pas leur contenu (documents à remettre, délais de remise des offres, formalisme des offres [...], votre proposition sera rejetée.
Si la collectivité ne respecte pas ses obligations en la matière, le marché peut être frappé de nullité.

• ***Les documents contractuels***
Il en existe de 2 types.

- ***Les documents généraux :***
  . le Code des marchés publics,
  . les CCAG, ou Cahiers des Clauses Administratives Générales,
  . les CCTG, ou Cahiers des Clauses Techniques Générales.

• ***Les documents particuliers :***
  . l'acte d'engagement (AE),
  . le CCAP, ou Cahier des Clauses Administratives Particulières,
  . le CCTP, ou Cahier des Clauses Techniques Particulières,
  . divers documents comme des plans, des schémas, le Bordereau de Prix Unitaires (BPU), la Décomposition du Prix Global et Forfaitaire (DPGF), le Devis Quantitatif Estimatif (DQE),
  . le Mémoire technique de l'entreprise, les fiches techniques ou fiches produits.
  Ainsi que, après la notification du marché :
  . les bons de commande,
  . les ordres de service,
  . les avenants.

• Questions autour du thème

Quels sont les documents nécessaires à la passation d'un marché public ?
L'Avis d'Appel Public à la Concurrence pouvoir adjudicateur (AAPC) est une annonce publiée par le pouvoir adjudicateur dans un journal d'annonces légales, au *Bulletin officiel des annonces des marchés publics* ou au *Journal officiel* de l'Union européenne ou sur son portail de dématérialisation des marchés, selon le montant estimé du marché.
Cette annonce est destinée à informer les candidats potentiels à un marché des principales caractéristiques de ce dernier. Cette publication doit obligatoirement être suivie d'un délai minimum avant la date limite de réception des candidatures ou des offres (voir fiche sur les procédures et délais de publicité).
Le Dossier de Consultation des Entreprises (DCE) est rédigé par l'administration pour le lancement des procédures de marchés publics.
Il regroupe les informations relatives à la mise en concurrence et à l'exécution du contrat.
Il se compose de plusieurs documents permettant à l'entreprise de comprendre ce que veut la collectivité (CCAP, CCTP), de savoir sur quelle base son offre sera jugée (RC) et de proposer un prix (AE, BPU).

Quels sont le contenu et la portée des documents composant le DCE ?
* *Le règlement de la consultation (RC)*
Avec l'avis d'appel public à concurrence, le règlement de la consultation est un document de mise en concurrence destiné à informer les candidats des modalités pratiques de la consultation et des conditions de jugement des offres. Le règlement de la consultation est facultatif si les mentions qui doivent y être portées figurent dans l'AAPC.
Le Code des marchés énumère les indications obligatoires dans l'un ou l'autre de ces documents :
- l'identification de l'acheteur,
- la date et heure limite de réception des offres,
- l'objet de la consultation,
- l'étendue de la consultation,
- la décomposition en lots,
- le mode de règlement du marché,
- les délais d'exécution ou de livraison,

●●●

●●●

- le délai de validité des offres,
- le contenu des offres,
- les conditions d'envoi des offres,
- les modalités de jugement des propositions,
- les renseignements complémentaires.

* *L'acte d'engagement (AE)*

L'acte d'engagement est la pièce signée par un candidat à un marché public dans laquelle il présente son offre financière et adhère aux clauses que la personne publique a rédigées. Cette pièce figure dans le dossier de consultation sous forme d'un imprimé qui doit être rempli par le candidat.

Cet acte d'engagement est ensuite signé par la personne publique lorsqu'elle accepte l'offre de l'entreprise. Le marché est alors notifié à l'entreprise, soit par voie postale en recommandé avec accusé de réception, soit directement auprès de la personne publique par l'envoi d'une copie signée des deux parties de l'acte d'engagement (lorsque le marché, compte tenu de son montant, doit au préalable être transmis au représentant de l'État au titre du contrôle de légalité, l'acte d'engagement porte le cachet de la préfecture et la date d'arrivée du marché).

* *Les documents généraux (CCAG, CCTG)*

L'acheteur peut choisir d'appliquer un texte général à son contrat sous la forme d'un CCAG (Cahier des Clauses Administratives Générales) et d'un CCTG (Cahier des Clauses Techniques Générales).

Les CCAG fixent les dispositions administratives applicables à une catégorie de marchés (fournitures courantes et services, travaux, prestations intellectuelles, marchés industriels, techniques de l'information et de la communication), tandis que les CCTG fixent les dispositions techniques applicables à des prestations de même nature (travaux, exploitation de chauffage, contrôle technique, etc.). Ces documents sont approuvés par décret mais n'ont pas caractère obligatoire : ils ne sont applicables pour tout ou partie que si un document contractuel le prévoit expressément.

Ils ne sont pas fournis aux candidats par la personne publique. Ces documents sont censés être connus de tous (ils sont consultables sur le site www.colloc.bercy.gouv.fr).

* *Les documents particuliers (CCAP, CCTP)*

L'acheteur définit les modalités de son besoin, et d'exécution des prestations dans un cahier des clauses administratives particulières (CCAP) et dans un cahier des clauses techniques particulières (CCTP). Parfois, les deux documents peuvent être fusionnés dans un Cahier des Clauses Particulières (CCP).

Le cahier des clauses administratives particulières (CCAP) comporte certaines mentions essentielles à la réalisation de la prestation :

- l'objet du contrat,
- les conditions d'exécutions (délais et lieux de livraison, réception, contrôles),
- les modalités de règlement (la personne publique détaille les modalités de détermination du prix, la périodicité des paiements, les clauses de révision, pénalités, intérêts moratoires).

Le cahier des clauses techniques particulières (CCTP) est le document qui traduit le besoin. Il porte état de l'existant et détaille les qualités et composantes techniques des produits. Il comprend l'ensemble des spécifications techniques voulues par la personne publique, lesquelles peuvent être précisées :

- soit par référence à des normes ou agréments techniques,
- soit en termes de performances ou d'exigences fonctionnelles à atteindre par la solution proposée par les candidats.

Les clauses administratives et techniques peuvent inclure des caractéristiques environnementales, ou sociales.

Pour aller plus loin (liens utiles) :

- www.colloc.bercy.gouv.fr
- www.legifrance.gouv.fr
- www.entreprises.minefi.gouv.fr

DOCUMENT N° 11

Par Guy Delorme (DST), Techni.Cités, *n° 169, 8 mai 2009.*

ASSAINISSEMENT

Réseaux d'assainissement : maîtriser les risques pour les agents

Le maintien en bon état des réseaux d'assainissement, les réparations, les différents contrôles, nécessitent une intervention des agents qui présente souvent des risques et qui peut avoir des conséquences graves, voire mortelles : asphyxies, accidents de manutention, noyades, renversements par des véhicules... Les décès récents des agents sur la commune de Biarritz sont là pour nous le rappeler.

Sécuriser le travail en surface

Il y a tout d'abord des risques liés à l'intervention sur la voie publique. Pour éviter les risques de renversement par un véhicule, tous les agents travaillant ou circulant sur la voirie doivent porter un vêtement de signalisation à haute visibilité de classe II ou III (ou de classe I pour les interventions de courte durée).

Les chantiers doivent également être signalés. Ceci passe aussi bien par les cônes, barrières et panneaux disposés sur la chaussée, que par les véhicules eux-mêmes (panneaux triangulaires de chantier dotés de trois feux clignotants, bandes rétroréfléchissantes, gyrophares).

La manutention des tampons peut entraîner des lombalgies mais aussi des lésions aux mains (écrasements, coupures). Des outils adaptés doivent être mis à la disposition des agents.

La descente dans les canalisations

Il est impératif que les équipes d'intervention soient constituées d'un nombre suffisant de personnes. Ainsi, dans les canalisations, les agents doivent être au moins deux afin qu'en cas d'incident, l'agent concerné puisse être remonté en surface. De plus, un agent doit rester en surface afin de permettre la communication des personnes descendues avec l'extérieur.

En effet, les réseaux d'assainissement sont des espaces confinés qui présentent des risques d'intoxication ou d'asphyxie, notamment à cause des gaz présents. Ainsi, l'hydrogène sulfuré (H_2S) est la cause de nombreux accidents qui sont souvent mortels et peuvent toucher plusieurs agents en même temps. Il faut être particulièrement vigilant dans les zones de stagnation des effluents, dans les postes de refoulement ou les chambres à sable, car ce gaz est produit par fermentation bactérienne en l'absence d'air. La difficulté est qu'il anesthésie le nerf olfactif lorsqu'il est à forte concentration, son odeur caractéristique d'œuf pourri n'étant détectable qu'à faible concentration.

La descente dans l'égout doit donc se faire après un contrôle de la qualité de l'atmosphère grâce à un appareil de vérification spécifique :

- concentration en O_2 ;
- présence de gaz explosifs ;
- présence de gaz toxiques (H_2S, CO).

Au moindre déclenchement de l'appareil de contrôle d'atmosphère, l'équipe doit remonter en surface.

•••

•••

Pour permettre une bonne aération et réduire les distances à parcourir en cas d'évacuation d'urgence, un regard doit être ouvert de part et d'autre de la zone visitée. Des dispositifs de vérification mécanique des réseaux existent mais ils sont souvent difficiles à mettre en œuvre et coûteux.

Il est important que des contrôles réguliers du détecteur de gaz soient réalisés en interne avant l'intervention et de façon régulière (tous les ans) par un organisme extérieur.

Lorsque l'on sait que l'évacuation ne pourra être réalisée rapidement, le détecteur de gaz doit être couplé à un appareil individuel de protection des voies respiratoires : masques isolants à recyclage d'air ou masques à cartouche.

Les accidents par chute sont fréquents

Afin d'éviter toute chute des usagers dans les regards, leur accès doit être protégé par des barrières et gardé par un agent resté en surface. On conseille de recouvrir le regard qui n'est pas surveillé d'un tampon grillagé. Mais le suivi des accidents montre qu'ils sont souvent dus à des chutes de hauteur. Les moyens de protection individuelle sont à renforcer en ce domaine, car on ne peut se limiter aux moyens collectifs tels que les garde-corps. Le plus classique est le harnais avec un système d'arrêt de chute. Il présente un autre avantage, celui de pouvoir extraire la personne inconsciente ou accidentée. Désormais, on utilise aussi les trépieds et les potences. Le frein à leur utilisation vient du fait qu'elle correspond à « un sentiment de perte de temps ».

Les équipements indispensables

Différents équipements doivent être mis à la disposition des agents :
- des bottes, et si besoin des cuissardes, à semelles antidéparantes qui doivent être nettoyées quotidiennement ;
- un casque avec une lampe électrique individuelle de sécurité ;
- des gants (dont il faut éviter de souiller l'intérieur) ;
- une ceinture de sécurité et une corde de sauvetage permettant l'extraction d'une personne inconsciente ou accidentée ;
- un moyen de communication entre la surface et l'intérieur des canalisations (pour des raisons d'hygiène, les moyens de communication buccaux, type sifflets, sont à éviter) ;
- un appareil respiratoire isolant peut aussi être proposé.

Un autre risque, principalement pour les réseaux unitaires, est la noyade en cas de brusque remontée du niveau d'eau. Elle est souvent la conséquence de précipitations importantes et soudaines. Il est donc important que l'exploitation interroge systématiquement les services météo. Mais cette cause n'est pas la seule. Les opérations de dérivation des effluents d'un réseau vers un autre constituent aussi un risque important. Il faut que l'exploitant soit bien informé en amont des interventions effectuées.

Être vigilant sur l'hygiène

Le risque infectieux ne doit pas être pris à la légère, car c'est une évidence : les eaux usées contiennent de nombreux et multiples agents pathogènes. Le principal moyen de protection est l'hygiène.

Les douches sont obligatoires afin que les agents puissent être propres au moment du retour à leur domicile pour ne pas contaminer leurs foyers. On doit éviter que les agents retournent à leur domicile ou partent déjeuner sans prendre les soins d'hygiène indispensables à cause d'une pause trop brève.

Les armoires des vestiaires doivent posséder deux compartiments pour séparer les vêtements de ville (propres) des vêtements de travail (sales), les locaux affectés aux agents (sanitaires, vestiaires...), ainsi que les véhicules de service doivent être nettoyés régulièrement.

La collectivité doit mettre à la disposition des agents des vêtements de travail contre les salissures, elle doit de plus assurer l'entretien (nettoyage et désinfection) de ces vêtements.

De plus, pour le risque infectieux, la vaccination peut être proposée : contre la leptospirose, l'hépatite A et B ou le tétanos.

Enfin, certains travaux particuliers méritent une attention particulière. Les travaux par points chauds, et particulièrement les soudures, ne doivent être réalisés qu'après une mesure d'inflammabilité et de risque d'explosion de l'atmosphère de travail. Les sources d'alimentation doivent être laissées à l'air libre, à l'extérieur de la canalisation. Avant tout travail de maçonnerie, il est nécessaire de s'interroger (notamment à l'aide du fichier de réseau) sur la présence de conduites de gaz ou d'électricité.

DOCUMENT N° 12

Techni.Cités, *n° 154, 8 septembre 2008.*

IDÉES Par Élie Maroglou, responsable du service Prévention-Ergonomie de la ville de Lyon, Président de ResPECT

Le travail réel des agents territoriaux au cœur de leur sécurité

Dans l'exercice de leurs missions, les agents territoriaux sont exposés à des risques d'accidents du travail de nature et de gravité variables. C'est avec le décret du 10 juin 1985 que leur sécurité et la protection de leur santé sont devenues des préoccupations majeures pour les décideurs territoriaux. Ce décret impose aux collectivités territoriales de respecter les règles d'hygiène et de sécurité du Code du travail, et d'organiser leurs services pour conduire une véritable politique de prévention des risques professionnels.

Mais c'est après la parution du décret du 16 juin 2000, modifiant celui de 1985, que les dirigeants territoriaux ont effectivement mis en place cette politique. Dans ce but, ils ont massivement désigné des assistants et conseillers à la mise en œuvre des règles d'hygiène et de sécurité : les ACMO, agents de la collectivité qui consacrent une part variable de leur temps de travail à cette mission. Ces ACMO travaillent, sous la responsabilité de l'autorité territoriale, avec des professionnels de la sécurité et de la santé au travail : ingénieurs en prévention et en ergonomie, médecins du travail, psychologues de travail.

Aujourd'hui, la majorité des collectivités font appel aux professionnels des centres de gestion ; celles de grande taille disposent souvent de services spécialisés. [...]

Pour conduire l'évaluation des risques, les ACMO et les professionnels de la prévention s'appuient sur l'analyse des accidents du travail et de l'activité réelle des agents territoriaux. En effet, tout accident du travail est le résultat d'un enchaînement de plusieurs causes, aussi appelé « l'histoire » de l'accident. Les rechercher par la méthode de l'arbre des causes offre aux décideurs plus de pistes de prévention, l'analyse du travail réel leur permettant de mieux connaître les phases critiques dans lesquelles les accidents surviennent. [...]

DOCUMENT N° 13

Techni.Cités,
n° 165,
8 mars 2009.

VOIRIE Par Frédéric Murard • Certu

Démarche « code de la rue » : quelles conséquences pour les collectivités

Deux ans après son lancement officiel par le ministre des Transports, la démarche « code de la rue » a abouti à des modifications du Code de la route, premières retombées réglementaires du travail des nombreux acteurs impliqués. Et cette démarche ne s'arrêtera pas en chemin, puisque le comité de pilotage de décembre 2008 a accueilli favorablement de nouvelles propositions et demandé au comité technique d'ouvrir d'autres chantiers. Petit tour d'horizon pour en savoir plus sur ces réflexions... et anticiper sur ce qui pourrait en résulter en termes d'aménagement.

Conséquence directe de la démarche, le Code de la route a évolué grâce au décret n° 2008-754 du 30 juillet 2008, qui a introduit le principe de prudence du plus fort par rapport au plus faible, et le concept de « zone de rencontre ».
D'autres chantiers conduits en 2008 pourraient se concrétiser par des modifications du Code de la route.

La sécurité des piétons en traversée

La priorité du piéton en traversée (hors aire piétonne et zone de rencontre où le piéton est prioritaire) devrait évoluer vers l'obligation pour les conducteurs de lui céder le passage au passage piéton non géré par feux, lorsqu'il s'approche du bord du trottoir ou qu'il s'y tient prêt à traverser, sans attendre qu'il soit engagé.

Pour accompagner cette priorité renforcée, il est prévu de créer les conditions de la sécurité de la traversée en traitant les masques à la visibilité constitués par le stationnement, en l'interdisant aux véhicules motorisés sur 5 mètres (3 si une avancée de trottoir est aménagée) en amont des passages piétons non gérés par des feux, dans le sens de la circulation.
Sans attendre une quelconque obligation, l'aménagement d'avancée de trottoir ou la création d'emplacements de stationnement pour vélos sont déjà recommandés pour ménager de bonnes conditions de co-visibilité.
Toujours à propos de la traversée des piétons, les règles de circulation des transports guidés de façon permanente (tramway), véhicules dont la conduite ne dépend pas du Code de la route, pourraient être précisées, notamment pour ce qui concerne l'application des prescriptions absolues à ces véhicules. Dans l'attente d'une clarification sur les règles de priorité, si l'on souhaite créer une ligne de transport à haut niveau de service, il est donc conseillé de n'y marquer des passages piétons que s'ils sont gérés par feux. Dans le cas contraire, les traversées de piétons pourraient devenir prioritaires et dégrader le niveau de service du transport guidé.

La circulation des patineurs

Le cas des patineurs à roulettes et des autres modes de déplacement à roulettes actuellement assimilés aux piétons, dont la vélocité les rapproche des cyclistes pour les plus expérimentés, est aussi à l'étude. Il s'agit de mener une réflexion sur leur statut et sur les lieux où ils se déplacent. Les premières retombées pourraient concerner l'ouverture des aménagements cyclables à la circulation des patineurs.

•••

•••

Dans la perspective de cette nouveauté, il peut être utile de se poser la question du dimensionnement et du revêtement des nouveaux aménagements cyclables, de manière à faciliter une future cohabitation.

Une définition réglementaire du trottoir

Le trottoir n'existe actuellement dans le Code de la route que par ses usagers, mais n'est pas défini. Sa définition est donc à l'étude. Elle est un préalable nécessaire à une évolution réglementaire pour introduire le « trottoir traversant » dans le Code de la route. Cette définition devrait être reliée à ses usagers, et tiendra compte des questions d'accessibilité. En l'état actuel des réflexions, il y a convergence pour dire qu'un trottoir est une partie de la route affectée à la circulation des piétons, distincte de la chaussée et de tout emplacement aménagé pour le stationnement, et surtout qu'il s'agit d'un espace dont la limite est repérable visuellement et détectable à la canne ou au pied.

Cela signifie qu'à terme pourrait apparaître l'obligation de créer cette distinction favorable aux personnes à mobilité réduite, notamment les personnes aveugles ou malvoyantes, dans le droit fil de la loi de 2005 sur l'insertion des personnes en situation de handicap. Concrètement, le trottoir et la chaussée devront être distincts. Ceci est vrai pour les voies de circulation des véhicules, mais aussi tout particulièrement pour la piste cyclable, définie dans le Code de la route comme une chaussée. De même, les places de stationnement devront être repérables et détectables.

Là encore, que ces réflexions aboutissent ou non à une évolution réglementaire, les collectivités maîtres d'ouvrage pour les créations ou la requalification de voirie ont tout intérêt à anticiper cette éventuelle évolution, et à l'intégrer dans leurs cahiers des charges.

Les autres pistes d'évolution

Le recul de la ligne d'effet des feux ou le sas vélo en carrefour à feux, déjà généralisé sur le territoire du Grand Lyon, l'introduction de la possibilité d'offrir du stationnement pour les vélos dans les aires piétonnes – à l'intérieur d'emplacements détectables et repérables – complètent la liste des sujets en cours d'instruction.

Le stationnement fait quant à lui l'objet de travaux interministériels, une grande partie des réflexions visant à préciser les cas de stationnement dangereux, et à revoir la classification des cas de stationnement interdit, gênant, dangereux au vu des résultats d'accidentologie. Des réflexions sur les stationnements réservés à certains usagers sont également conduites.

D'autres règles concernant la traversée des piétons ou encore la circulation des usagers de fauteuils roulants hors agglomération pourraient aussi évoluer. À signaler enfin, deux autres chantiers qui ne sont pas dans un premiers temps à caractère réglementaire, la veille sur l'ouverture des couloirs bus à d'autres usagers, et la prise en compte des personnes vulnérables et des personnes handicapées dans l'éducation routière de tous les usagers.

1. Voir à ce sujet le dossier réalisé par Samuel Martin dans *Techni.Cités* n° 162,« Aire piétonne, zone de recontre, zone 30 : vers un partage plus équitable de l'espace public ».

La démarche « code de la rue » en France

La démarche participative « code de la rue », lancée en avril 2006 par le ministre des Transports, rassemble des associations nationales représentatives d'élus, de professionnels, d'usagers, et les institutions qui le souhaitent. Cette démarche est pilotée par la Délégation à la sécurité et à la circulation routières (DSCR), avec l'appui du Centre d'études sur les réseaux, les transports, l'urbanisme et les constructions publiques (Certu).

Elle a pour objectifs d'examiner, avec les acteurs institutionnels et associatifs, les dispositions du Code de la route spécifiques au milieu urbain, de mieux les faire connaître ou de les faire évoluer, afin d'assurer un meilleur partage de l'espace public entre tous les usagers et d'offrir une plus grande sécurité de déplacement à tous, et plus particulièrement aux plus vulnérables.

Dans le cadre de cette démarche, le Code de la route vient d'évoluer grâce au décret n° 2006-754 du 30 juillet 2008, qui introduit plusieurs nouveautés.

Pour en savoir plus :
Formation « En ville : la sécurité pour tous les usagers ».
mardi 21 avril à Lyon

Document n° 14

Site Internet www.lavie-desreseaux.fr consulté le 29 septembre 2011.

LES ARRÊTÉS ET AUTORISATIONS DE VOIRIE : DÉFINITION ET LÉGISLATION

Le 22 avril 2011
Le domaine public fait régulièrement l'objet de travaux menés soit par le propriétaire de la voie (Ville, Conseil Général, État), soit par les concessionnaires de réseaux (EDF, GDF, France Télécom, la compagnie des Eaux, etc.), soit enfin par les riverains. Pour ces derniers, l'obtention d'une autorisation de voirie délivrée par le maire est nécessaire avant tout chantier. Il en est de même pour les occupations temporaires du domaine public routier.

Le domaine public routier fait l'objet de travaux par :
• le maître d'ouvrage de la route dans le cadre de ses opérations d'investissement et d'entretien ;
• les concessionnaires de réseaux divers (EDF/GDF, télécom, eau...) et les riverains du domaine public routier.
Pour les propriétaires et les riverains, toute occupation superficielle ou profonde du domaine public routier est soumise à autorisation.

1 - Les arrêtés de voirie
L'arrêté de voirie, à ne pas confondre avec l'arrêté de circulation qui comme son nom l'indique fait référence au fait de stopper la circulation sur tout ou partie d'une route :
– regroupe la permission de voirie et l'accord de voirie ;
– est lui-même à ne pas confondre avec l'autorisation de voirie.
Il regroupe la permission de voirie et l'accord de voirie.

a - La permission de voirie
La permission de voirie est l'acte autorisant la réalisation de travaux en bordure de voie (accès riverains ou station-service) ou sur le domaine public et dans ce cas, l'occupation du domaine par les ouvrages pour lesquels les travaux ont été autorisés.
La permission de voirie :
– précise les modalités techniques de l'occupation et de l'exécution des travaux,
– fixe les périodes, dates et délais d'exécution,
– est donnée pour une période de temps déterminée,
– ne crée pour l'occupant aucun droit au maintien de ses ouvrages à l'emplacement retenu et ne le dégage en rien des obligations ou charges lui incombant en cas de suppression, modification ou déplacement commandé par l'intérêt du domaine public.

•••

•••

La permission de voirie concerne donc les objets ou les ouvrages ayant une emprise sur le domaine public et impliquant des travaux sur ce domaine. Ex : canalisations, aménagement d'accès, mobilier urbain, implantation de structures fixées au sol (kiosque à journaux, terrasses...), passage d'ouvrages souterrains (canalisations...) :

– création d'un branchement particulier au réseau d'eau potable ou d'assainissement,
– création d'un bateau (accès à une propriété privée),
– création d'une évacuation d'eaux pluviales,
– palissades de chantier enfoncées et scellées dans le sol de la voie publique, etc.

b - L'accord de voirie

L'accord de voirie concerne uniquement les concessionnaires de droit (EDF et GDF).

À cette exception, il ne se différencie pas de la permission de voirie dont il reprend les formes et conditions à la seule différence donc qu'il concerne des ouvrages ayant une emprise profonde du domaine public, et qu'il est délivré à des « occupants de droit » que sont EDF et GDF.

Les autres concessionnaires tels que les opérateurs de réseaux (téléphone, télévision, internet, etc.) et les collectivités ou services publics ne sont pas des occupants de droit.

L'arrêté de voirie, à ne pas confondre avec :

2 - Les autorisations de voiries

Les autorisations de voirie sont délivrées par le gestionnaire de la route. L'autorisation de voirie ne dispense pas le demandeur de l'obtention d'autorisations, ou de déclarations, nécessaires à son projet vis-à-vis d'autres réglementations (urbanisme par exemple).

L'autorisation de voirie est délivrée à titre précaire et révocable. À l'exception de l'alignement, elle est assortie d'une redevance.

3 - Les arrêtés de circulation

Tous travaux, occupation, etc. sur la chaussée nécessitent la demande d'un arrêté de circulation pour en faciliter l'opération, assurer la sécurité des personnes, de la circulation, et prévenir les accidents. Conformément au règlement de voirie, la Demande d'Arrêté de circulation est à adresser à tous les services de gestion de la voirie avant tout commencement de travaux sur la voie publique gérée par une commune. Elle permet de signifier la nature des travaux et leur lieu, ainsi que les dispositions prévues pour la signalisation et l'organisation de la circulation aux abords du chantier. La DA est nécessaire pour faciliter les travaux, assurer la sécurité des personnes, de la circulation et prévenir les accidents.

L'arrêté de circulation est délivré par l'autorité qui détient le pouvoir de police de la circulation :

– le maire pour les voies communales et les autres routes situées en agglomération,
– le président du conseil général pour les routes départementales hors agglomération,
– le préfet de département pour les routes nationales hors agglomération.

DOCUMENT N° 15

Site Internet de la ville de Thiers, consulté en septembre 2011.

Il va neiger...

En cas de pré-alerte météo reçue en fin de journée, le responsable de l'équipe municipale de déneigement réalise le lendemain à partir de 3 h du matin une tournée de reconnaissance sur différentes zones de la commune. Si l'état de la chaussée le nécessite, il appelle les membres de son équipe et déclenche les sorties des engins, pour déneiger le circuit prioritaire dès 4 h du matin.

LES MOYENS HUMAINS MIS EN ŒUVRE

Respecter la législation du travail

Le Code du travail impose à juste titre un certain nombre de règles à respecter : durée maximum de travail consécutif (10 h), repos minimum quotidien (11 h), amplitude maximum quotidienne (12 h), etc.

La prise en compte de ces éléments a conduit à créer deux équipes :

- 1 équipe d'astreinte pouvant intervenir chaque jour de la semaine dès 4 heures du matin, dès 5 heures le samedi et dès 6 heures le dimanche ;
- 1 équipe de renfort intervenant seulement en cas d'importantes chutes de neige.

Chaque équipe d'astreinte comprend :

- 1 responsable,
- 3 chauffeurs Poids Lourds,
- 2 chauffeurs microtracteurs,
- 3 agents de déneigement manuel (uniquement le week-end) ;
- 1 mécanicien (uniquement le week-end) ;
- 1 chauffeur approvisionnement ville/ chauffeur tractopelle.

Soit deux équipes de 11 personnes, à savoir 22 agents mobilisés sur la période des 14 semaines, avec une semaine d'astreinte sur deux.

L'équipe de renfort est constituée de :

- 1 chauffeur PL ;
- 2 chauffeurs microtracteurs ;
- 3 agents de déneigement manuel.

Ces équipes sont formées par les agents des services voirie, espaces verts, propreté et garage.

Des agents formés

- Les agents conduisant un poids lourd depuis seulement 2008 bénéficient d'une formation de déneigement de 10 heures, avec un ancien conducteur sur le terrain.
- Tous les agents conduisant les microtracteurs ou les tractopelles ont obtenu leur Certificat d'Aptitude de Conduite d'Engin en Sécurité.
- Tous les agents concernés par le déneigement bénéficieront d'une formation « pratique de la viabilité hivernale », via un organisme agréé organisée par les ASF.

•••

•••

Les produits utilisés

Sur 2008, 400 tonnes de sel sec ont été utilisées pour les interventions sur chaussée ainsi que 80 sacs pour les trottoirs pour un coût global de 34 300 !

Un effort pour l'environnement

Autre mesure prise cette année : l'épandage d'un mélange sel/pouzzolane sur les villages pour limiter l'usage du sel qui pollue les milieux superficiels et n'améliore pas l'adhérence sur chaussée. La pouzzolane ne sera pas utilisée en ville pour limiter les risques d'éjections sur les vitrines, véhicules et parce qu'elle bouche les avaloirs.

Contrairement aux idées reçues, le sel a tendance à abaisser la température de la chaussée et créer de la glace, ce qui explique, en partie, le choix de la collectivité de changer de matériaux.

Les moyens matériels

- 1 camion Man 4x4 + 2 camions Renault avec saleuse auxiliaire,
- 3 camions d'approvisionnement,
- 4 microtracteurs (tondeuses adaptées pour l'occasion),
- 1 tractopelle,
- 41 bacs à neige répartis sur la commune.

Attention !

Certaines rues à sens unique seront déneigées à contre sens. En effet, les engins de déneigement ne sont pas toujours suffisamment puissants pour déneiger dans le sens de la montée. Ainsi, il arrive qu'ils soient contraints d'emprunter un sens interdit.

D'autres rues moyennement pentues peuvent être fermées provisoirement à la circulation, jusqu'à ce que les engins aient terminé les voies prioritaires.

Enfin, quatre rues très pentues (rue des Rochers – rue des Écoles (Bellevue) – rue Channelle – rue Daguerre) ne peuvent être déneigées par les engins (risque d'accidents trop élevé) et seront déneigées manuellement. Pour des raisons de sécurité évidentes, des barrières seront disposées à l'entrée de ces rues pour en signaler l'interdiction d'accès.

Nous demandons à tous les riverains et automobilistes de ne pas les enlever et de ne pas s'aventurer dans ces voies dangereuses non dégagées. L'ensemble de ces règles seront régies par des arrêtés municipaux et toute action contraire pourra engendrer des poursuites.

Renseignements :
Services techniques
Service voierie-réseaux divers
Ville de Thiers

Corrigé

1 Projet de requalification de la voie urbaine

La vue en plan

Les contraintes urbaines font que les caractéristiques géométriques du projet se présentent ainsi :

– une chaussée à 2 voies de circulation de 3,25 m chacune ;
– une bande cyclable de 1,00 m de chaque côté ;
– du stationnement de chaque côté de 5,00 × 2,50 ;
– des arbres d'alignements implantés suivant l'implantation des candélabres (interdistance : 30 m).

Question n°1 : Vue en plan

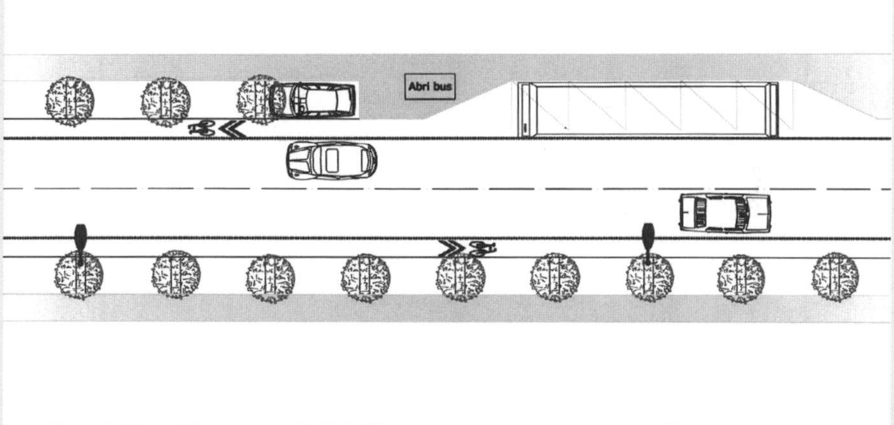

Le profil en travers représente les caractéristiques géométriques et techniques de la vue en plan en coupe avec les pentes du projet et les structures de la chaussée et du trottoir.

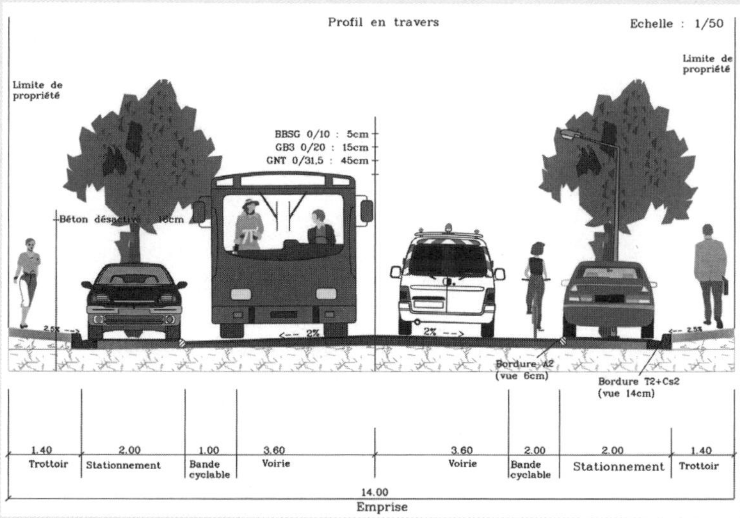

2 Création d'un parking public de 10 places : descriptif et estimation des travaux

Les travaux pour la réalisation du parking public de 10 places sont estimés à 9 778,00 € HT. Vous trouverez ci-dessous les détails du chiffrage réalisé en fonction du terrain existant et du projet requis.

N°	Descriptif	Unité	Quantité	PU HT	Total HT
PR06	Décapage de terre végétale	m³	40	11,00	440,00
PR26	Terrassement déblais épaisseur < 0,70 m (5 cm)	m³	20	24,00	480,00
CH56	Fourniture et mise en œuvre d'un feutre	m²	200	1,00	200,00
CH15	Fourniture et mise en œuvre de grave concassée 0/20, ép. 25 cm	m³	50	61,20	3 060,00
BC	Fourniture et pose de bordures type T2	ml	54	37,00	1 998,00
CH29	Fourniture et mise en œuvre de béton bitumineux semi grenu 0/10	t	24	92,00	2 208,00
CH36	Plus-value pour mise en œuvre manuelle	t	24	58,00	1 392,00
				Total HT	9 778,00

3 Installation de potelets sur le domaine public : recommandations et caractéristiques techniques et réglementaires

Monsieur le Maire,

Sous couvert de Monsieur le Directeur des Services Techniques,

Votre souhaitez la mise en place de potelets d'un diamètre de 10 cm dans la rue principale. L'implantation de mobilier urbain est soumise à une réglementation en matière d'accessibilité des PMR à la voirie et aux espaces publics. La mise en place de potelets devra donc être conforme à l'abaque de détection des obstacles bas fixé en annexe de l'arrêté du 15 janvier 2007 portant application du décret n° 2006-1658 du 21 décembre 2006 relatif aux prescriptions techniques pour l'accessibilité de la voirie et des espaces publics. Ainsi, d'après cet abaque, la hauteur des potelets sera de 1,10 m pour un Ø de 10 cm sur toute la hauteur. Par ailleurs, ils devront être implantés à une distance de 1,40 m des bâtiments avec une interdistance de 2,00 m pour empêcher les véhicules de pouvoir stationner. La couleur de ces potelets devra être choisie de façon à créer un contraste visuel suffisant avec leur environnement. Je vous propose donc, compte tenu de la réglementation et de la rue concernée, de choisir entre les couleurs noires ou brunes.

4 Travaux de voirie : signalisation temporaire de chantier et équipement de sécurité des agents d'intervention

Les agents communaux qui vont réaliser ces travaux sur une voie publique ouverte à la circulation sont exposés à un risque réel et permanent. Nous devons donc, pour leur protection, les conformer à la réglementation :

– instruction interministérielle sur la signalisation routière, livre I, huitième partie : la signalisation temporaire ;

– arrêté du 6 novembre 1992 relatif à l'approbation de l'instruction interministérielle sur la signalisation ;
– arrêté du 4 juillet 1972 relatif aux feux spéciaux des véhicules à progression lente ;
– arrêté du 20 janvier 1987 relatif à la signalisation complémentaire des véhicules ;
– Code de la route, art. R313-28 et art. R313-31 relatifs à la signalisation des véhicules à progression lente.

- **Équipements de protection individuelle (EPI)**

Pour être le plus visible possible afin d'éviter tout risque de collision, chaque agent d'intervention est équipé de :
– vêtements, hauts et bas, de signalisation à haute visibilité conforme à la norme NF EN 471. Il est ainsi repéré dans toutes les conditions météorologiques et de variations de luminosité. Ces vêtements de signalisation comprennent un support fluorescent de couleur jaune pour assurer la visibilité et le contraste de jour, et des bandes réfléchissantes de couleur gris-argent pour assurer la visibilité et le contraste de nuit ;
– chaussures de sécurité ;
– casques de chantier ;
– casques antibruit.

ÉQUIPEMENTS DE PROTECTION INDIVIDUELLE

MODYF.fr

- **Véhicule d'intervention**

Leur véhicule d'intervention et de travaux assure leur transport, celui du matériel et des matériaux sur le lieu du chantier. Il sera à l'arrêt ou en progression lente sur une chaussée ouverte à la circulation publique. Il est de couleur claire et est équipé :
– de feux spéciaux répondant aux prescriptions de l'arrêté du 4 juillet 1972 ;
– d'une signalisation complémentaire (bandes de signalisation rayées de couleur blanche et rouge alternées) conforme aux dispositions de l'arrêté du 20 janvier 1987 ceinturant le véhicule ;
– d'un panneau AK5 (gamme normale) doté de 3 feux de balisage et d'alerte synchronisé R2 visible de l'avant et de l'arrière.

Véhicules d'intervention

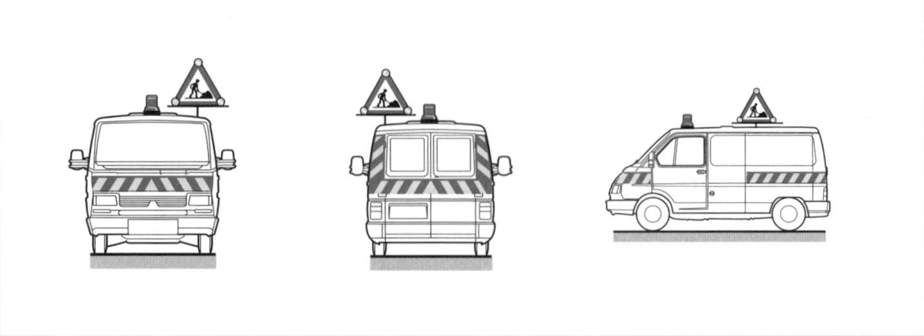

- **Signalisation temporaire du chantier**

Pour assurer la sécurité dans le périmètre des travaux et pour être respectée, la signalisation temporaire de chantier répond aux quatre principes suivants :
– principe d'adaptation ;
– principe de cohérence ;
– principe de valorisation ;
– principe de concentration et de lisibilité.

Ainsi, compte tenu du type de travaux que nous devons réaliser, nous sommes dans le cas d'un chantier fixe à léger empiétement sur la chaussée, sur une route à deux voies, avec une circulation à double sens. L'empiétement impose un déport de trajectoire, mais permet cependant le croisement de véhicules dans des conditions de sécurité acceptables. Le balisage sera donc le suivant :

- **Zone d'emprise du chantier :**

En agglomération :

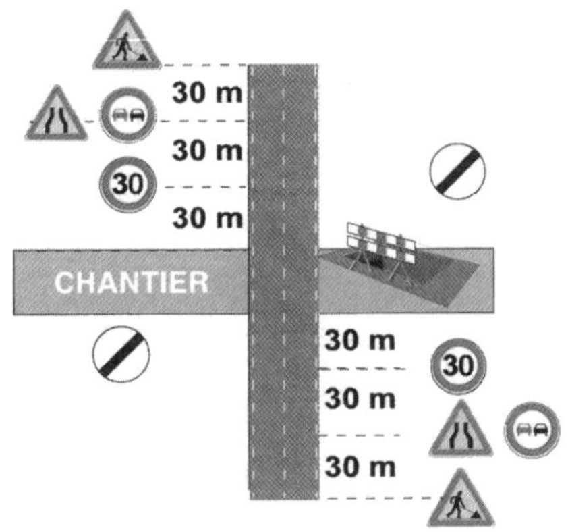

5 Choix d'un aménagement de carrefour en croix en zone urbaine

La gestion des circulations au niveau des carrefours en croix de la commune est un enjeu fort pour la sécurité, le respect des priorités et la limitation des vitesses. Les différents types d'aménagement qui peuvent être appliqués aux carrefours plans avec leurs avantages et inconvénients sont présentés ci-après :

- **Carrefours à feux**

Contraintes	Avantages
Réglementation routière : temps minimum défini dans l'instruction interministérielle mais pas de temps maximum (attention aux piétons) Carrefours pas toujours lisibles Stockage des véhicules tournant à gauche contraignant	Besoin d'une faible emprise Possibilité d'adapter les cycles de feux en fonction de la réalité Coût relativement faible, en moyenne 10 000 euros par feu Gestion des traversées des modes doux aisée

Le choix des carrefours à feux est particulièrement adapté au milieu urbain dense où de nombreux conflits doivent être gérés entre véhicules, piétons, vélos et transports en commun dans un espace souvent contraint et difficilement transformable.

- **Giratoires**

Contraintes	Avantages
Emprise Coût élevé Surdimensionnement de l'aménagement par rapport aux besoins Gestion des traversées des modes doux difficile	Aménagement lisible Écoulement du trafic aux heures de pointes Aménagement relativement sécuritaire (accidents graves peu fréquents)

Le giratoire comme tout autre type de carrefour doit être justifié et faire l'objet de véritables études comparatives par rapport à d'autres types de carrefours. La création d'un giratoire correspond à des objectifs d'aménagements précis. Une utilisation systématique et à mauvais escient de ce type de carrefour contribue à le dévaloriser.

- **Carrefours plans sans feux**

Contraintes	Avantages
Écoulement du trafic aux heures de pointe Carrefours pas toujours lisibles Gestion des traversées des modes doux difficile	Besoin d'une faible emprise Aménagement lisible Coût

La catégorie des « carrefours plans sans feux » regroupe les intersections régies par « **Stop** », « **Cédez le passage** » ou « **Priorité à droite** ».

Ce type de carrefour est considéré comme l'aménagement de base d'une intersection sans problème particulier. Le parti d'aménagement doit définir le régime de priorité adapté au fonctionnement du carrefour. Il doit également prendre en compte les aménagements existants sur la voie pour conserver une certaine cohérence, ainsi que la hiérarchie entre carrefours.

En conclusion, **le choix du type de carrefour se fait en fonction de multiples critères** :

– le contexte urbain (position dans le réseau hiérarchisé, dans le quartier) ;
– les fonctions urbaines (repère, paysage) déterminées dans les objectifs ;
– les emprises disponibles ;
– l'objectif de fonctionnement privilégié pour un type d'usager ;
– les objectifs de capacité choisis ;

– les objectifs de sécurité ;
– les moyens financiers.

Pour répondre ainsi à notre problématique de vitesse, de respect des priorités et de traversée piétonne, mais aussi compte tenu du contexte urbain, **le carrefour à feux présente la solution la plus pertinente.**

6 Pièces constitutives d'un MAPA pour la réalisation de travaux d'aménagement de voirie

Les marchés à procédure adaptée (MAPA), visés à l'article 28 du Code des marchés publics, sont des marchés dont les modalités sont librement fixées par le pouvoir adjudicateur en fonction de la nature et des caractéristiques du besoin à satisfaire, du nombre ou de la localisation des opérateurs économiques susceptibles d'y répondre, ainsi que des circonstances de l'achat.

Ils doivent respecter les principes applicables à l'ensemble des marchés publics, à savoir la liberté d'accès à la commande publique, l'égalité de traitement des candidats et la transparence des procédures.

Les **marchés** et **accords-cadres** peuvent donc être passés selon une procédure adaptée, dans les conditions définies par l'article 28, **lorsque le montant estimé du besoin est inférieur aux seuils suivants :**

1° **130 000 € HT** pour les **marchés de fournitures et de services**, non mentionnés aux 2° à 4° ci-dessous, de l'État et de ses établissements publics ;

2° **200 000 € HT** pour les **marchés de fournitures et de services des collectivités territoriales**, des établissements publics de santé et des établissements du service de santé des armées ;

3° **200 000 € HT** pour les **marchés de fournitures** acquises par des pouvoirs adjudicateurs opérant dans le **domaine de la défense** autres que celles figurant dans la liste établie par arrêté conjoint du ministre chargé de l'Économie et du ministre chargé de la Défense ;

4° **200 000 € HT** pour les **marchés de services de recherche et développement** pour lesquels le pouvoir adjudicateur acquiert la propriété exclusive des résultats et qu'il finance entièrement ;

5° **5 000 000 € HT** pour les **marchés de travaux.**

Les marchés à procédure adaptée (MAPA) peuvent faire l'objet d'une négociation, mais cette négociation doit être prévue par les documents de la consultation.

Ainsi, dans le cadre d'un aménagement de voirie d'un coût estimatif de 50 000,00 € HT (marché de travaux), la procédure adaptée est adéquate et les pièces constitutives de la consultation seront donc :

– un avis d'appel public à la concurrence ;
– un dossier de consultation des entreprises où l'on trouvera : un règlement de la consultation (RC) et un acte d'engagement (AE) ;
– le cahier des clauses administratives générales (CCAG) et le cahier des clauses techniques générales (CCTG) si l'acheteur choisit d'appliquer un texte général à son contrat. Sinon, l'acheteur peut définir les modalités de son besoin et d'exécution de ses prestations dans un cahier des clauses administratives particulières (CCAP) et un cahier des clauses techniques particulières (CCTP) ;
– les plans et coupes ;
– le bordereau des prix unitaires ;
– un avis d'attribution.

7 **Renforcement des équipes d'astreinte dans le cadre d'un important épisode neigeux annoncé**

Monsieur le Directeur,

Les services météorologiques nous annoncent un important épisode neigeux pour ce week-end. L'équipe d'astreinte habituelle sera insuffisante pour assurer le déneigement. Compte tenu de la réglementation du travail et de notre organisation, je vous propose de créer une équipe de renfort à l'astreinte qui sera placée sous l'autorité du responsable de l'équipe d'astreinte et composée de :

– 1 chauffeur PL ;
– 2 chauffeurs microtracteurs ;
– 3 agents de déneigement manuel.

Cette équipe sera formée parmi des agents volontaires des services voirie, espaces verts et propreté urbaine.

8 **Accidents du travail au service assainissement**

Remarque

Dans le cadre de cette question où l'on nous demande quelles sont les procédures à élaborer et à mettre en œuvre pour réduire les accidents du travail du service, l'action du chef de service concerné est présentée sous la forme d'une remontée d'informations auprès de sa hiérarchie et des initiatives à engager pour validation afin de répondre à la problématique.

Note à l'attention de Monsieur le Directeur des Services Techniques

Monsieur le Directeur,

Le nombre d'accidents de travail chez les agents intervenant dans les réseaux d'assainissement s'est accru de manière significative depuis quelque temps. Il semble que les mesures de sécurité ne soient pas suffisamment respectées et qu'un manque d'informations et de formations en soit également à l'origine.

La prévention des accidents du travail étant une obligation légale et une constante de la politique de gestion du personnel de la collectivité, il me paraît donc nécessaire d'analyser les risques professionnels encourus par les agents d'intervention du service et le respect des procédures de sécurité. Il s'agit ensuite d'engager le service dans des actions de prévention et de formation, afin d'élaborer une nouvelle organisation en matière de sécurité lors des interventions dans les réseaux d'assainissement.

L'intervention dans les réseaux d'assainissement comporte des risques, qui peuvent avoir des conséquences graves, voire mortelles : asphyxie, noyade, renversement par des véhicules... L'ensemble des agents intervenant dans les réseaux d'assainissement et leurs véhicules est équipé conformément à la réglementation en vigueur. Cependant, le taux d'accidents au sein des équipes d'intervention reste élevé. Il est donc nécessaire d'évaluer les risques, afin d'établir des procédures d'interventions et de remédier à ces dysfonctionnements par une sensibilisation des agents et une formation en matière de sécurité.

1. Solliciter l'Assistant de Prévention (ex ACMO) pour :

– l'analyse de l'activité des agents ;
– l'évaluation des risques ;
– l'analyse des accidents du travail.

2. Établir un plan de prévention et de procédure d'intervention
Les mesures de prévention impliquent :
– l'organisation d'actions de prévention des risques professionnels, d'information et de formation ;
– la mise en place d'une organisation de moyens adaptés et de nouvelles méthodes d'intervention ;
– l'amélioration du matériel utilisé pour prévenir les troubles musculo-squelettiques.

3. Former et sensibiliser chaque agent à ce plan de prévention et à sa sécurité
Cela implique de mettre en place des journées d'informations pour les agents concernés sur les risques pour leur santé et leur sécurité d'une manière compréhensible pour chacun. Ces journées de formation porteront sur :
– les modalités d'accès au document unique d'évaluation des risques, mentionné ci-dessus ;
– les mesures de prévention des risques identifiés dans le document unique d'évaluation des risques ;
– le rôle du service de santé au travail et, le cas échéant, des représentants du personnel en matière de prévention des risques professionnels ;
– le cas échéant, les dispositions contenues dans le règlement intérieur, relatives à la sécurité et aux conditions de travail ;
– le cas échéant, les consignes de sécurité et de premiers secours en cas d'incendie, prévues à l'article R4227-37 du Code du travail.
Le temps consacré à cette information est considéré comme temps de travail. L'information se déroule pendant l'horaire normal de travail.

4. Former aux procédures d'intervention mises en œuvre

5. Assurer le suivi de cette démarche :
– suivi de l'application du plan de prévention et de procédure d'intervention ;
– suivi de la mise en œuvre de la nouvelle organisation ;
– établissement et tenue d'un registre de consignation des incidents d'intervention.

9 **Le « code de la rue », ses conséquences réglementaires et son intérêt**
L'objectif principal du « code de la rue » est d'assurer un meilleur partage de l'espace public entre toutes les catégories d'usagers, y compris les cyclistes, et d'offrir une plus grande sécurité des déplacements urbains aux usagers vulnérables et utilisateurs de modes doux.
Axé sur la cohabitation et sur la réduction des vitesses au sein des quartiers où s'exerce la vie locale, ainsi que sur la réduction des vitesses les plus élevées, le « code de la rue » s'intègre officiellement dans les suites du Grenelle de l'environnement, en se déclinant sous deux aspects majeurs : l'un réglementaire (textes juridiques), l'autre citoyen (modification des comportements). Conséquence directe de la démarche, le Code de la route a évolué grâce au décret n° 2008-754 du 30 juillet 2008 et offre les trois nouvelles possibilités d'aménagement urbain suivantes :

	Aire piétonne	Zone de rencontre	Zone 30
Zone			
Caractéristiques essentielles	Circulation interdite, sauf pour la desserte (allure au pas 5-10 km/h) Piéton prioritaire sur les autres usagers, sauf sur tramway Circulation des cyclistes autorisée	Vitesse limitée à 20 km/h Circulation autorisée à tous les usagers Piéton prioritaire sur les autres usagers, sauf sur tramway	Vitesse limitée à 30 km/h Pas de priorité du piéton, mais équité entre tous les acteurs de la voirie Contre sens cyclable autorisé dans les rues à sens unique Matérialisation des entrées et sorties de zone Arrêtés à prendre par l'autorité de police : l'un pour la délimitation de la zone et l'autre pour la définition des aménagements cohérents avec la zone 30 Mise en conformité des zones 20 existantes.

Le « code de la rue » permet donc de faire cohabiter tous les modes de déplacements en ville.

10 **Réalisation de travaux sur voirie départementale située dans une agglomération : autorisations et dispositions à prendre**

Technicien territorial au Conseil général, vous allez réaliser des travaux pour le compte de votre collectivité sur une route située dans l'agglomération de Techniville. Pour ce faire, il est donc nécessaire de demander auprès des services municipaux une permission de voirie d'une durée de 2 mois et un arrêté de circulation.

Les travaux se font sur une route départementale, mais comme elle se situe en agglomération, c'est le pouvoir de police du maire qui s'applique.

Sujet 2

Durée : 3 heures.
Coefficient : 1.

Concours externe de technicien territorial – Spécialité : Bâtiment, génie civil.

Sujet

3 points

1 Vous devez assister à la prochaine visite de la commission de sécurité dans un délai de deux mois sur le site de l'école primaire de Techniville. Toutefois, vous ne disposez pas de documents récents. Le dernier PV de la commission de sécurité remonte à trois ans. Cette école dispose, comme équipement technique spécifique, d'un portail automatique pour un accès véhicules légers.
Le registre de sécurité de l'école est le document de référence pour la commission de sécurité.
Vous devez envoyer, un mois avant la visite, un dossier complet au secrétariat de la commission de sécurité. Ce dossier sera constitué des pièces complémentaires jointes au registre de sécurité. Quels sont les documents que vous envisagez de remettre ?

4 points

2 Votre collectivité a procédé à la location d'un étage dans un immeuble de bureau équipé d'un ascenseur. Ces locaux vont être aménagés pour recevoir une direction qui reçoit du public sur rendez-vous.
Le directeur demande l'aménagement d'un WC pour personne à mobilité réduite. Après relevé sur place (avec un plombier), vous constatez la présence d'un local archives qui offre cette possibilité. Votre service dispose de l'ensemble des marchés à prix unitaires tous corps d'état.
A - Préparez un descriptif succinct (si possible par ordre d'intervention) pour les corps d'état dans le but de réaliser tous les travaux.
B - Dans le cas de cet aménagement, avez-vous des démarches autres que techniques à entreprendre ?

6 points

3 Monsieur Archi, architecte DPLG, est le mandataire de l'équipe de maîtrise d'œuvre désignée pour la réalisation de la construction du bâtiment communal pour la future mairie annexe de Techniville. L'ensemble de l'opération est estimé à 1,5 M€ HT. Le montant de sa mission représente 9 %.
Lors de la première réunion préparatoire, les deux premiers points suivants sont évoqués :
A - Dans la perspective de la rédaction du dossier de consultation des Entreprises, vous indiquez l'importance que vous attachez au DOE (dossier des ouvrages exécutés), DIUO (dossier des interventions ultérieures sur l'ouvrage) et DGD (décompte général et définitif) pour les futurs marchés de travaux et vous l'argumentez.

B - Vous demandez que les PV établis pendant le chantier comprennent des rubriques obligatoires. Indiquez lesquelles en proposant une liste.
C - Par ailleurs, l'équipe signale que le marché de maîtrise d'œuvre ne comprend pas de mission Ordonnancement Pilotage Coordination (OPC), laquelle est estimée à un montant inférieur à 15 000 € HT indispensable pour le bon déroulement du chantier. Établissez un bilan des marchés par nature et par procédure pour cette opération.

3 points

4 Vous avez emménagé dans vos locaux depuis 15 mois, et vous avez assuré les travaux de second œuvre. Vous n'avez pas souscrit d'assurance dommage ouvrage.
Un de vos collègues vous signale que :
– le chauffe-eau électrique, installé dans les sanitaires, présente des fuites d'eau,
– les fenêtres de son bureau, posées il y a 2 semaines, ont du mal à se fermer,
– la toiture terrasse n'est plus étanche.
Quels sont vos recours possibles en matière d'assurance sur les équipements ainsi que sur la toiture terrasse ?

4 points

5 Le directeur de l'école de Techniville vous appelle en urgence pour vous alerter de la présence importante, à l'ouverture de l'école, de poussières et résidus de bois sous la ferme (en bois) d'un préau.
Après vérification visuelle et sondage mécanique, il apparaît que deux pièces importantes de la ferme semblent endommagées par des parasites.
Votre service comprend une division « régie bâtiment » de la commune et vous allez faire appel à cette régie municipale en leur demandant d'amener des étais référence USAF 342.
A - D'un point de vue méthodologique, vous allez lister toutes les pièces de la charpente et faire le métré des quantités (en m^3). L'essence utilisée est du chêne.
B - Vous calculerez également le poids au m^2 de la couverture et de la surcharge due à la circulation de personnel.
C - Combien d'étais *(a minima)* leur demandez-vous de prendre ?

Liste des documents

1. Fiche pratique : Contrôles périodiques obligatoires dans les établissements recevant du public, mise à jour le 24 avril 2008.
2. Extrait du Code de la construction et de l'habitation (section 1).
3. Extrait du Code de la construction et de l'habitation (sous-section 3).
4. Garanties légales, CNRSIDR151SL, 3 avri12003.
5. Extrait du Code du travail.
6. Fiche pratique : Calcul du poids des principaux matériaux utilisés sur les chantiers du BTP, OPPBTP, 5 novembre 2010.
7. « Réglementation : Les procès-verbaux de chantier », *Le Moniteur*, 3 décembre 2004.
8. Croquis et document pour l'aménagement d'un WC pour personnes handicapées.
9. Croquis école primaire et document sur les étais (OPPBTP).
10. Règlement (UE) N° 12541/2011 *Journal Officiel de l'Union Européenne.*
11. Registre de sécurité incendie (extrait), document de l'Inspection académique de l'Yonne destiné aux directeurs des écoles, oct. 2009.

Certains documents peuvent comporter des renvois à des notes ou à des documents volontairement non fournis car non indispensables à la compréhension du sujet.

DOCUMENT N° 1

CDG 83	CONTRÔLES PÉRIODIQUES OBLIGATOIRES DANS LES ÉTABLISSEMENTS RECEVANT DU PUBLIC	Fiche pratique Version 2 Créée le 11/04/2007 Dernière mise à jour : 24/04/2008 Nb de pages : 3

ERP DE CATÉGORIES 1 à 4

Passage de la commission de sécurité défini dans l'article GE 4 du règlement de sécurité du 25 juin 1980 modifié (voir tableau suivant)

PÉRIODICITÉ et catégories	TYPES D'ÉTABLISSEMENTS														
	J	L	M	N	O	P	R (avec hébergement)	R (sans hébergement)	S	T	U	V	W	X	Y
2 ans															
1re catégorie	X	X	X	X	X	X	X	X		X	X				
2e catégorie	X				X	X	X				X				
3e catégorie															
4e catégorie															
3 ans															
1re catégorie									X				X	X	X
2e catégorie		X	X	X				X	X	X			X	X	X
3e catégorie	X	X			X	X	X	X			X				
4e catégorie	X				X		X				X				
5 ans															
1re catégorie												X			
2e catégorie												X			
3e catégorie			X	X					X	X		X	X	X	X
4e catégorie		X	X	X		X		X	X	X		X	X	X	X

Fiche pratique CONTRÔLES PÉRIODIQUES OBLIGATOIRES DANS LES ERP

ERP DE 5e CATÉGORIE

Type d'équipement	Périodicité de contrôle	Par	Référence réglementaire
Avec locaux à sommeil (sauf si bâtiment à simple rez-de-chaussée ou si les locaux à sommeil donnent directement sur l'extérieur)			
Détection automatique d'incendie (SSI de type A)	**À la construction et avant ouverture**	Personne / organisme agréé	PE 4 et MS 73
	1 an	Organisme agréé par le ministère de l'Intérieur *ou* Technicien compétent sous la responsabilité de l'exploitant	MS 73 et GE 6
	3 ans	Personne / organisme agréé	MS 73

•••

•••

Type d'équipement	Périodicité de contrôle	Par	Référence réglementaire
Désenfumage	**À la construction et avant ouverture**	Personne / organisme agréé	PE 4
Installation électrique	**À la construction et avant ouverture**	Personne / organisme agréé	PE 4
Tout ERP de 5ecatégorie			
Équipements techniques : ✓ Chauffage ✓ Éclairage ✓ Installations électriques ✓ Appareils de cuisson ✓ Circuit d'extraction de l'air vicié, des buées et des graisses des grandes cuisines, des offices de remise en température et des îlots ✓ **Ascenseurs** ✓ **Moyens de secours**	**« En cours d'exploitation »**	Technicien compétent	PE 4

Passage de la commission de sécurité : sur demande du maire, pas de périodicité définie dans la réglementation
→ **Article R123-14 du Code de la construction et de l'habitat**
Écoles : 1er exercice d'évacuation durant le mois qui suit la rentrée scolaire (article R33)

Fiche pratique CONTRÔLES PÉRIODIQUES OBLIGATOIRES DANS LES ERP

Type d'équipement	Périodicité de contrôle	Par	Référence réglementaire
Système de Sécurité Incendie (SSI) : ✓ Catégorie A et B ✓ Toutes catégories	**3 ans** **1 an**	Personne / organisme agréé Personne /organisme agréé ***ou*** technicien compétent	MS 73
Système d'extinction automatique : ✓ À eau type sprinkleurs ✓ Autres	**1 an**	Personne / organisme agréé Personne / organisme agréé ***ou*** technicien compétent	MS 73
Extincteurs, Robinet d'Incendie **Armé (RIA)**, colonne sèche	**1 an**	Personne / organisme agréé	MS 73
Installations électriques	**1 an**	Personne / organisme agréé ***ou*** technicien compétent	EC 15

•••

•••

Type d'équipement	Périodicité de contrôle	Par	Référence réglementaire
Éclairage de sécurité	**1 mois**	Exploitant *(test de mise en repos et remise en veille)*	EC 14
	6 mois	Exploitant (test d'autonomie d'au moins une heure)	EC 14
	1 an	Personne / organisme agréé ***ou*** technicien compétent	EL 19 ou EC 15
Désenfumage	**1 an**	Personne / organisme agréé ***ou*** technicien compétent	DF 10
Chauffage, ventilation, climatisation, installation d'eau chaude sanitaire			CH 58 R123-43 du CCH
Appareils de cuisson destinés à la restauration + Ramonage des conduits d'évacuation et vérification de leur vacuité			GC 21 et 22
Nettoyage des conduits d'extraction des buées et graisses	**6 mois**	/	GC 18
Ascenseur	**1 an**	Personne / organisme agréé	AS 9
Gaz	**1 an**	Personne / organisme agréé ***ou*** technicien compétent	GZ 30

DOCUMENT N° 2

Extrait du Code de la construction et de l'habitation (section 1).

Code de la construction et de l'habitation

► Partie réglementaire
 ► Livre Ier : Dispositions générales.
  ► Titre II : Sécurité et protection contre l'incendie.
   ► Chapitre III : Protection contre les risques d'incendie et de panique dans les Immeubles recevant du public.

Section 1 : Définition et application des règles de sécurité

Article R123-2

Pour l'application du présent chapitre, constituent des établissements recevant du public tous bâtiments, locaux et enceintes dans lesquels des personnes sont admises, soit librement, soit moyennant une rétribution ou une participation quelconque, ou dans lesquels sont tenues des réunions ouvertes à tout venant ou sur invitation, payantes ou non.

•••

•••

Sont considérées comme faisant partie du public toutes les personnes admises dans l'établissement à quelque titre que ce soit en plus du personnel.

Article R123-3

Modifié par Décret n° 2009-1119 du 16 septembre 2009 - art. 4

Les constructeurs, propriétaires et exploitants des établissements recevant du public sont tenus, tant au moment de la construction qu'au cours de l'exploitation, de respecter les mesures de prévention et de sauvegarde propres à assurer la sécurité des personnes ; ces mesures sont déterminées compte tenu de la nature de l'exploitation, des dimensions des locaux, de leur mode de construction, du nombre de personnes pouvant y être admises et de leur aptitude à se soustraire aux effets d'un incendie.

NOTA :
Conformément au décret n° 2009-1119 du 16 septembre 2009, article 5, les dispositions de son article 4 sont applicables aux demandes de permis de construire et aux demandes d'autorisations relatives aux établissements recevant du public et aux immeubles de grande hauteur prévues par les articles L. 111-8 et L. 122-1 du Code de la construction et de l'habitation, déposées à compter du premier jour du quatrième mois suivant la publication du présent décret.

Article R123-4

Modifié par Décret n° 2009-1119 du 16 septembre 2009 - art. 4

Les bâtiments et les locaux où sont installés les établissements recevant du public doivent être construits de manière à permettre l'évacuation rapide et en bon ordre de la totalité des occupants ou leur évacuation différée si celle-ci est rendue nécessaire.
Ils doivent avoir une ou plusieurs façades en bordure de voies ou d'espaces libres permettant l'évacuation du public, l'accès et la mise en service des moyens de secours et de lutte contre l'incendie.

NOTA :
Conformément au décret n° 2009-1119 du 16 septembre 2009, article 5, les dispositions de son article 4 sont applicables aux demandes de permis de construire et aux demandes d'autorisations relatives aux établissements recevant du public et aux immeubles de grande hauteur prévues par les articles L. 111-8 et L. 122-1 du Code de la construction et de l'habitation, déposées à compter du premier jour du quatrième mois suivant la publication du présent décret.

Article R123-5

Les matériaux et les éléments de construction employés tant pour les bâtiments et locaux que pour les aménagements intérieurs doivent présenter, en ce qui concerne leur comportement au feu, des qualités de réaction et de résistance appropriées aux risques courus. La qualité de ces matériaux et éléments fait l'objet d'essais et de vérifications

•••

•••

en rapport avec l'utilisation à laquelle ces matériaux et éléments sont destinés. Les constructeurs, propriétaires, installateurs et exploitants sont tenus de s'assurer que ces essais et vérifications ont eu lieu.

Article R123-6

L'aménagement des locaux, la distribution des différentes pièces et éventuellement leur isolement doivent assurer une protection suffisante, compte tenu des risques courus, aussi bien des personnes fréquentant l'établissement que de celles qui occupent des locaux voisins.

Article R123-7

Modifié par Décret n° 2009-1119 du 16 septembre 2009-art. 4

Les sorties, les éventuels espaces d'attente sécurisés et les dégagements intérieurs qui y conduisent doivent être aménagés et répartis de telle façon qu'ils permettent l'évacuation ou la mise à l'abri préalable rapide et sûre des personnes. Leur nombre et leur largeur doivent être proportionnés au nombre de personnes appelées à les utiliser.
Tout établissement doit disposer de deux sorties au moins.

NOTA :
Conformément au décret n° 2009-1119 du 16 septembre 2009, article 5, les dispositions de son article 4 sont applicables aux demandes de permis de construire et aux demandes d'autorisations relatives aux établissements recevant du public et aux immeubles de grande hauteur prévues par les articles L111-8 et L122-1 du Code de la construction et de l'habitation, déposées à compter du premier jour du quatrième mois suivant la publication du présent décret.

Article R123-8

L'éclairage de l'établissement lorsqu'il est nécessaire doit être électrique. Un éclairage de sécurité doit être prévu dans tous les cas.

Article R123-9

Modifié par Décret n° 2010-368 du 13 avril 2010 - art. 46

Le stockage, la distribution et l'emploi de produits explosifs ou toxiques, de tous liquides particulièrement inflammables et de liquides inflammables soumis à autorisation ou à enregistrement en application des articles L512-1 ou L512-7 du Code de l'environnement sont interdits dans les locaux et dégagements accessibles au public, sauf dispositions contraires précisées dans le règlement de sécurité.

Article R123-10

Les ascenseurs et monte-charge, les installations d'électricité, de gaz, de chauffage et de ventilation, ainsi que les équipements techniques particuliers à certains types d'établissements doivent présenter des garanties de sécurité et de bon fonctionnement.

•••

•••

Article R123-11

Modifié par Décret n° 2006-165 du 10 février 2006- art. 1 JORF 17 février 2006

L'établissement doit être doté de dispositifs d'alarme et d'avertissement, d'un service de surveillance et de moyens de secours contre l'incendie appropriés aux risques.

Les établissements situés, même partiellement, en infrastructure, quel que soit leur type, doivent permettre aux services publics qui concourent aux missions de sécurité civile d'assurer la continuité de leurs communications radioélectriques avec les moyens propres à ces services, en tout point de l'établissement.

Les établissements ouverts au public à la date de publication du décret n° 2006-165 du 10 février 2006 doivent se conformer à cette obligation dans un délai de trois ans à compter de cette date.

DOCUMENT N° 3

Extrait du Code de la construction et de l'habitation (sous-section 3).

Code de la construction et de l'habitation

- ▶ Partie réglementaire
  - ▶ Livre Ier : Dispositions générales.
    - ▶ Titre II : Sécurité et protection contre l'incendie.
      - ▶ Chapitre III : Protection contre les risques d'incendie et de panique dans les immeubles recevant du public.
        - ▶ Section 4 : Mesures d'exécution et de contrôle

Sous-section 3 : Organisation du contrôle des établissements.

Article R123-43

Modifié par Décret n° 2009-1119 du 16 septembre 2009-art. 4

Les constructeurs, installateurs et exploitants sont tenus, chacun en ce qui le concerne, de s'assurer que les installations ou équipements sont établis, maintenus et entretenus en conformité avec les dispositions de la présente réglementation. À cet effet, ils font respectivement procéder pendant la construction et périodiquement en cours d'exploitation aux vérifications nécessaires par les organismes ou personnes agréés dans les conditions fixées par arrêté du ministre de l'Intérieur. Le contrôle exercé par l'administration ou par les commissions de sécurité ne les dégage pas des responsabilités qui leur incombent personnellement.

Le silence gardé pendant plus de quatre mois sur la demande d'agrément présentée en application de l'alinéa précédent vaut décision de rejet.

NOTA :

Conformément au décret n° 2009-1119 du 16 septembre 2009, article 5, les dispositions de son article 4 sont applicables aux demandes de permis de construire et aux demandes d'autorisations relatives aux établissements recevant du public et aux immeubles de grande hauteur prévues par les articles L111-8 et L122-1 du Code de la construction et de l'habitation, déposées à compter du premier jour du quatrième mois suivant la publication du présent décret.

•••

•••

Article R123-44

Les procès-verbaux et comptes rendus des vérifications prévues à l'article précédent sont tenus à la disposition des membres des commissions de sécurité. Ils sont communiqués au maire.
Le maire, après avis de la commission de sécurité compétente, peut imposer des essais et vérifications supplémentaires.

Article R123-45

Modifié par Décret n° 2007-1177 du 3 août 2007- art. 5 JORF 5 août 2007 en vigueur le 1er octobre 2007

Au cours de la construction ou des travaux d'aménagement, des visites peuvent être faites sur place par la commission de sécurité compétente.
Avant toute ouverture des établissements au public ainsi qu'avant la réouverture des établissements fermés pendant plus de dix mois, il est procédé à une visite de réception par la commission. Celle-ci propose les modifications de détail qu'elle tient pour nécessaires. Lorsque le projet a fait l'objet d'une étude de sécurité publique en application de l'article R111-48 du Code de l'urbanisme, un représentant au moins de la sous-commission départementale pour la sécurité publique de la commission consultative départementale de sécurité et d'accessibilité participe à la visite de réception.
L'exploitant demande au maire l'autorisation d'ouverture, sauf dans le cas des établissements visés au premier alinéa de l'article R123-14 qui ne comportent pas de locaux d'hébergement pour le public.

Article R123-46

Modifié par Loi n° 83-440 du 2 juin 1983- art. 6 (V) JORF 3 juin 1983

Le maire autorise l'ouverture par arrêté pris après avis de la commission. Cet arrêté est notifié directement à l'exploitant soit par voie administrative, soit par lettre recommandée avec demande d'avis de réception ; une ampliation en est transmise au représentant de l'État dans le département.

Article R123-47

Modifié par Loi n° 83-440 du 2 juin 1983-art. 6 (V) JORF 3 juin 1983

La liste des établissements soumis aux dispositions du présent chapitre est établie et mise à jour chaque année par le représentant de l'État dans le département après avis de la commission consultative départementale de la protection civile.

Article R123-48

Modifié par Décret n° 2009-1119 du 16 septembre 2009 -art. 4

Ces établissements doivent faire l'objet, dans les conditions fixées au règlement de sécurité, de visites périodiques de contrôle et de visites inopinées effectuées par la commission de sécurité compétente.
Ces visites ont pour but notamment :
– de vérifier si les prescriptions du présent chapitre ou les arrêtés du représentant de l'État dans le département ou du maire pris en vue de son application sont observés et, notamment, si tous les appareils de secours contre l'incendie ainsi que les appareils d'éclairage de sécurité fonctionnent normalement ;
– de vérifier l'application des dispositions permettant l'évacuation des personnes en situation de handicap ;

•••

•••

– de s'assurer que les vérifications prévues à l'article R123-43 ont été effectuées ;
– de suggérer les améliorations ou modifications qu'il y a lieu d'apporter aux dispositions et à l'aménagement desdits établissements dans le cadre de la présente réglementation ;
– d'étudier dans chaque cas d'espèce les mesures d'adaptation qu'il y a lieu d'apporter éventuellement aux établissements existants.

NOTA :
Conformément au décret n° 2009-1119 du 16 septembre 2009, article 5, les dispositions de son article 4 sont applicables aux demandes de permis de construire et aux demandes d'autorisations relatives aux établissements recevant du public et aux immeubles de grande hauteur prévues par les articles L111-8 et L122-1 du Code de la construction et de l'habitation, déposées à compter du premier jour du quatrième mois suivant la publication du présent décret.

Article R123-49

Les exploitants sont tenus d'assister à la visite de leur établissement ou de s'y faire représenter par une personne qualifiée.
À l'issue de chaque visite, il est dressé un procès-verbal. Le maire notifie le résultat de ces visites et sa décision aux exploitants soit par la voie administrative, soit par lettre recommandée avec accusé de réception.

Article R123-50

Les services de police et de gendarmerie peuvent, pendant les heures d'ouverture, vérifier la régularité de la situation administrative des établissements recevant du public et relever les infractions aux règles de sécurité.

Article R123-51

Modifié par Décret n° 2009-1119 du 16 septembre 2009 - art. 4

Dans les établissements soumis aux prescriptions du présent chapitre, il doit être tenu un registre de sécurité sur lequel sont reportés les renseignements indispensables à la bonne marche du service de sécurité et, en particulier :
– l'état du personnel chargé du service d'incendie ;
– les diverses consignes, générales et particulières, établies en cas d'incendie y compris les consignes d'évacuation prenant en compte les différents types de handicap ;
– les dates des divers contrôles et vérifications ainsi que les observations auxquelles ceux-ci ont donné lieu ;
– les dates des travaux d'aménagement et de transformation, leur nature, les noms du ou des entrepreneurs et s'il y a lieu, de l'architecte ou du technicien chargés de surveiller les travaux.

NOTA :
Conformément au décret n° 2009-1119 du 16 septembre 2009, article 5, les dispositions de son article 4 sont applicables aux demandes de permis de construire et aux demandes d'autorisations relatives aux établissements recevant du public et aux immeubles de grande hauteur prévues par les articles L111-8 et L122-1 du Code de la construction et de l'habitation, déposées à compter du premier jour du quatrième mois suivant la publication du présent décret.

Document n° 4

GARANTIES LÉGALES

- Garantie de parfait achèvement -

Modalités de la garantie

C'est une garantie de type contractuelle. Elle est plus particulièrement prévue à l'article 44 du CCAG travaux. Cette garantie est la plus étendue : elle couvre tous les désordres et imperfections, sauf ceux imputables à une usure normale ou causés par l'usage de l'ouvrage. C'est aussi la plus brève : elle ne joue en principe que durant une année et seulement de six mois pour les travaux d'entretien ou des terrassements. Cette garantie n'est due que par l'entrepreneur. Les obligations auxquelles est tenu l'entrepreneur correspondent en principe à celles de ses engagements initiaux.

Une des principales formalités tient à l'obligation pour le maître de l'ouvrage de signaler à l'entrepreneur les désordres susceptibles d'être couverts par la garantie. Il convient également de vérifier que le délai mentionné dans les documents contractuels est toujours en vigueur.

Les désordres, malfaçons… ne devaient pas être visibles à la réception.

Elle peut être mise en œuvre par le maître d'ouvrage ou le maître d'œuvre. Elle ne concerne que les entrepreneurs, par voie de conséquence, elle ne peut pas être invoquée à l'encontre du maître d'œuvre.

Avantages de la procédure garantie de parfait achèvement :

– elle permet de recourir aux retenues de garantie ;

– elle couvre tous les désordres et imperfections.

Inconvénients :

– le maître d'œuvre n'est pas soumis à cette garantie ;

– en l'absence d'assurances obligatoires, ces dernières ne peuvent pas être appelées en garantie ;

– il revient au maître d'ouvrage de faire un partage *a priori* des responsabilités, ce partage pourra ensuite être contesté par les entrepreneurs.

Rôle du maître d'œuvre dans le cadre de l'année de garantie

Ce rôle est prévu par :

– le décret n° 93-1268 du 29 novembre 1993 relatif aux missions de maîtrise d'œuvre confiées par des maîtres d'ouvrage publics à des prestataires de droit privé (élément AOR) ;

– l'arrêté du 21 décembre 1993 précisant les modalités techniques d'exécution des éléments de mission de maîtrise d'œuvre confiés par des maîtres d'ouvrage publics à des prestataires de droit privé (élément AOR) ;

– l'article 44 du CCAG travaux.

L'arrêté de 1993 (article 8 des annexes) indique simplement, pour la période de garantie de parfait achèvement, que « l'assistance apportée au maître de l'ouvrage lors des opérations de réception ainsi que pendant la période de garantie de parfait achèvement a pour objet : de procéder à l'examen des désordres signalés par le maître d'ouvrage… ».

Par ailleurs, l'article 9 des annexes de cet arrêté exclut expressément « l'assistance au maître de l'ouvrage par des missions d'expertise en cas de litige avec des tiers ».

•••

•••

Afin de permettre une meilleure gestion des désordres pouvant survenir pendant l'année de parfait achèvement, il est recommandé de renforcer la mission du maître d'œuvre en ce domaine. Toutefois, il convient uniquement de renforcer son rôle d'impulsion ou d'expertise, le pouvoir de décision devant demeurer de la compétence du maître d'ouvrage.

Pour ce faire, il est nécessaire de le prévoir expressément, au niveau de la consultation de maîtrise d'œuvre, afin que cette rémunération supplémentaire soit prise en compte. Il conviendra ensuite de le mentionner dans le CCAP.

Il sera prévu pendant la période de garantie de parfait achèvement un certain nombre de visites suivant une périodicité régulière.

Au cours de ces visites à échéances fixes (tous les un, deux ou trois mois, à préciser dans le CCAP), auxquelles sont conviées le Chef des services techniques de la délégation ou de l'institut ainsi qu'un représentant de(s) l'unité(s) utilisant le bâtiment, le maître d'œuvre contrôle et constate les malfaçons relevant de la GPA. Le conducteur d'opération assiste en tant que de besoin aux visites. Les services techniques de l'institut ou de la délégation auront dressé la liste des problèmes éventuels rencontrés lors de la période précédant cette visite.

Le maître d'œuvre adresse un compte rendu de visite au maître d'ouvrage (plus une copie directe au Chef des Services techniques et au conducteur d'opération).

En cas de non-exécution de remise en état d'un désordre signalé, le maître d'ouvrage décide alors à quelle procédure il convient de recourir (GPA, GBF, décennale) en fonction des éléments à sa disposition et adresse alors au(x) responsable(s) présumé(s) une lettre de mise en demeure.

Cette démarche est renforcée, chaque fois que nécessaire, en cas de problème urgent ou particulier.

En cas d'urgence, le Directeur de l'unité hébergée ou son représentant saisit directement le représentant du maître d'ouvrage (délégué régional ou directeur d'institut).

- Garantie de bon fonctionnement -

Cette garantie est fondée sur les principes de l'article 1792-3 du Code civil. Elle couvre, pendant une durée minimale de deux ans, les équipements qui ne sont pas indissociables de l'ouvrage, ils peuvent, notamment, être remplacés par un simple démontage.

Ces équipements peuvent être : des vitrages isolants, des radiateurs, un tableau électrique, le système de chauffage d'une piscine, les panneaux de revêtement des murs, un jeu d'orgues et de sonorisation, les portes d'un bâtiment...

Il suffit d'établir que les éléments d'équipement en cause ont mal fonctionné au regard des performances prévues ou des engagements souscrits par le constructeur. Il ne s'agit pas des dommages susceptibles de compromettre la solidité de l'ouvrage ou de le rendre impropre à sa destination qui, quant à eux, relèvent de la garantie décennale. Les désordres, malfaçons… ne devaient pas être visibles à la réception.

Cette garantie de bon fonctionnement pèse sur l'entrepreneur qui a installé l'équipement litigieux, mais aussi sur les constructeurs qui ont participé à la conception ou à la mise en place de l'élément d'équipement défectueux.

•••

•••

- Garantie décennale -

La responsabilité décennale est une responsabilité de caractère exceptionnel et dérogatoire. Elle porte sur les ouvrages de génie civil et de bâtiments. Elle couvre les désordres les plus graves pouvant apparaître dans les dix ans qui suivent la réception des travaux. C'est une garantie de plein droit, même si elle n'est pas prévue de manière expresse par les clauses du marché. Tous les constructeurs y sont assujettis. Ils ne peuvent en être exonérés qu'en cas de force majeure (extériorité, imprévisibilité, irrésistibilité) ou de faute du maître de l'ouvrage.

Les équipements indissociables de l'ouvrage peuvent également être couverts par la garantie décennale s'ils en remplissent les conditions. Sont considérés comme équipements indissociables les éléments qui font indissociablement corps avec les ouvrages de viabilité, de fondation, d'ossature, de clos ou de couvert. Un élément d'équipement est considéré comme formant indissociablement corps avec l'un des ouvrages mentionnés ci-dessus lorsque sa dépose, son démontage ou son remplacement ne peut s'effectuer sans détérioration ou enlèvement de matière de cet ouvrage.

Les clauses relatives à la responsabilité décennale peuvent faire l'objet d'aménagements. Aussi, il est préférable de ne pas introduire de clauses exonératoires et de vérifier que les projets de marchés prévoient, au minimum, une référence aux articles 44 et 45 du CCAG travaux.

Conditions de mise en œuvre de la responsabilité décennale :

– conditions relatives aux personnes :

L'exercice de l'action en responsabilité décennale est lié à l'ouvrage et à sa propriété ; si l'ouvrage fait l'objet d'une mutation de propriété, c'est le nouveau propriétaire qui doit l'engager (sauf si une convention ou un contrat prévoit une disposition différente).

Par ailleurs, des conditions particulières peuvent être applicables en fonction de la nature du propriétaire initial de l'ouvrage (public, privé), du mode initial de maîtrise d'ouvrage (comaîtrise d'ouvrage, mandat…). Ainsi, si le propriétaire initial était une personne privée, il sera nécessaire, en cas de contentieux, de mener l'action en responsabilité décennale devant le juge judiciaire.

En ce qui concerne les débiteurs de la garantie, il s'agit des constructeurs. Toutefois, il faut que le constructeur poursuivi soit lié par contrat de louage d'ouvrage au maître d'ouvrage. Par voie de conséquence, ne pourront pas faire l'objet d'une action en responsabilité décennale devant le juge administratif : les sous-traitants, les filiales des entreprises titulaires du marché, les maîtres d'ouvrages délégués, les préposés des constructeurs, les organismes d'aménagement... Il convient, pour introduire une action devant le juge administratif, de retenir la responsabilité de principe de l'entrepreneur principal.

Si le constructeur est en règlement judiciaire ou en liquidation de biens, une action directe contre l'assureur auprès duquel a été souscrite la police responsabilité de ce constructeur est ouverte au maître de l'ouvrage, conformément à l'article L. 243-7 du Code des assurances.

Les principales hypothèses de responsabilité décennale des architectes et maîtres d'œuvre sont les suivantes : les vices du sol (exemple : absence d'analyse), les vices de conception (erreurs dans les calculs et devis, choix des matériaux, procédés et

•••

•••

techniques de construction), le défaut de surveillance, les négligences dans l'exercice des fonctions de conseil et de vérification...

Les principales hypothèses de responsabilité décennale des entrepreneurs sont : les vices de conception, les vices de construction (mauvais exécution des travaux, utilisation de procédés de construction défectueux ou inadaptés, emploi de matériaux impropres ou de mauvaise qualité, manquements au devoir de conseil...) ;

– *conditions relatives aux dommages :*

S'agissant des désordres, ils doivent présenter un certain nombre de caractères cumulatifs :

– le désordre doit présenter une certaine gravité : les dommages doivent être de nature à compromettre la solidité de l'ouvrage et/ou bien être de nature à rendre l'ouvrage impropre à sa destination ;

– le vice de construction ou de conception ne doit pas avoir été apparent à la réception.

Les préjudices annexes peuvent être indemnisés à condition que soient établis leur caractère certain et le lien de causalité avec les désordres couverts par la garantie décennale (exemples : recours à des solutions de substitution, pertes d'exploitation, troubles de jouissance...).

Avantages de la garantie décennale :

– elle permet d'impliquer tous les protagonistes du chantier (y compris le maître d'œuvre, un éventuel défaut de surveillance pourrait lui être imputé dans le cadre de sa mission DET) ;

– le maître d'ouvrage (ou d'œuvre) n'a pas à se prononcer sur la répartition des compétences, il peut faire appel aux experts des assurances et les assureurs pourront couvrir la totalité des frais sans être limités par la retenue de garantie.

Inconvénients :

La retenue de garantie ne peut pas être utilisée ou bloquée car elle impose que le « marché n'ait pas été correctement exécuté » (article 99 du Code des marchés publics). Or la garantie décennale n'est pas une garantie contractuelle, elle s'exerce donc hors marché.

- Procédure particulière à la responsabilité trentenaire pour fraude ou dol -

Cette garantie s'exerce sur une durée de trente ans après la réception. Il s'agit d'une procédure de type exceptionnel qu'il convient d'utiliser lorsque des fautes d'une particulière gravité, notamment en termes de conséquences, sont constatées et imputables aux constructeurs.

Cette faute suppose un caractère intentionnel, une volonté de masquer, de dissimuler une malfaçon de nature à engager la responsabilité des constructeurs le temps nécessaire pour que le délai de garantie vienne à expiration (existence de manœuvres dolosives).

Il revient au maître de l'ouvrage d'établir qu'une fraude ou un dol sont à l'origine des dommages dont il demande réparation. Toutefois, il suffira d'apporter un commencement de preuve. En pratique, cette procédure se traduit par la saisine de la juridiction compétente et une demande d'expertise judiciaire. Procédures uniquement applicables à la levée de réserves ou à la garantie de parfait achèvement au cas où un règlement amiable ne serait pas obtenu.

DOCUMENT N° 5

Extrait du Code du travail.

Code du travail

▶ Partie réglementaire - Décrets en Conseil d'État
▶ Livre II : Réglementation du travail
▶ Titre III : Hygiène et sécurité
▶ Chapitre VIII : Dispositions particulières relatives à la coordination pour certaines opérations de bâtiment ou de génie civil.

Section 6 : Dossier d'intervention ultérieure sur l'ouvrage

Article R238-37 (abrogé au 1er mai 2008)

Le dossier d'intervention ultérieure sur l'ouvrage prévu à l'article L235-15 rassemble sous bordereau tous les documents, tels que les plans et notes techniques, de nature à faciliter l'intervention ultérieure sur l'ouvrage. Il comporte notamment, s'agissant des bâtiments visés à l'article L235-19, le dossier de maintenance des lieux de travail prévu à l'article R235-5.
Les dossiers techniques regroupant les informations relatives à la recherche et à l'identification des matériaux contenant de l'amiante prévus aux articles R1334-22 et R1334-28 du Code de la santé publique sont également joints au dossier d'intervention ultérieure sur l'ouvrage.
Pour ce qui concerne les autres ouvrages, doivent notamment figurer dans le dossier les dispositions visées aux a, b, c et d ainsi qu'à l'alinéa 3 de l'article R235-5.
Il est constitué dès la phase de conception de l'ouvrage par le coordonnateur qui en a la responsabilité et transmis au coordonnateur chargé de la phase de réalisation des travaux lorsque celui-ci est différent ; cette transmission fait l'objet d'un procès-verbal joint au dossier.

Article R238-38 (abrogé au 1er mai 2008)

Le dossier d'intervention ultérieure sur l'ouvrage est remis au maître d'ouvrage par le coordonnateur en fonctions lors de la réception de l'ouvrage. Cette transmission fait l'objet d'un procès-verbal joint au dossier. Il est joint aux actes notariés établis à chaque mutation de l'ouvrage. Dans le cas d'une copropriété, un exemplaire du dossier est également remis au syndic de l'immeuble.

NOTA : [Décret 94-1159 du 26 décembre 1994 art. 5 : date d'application.]

Article R238-39 (abrogé au 1er mai 2008)

Lors de toute nouvelle opération pour laquelle un coordonnateur est requis, un exemplaire du dossier d'intervention ultérieure sur l'ouvrage est remis au coordonnateur en matière de sécurité et de santé désigné par le maître de l'ouvrage.
Le coordonnateur en matière de sécurité et de santé apporte au dossier d'intervention ultérieure sur l'ouvrage les modifications et compléments éventuels découlant des nouveaux travaux.
Les dispositions en matière de transmission prévues aux articles R238-37 à R238-39 s'appliquent au dossier mis à jour.

NOTA : [Décret 94-1159 du 26 décembre 1994 art. 5 : date d'application.]

DOCUMENT N° 6

Calcul du poids des principaux matériaux utilisés sur les chantiers du BTP, www.oppbtp.fr, 05/11/2010.

CALCUL DU POIDS DES PRINCIPAUX MATÉRIAUX UTILISÉS SUR LES CHANTIERS DU BTP

Le but est d'estimer les charges à manutentionner afin d'adapter les moyens de manutention.

Masse volumique (kg/m^3) × Volume (m^3) = Poids du matériau (kg)

Masses volumiques (kg/m^3)

Bétons		**Produits isolants**	
Béton	2 400	Laine minérale en rouleau	18
Béton armé	2 500	Polystyrène expansé	18
Béton cellulaire	300 - 650	Mousse de polyuréthane	34
Béton bitumeux (enrobés)	2 350		
Matériaux de construction		**Métaux**	
Ardoise	2 900	Acier - Fer	7 800
Brique pleine	2 300	Aluminium	2 700
Verre	2 500	Fonte	7 400
Moellons durs	2 500	Laiton	8 600
Blocs béton creux (agglos)	1 300 - 1 700	Plomb	11 300
Monomur 37 cm	740	Zinc	7 100
Plaque plâtre BA 13	825	Cuivre	8 900
Carreau de plâtre	957		
Bois		**Terres et roches**	
Acajou	660	Calcaire compact	2 700
Chêne	600 - 900	Craie	1 250
Pin blanc	350 - 500	Granite	2 700
Hêtre	800	Grès	2 200 - 2 600
Bois lamellé collé	500	Marbre	2 800
Panneau de particules	500 - 800	Sable sec	1 600
MDF	750	Gravier	1 900
Contreplaqué CTBX feuillu	500	Argile	1 800 - 2 600
Contreplaqué CTBX résineux	650	Terre végétale	1 250

DOCUMENT N° 7

Les procès-verbaux de chantier, Le Moniteur, *7/12/2004.*

RÉGLEMENTATION

DROIT DES CHANTIERS

LES PROCÈS-VERBAUX DE CHANTIER

Les procès-verbaux de chantier font suite aux rendez-vous de chantier et reflètent l'état d'avancement des travaux à un instant donné. S'ils n'ont pas en principe valeur juridique, ces PV doivent néanmoins être considérés avec la plus grande prudence par les entreprises.

1 À quoi sert un rendez-vous de chantier ?

Le rendez-vous de chantier est une réunion organisée régulièrement – en général de façon hebdomadaire – afin de régler les problèmes relatifs à l'organisation administrative, technique et matérielle du chantier. Peuvent figurer à l'ordre du jour, par exemple : le contrôle de l'avancement des travaux et de la qualité d'exécution, la mise à jour des plannings, la présentation des situations de travaux, etc.

2 Qui y participe ?

Le rendez-vous de chantier est habituellement organisé par le maître d'œuvre. Il convoque les personnes visées dans les documents contractuels, ou à défaut celles dont la participation est jugée nécessaire : entrepreneurs, et le cas échéant maître d'ouvrage ou son représentant, bureau d'études, coordonnateur SPS, sous-traitants, etc. La norme NF P 03-001 (*) en marchés privés, de même que le CCAG Travaux (*) en marchés publics, rendent obligatoire pour l'entrepreneur la participation aux rendez-vous provoqués par le maître d'œuvre.

3 Qu'est-ce qu'un PV de chantier ?

À l'issue du rendez-vous, un procès verbal ou compte rendu de chantier est rédigé et diffusé à toutes les entreprises et au maître d'ouvrage, et plus largement à toute personne concernée. Le PV a pour objet principal de constater l'application des clauses du marché. Il permet d'acter ce qui s'est dit lors de la réunion.

4 Qui rédige le PV de chantier et sous quelle forme ?

C'est en général le maître d'œuvre, chargé de convoquer et d'animer la réunion, qui établit le PV de chantier. La forme du compte rendu n'est pas réglementée, mais elle devra être systématisée pour plus de clarté. Notamment, un certain nombre d'informations seront reportées sur chaque PV : titre de l'opération, date de la réunion et numéro du PV, noms des personnes présentes, absentes ou excusées, ordre du jour, date de la prochaine réunion et liste des personnes convoquées.

5 Quelle est la valeur juridique d'un PV de chantier ?

En principe, le PV de chantier n'a aucune valeur juridique. Il ne lie pas les parties au marché, et ne peut avoir pour effet d'étendre les obligations telles que définies dans les pièces contractuelles.

Cela est d'autant plus vrai que le maître d'ouvrage n'assiste pas toujours aux réunions de chantier, et

•••

•••

que le maître d'œuvre n'est que rarement le mandataire de celui-ci.

6 Un PV de chantier peut-il cependant être utilisé à titre de preuve ?

La réponse doit être nuancée. Si la jurisprudence a énoncé à de maintes reprises qu'en principe, le compte rendu de chantier était dépourvu de toute valeur juridique et de toute valeur probante, les mentions portées au PV sont cependant parfois prises en compte par l'expert judiciaire ou le juge dans l'exercice de leur pouvoir d'appréciation, par exemple pour évaluer le retard pris dans l'exécution des travaux.

7 Que faire face à un PV qui étend les obligations d'un entrepreneur ?

Dès qu'il estime qu'un PV de chantier modifie l'étendue ou la nature de ses obligations contractuelles, l'entrepreneur doit exprimer ses réserves par écrit (lors de la réunion elle-même puis à réception du PV), et rappeler que seul un accord écrit du maître d'ouvrage pourra modifier ses obligations.

8 Quid des sous-traitants ?

Si les sous-traitants ne sont pas conviés aux réunions, l'entrepreneur principal a tout intérêt à leur transmettre les PV les concernant, afin qu'ils puissent faire valoir leurs observations.

Les trois conseils de la semaine

► **Soignez la présentation du PV**

Il convient de systématiser la présentation du PV de chantier, afin que les destinataires puissent trouver facilement les informations qu'ils recherchent.

► **Vérifiez bien la portée donnée dans votre marché au PV**

Le PV n'aura valeur contractuelle que si cela a été expressément prévu par une clause du marché.

► **Exprimez vos réserves immédiatement**

Un PV de chantier ne peut en principe étendre les obligations contractuelles d'une entreprise. Si tel était le cas, il conviendrait de réagir rapidement en exprimant des réserves par écrit.

EN SAVOIR PLUS Ouvrages de référence :

► « Conduire son chantier », Jacques Armand, Yves Raffestin, Daniel Couffignal, Bernard Dugaret, Gilles Péqueux, Éditions Le Moniteur.

► « 150 séquences pour mener à bien une opération de construction », Jacques Armand, Yves Raffestin, Hervé Devaveye, Pierre Haxaire, Éditions Le Moniteur.

LA SEMAINE PROCHAINE ► Fiche n° 6 : l'obligation de conseil.

Document n° 8

Croquis et document pour l'aménagement de toilettes pour personnes handicapées

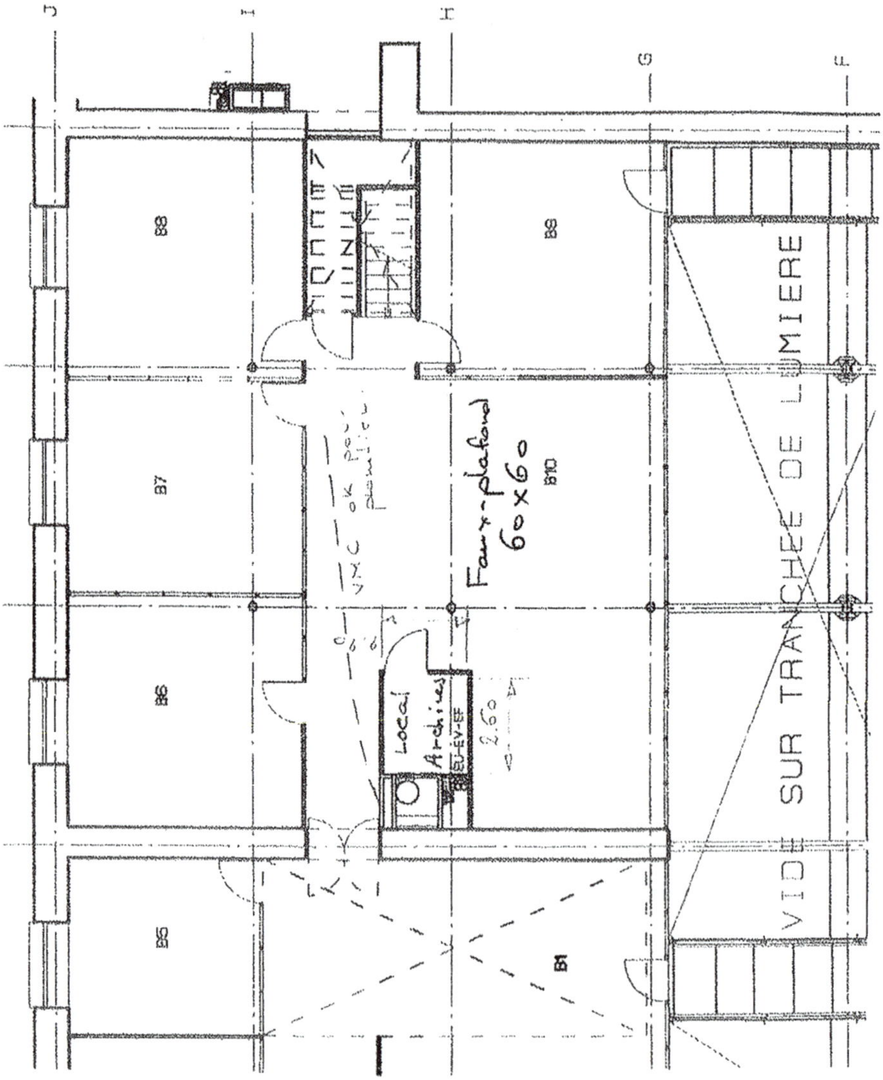

●●●

•••

Handicap et construction - 8e édition
Éditions le Moniteur - Dépôt légal oct. 2008

CHAPITRE 4.1 - AMÉNAGEMENT GÉNÉRAL

Caractéristiques dimensionnelles

« *Un cabinet d'aisances aménagé pour les personnes handicapées doit présenter les caractéristiques suivantes :*

– comporter, en dehors du débattement de porte, un espace d'usage tel que défini à l'annexe 2, situé latéralement par rapport à la cuvette [0,80 × 1,30 m] ;

– comporter un espace de manœuvre avec possibilité de demi-tour dont les caractéristiques dimensionnelles sont définies à l'annexe 2, situé à l'intérieur du cabinet ou, à défaut, en extérieur devant la porte [diamètre de 1,50 m]. »

(Arrêté du 1er août 2006.)

Notre recommandation : l'espace d'usage prévu dans l'arrêté du 1er août 2006 de 0,80 × 1,30 m est insuffisant pour permettre à la personne en fauteuil roulant d'effectuer les manœuvres de transfert à la cuvette. Le lecteur se reportera au paragraphe 3.2.3 - *Toilettes*, où nous recommandons pour un transfert latéral ou perpendiculaire au minimum 0,80 × 1,50 m.

Atteinte et usage

« *Un cabinet d'aisances aménagé pour les personnes handicapées doit présenter les caractéristiques suivantes :*

– il comporte un dispositif permettant de refermer la porte derrière soi une fois entré ;

– il comporte un lave-mains dont le plan supérieur est situé à une hauteur maximale de 0,85 m ;

– la surface d'assise de la cuvette doit être située à une hauteur comprise entre 0,45 m et 0,50 m du sol, abattant inclus, à l'exception des sanitaires destinés spécifiquement à l'usage d'enfants ;

– une barre d'appui latérale doit être prévue à côté de la cuvette, permettant le transfert d'une personne en fauteuil roulant et apportant une aide au relevage. La barre doit être située à une hauteur comprise entre 0,45 m et 0,80 m. Sa fixation ainsi que le support doivent permettre à un adulte de prendre appui de tout son poids.

Les lavabos accessibles doivent respecter les exigences du c) du 2 du II de l'article 11 [hauteur 0,80 m, vide inférieur profondeur 0,30 m, largeur 0,60 m, hauteur passage genoux 0,70 m].

Lorsque des urinoirs sont disposés en batterie, ils doivent être positionnés à des hauteurs différentes. »

(Arrêté du 1er août 2006.)

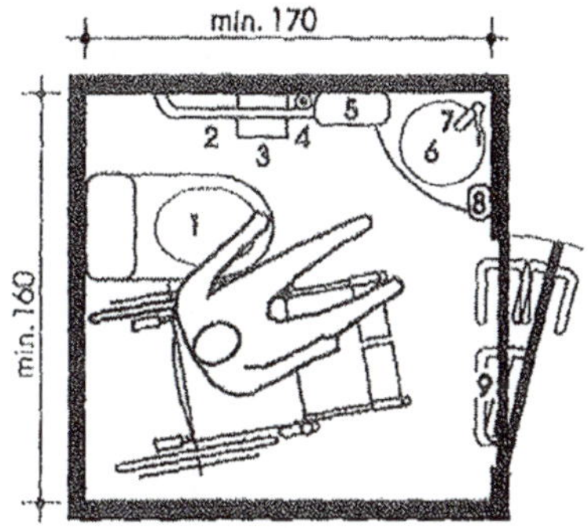

4 – Exemple de W.-C. accessible de dimensions minimales avec des aménagements adaptés :

1) cuvette posée ou suspendue ;
2) barres d'appui latérales ;
3) papier toilette ;
4) bouton d'appel (secours) ;
5) sèche-main électrique automatique ;
6) lave-mains d'angle ;
7) robinet à palette ;
8) savon liquide ;
9) barre de tirage de porte.

DOCUMENT N° 9

Croquis école primaire et document sur les étais (OPPBTP). Pour information, ce document est obsolète. Version actualisée sur le site www.prevention-btp.fr.

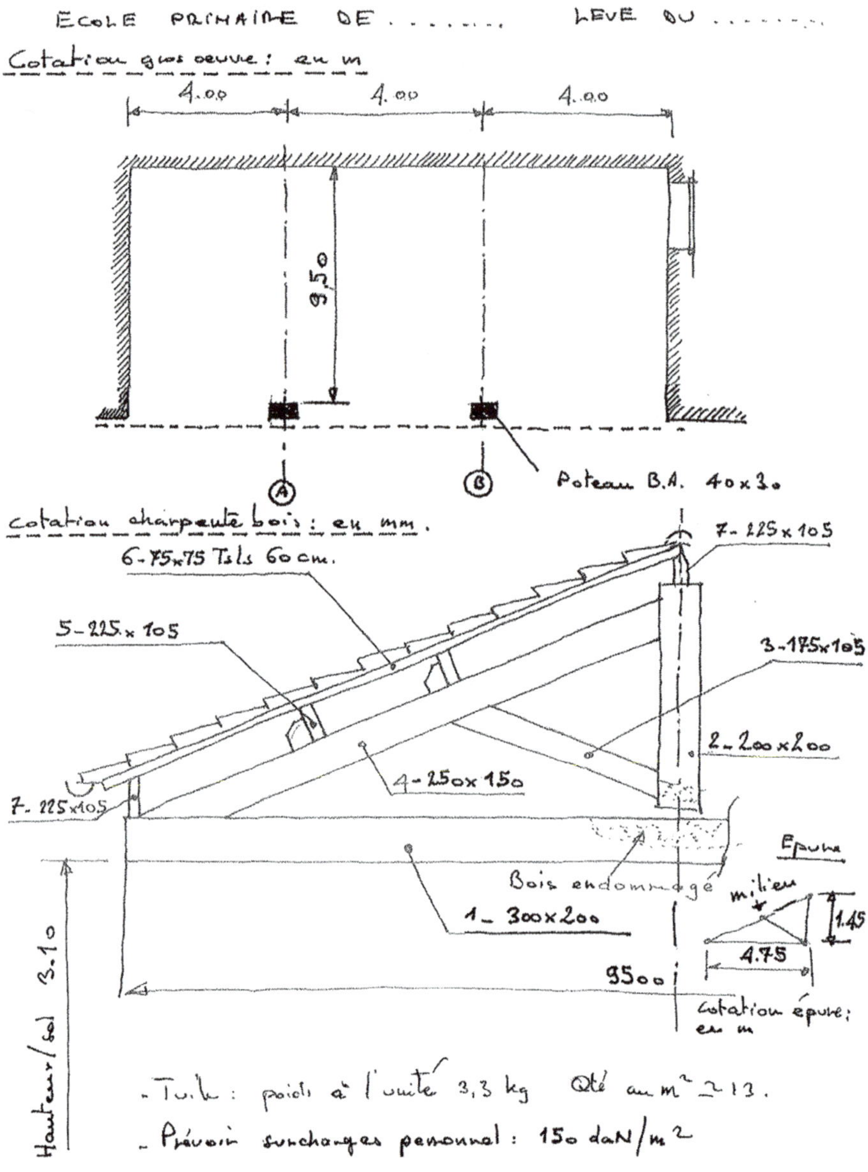

●●●

•••

Mémo-pratique

OPPBTP
Organisme Professionnel de Prévention du Bâtiment et des Travaux Publics

Les étalements dans le bâtiment en général, et dans la construction de maisons individuelles en particulier, constituent des opérations importantes et répétées dont dépendent la stabilité et la solidité des ouvrages provisoires et la sécurité du personnel travaillant au-dessus ou en dessous des coffrages et planchers.
Pour exécuter des étalements corrects, il faut d'abord disposer d'un bon matériel et savoir l'utiliser.
L'objet de ce Mémo-Pratique est de rappeler les principales caractéristiques des étais.
Ces critères sont extraits de la norme AFNOR visant les étais métalliques simples (1) à laquelle il y a lieu de se reporter, pour une information complète.

Les étais simples métalliques Caractéristiques normalisées

• FONCTION DES ÉTAIS

À la différence des étais « tirant-poussant » qui peuvent supporter également des efforts de traction et de compression, les étais simples ont pour unique fonction de supporter des efforts de compression orientés suivant leur axe.

• DESCRIPTION

Les étais simples métalliques sont constitués le plus généralement de deux tubes coulissant l'un dans l'autre, pouvant être réglés à la cote désirée puis bloqués. Le réglage de grande amplitude se fait soit par broche, soit par excentrique. Le réglage précis (ou réglage fin) est obtenu par des dispositifs filetés : manchon reliant les deux tubes coulissants ou vérins à vis d'extrémités.

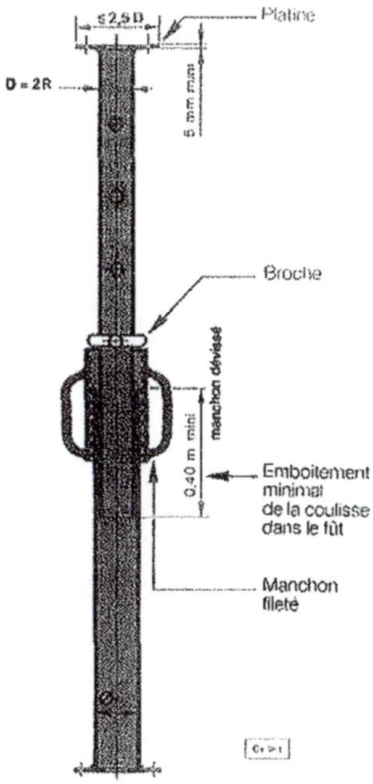

• PRINCIPALES CARACTÉRISTIQUES

Les étais simples font l'objet de la norme française P 93-321 de mai 1987, dont sont extraits les éléments de ce chapitre. La marque NF apposée sur les étais garantit leur conformité à la norme, à l'état neuf. Les étais hors norme ne garantissent pas des caractéristiques totalement fiables.

Garde de 10 cm

Lorsque les deux tubes sont complètement emboîtés et le manchon dévissé jusqu'à la butée, la coulisse doit dépasser d'au moins 10 cm pour éviter le coincement accidentel de la main.

Platines

– Dimension maximale :
M ⩽ 2,5 D.
(D = diamètre coulisse)

– Épaisseur : déterminée par le calcul avec mini ⩾ 5 mm.
– Pression moyenne maximale (trous non déduits) ⩽ 2 MPa.

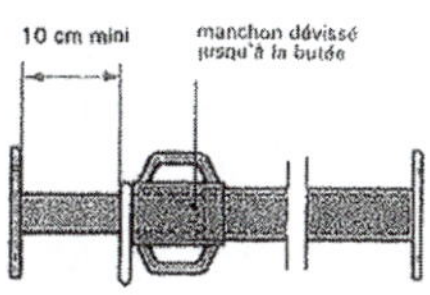

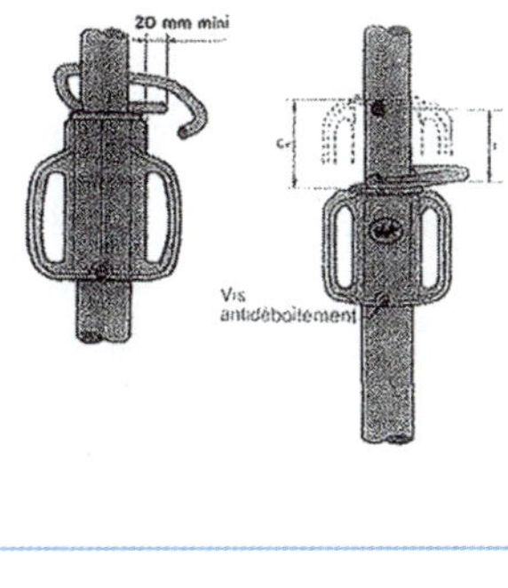

•••

●●●

– Les deux patines doivent avoir les mêmes dimensions.

Tubes (coulisse et fût)

– Tôle d'acier roulée, soudée.

– Épaisseur ⩾ 2,5 mm.

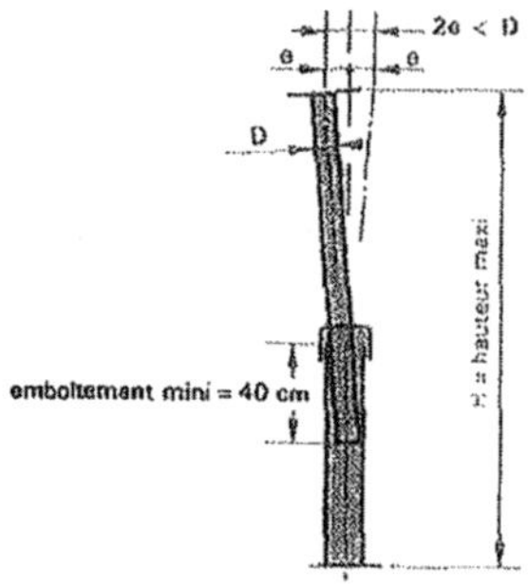

Broche

La broche doit répondre aux caractéristiques suivantes :

– Dépassement de la broche sur le corps du manchon : au moins égal à 20 mm.

– Diamètre : déterminé par le calcul, sans être inférieur à 12 mm.

– Acier avec garantie de pliage sans risque de rupture fragile, de nuance Fe E 235.

– Inséparable de l'étai.

Emboîtement minimal de la coulisse dans le fût

E ⩾ 40 cm (pour la marque NF, E ⩾ 30 cm).

De plus, un dispositif anti-déboîtement empêche la coulisse de sortir du fût.

Manchon fileté

– La course du manchon doit être supérieure au « pas » des trous de broches.

– Le nombre minimal de filets en prise est déterminé par le calcul, sans être inférieur à 3 filets.

– Le manchon doit avoir une butée pour le rendre indéboîtable et garantir le vissage minimum nécessaire à la transmission de la charge.

– Les poignées doivent résister à un essai de choc défini par la norme (non-rupture à un seuil de 400 joules).

Hauteur maximale de l'étai déployé

Élancement maximal

L'élancement maximal est tel que :

H ⩽ 71 × D (*).

D étant le diamètre extérieur de la coulisse,

H étant la hauteur maximale de l'étai.

Jeux-débattement transversal de la coulisse

– Jeu coulisse-fût

Il doit être inférieur à 7,5 % du diamètre intérieur du fût.

– Débattement maximal de la tête de coulisse déployée :

Le débattement total « 2 e » doit être inférieur au diamètre de la coutisse.

e = excentricité maximale due aux jeux.

Charges d'utilisation - charges d'essais

La charge d'utilisation F est déduite de la charge d'affaissement obtenue par essais sous CHARGES EXCENTRÉES de la valeur d'un rayon extérieur de coulisse (réduction de la dispersion des résultats d'essai).

La charge d'utilisation est prise au 3/4 de la charge d'affaissement, après application des corrections d'essai.

L'essai est destiné à contrôler la capacité de charge de l'étai au flambage.

• Les charges excentrées sont très sévères pour les étais en raison de leur élancement (*). Elles doivent donc être évitées lors de la mise en œuvre.

Courbes des charges admissibles

• Tout utilisateur d'étais doit avoir à sa disposition la courbe de charge correspondant à ceux-ci (*).

La courbe de charge peut avoir les aspects suivants :

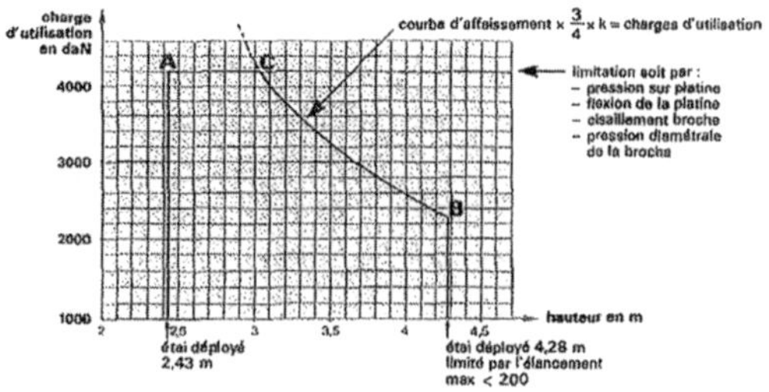

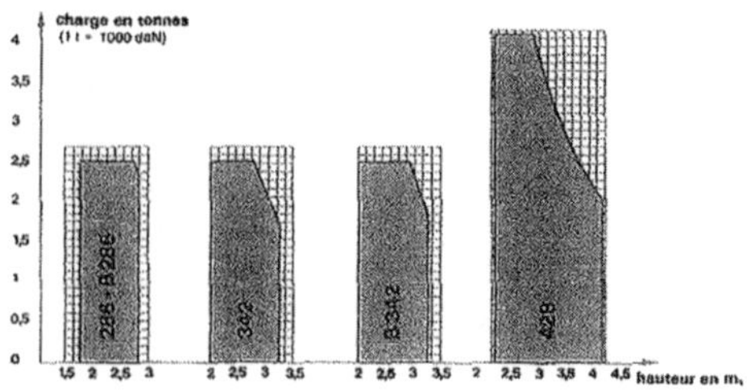

●●●

•••

Selon les caractéristiques de l'étai, la courbe de charge peut se réduire à un rectangle en fonction de la limitation de la charge maximale par la droite AC (rectangle = AC inférieur à 8).

(*) La norme admet une courbe ou un tableau de charge.

Marquage

Chaque étai doit comporter une marque lisible inaltérable indiquant :

- le nom du fabricant ou son sigle, identification de l'usine productrice ;
- le signe d'identification par rapport à l'ensemble des fabrications d'un même fournisseur ;
- la référence à la norme, NF P 93-321 ;
- les charges d'utilisation pour les développements min. et max.

Pour les produits titulaires d'un droit d'usage de la marque NF, le marquage doit être complété par l'estampille NF dans les conditions prévues par le règlement particulier de la marque.[1]

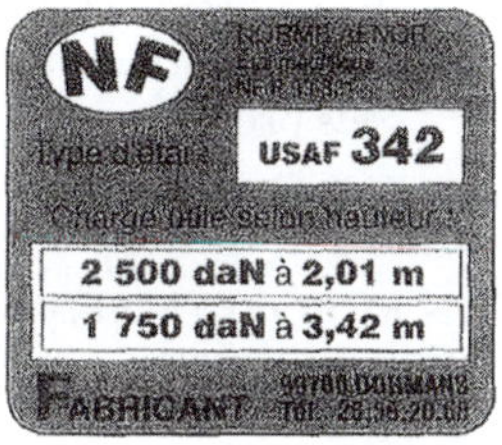

Protection des étais contre la corrosion

Contre le risque de corrosion, les étais doivent être protégés par la peinture ou la galvanisation du métal.

Si les parties intérieures de l'étai ne sont pas protégées, le fabricant doit le signaler .

Fiche technique du constructeur

Chaque type d'étai doit être accompagné d'une fiche technique qui doit comporter :

- le sigle du constructeur ;
- l'estampille NF dans le cas où l'étai fait l'objet d'un droit d'usage de la marque NF ;
- la référence à la norme NF P 93-321 de mai 1987 ;
- la masse de l'étai ;
- la nuance de l'acier et les caractéristiques mécaniques du tube ;
- un croquis précisant toutes les cotes fonctionnelles :
  - diamètre extérieur du fût et de la coulisse ;
  - dimension des platines ;
  - positionnement du manchon et de la broche ;
  - encombrement du manchon et de la broche ;
- le tableau de charge d'utilisation (abaques ou tableaux) ;
- le sigle d'identification du type d'étai figurant sur chaque étai ;
- la nature et l'étendue de la protection anticorrosion.

RÉGLEMENTATION Décret du 8 janvier 1965 : articles 2, 3, 4, 5, 13, 22, 23, 24, 218, 220 et 231
Norme AFNOR P 93-321.

DOCUMENTS À CONSULTER : E3 G 02 : Guide pratique « Étalement des planchers de bâtiment », OPPBTP

Mémo-pratique

Comité national de l'OPPBTP, Tour Amboise, 204, rond-point du Pont-de-Sèvres
92516 Boulogne-Billancourt Cedex
Tél. : 01 46 09 26 91 - 08 03 03 50 50 -Fax : 01 46 09 27 40

Code commande et n° de classement : E3 M 05 90

DOCUMENT N° 10

Règlement (UE) n° 12541-2011 (JOUE)

2.12.2011 | FR | Journal officiel de l'Union européenne | L 319/43

RÈGLEMENT (UE) N° 1251/2011 DE LA COMMISSION
du 30 novembre 2011
modifiant les directives 2004/17/CE, 2004/18/CE et 2009/81/CE du Parlement européen et du Conseil en ce qui concerne leurs seuils d'application pour les procédures de passation des marchés

(Texte présentant de l'intérêt pour l'EEE)

LA COMMISSION EUROPÉENNE,

vu le traité sur le fonctionnement de l'Union européenne,

vu la directive 2004/17/CE du Parlement européen et du Conseil du 31 mars 2004 portant coordination des procédures de passation des marchés dans les secteurs de l'eau, de l'énergie, des transports et des services postaux[(1)], et notamment son article 69,

vu la directive 2004/18/CE du Parlement européen et du Conseil du 31 mars 2004 relative à la coordination des procédures de passation des marchés publics de travaux, de fournitures et de services[(2)], et notamment son article 78,

vu la directive 2009/81/CE du Parlement européen et du Conseil du 13 juillet 2009 relative à la coordination des procédures de passation de certains marchés de travaux, de fournitures et de services par des pouvoirs adjudicateurs ou entités adjudicatrices dans les domaines de la défense et de la sécurité, et modifiant les directives 2004/17/CE et 2004/18/CE[(3)], et notamment son article 68,

considérant ce qui suit :

(1) Par la décision 94/800/CE du Conseil du 22 décembre 1994 relative à la conclusion au nom de la Communauté européenne, pour ce qui concerne les matières relevant de ses compétences, des accords des négociations multilatérales du cycle de l'Uruguay (1986-1994)[(4)]. Le Conseil a conclu l'accord sur les marchés publics (ci-après l'« accord »). L'accord doit être appliqué à tout marché dont la valeur atteint ou dépasse les montants (ci-après les « seuils ») fixés dans l'accord et exprimés en droits de tirage spéciaux.

(2) L'un des objectifs des directives 2004/17/CE et 2004/18/CE est de permettre aux entités adjudicatrices et aux pouvoirs adjudicateurs qui appliquent ces directives de se conformer en même temps aux obligations prévues par l'accord. Pour ce faire, les seuils fixés par ces directives pour les marchés publics également couverts par l'accord devraient être alignés pour correspondre à la contre-valeur en euros, arrondis au millier d'euros inférieur, des seuils définis dans l'accord.

(3) Par souci de cohérence, il convient d'aligner également les seuils fixés dans les directives 2004/17 /CE et 2004/18/CE qui ne sont pas couverts par l'accord. Dans le même temps, les seuils fixés par la directive 2009/81/CE doivent être alignés sur les seuils révisés fixés à l'article 16 de la directive 2004/17/CE.

(4) Il convient dès lors de modifier les directives 2004/17/CE. 2004/18/CE et 2009/81/CE en conséquence.

(5) Les mesures prévues par le présent règlement sont conformes à l'avis du Comité consultatif pour les marchés publics,

•••

•••

A ADOPTÉ LE PRÉSENT RÈGLEMENT :

Article premier

La directive 2004/17/CE est modifiée comme suit :

1) L'article 16 est modifié comme suit :
   a) au point a), le montant de « 387 000 EUR » est remplacé par « 400 000 EUR » ;
   b) au point b), le montant de « 4 845 000 EUR » est remplacé par « 5 000 000 EUR ».
2) L'article 61 est modifié comme suit :
   a) au paragraphe 1, le montant de « 387 000 EUR » est remplacé par « 400 000 EUR » ;
   b) au paragraphe 2, le montant de « 387 000 EUR » est remplacé par « 400 000 EUR ».

Article 2

La directive 2004/18/CE est modifiée comme suit :

1) L'article 7 est modifié comme suit
   a) au point a), le montant de « 125 000 EUR » est remplacé par « 130 000 EUR » ;
   b) au point b), le montant de « 193 000 EUR » est remplacé par « 200 000 EUR » ;
   c) au point c), le montant de « 4 845 000 EUR » est remplacé par « 5 000 000 EUR ».
2) À l'article 8, le paragraphe 1 est modifié comme suit :
   a) au point a), le montant de « 4 845 000 EUR » est remplacé par « 5 000 000 EUR » ;
   b) au point b), le montant de « 193 000 EUR » est remplacé par « 200 000 EUR ».
3) À l'article 56, le montant de « 4 845 000 EUR » est remplacé par « 5 000 000 EUR ».
4) À l'article 63, paragraphe 1, premier alinéa, le montant de
   « 4 845 000 EUR » est remplacé par « 5 000 000 EUR ».
5) À l'article 6 7, le paragraphe 1 est modifié comme suit :
   a) au point a), le montant de « 125 000 EUR » est remplacé par « 130 000 EUR » ;
   b) au point b), le montant de « 193 000 EUR » est remplacé par « 200 000 EUR » ;
   c) au point c), le montant de « 193 000 EUR » est remplacé par « 200 000 EUR ».

Article 3

L'article 8 de la directive 2009/81/CE est modifié comme suit :

1) au point a), le montant de « 387 000 EUR » est remplacé par « 400 000 EUR ».

2) au point b), le montant de « 4 845 000 EUR », est remplacé par « 5 000 000 EUR ».

Article 4

Le présent règlement entre en vigueur le 1er janvier 2012.

Le présent règlement est obligatoire dans tous ses éléments et directement applicable dans tout État membre.

Fait à Bruxelles, le 30 novembre 2011.

Par la Commission
Le président
José Manuel BARROSO

(1) JO 1. 134 du 30.4.2004, p. 1.
(2) JO 1.1 34 du 30.4.2004, p. 114.
(3) JO 1. 216 du 20.8.2009, p. 76.
(4) JO 1. 336 du 23.12.1994, p.1.

DOCUMENT N° 11

Registre de sécurité incendie (extrait), document de l'Inspection académique de l'Yonne destiné aux directeurs des écoles.

Registre de sécurité incendie

Code du Travail art. R4227-1 et art. R4227-39

Il est obligatoire conformément à l'article R123-51 du C.C.H.

Il doit relater tous les évènements ayant un rapport direct ou indirect avec la sécurité contre l'incendie. Il est tenu à la disposition de la commission de sécurité lors des visites périodiques.

École : ....

Ville : ....

Les registres, pré-imprimés proposés par divers éditeurs, ne sont pas forcément adaptés à votre école. **Aussi vous est-il suggéré de composer vous-même ce document, vous disposerez ainsi d'un registre sur mesure.**

Il faut savoir que le registre de sécurité a pour fonction principale de *constituer la mémoire de votre école.* Il permet d'avoir immédiatement sa carte d'identité et le suivi de la sécurité *au cours de la vie de l'établissement.*

Le tronc commun, c'est-à-dire les rubriques « obligatoires » que l'on doit trouver systématiquement dans le registre de toutes les écoles, est défini ci-après. Vous trouverez les fiches correspondantes à la fin du document.

SON CONTENU

1. L'aide mémoire (fiche I)
Les adresses utiles et les numéros de téléphone indispensables y sont systématiquement inscrits et mis à jour.

2. La fiche d'identité de l'école (fiche II)
Elle comporte :
– le descriptif de l'établissement : un établissement scolaire est un établissement recevant du public du type R (voir, le cas échéant, dans le P.V. de la commission de sécurité),
– la catégorie,
– l'identification des bâtiments et un plan succinct.

3. La fiche annuelle de l'école (fiche III)
Il faut renouveler la feuille chaque année en indiquant :
– *le millésime ;*
– *la liste des personnels par catégorie ;*
– *le nombre d'élèves inscrits ;*
– *la composition du service de sécurité.* Il est obligatoire dans les établissements des quatre premières catégories. Il est constitué par le personnel désigné par le directeur au sein de son établissement, il doit être capable de donner l'alerte et d'assurer l'évacuation. Il doit être entraîné au maniement des extincteurs sur feux réels.

•••

●●●

4. Les exercices d'évacuation : ils sont obligatoires.

QUAND ?

Une fois par trimestre, le premier exercice doit se dérouler dans le mois qui suit la rentrée scolaire. Ils doivent être consignés dans le registre.

POURQUOI ?

Ils ont une fonction d'information et d'entraînement, ils servent à reconnaître le signal sonore, prendre connaissance des consignes de sécurité, reconnaître les circuits d'évacuation et le point de rassemblement, mettre en évidence des anomalies de fonctionnement (portes condamnées...).

COMMENT ?

L'exercice d'évacuation doit être préparé avec discrétion ; il permet d'acquérir des réflexes et un comportement évitant toute panique en cas de sinistre réel. Pour ce faire, il est recommandé de se placer dans des conditions représentatives d'une situation réelle (condamnation d'un escalier à l'aide d'une pancarte, condamnation d'une issue...).

L'analyse du déroulement de l'exercice doit être faite avec les enseignants de façon à tirer les conséquences pour l'exercice suivant. Elle peut être suivie d'une séance de sensibilisation à la sécurité.

Lors de l'évacuation, chaque enseignant encadre sa classe, l'accompagne au point de rassemblement et fait l'appel.

5. Les consignes de sécurité (fiche IV)

Un exemplaire de ces consignes est joint au registre de sécurité.
Elles doivent être connues de l'ensemble des utilisateurs de l'école, affichées dans tous les locaux et les circulations.

Rédigées de manière concise, précise et lisible, elles doivent indiquer :

- que l'audition du système d'alarme correspondant à l'ordre d'évacuation,
- le nom et le numéro d'appel des personnes à prévenir en cas d'incendie,
- les personnes chargées d'aviser les sapeurs-pompiers,
- les itinéraires à suivre pour gagner les sorties,
- le point de rassemblement.

Elles doivent être portées à la connaissance de toute personne autorisée à participer à des activités péri et extra-scolaires.

Un plan à échelle réduite indiquant clairement l'emplacement des organes de coupure des différents fluides (eau, gaz, électricité) doit être affiché chez le gardien ou dans le local faisant office de loge ou d'accueil.

6. Autres rubriques

Outre ces rubriques communes, l'école peut comporter des installations particulières qui font l'objet de vérifications réglementaires. Certaines peuvent avoir des cuisines, pour la restauration collective, des installations de désenfumage, de ventilation, etc. Des intercalaires seront donc ajoutés au registre de sécurité pour collationner les documents les concernant.

Pour toute école, il est recommandé d'ajouter :

- une rubrique concernant **les extincteurs** avec la liste des matériels (fiche V), les attestations et factures émises par les vérificateurs,
- une rubrique relative aux installations techniques suivie des rapports de vérifications d'organismes ou de personnes compétentes comportant tout ce qui concerne notamment **les installations électriques**, le système d'alarme, l'éclairage de sécurité, etc. (fiche VI),
- une rubrique consacrée aux **P. V. de commissions de sécurité** (fiche VII),
- une rubrique permettant de consigner tout événement se produisant ou toute anomalie constatée ayant un lien direct ou indirect avec la sécurité. Pour cela se reporter à la fiche VIII qui permet d'avoir à tout instant une image immédiate de la situation.

Enfin, si des rubriques complémentaires vous paraissent devoir figurer dans le registre, en plus de ce tronc commun, il vous appartient de le compléter pour l'adapter à vos besoins.

La mairie doit vous donner copie de tous les documents concernant la sécurité dont vous êtes responsable et que vous devez joindre au registre de sécurité.

Corrigé

1 **Documents à joindre au registre de sécurité pour la préparation de la visite de la commission de sécurité à l'école primaire de Techniville**

1. Ce registre doit également mentionner les vérifications périodiques et les travaux d'amélioration qui ont été effectués.

2. En outre, l'établissement doit informer ses usagers de la conduite à tenir en cas d'incendie et du maniement des moyens de secours (extincteurs, systèmes d'alarme…).

3. Documents complémentaires :

- **Les rapports des vérifications périodiques obligatoires**

Sous la responsabilité d'un organisme agréé, sont principalement concernés :
– les installations électriques ;
– les installations de chauffage au gaz ou climatisation (production, stockage, distribution et organes de sécurité) ;
– l'installation de l'automatisation du portail et de ses organes de sécurité ;
– les équipements de sécurité incendie (alarme incendie, SSI, organes d'évacuation des fumées, etc.) ;
– les ascenseurs et monte-charge.

Ces rapports ne doivent pas comporter de points non conformes, auquel cas, la mairie doit transmettre les attestations de travaux correspondantes réalisées après la réalisation des rapports.

- **Les attestations de bon fonctionnement**

Les attestations de maintenance et de bon fonctionnement sont établies par les prestataires chargés de l'entretien et de la maintenance des équipements suivants :
– les éléments de secours (extincteurs, alarme incendie, etc.) ;
– le portail automatique.

- **Les courriers et réponses de validation de travaux par la commission de sécurité**

Incorporer au dossier les descriptifs initiaux et avis précédents de la commission de sécurité si des travaux ont été réalisés après le dernier passage de la commission.

2 **Aménagement d'un WC pour personne à mobilité réduite**

A. Descriptif des travaux

Maçonnerie :
– reprise percements ;
– fourniture et pose de carrelage ;
– fourniture et pose de faïence sur les parois verticales ;
– mise en jeu et scellement de la porte.

Plomberie :
– percements et raccordement des évacuations des eaux usées ;
– raccordement de l'adduction de l'eau potable ;
– fourniture et pose d'une cuvette WC avec réservoir et tous accessoires pour PMR ;
– fourniture et pose d'un chauffe-eau électrique ;
– fourniture et pose d'un lavabo avec miroir ;
– installation de la VMC.

Électricité :
- fourniture et pose de l'installation électrique et des organes de protection et de commande pour l'éclairage et les prises d'alimentation ;
- fourniture et pose des luminaires.

Menuiserie :
- fourniture et pose d'une porte pleine avec dormant y compris béquilles, poignées, ferme-porte et fermeture.

Peinture :
- réfection plafond ou faux plafond ;
- reprises et rénovation des peintures ;
- nettoyage.

B. Autres démarches

La question indique qu'il s'agit de locaux loués. Il est donc indispensable d'obtenir l'accord du propriétaire avant de procéder à cet aménagement.

3 Préparation des travaux de construction de la mairie annexe de Techniville

A. Dans la perspective de la rédaction du DCE, **trois documents d'importance** sont à prendre en considération : le DOE, le DIUO et le DGD.

• **Le dossier des ouvrages (DOE)** doit être délivré par les entreprises qui ont participé au chantier et après exécution des ouvrages. Il comporte :
- les notes de calculs ;
- les plans (électricité, plomberie…) ;
- les fiches techniques des éléments présents sur l'équipement avec les références associées ;
- les fiches de sécurité ;
- les notices de fonctionnement ;
- les prescriptions de maintenance (vérifier que la périodicité est bien précisée pour les éléments à remplacer ainsi que leurs références et caractéristiques).

• **Le dossier d'intervention ultérieure sur l'ouvrage (DIUO)** est constitué pour tout ouvrage quelle que soit sa destination pour faciliter les interventions ultérieures sur les ouvrages installés, pour la maintenance et en cas de dysfonctionnement. Chaque prestataire d'un lot du marché de travaux remet ses documents au coordonnateur SPS qui constituera le DIUO à remettre au maître d'ouvrage. Ce dossier comporte :
- les notes de calculs et notes techniques ;
- les plans (plomberie, électricité…) ;
- les fiches techniques des éléments présents sur l'équipement avec les références associées ;
- les fiches de sécurité ;
- les notices de fonctionnement ;
- le manuel maintenance ;
- la spécification fonctionnelle.

• **Le décompte général et définitif (DGD)** est un document dressé par le maître d'œuvre et validé par le maître d'ouvrage. Il constitue le solde de « tout compte » pour chaque marché de travaux pour la construction de l'ouvrage.

B. Le procès-verbal (PV) de chantier peut être créé de la façon suivante :

1 - Généralités :

– numéro d'ordre ;
– intitulé du chantier ;
– date, heure et lieu du rendez-vous de chantier ;
– identification des intervenants (maître d'ouvrage, maître d'œuvre, contrôleur technique, coordonnateur sécurité santé et représentants des entreprises par lots techniques) avec adresse postale, numéros de téléphone, adresse électronique.

2 - Gestion du chantier :

– notification de la présence, de l'absence ou de l'excuse de chaque participant ;
– avancement des tâches par lots ;
– avancement général du chantier ;
– alertes sur les interactions entre intervenants et leurs lots respectifs.

3 - Gestion administrative :

– suivi des échéances contractuelles avec applications éventuelles de pénalités ;
– demande de validation du PV précédent ;
– détermination de la prochaine réunion de chantier si non fixée de façon régulière.

C. Bilan des marchés

Prestations	Nature	Procédure	Détail
Maîtrise d'œuvre	Services et prestations intellectuelles	MAPA	< 200 000 € HT
OPC	Services	MAPA	
Lots techniques	Travaux	MAPA	< 5 000 000 € HT

4 Recours en matière d'assurance dont dispose la collectivité suite à des travaux de second œuvre réalisés en régie sans souscrire d'assurance dommage ouvrage

Le chauffe-eau électrique : installé depuis 15 mois, il est couvert par une garantie de bon fonctionnement.

Fenêtres : elles sont couvertes par la garantie de parfait achèvement.

Toiture-terrasse : si sa réfection est intervenue dans une période inférieure à 10 ans, celle-ci est couverte par une garantie décennale.

5 Problème sur la ferme supportant le préau de l'école de Techniville

A. Liste des pièces de la charpente et métré de l'ouvrage

Pièce	Désignation	Largeur (m)	Ep. (m)	Longueur (m)	Nombre	S/total
1	Entrait	0,200	0,300	9,50	1	0,570
2	Poinçon	0,200	0,200	1,45	1	0,058
3	Contre-fiches	0,105	0,175	2,48	2	0,091
4	Arbalétriers	0,150	0,250	4,97	2	0,373
5	Pannes intermédiaires	0,105	0,225	4,00	4	0,378
6	Pannes sablières	0,105	0,225	4,00	2	0,189
7	Pannes faîtières	0,105	0,225	4,00	1	0,095
8	Chevrons	0,075	0,075	4,97	14	0,391

Le volume total est de 2,145 m³.
La masse volumique du chêne est de 900 kg/m³.
La masse totale obtenue avec les pièces de la charpente est de :
2,145 × 900 = 1 930,50 kg.
La charge est donc de 1 930,50 daN.

B. Calcul du poids au m² de la couverture et de la surcharge
La masse de la couverture est constituée par la masse totale des tuiles.
Masse des tuiles au m² : 13 × 3,30 = 42,90 kg/m².
La surface de référence est : (2 × 4,97) × 4,00 = 39,76 m².
La masse de la couverture est : 42,90 × 39,76 = 1 705,70 arrondi à 1 706 kg.
La charge est donc de 1 706 daN.
La surcharge due à la circulation de personnes sur la couverture est :
9,50 × 4,00 × 150 = 5 700 daN.
La charge totale de la couverture avec la surcharge est donc de 7 406,70 daN.

C. Nombre d'étais à prévoir
La référence de l'étai est USAF 342. La valeur limite est de 1 750 daN à 3,42 m de hauteur.
La charge totale à reprendre est de 1 930,50 + 7 406,70 = 9 336 daN.
Donc le nombre d'étais sera de 9 336/1 750 = 5,34 soit **6 étais.**

OFFERT EN LIGNE

Connectez-vous à notre site www.nathan.fr/livre-en-ligne et retrouvez en **accès gratuit** :

- **un sujet 2018 de questions techniques à partir d'un dossier** (spécialité : aménagement urbain et développement durable) ;
- **un sujet 2018 de questions techniques à partir d'un dossier** (spécialité : prévention et gestion des risques, hygiène, restauration).

Épreuve de rédaction d'un rapport technique, avec ou sans propositions opérationnelles

- Technicien territorial
  (concours externe, concours interne, troisième concours)
- Technicien principal de 2e classe
  (concours externe, concours interne, troisième concours)
- Examens professionnels

Présentation de l'épreuve

Durée : 3 heures.
Coefficient : 1.

1. Le rapport technique sans propositions opérationnelles

A. Le libellé de l'épreuve de rapport technique

Il s'agit de rédiger un rapport technique « à l'aide des éléments contenus dans un dossier portant sur la spécialité au titre de laquelle le candidat concourt ». Selon l'épreuve, on vous demande, ou non, d'assortir votre rapport de « propositions opérationnelles ».

Reportez-vous aux pages 18 à 22 de cet ouvrage pour voir les différents libellés. Par ailleurs, les notes de cadrage de l'épreuve publiées par les centres de gestion organisateurs vous permettront de connaître le libellé précis et réglementaire.

B. Les objectifs de l'épreuve

L'épreuve de note de rapport technique est une **épreuve à dimension professionnelle.** Elle entend mesurer votre aptitude à exercer les missions dévolues au cadre d'emplois.

- Le rapport technique vise, **à partir exclusivement d'un dossier**, à **informer rapidement, clairement et de façon structurée** un destinataire – en général en position d'autorité hiérarchique –, sur un enjeu qui fait l'objet d'interrogations au sein d'une collectivité territoriale ou d'un établissement.

Le dossier rassemble généralement entre **6 et 10 documents, avec en moyenne un dossier de 24 pages.**

- Le rapport technique s'inscrit souvent **dans un processus de prise de décision** : identifier, analyser le ou les problème(s) posé(s) et les réponses possibles à ce(s) problème(s), en sélectionnant et hiérarchisant les informations contenues dans le dossier. Le rapport technique n'est donc **pas un résumé** succinct de chacun des documents constitutifs du dossier.
- Vous devez **élaborer**, après avoir repéré les informations essentielles apportées par le dossier, **un plan** qui reflète les principales informations du dossier, selon une hiérarchisation chronologique et/ou stratégique.

Attention !

En aucun cas, des éléments extérieurs au dossier ne doivent figurer dans votre copie. Toutes les informations dont vous avez besoin sont contenues dans le dossier. L'utilisation d'informations ne figurant pas dans le dossier sera fortement pénalisée.

- Le sujet vous indique précisément la situation professionnelle dans laquelle la rédaction du rapport technique prend place.
- Il faut partir du « postulat » que **le destinataire ne connaît rien au sujet**. Il ne doit pas avoir besoin de se référer au dossier, pour comprendre le sujet, la problématique ; il suffit qu'il s'appuie sur votre rédactionnel pour étayer sa réflexion, voire sa décision.
- Vous ne devez pas vous contenter d'énoncer une information, il faut la développer.
- Ne faites pas références aux documents du dossier dans la note de synthèse (« doc 1 », « doc 2 »…). Le dossier « disparaît » en tant que tel lors de la rédaction, vous n'en conservez que les informations essentielles.
- Le dossier comporte des documents de nature variée (documents juridiques, documents de vulgarisation juridique, articles de revues professionnelles…) et de forme différente (textes, documents graphiques, etc.) dont vous devez mesurer la « juste » importance. Si les informations peuvent être redondantes d'un document à l'autre, aucun document n'est totalement inutile, il n'y a pas de document « parasite » ou piège.

2. Le rapport technique avec propositions opérationnelles

A. Le libellé de l'épreuve du rapport avec propositions

Le libellé est généralement le suivant : « Rédaction d'un rapport technique portant sur la spécialité au titre de laquelle le candidat concours. Ce rapport est assorti de propositions opérationnelles ».

Reportez-vous aux pages 18 à 22 de cet ouvrage pour voir les différents libellés. Et référez-vous **aux notes de cadrage** de l'épreuve qui figurent sur les sites des centres de gestion pour appréhender le libellé précis et ce que revêt chaque spécialité.

L'épreuve mixe à la fois un volet « synthèse », pour la première partie, qui repose sur la méthodologie « traditionnelle » du rapport technique et un volet « propositions opérationnelles », pour la deuxième partie, faisant appel à vos connaissances personnelles et professionnelles en lien avec l'action publique locale.

Vous devez vous positionner comme un agent public **en situation professionnelle**.

B. Les objectifs de l'épreuve

Cette épreuve vise à évaluer notamment **vos capacités** à :

– analyser une commande et un dossier afin d'en identifier les éléments utiles au traitement du sujet ;

– mobiliser votre expérience et vos connaissances des missions, compétences et moyens d'action des collectivités territoriales dans les domaines relevant de la spécialité que vous avez choisie pour proposer des solutions réellement opérationnelles ;

– organiser méthodiquement les informations nécessaires à la rédaction du rapport ;

– **sélectionner** les informations répondant au sujet ;

– **hiérarchiser** les informations selon leur importance et les **structurer** ;

– produire en un temps limité un document synthétique parfaitement compréhensible.

1) Un rapport rédigé à l'aide d'un dossier

- **Une commande précise**

Le sujet est présenté sous forme d'**une commande** qui vous met précisément en situation, en vous donnant notamment des informations sur la collectivité territoriale et l'établissement public local concernés.

Cette commande indique précisément la ou les questions que le rapport devra traiter et vous invite, en fonction de la situation décrite, à dégager des **solutions opérationnelles adaptées** au problème posé.

Elle est suivie d'une **liste signalétique des documents** au dossier, mentionnant le titre, l'auteur, la source, la date et le nombre de pages de chaque document.

- **Un dossier**

Le dossier rassemble généralement entre **6 et 10 documents**, en moyenne de **28 pages**.

Il est composé de documents de nature (documents juridiques, documents officiels, articles de presse spécialisée ou non…) et de forme (textes, documents graphiques ou visuels…) variées dont vous devez mesurer l'importance et les finalités.

REMARQUE

Si des informations peuvent être redondantes d'un document à l'autre, aucun document n'est jamais totalement inutile, le dossier ne contenant pas de « document-piège ».

2) Un rapport qui requiert une mobilisation de vos connaissances et des compétences attendues d'un attaché

- L'épreuve revêt un caractère professionnel affirmé. En effet, contrairement à l'épreuve de rapport technique, l'épreuve de rapport avec solutions opérationnelles vous impose de **mobiliser votre expérience des collectivités territoriales et vos connaissances professionnelles**.
- Cette expérience et ces connaissances sont nécessaires pour :

– comprendre le contexte décrit et le rattacher le cas échéant à un contexte plus général ;
– identifier en fonction de ce contexte les informations importantes à valoriser ;
– proposer des solutions crédibles en adéquation avec les moyens et compétences des collectivités ;
– élaborer des solutions réalistes ;
– assurer un caractère opérationnel aux solutions proposées ;
– veiller à l'ajustement des solutions avec le niveau de compétence attendu du cadre d'emplois.

3) Un rapport qui informe efficacement et propose des solutions opérationnelles appropriées

- **Informer un destinataire de manière fiable et structurée**

Le rapport avec solutions opérationnelles vise à informer rapidement et efficacement un destinataire – en général en position d'autorité hiérarchique – sur un enjeu qui fait l'objet d'interrogations au sein d'une collectivité ou d'un établissement public local ; il s'inscrit souvent dans un processus de prise de décision.

Le destinataire est supposé ne pas connaître précisément le sujet sur lequel porte le rapport, ni disposer du dossier, et n'avoir entre les mains **que votre rapport** pour s'informer et étayer sa réflexion, voire sa décision.

Aussi, il est exclu de restituer les informations de manière allusive ou de faire référence aux textes pour se dispenser d'en exprimer le contenu.

On ne fait pas apparaître dans le rapport des références aux documents (« doc 1 », « doc 2 »...). On considère que le dossier disparaît en tant que tel lors de la rédaction de ce rapport : vous n'en conservez que les informations essentielles.

Le rapport doit également se garder de juxtaposer des résumés successifs des documents. Vous devez valoriser les informations les plus utiles au traitement du sujet en les synthétisant et en les organisant au moyen d'un plan pertinent.

- **Proposer des solutions opérationnelles appropriées**

Dégager des solutions

L'analyse et la compréhension du problème rencontré par la collectivité, l'exploitation d'informations du dossier et vos propres connaissances doivent vous permettre d'identifier les informations utiles pour dégager des solutions, comme :
– le cadre juridique ;
– le cadre financier ;
– les ressources humaines ;
– les orientations politiques ;
– les préconisations techniques opérationnelles ;
– des expériences éclairantes conduites par différentes collectivités territoriales…

Des solutions opérationnelles

Vous devez être capable de dégager des **solutions réalistes**, réellement opérationnelles, et de préciser les conditions et les moyens de leur réalisation : moyens humains et financiers à mobiliser, échéances, moyens techniques, contraintes réglementaires à prendre en compte, faisabilité…

Vous devrez prendre appui sur votre expérience professionnelle (notamment votre connaissance des causes d'échec possibles et des facteurs de facilitation) pour valoriser le caractère opérationnel des solutions que vous avancez.

Des solutions appropriées

Les solutions doivent être ajustées aux éléments de contexte précisés dans le sujet et au contexte général dans lequel agit la collectivité ou l'établissement qui fait l'objet de la mise en situation.

Les solutions viennent en réponse à des questions soulevées par la commande et le dossier. Vous devez donc repérer les enjeux qui émanent, explicitement ou implicitement, de la commande et du dossier.

Vous devez être capable de prendre la mesure des responsabilités qui vous incombent dans une situation professionnelle, qu'il s'agisse d'encadrement, d'expertise, de conduite de projet, dans un secteur opérationnel ou fonctionnel.

Les propositions formulées doivent donc être en adéquation avec les compétences et moyens (juridiques, financiers, humains...) des collectivités territoriales et de leurs établissements, leur organisation et leur fonctionnement.

Conseils rédactionnels

1. Les règles communes au rapport avec et sans propositions opérationnelles

Il importe de respecter certaines exigences formelles de rédaction et de présentation dans un souci d'efficacité, de lisibilité et de communication. En quelques secondes, le correcteur va balayer du regard votre copie et visualiser très vite si les règles de forme sont respectées et donc se faire une vue d'ensemble de la copie. Si certaines règles ne sont pas respectées, le correcteur en déduira d'emblée que la copie sera, indépendamment du fond, déjà en-dessous de la moyenne.

À SAVOIR

La longueur attendue est :
– **6 pages** pour le rapport technique ;
– environ **8 pages** pour le rapport avec propositions.

A. L'en-tête du rapport technique (avec ou sans propositions) : le « timbre »

Le timbre, l'en-tête, indique l'unité administrative qui émet la note. Il identifie la collectivité, éventuellement la direction ou le service dans lequel « vous » êtes est censé travailler. Il reprend des informations que vous allez trouver en première page du sujet dans la commande et la liste signalétique des documents au dossier.

Le timbre, l'en-tête, doit tenir sur la première moitié de page de la copie, l'autre moitié étant réservée à la partie « administrative ».

Le barème **pénalisera de 0,5 point** le non-respect des règles formelles de cette présentation de l'en-tête, du timbre.

1) Le « lieu » de la commande

Deux **cas de figure** peuvent se présenter.

• **Premier cas de figure** : l'énoncé mentionne clairement un type et un nom de collectivité. Vous reproduisez les informations en haut à gauche de la première page de la copie.

EXEMPLE

« Vous êtes technicien ou technicien principal territorial à la commune de Techniville, à la direction des bâtiments… ».

Dans ce cas, vous apposez la mention « Commune de Techniville ».

- **Deuxième cas de figure** : l'énoncé identifie partiellement la collectivité dans laquelle « vous » êtes censé travailler ; il n'est mentionné aucun nom propre. **Vous ne mentionnez dans le timbre aucun nom de collectivité.**

EXEMPLE

> « Vous êtes technicien ou technicien principal territorial à la communauté d'agglomération de…, dans la commune de X. ». Vous ne savez pas de quelle collectivité il s'agit. Dans ce cas, vous apposez la mention « Communauté d'agglomération de...» ou « Commune de X… ».

2) Le destinataire

- Une mention doit d'abord préciser la nature du document : rapport et surtout son destinataire : « à l'attention de… ».
- L'énoncé de la commande, du sujet identifie le destinataire.

3) L'objet

Il doit permettre au destinataire d'identifier immédiatement le contenu du dossier, ce sur quoi il va porter.

EXEMPLE

> **Objet :** les nuisances sonores en centre-ville (pour le rapport technique sans propositions).
> **Objet :** les modalités de prévention des nuisances sonores en centre-ville (pour le rapport avec propositions).

4) Les références

- Ce sont les **textes juridiques** (lois, décrets, arrêtés, circulaires, etc.) applicables à l'objet du rapport et **mentionnés ou reproduits** dans le dossier remis.
- Ne mentionnez que les 2 ou 3 textes les plus importants.
- Si l'intitulé de la loi, du décret est trop long, ne mettez que les numéros et dates de ces textes.
- Respectez la hiérarchie des normes, en commençant par le texte de rang le plus élevé et en terminant par celui de rang le moins élevé. À titre indicatif, voici l'ordre suivant : traités et accords internationaux, lois organiques, lois ordinaires, ordonnances, décrets, arrêtés, circulaires. Si plusieurs références sont de même rang juridique, mentionnez-les par o**rdre chronologique.**

Collectivité émettrice Le………………… *(date de l'épreuve)*
(Ville de…………………
Service…………………)
Remarque : aucun nom de collectivité ni de service, de lieu existant ou fictif autre que celui indiqué dans le sujet ne doit être utilisé sous peine d'annulation de la copie.

<u>RAPPORT à l'attention de Monsieur (ou Madame) le (la)…</u> (destinataire)
Exemple : à l'attention de Monsieur le Directeur des Services techniques

•••

•••

Objet (thème du rapport avec propositions)

Exemple : Les nuisances sonores en centre-ville / modalités de prévention des nuisances sonores en centre-ville.

Références : uniquement celles des principaux textes juridiques fondant le rapport (lois, décrets) ; mettre 2 ou 3 références au maximum.

ATTENTION !

Les signes distinctifs sont proscrits.

– Ne mentionnez pas le nom d'une collectivité existante ou fictive si elle n'est pas mentionnée dans la commande.

– N'indiquez pas, en fin de copie, une mention du type « *l'attaché à la direction de...* ».

– **NE SIGNEZ JAMAIS VOTRE COPIE !**

Ces rappels peuvent sembler superflus, mais chaque année des candidats se voient infliger une **note de 0/20** pour ces motifs...

• De plus, la copie doit être rédigée en **une seule couleur d'encre** (**noire ou bleue**). Les titres sont soulignés de la même couleur que l'encre utilisée pour la rédaction. Ne changez pas de couleur à l'intérieur de la copie, **ni même un autre noir ou un autre bleu** dont la différence serait visible. Ceci sera considéré comme un signe distinctif et donc noté **0/20**.

B. Le plan du rapport technique (avec ou sans propositions)

• Le rapport technique doit comporter une **introduction** d'environ **20 lignes**, qui s'apparente à celle d'une composition ou dissertation :

– entrée en matière, avec généralement la définition des termes du sujet ;

– remise du sujet dans son contexte, identification de la problématique – pour le rapport avec propositions, on rappelle aussi, le cadre de la commande, juste avant l'annonce du plan ;

– annonce du plan.

• Le **développement** est organisé en **2 parties et 2 sous-parties**.

• La conclusion est facultative, mais recommandée. Elle peut toutefois utilement souligner l'essentiel, sans jamais valoriser des informations oubliées dans le développement.

C. Les exigences rédactionnelles

1) La clarté

• C'est une façon de **respecter le lecteur** (en l'occurrence, le correcteur). Dans un concours, rien ne ressemble plus à une copie qu'une autre copie. La clarté externe du devoir détermine la qualité du premier regard porté par le correcteur.

• **Quelques conseils** pour favoriser la clarté de la copie :

– écrivez lisiblement ;

– passez 2 lignes au moins entre l'introduction et la première partie, entre les sous-parties A et les sous-parties B, et entre première et la deuxième partie ;

– sautez une ligne, avec un retrait de marge, à chaque nouveau paragraphe (à titre indicatif, un paragraphe fait environ 20 lignes) ;
– utilisez des phrases de 2 ou 3 lignes maximum ;
– rythmez votre écriture en rédigeant, en alternance, quelques phrases « longues », exposant les idées complexes, et d'autres, très courtes, exprimant les idées fortes, les idées majeures.

Lorsque le correcteur feuillette la copie avant de la lire, il cherche une analyse en pyramide :

Introduction
– Définition
– Contexte/problématique
– Annonces des parties

Partie 1
– Annonces des sous-parties
– Sous-partie A
    Paragraphes
    Transition IA/IB
– Sous-partie B
    Paragraphes
    Transition IB/II

Partie 2
– Annonces des sous-parties
– Sous-partie A
    Paragraphes
    Transition IIA/IIB
– Sous-partie B
    Paragraphes
    Transition IIB

Conclusion

Attention !

Des copies difficiles à lire seront forcément pénalisées. Il y aura d'emblée une sanction sur la forme (entre 0,5 et 1 point) selon le type de concours/examen professionnel.

2) La lisibilité

• Le plan **doit être clairement matérialisé** : les titres des parties 1 et 2, des sous-parties A et B doivent être soulignés.

Attention !

Les paragraphes ne doivent pas être numérotés.

• **Un plan visible est au service d'une communication efficace.** Il permet au correcteur de repérer immédiatement si vous avez compris le sujet, si le plan est cohérent, si le libellé des titres est dynamique, si les parties sont équilibrées et si la copie est manifestement terminée.

• **Forgez des titres signifiants et dynamiques.** Un adjectif qualificatif permet souvent d'éviter le titre banal.

EXEMPLE

> « Un cadre juridique contraignant, au service d'une nouvelle dynamique de prévention des risques professionnels » est à privilégier plutôt que « le cadre juridique, le contenu de la loi ».

3) La concision

– Allez à l'essentiel et privilégiez les phrases assez courtes.
– Éliminez les propos redondants, les périphrases, le surcroît d'éléments secondaires et les exemples surabondants.
– Utilisez un vocabulaire précis : ceci permet de mettre en valeur une pensée organisée.
– Maîtrisez le vocabulaire usuel mais aussi administratif.
– La copie doit être **intégralement rédigée : pas de style télégraphique, pas de tirets, pas de style « prise de notes »**.
– Pour un rapport technique sans propositions, on attend une copie d'environ **6 pages**.
– Pour un rapport avec propositions, on attend une copie faisant en moyenne **8 pages**.

D. Les outils stylistiques

– Rédigez à la troisième personne du singulier ou avec des tournures impersonnelles : « *il serait opportun de* ».
– Expliquez toujours préalablement un sigle.
– Le style doit être neutre, sobre, précis.
– Fluidifiez la pensée en utilisant des locutions de transition.

EXEMPLES

> – pour **introduire une idée** : *à cet effet, en effet, dans ce cadre, dans cette perspective, dans cette optique ;*
> – pour **passer d'une idée à une autre** : *d'une part, d'autre part, en premier lieu, en second lieu, tout d'abord, de plus, en outre, d'ailleurs, de ce fait, de même, par ailleurs ;*
> – pour **préciser ou nuancer une idé**e : *en ce qui concerne, s'agissant, notamment, plus concrètement, or, toutefois, cependant, néanmoins, bien que, pour autant, pourtant, inversement, il n'empêche que, nonobstant ;*
> – pour **conclure** : *ainsi, enfin, en conséquence, somme toute.*

• Les compétences évaluées seront donc les suivantes :
– l'aptitude à lire de manière rapide, active et sélective ;
– l'aptitude à analyser des documents, puis à en faire la synthèse, en distinguant l'essentiel de l'accessoire ;
– l'aptitude à écrire de manière claire simple et précise.
– l'aptitude à la reformulation : ne pas se contenter de recopier intégralement des parties de textes.

• L'évaluation du **niveau de maîtrise de la langue** dont le candidat aura fait preuve fait partie intégrante de la notation globale de la copie. On distingue **deux cas de figure** :
– les copies dans lesquelles les fautes d'orthographe et de syntaxe participent d'un défaut global d'expression. Ces copies ne sauraient obtenir la moyenne ; elles peuvent même se voir attribuer une note éliminatoire ;
– les copies qui, malgré quelques fautes d'orthographe, témoignent d'une maîtrise de la langue correcte. Un système de pénalités s'applique alors en fonction du nombre de fautes.

- À titre indicatif, le barème suivant pourrait être appliqué :

– copie négligée (soin, calligraphie, présentation) : – 0,5 point ;
– à partir de 11 fautes d'orthographe ou de syntaxe : – 1 point (concours catégorie B) ;
– 2 points (concours de catégorie A).

2. Les règles spécifiques au rapport technique

- La copie est d'abord évaluée sur le fond avant que des points ne soient, le cas échéant, retirés pour non-respect des règles d'orthographe et de syntaxe, voire de présentation.
- Une note de synthèse **devrait obtenir la moyenne ou plus** lorsqu'elle :

– constitue pour son destinataire un moyen d'information et, le cas échéant, d'aide à la décision fiable valorisant de manière objective les problématiques centrales du sujet ;
– reprend les informations essentielles des documents en les ordonnant autour d'un plan clair et structuré (introduction comprenant une annonce de plan, matérialisation des parties et sous- parties) ;
– est rédigée dans un style correct, s'appliquant à reformuler et non à recopier les informations.

- *A contrario*, une note de synthèse **ne devrait pas obtenir la moyenne** lorsqu'elle :

– expose de manière désordonnée et imprécise quelques éléments tirés du dossier, laissant apparaître une incapacité à discerner et valoriser l'essentiel ;
– s'avère impropre à valoriser les informations utiles pouvant aider à la décision ;
– ne constitue qu'une juxtaposition de résumés des documents du dossier ;
– est fondée sur des informations qui ne figurent pas dans le dossier ;
– présente une grave incohérence entre plan annoncé et plan suivi ;
– est rédigée dans un style particulièrement incorrect, ou à partir de passages entièrement recopiés ;
– présente un caractère inachevé : sous-partie(s) très insuffisamment développée(s) ou manquante(s) témoignant d'une mauvaise gestion du temps.

3. Les règles spécifiques au rapport avec propositions

- Un rapport avec propositions **devrait obtenir la moyenne ou plus** lorsqu'il :

– identifie les questions essentielles soulevées par le sujet et les présente de manière synthétique ;
– valorise les informations pertinentes du dossier et mobilise des connaissances et des acquis professionnels précis et adaptés pour indiquer des solutions ;
– propose au destinataire des solutions opérationnelles pertinentes en regard des réalités locales et des moyens de l'administration territoriale ;
– est organisé à partir d'un plan clair et structuré ;
– est rédigé dans un style correct, s'appliquant à reformuler et non à recopier des informations et faisant preuve d'une bonne maîtrise de la langue.

• *A contrario*, un rapport avec propositions ne devrait pas obtenir la moyenne lorsqu'il :
– élude les enjeux essentiels du sujet ou les solutions prioritaires à envisager ;
– laisse apparaître, tant dans l'analyse des problèmes que dans les propositions de solutions, une méconnaissance des réalités territoriales et l'absence d'expertise dans la spécialité ;
– ne fait pas la preuve d'une capacité de synthèse et d'organisation ;
– présente une grave incohérence entre plan annoncé et plan suivi ;
– est rédigé dans un style incorrect ;
– présente un caractère inachevé : sous-partie(s) très insuffisamment développée(s) ou manquante(s) témoignant d'une mauvaise gestion du temps.

Conseils méthodologiques

- La méthodologie du rapport technique avec ou sans propositions comprend 6 étapes regroupées en 2 phases :
– une phase préparatoire ;
– une phase rédactionnelle.
- Dans la phase préparatoire, il y a 4 étapes :
– compréhension du sujet, de la commande ;
– survol de la page de sommaire ;
– survol du dossier / affectation des documents / élaboration du plan ;
– prise de notes.

Dans la phase rédactionnelle, il y a 2 étapes :
– rédaction au propre du devoir ;
– relecture du devoir.

Chaque opération doit être minutée. Une des grandes difficultés du rapport technique (avec ou sans propositions), c'est **la gestion du temps** ! Vous avez 3 heures pour passer d'un dossier comprenant entre 23 et 28 pages à une copie faisant autour de 6 pages (concours technicien, épreuve de rapport technique) ou de 8 pages (concours technicien principal, rapport avec propositions).

Il est donc impératif de travailler avec une montre sous vos yeux !

Minutage indicatif de l'épreuve de rapport technique en 3 heures

Opérations	Durées indicatives
Phase préparatoire - compréhension du sujet / survol du dossier / affectation des documents / élaboration du plan - prise de notes	**1 h 25** 30 mn 55 mn
Phase rédactionnelle - rédaction au propre du devoir	**1 h 35**

Minutage indicatif de l'épreuve de rapport avec propositions en 3 heures

Opérations	Durées indicatives
Phase préparatoire - compréhension du sujet / survol du dossier / affectation des documents / élaboration du plan - prise de notes	**1 h 15** 30 mn 45 mn
Phase rédactionnelle - Rédaction au propre du devoir	**1 h 45**

1. La phase préparatoire

A. Compréhension du sujet, de la commande

1) La lecture du sujet

- Le sujet, la commande, équivaut au « cahier des charges » ; c'est une partie de la grille de lecture du dossier. La lecture du sujet n'a pas pour seul intérêt de préparer la phase de lecture. Elle peut permettre d'orienter la construction du plan.

Bien que rapide, cette phase est absolument **impérative** ; la lecture du sujet permet d'éviter une mauvaise interprétation et donc de partir dans une mauvaise direction et de faire du « hors-sujet ».

- Le libellé du sujet, de la commande se compose, en principe de **trois éléments** distincts :

– un **énoncé** : sur la première page, un texte qui précise l'objet de la demande ;
– une **liste des documents** constitutifs du dossier ;
– le **dossier lui-même**, dont le nombre de pages varie entre 22 et 28 pages selon le type de l'épreuve (rapport technique avec ou sans propositions).

- L'énoncé du sujet précise les éléments de la mise en situation :

Type d'écrit attendu : rapport technique à **l'appui exclusivement des éléments du dossier** ; ou rapport avec propositions opérationnelles à **l'aide des documents** du dossier.
Qualité de l'auteur de l'écrit : technicien territorial, technicien principal territorial de 2e classe, technicien principal territorial de 1re classe.
Destinataire : celui/celle qui demande la rédaction de l'écrit (maire, directeur/trice, chef du service, directeur...).
Lieu de la commande : type de collectivité, taille de la collectivité, nombre d'habitants (utile pour le rapport avec propositions).
Thème du dossier, le contexte et la consigne.
L'énoncé précise donc **le cadre professionnel** dans lequel vous êtes censé rédiger le rapport technique ou le rapport avec propositions.

Exemples

- **Pour un rapport technique**

– « Vous êtes technicien territorial dans la commune de TECHNIVILLE de 60 000 habitants, responsable du service bâtiments, à la direction des services techniques.
Le directeur doit prochainement faire le point avec le maire sur la mise en œuvre de la loi de transition énergétique pour la croissance verte du 17 août 2015, notamment pour ce qui concerne les améliorations possibles en termes de performance énergétique des bâtiments communaux.
Dans cette perspective, le Directeur des services techniques vous demande de rédiger à son attention, **exclusivement à l'aide des documents joints**, un rapport technique sur la loi de transition énergétique, notamment les mesures résultant de la loi dans le secteur du bâtiment ».

- **Pour un rapport avec propositions**

« Vous êtes technicien territorial principal dans la commune de TECHNIVILLE de 60 000 habitants, responsable du service bâtiments, à la direction des services techniques.
Le directeur doit prochainement faire le point avec le Maire sur la mise en œuvre de la loi de transition énergétique pour la croissance verte du 17 août 2015, notamment

pour ce qui concerne les améliorations possibles en termes de performance énergétique des bâtiments communaux.
Dans un premier temps, le Directeur des services techniques vous demande de rédiger à son attention, **exclusivement à l'aide des documents joints**, un rapport technique sur la loi de transition énergétique.
Dans un second temps, à partir de vos connaissances personnelles et professionnelles, vous ferez des propositions opérationnelles en vue d'améliorer la performance énergétique des bâtiments communaux ».

- L'énoncé peut « imposer » des perspectives prioritaires, qu'il ne faut **pas confondre avec les parties d'un plan**.

Exemple

En matière de santé au travail, la prévention des risques psychosociaux (RPS) est un sujet d'une actualité forte dans la fonction publique. Soucieux de répondre à a demande du Maire de faciliter le bien-être au travail des agents municipaux, le Directeur des Ressources Humaines vous demande de lui rédiger une note à ce sujet.

Vous mettrez en particulier en évidence les obligations incombant aux administrations publiques ainsi que les manifestations et conséquences des RPS.
Vous pourriez être tenté de voir, dans la dernière phrase, une sorte de plan. Or, l'épreuve vise à évaluer votre capacité à structurer l'ensemble des informations contenues dans le dossier. Le plan n'est donc pas « préfabriqué », « préétabli ».

2) La méthode QQOQCCP

Posez-vous les questions qui sont sous-jacentes à la commande en utilisant la méthode QQOQCCP.

C'est une « **grille** » **de lecture du sujet** permettant d'appréhender toute la dimension de la commande et ce, dès sa prise de connaissance. **Cette méthode doit être appliquée systématiquement**, car elle va également vous servir de « fil conducteur » pour le « survol », la lecture rapide du dossier.

- **Q : Qui ?**
Qui est concerné, quels sont les bénéficiaires d'un dispositif ? Quels sont les publics concernés ? Les acteurs institutionnels, les partenaires concernés ?
- **Q : Quoi ?**
Quel est le contenu de tel ou tel dispositif, de telle ou telle loi ? Quels sont les apports, quels sont les principales nouveautés ? En quoi cela consiste-t-il ? Existe-t-il un cadre juridique ?
- **O : Où ?**
Quels lieux, quels espaces sont concernés ? Espaces publics/ Espaces privés ? Territoire communal/ Territoire départemental /Territoire intercommunal ?
- **Q : Quand ?**
Quelle temporalité, dans quels délais ?
- **C : Comment ?**
Quels sont les outils techniques, les outils incitatifs utilisés ? Quels sont les moyens humains auxquels il faut faire appel ? Combien cela coûte-t-il ? Existe-t-il un bilan du cadre juridique et des outils mis en place ?
- **P : Pourquoi ?**
Quels sont les objectifs poursuivis, les enjeux de tel ou tel dispositif, d'une nouvelle loi, de telle ou telle méthode ?

La compréhension de la commande permet de rédiger l'en-tête, le « timbre» du rapport technique ou du rapport avec propositions.

Exemple

Timbre pour le sujet sur la transition énergétique

Commune de TECHNIVILLE	Le 2019
NOTE à l'attention de Monsieur le Directeur des services techniques	
Objet : point sur la loi de transition énergétique (rapport technique) Modalités d'amélioration de la performance énergétique des bâtiments communaux, suite à la loi « transition énergétique » (rapport avec propositions)	
Références : Loi du 17 août 2015 relative à la transition énergétique pour la croissance verte	

B. Le survol de la page de sommaire

- Une fois cette première étape de compréhension de la commande effectuée, ne vous « plongez » pas immédiatement dans la lecture des documents, les uns à la suite des autres. Cette erreur est commise par la quasi-totalité des candidats. En procédant ainsi, il n'est pas possible d'obtenir une note satisfaisante.
- Le survol de la page de garde, du sommaire ne doit pas prendre plus de 3 minutes.
- Il consiste à identifier le nombre de documents constitutifs du dossier (aspect quantitatif), le type de textes (textes juridiques, textes de vulgarisation juridique), repérer des exemples de pratiques de collectivités territoriales issus de revues professionnelles, textes d'analyse… (aspect qualitatif). Il permet aussi de repérer les dates des documents, leur ordonnancement chronologique.
- Ce survol permet d'apporter des premiers éléments de réponse aux questions que l'on s'est posé à la lecture de la commande, en appliquant la méthode de questionnements QQOQCCP.

C. Le survol du dossier / affectation des documents / élaboration du plan

1) Pourquoi survoler le dossier

Trois raisons principales :

- Comprendre la problématique, la thématique du dossier, identifier les principales informations du dossier.
- Identifier les caractéristiques et déterminer l'importance des différents documents. Cela va permettre de les reclasser logiquement, de leur donner une affectation (voir les 6 étapes p. 136). Ce classement est l'outil méthodologique grâce auquel vous allez aboutir à une vision globale de l'ensemble des informations utiles du dossier, et à un plan logique.

C'est donc **une opération essentielle** pour identifier la finalité de chaque document, en identifier les informations principales, reclasser les documents dans leur ordre d'importance et donc de lecture, voire d'élimination.

- **Le moyen d'anticiper le plan.** Cette méthode « d'affectation des documents » autour d'un tableau composé de 6 étapes est une méthode éprouvée et efficace. En suivant les conseils ci-dessous, vous allez très rapidement prendre toute la dimension du dossier, construire un plan cohérent, logique et structuré, vous permettant de valoriser l'essentiel des informations utiles.

Cette technique méthodologique vous garantit l'obtention d'une bonne, voire d'une très bonne note, **sous réserve de vous entraîner régulièrement pour la mettre en pratique.**

2) Comment survoler le dossier ?

Votre premier geste doit être de prendre **2 feuilles de brouillon**, en format paysage, afin d'aboutir au schéma suivant pour la réalisation **des 6 items.**

Sur la feuille 1

Objectifs / buts / enjeux	
État des lieux : **Qui / Causes / Conséquences** ou bien la situation existant **AVANT** le cadre juridique	
Cadre juridique / Outils juridiques, dispositifs incitatifs	

Sur la feuille 2

Partenaires / Acteurs institutionnels	
Bilan : points positifs, points de difficulté constatés **APRÈS** la mise en œuvre des dispositifs, du cadre juridique	Faites 2 sous colonnes, dans cette « case » bilan, dans le sens de la largeur. Réservez la colonne du haut aux points positifs et la colonne du bas aux points négatifs. Vous gagnerez ainsi du temps dans la structuration des informations.
Perspectives d'amélioration / Solutions / Exemples de pratiques de collectivités territoriales ou d'administrations d'État	

Les items doivent toujours être présentés dans cet ordre.

En fonction de la façon dont le dossier est configuré, tous les items ne seront pas forcément remplis ; il est possible de n'avoir que 2, ou 3 ou 4 items remplis. Mais, les 6 items peuvent aussi être tous remplis.

- **Item 1 : Objectifs / Enjeux**

Vous allez par exemple trouver des informations dans tel ou tel document faisant état des finalités, des buts de tel ou tel dispositif, de telle ou telle politique.

- **Item 2 : État des lieux / Qui / Causes / Conséquences**

Ce sont par exemple les personnes, les biens, les secteurs qui sont concernés par la transition énergétique, les raisons de la politique de transition énergétique, de la croissance verte, les conséquences de la croissance verte. Mais cela peut aussi être la **situation antérieure**, les dispositifs ou des politiques existants avant la mise en œuvre de la loi de transition énergétique pour une croissance verte.

- **Item 3 : Cadre juridique / Outils juridique**s

Ce sont les textes juridiques (lois, décrets, circulaires, arrêtés) mettant en évidence les droits / obligations / sanctions, les dispositifs obligatoires ou incitatifs ; ce sont aussi les textes de vulgarisation juridique.

- **Item 4 : Partenaires**

Ce sont les acteurs institutionnels qui aident à la mise en œuvre du cadre réglementaire, d'un dispositif, ils sont co-acteurs de la mise en œuvre du dispositif : par exemple l'ADEME, l'ANAH, l'Agence de l'eau… Il y a deux grandes catégories de partenaires : ceux qui apportent de l'ingénierie technique, ceux qui apportent des aides financières.

- **Item 5 : Bilan**

Ce sont les avantages, les points forts, les apports, les éléments de succès, mais aussi les difficultés, les inconvénients, les limites, les dérives, constatés dans l'application, dans la mise en œuvre d'un dispositif, les points de vue critiques ; un bilan est toujours issu d'un rapport (rapport parlementaire, rapport de la Cour des Comptes...), d'une enquête menée au niveau national (enquête de l'AMF, enquête de la Gazette des communes, enquêtes IPSOS…). Un bilan, c'est toujours la situation APRÈS le cadre juridique. C'est une analyse **des conséquences de la mise en œuvre du cadre juridique**. Il importe de retenir certains mots-clés, pour présenter des éléments de bilan de façon structurée : bilan quantitatif et qualitatif ; bilan côté bénéficiaires d'un dispositif / côté structures « employeurs » ; bilan organisationnel, managérial, financier.

- **Item 6 : Perspectives d'amélioration, solutions, exemples de pratiques de collectivités territoriales ou d'administrations d'État**

On y affecte tout document, toute information relevant de préconisations, de propositions d'améliorations ; tout exemple de document comportant des noms de collectivités territoriales et qui illustre une pratique, une action concrète locale.

Quand les items 1 et 2 sont peu remplis, ils vont servir à constituer l'introduction.

3) L'affectation des documents

- Prenez le dossier de documents. Désagrafez uniquement la page de sommaire du dossier et posez-la sur votre gauche ; placez le reste du dossier sur votre droite.
- Lisez chaque document dans l'ordre proposé par le dossier.
- Lisez l'intitulé du document n° 1 du dossier en repérant bien sa date. Survolez-le très rapidement : la lecture de survol d'un document d'1 ou 2 pages ne doit pas excéder 1 à 2 minutes, celle d'un document de 2 à 3 pages ne doit pas excéder 3 minutes, celle d'un document de 3 à 5 pages ne doit pas excéder 4 à 5 minutes. Limitez-vous à une lecture **des seules informations mises en évidence**, qui vous « **sautent aux yeux** ». C'est la méthode dite **des aspérités et des extrémités** : synthèse introductive, titre des textes, intitulé des paragraphes, encadrés, passages en italique ou en caractères gras…

Vous repérez ainsi les principales informations et vous en déduisez l'item ou les items dans lequel (lesquels) vous allez affecter le document n° 1.

- Prenez la feuille sur laquelle vous avez réalisé le tableau des items, affectez le document n° 1 dans l'item *ad-hoc* ; vous inscrivez « document n° 1 », avec la ou les pages correspondantes et qualifiez en quelques **mots-clés** les principales informations à retenir du document n° 1.
- Lisez ensuite le libellé du document n° 2, survolez-le rapidement selon la même méthode que celle adoptée pour le document n° 1 ; affectez le document n° 2 dans l'ITEM ad hoc. Procédez ainsi, document par document, pour la totalité du dossier.
- Suite à ce travail rapide de classement et d'affectation des documents dans tel ou tel item, vous verrez quels items sont remplis, avec la quantité de documents qui s'y rattache et le volume d'informations correspondant.

4) L'élaboration du plan

Vous percevrez alors quels sont les principaux volets du dossier et vous parviendrez à élaborer le plan :
– les 2 parties I et II et les 2 sous-parties A et B de chacune des parties, pour le rapport technique ;
– la partie I et les 2 sous-parties A et B de cette partie pour le rapport avec propositions.

À RETENIR

La lecture de survol permet d'avoir une vision globale du dossier et poursuit quatre objectifs :
– prendre rapidement la mesure du contenu du dossier, des différents types de documents qui le constituent – textes juridiques, textes de vulgarisation juridique, points de vue critiques, exemples de pratique de collectivités... ;
– mémoriser les principales informations du dossier ;
– affecter les documents dans le tableau des items ;
– élaborer le plan des deux parties et des sous-parties du rapport technique ou de la partie 1 du rapport avec propositions.

EXEMPLE

Tableau d'affectation des documents du sujet accompagné sur la transition énergétique.

Items	Documents
Objectifs / Enjeux / Atouts	DOC 3 (p. 12,13) : 5 objectifs (climat, écologie, santé et sécurité, déchets, croissance). DOC 4 (p. 14) : ambition France lutte contre réchauffement climatique
État des lieux (la situation existante **AVANT** le « début » d'un cadre juridique ; ou **Qui** est concerné par la problématique/ **Causes/ Conséquences**	DOC 3 (p. 11) : histoire, évolution transition énergétique DOC 5 (p. 18) : contexte adoption loi TEPCV
Cadre juridique / Outils / Dispositifs incitatifs	DOC 1 : loi TEPCV avril 2015 : objectifs généraux du Gouvernement ; lutte précarité énergétique et rénovation des bâtiments ; protection consommateurs ; chèque énergie DOC 2 : doc vulgarisation contenu, mode d'emploi chèque énergie (art. 201 loi TEPCV) DOC 3 (p.11) : loi TEPCV 8 objectifs généraux DOC 4 : doc de vulgarisation loi TEPCV avril 2015 ; objectifs généraux de la loi et « zoom » sur le « volet » bâtiment (construction, rénovation, mesures d'accompagnement) DOC 5 : doc de vulgarisation loi TEPCV avril 2015 ; objectifs généraux de la loi ; zoom sur les mesures liées aux « bâtiments » et le développement des énergies renouvelables ; zoom sur les mesures dans les autres domaines
Partenaires / Acteurs institutionnels	Aucune information

Bilan - Points forts / Avantages / Succès - Points faibles / Limites / Écueils/ Inconvénients)	Aucune information
Perspectives d'amélioration / Solutions / Exemples de pratiques d'administrations, de collectivités territoriales	Aucune information

• Au vu du tableau d'affectation des documents, on peut faire les constats suivants, au niveau du remplissage des items.
L'ordre d'ordonnancement des informations, et par conséquent le plan, doivent toujours suivre l'ordre de remplissage du tableau des 6 items.
– Un **faible niveau** d'information dans les **items 1** (objectifs / enjeux) **et 2** (état des lieux) ; donc les informations seront à utiliser pour le « **volet** » **2** de l'introduction, à savoir la recontextualisation du sujet ; le « **volet** » **1** étant constitué par la définition des termes du sujet.
– Un niveau **très important d'informations** dans l'**item 3** (cadre juridique / outils / dispositifs incitatifs).
– Aucune autre information dans les autres.
Il va donc falloir « **décortiquer** » le cadre juridique pour en faire **4 sous-parties** au titre du rapport technique ou **2 sous-parties** au titre du rapport avec propositions.

5) La spécificité du plan pour le rapport avec propositions

• Pour un rapport avec propositions, le tableau des items ne vaudra que pour la première partie « **informative** ».
• La deuxième partie « **propositions opérationnelles** » sera consacrée au développement de la méthodologie de projet (II-A) et au développement des propositions concrètes (II-B) : trois propositions, quelle que soit la catégorie du concours/examen professionnels. Le plan sera donc **toujours identique** pour la deuxième partie, quel que soit le sujet.
Dans le cas du sujet sur la transition énergétique, les plans seraient donc les suivants :

– Pour le rapport technique
I-A. Les objectifs généraux de la politique énergétique nationale, leur traduction dans la loi d'août 2015
I-B. Les principales mesures de la loi de 2015, autres que celles liées au secteur du bâtiment
II-A. Les mesures spécifiques pour lutter contre la précarité énergétique
II-B. Les mesures spécifiques pour favoriser la performance environnementale des bâtiments

– Pour le rapport avec propositions
I-A. Les objectifs généraux de la politique énergétique et les principales mesures générales de la loi de 2015
I-B. Les mesures spécifiques pour lutter contre la précarité énergétique et favoriser la performance environnementale des bâtiments

D. La prise de notes

1) La préparation des feuilles de brouillon pour la prise de notes

Une fois le tableau des items rempli et le plan des parties I et II « déduit » pour le rapport avec ou sans propositions, prenez plusieurs feuilles de prises de notes.

- Pour le **rapport technique : 5 feuilles de prise de notes.** 1 feuille pour l'**introduction**, une feuille pour le **I-A** et une feuille pour le **I-B**, une feuille pour le **II-A** et une feuille pour le **II-B**.
- Pour le **rapport avec propositions : 4 feuilles de prise de notes.** 1 feuille pour l'**introduction**, une feuille pour le **I-A** et une feuille pour le **I-B**, une feuille « **mémo** » où vous noterez des informations pour la **partie II** « **Propositions** » (*cf.* pistes pour des propositions, idées sur la composition du comité technique, du comité de pilotage à partir d'exemples de pratiques figurant dans le dossier…).
- Découpez chacune des colonnes du tableau des items remplies et agrafez-les en haut de chacune des feuilles de prise de notes correspondant à chacune des sous-parties. **Vous n'avez donc plus que les 2 feuilles du tableau d'affectation des documents.** Les tables d'examen étant très petites, l'objectif est d'avoir le moins de feuilles possibles en plus de celles du dossier.

Vous êtes désormais prêt pour l'étape de la prise de notes qui va résulter de la seconde lecture du dossier, une lecture plus approfondie et sélective.

2) La prise de notes proprement dite : comment lire ?

Il importe de repérer **rapidement, et donc de façon sélective**, les informations utiles du dossier.

Une attention soutenue sera portée **aux titres et sous-titres**, aux débuts, milieux et fins de paragraphes.

À SAVOIR

Tout nouveau paragraphe correspond généralement à une idée nouvelle.

- **Le début d'un paragraphe**

Le rédacteur d'un document commence toujours par énoncer l'idée-clé ; la suite du paragraphe est consacrée aux informations complémentaires, aux explications et aux illustrations.

- **La fin d'un paragraphe**

La dernière phrase représente souvent la transition, c'est-à-dire le bilan de ce qui vient d'être dit et l'introduction de l'idée suivante.

Votre regard va exercer ensuite un **balayage très rapide de l'intérieur du paragraphe** en portant cependant une attention particulière :

– à la structure argumentative du texte indiquée par les mots de liaison exprimant l'addition *(d'une part/d'autre part, tout d'abord/ensuite/enfin...)*, la cause *(en effet, car…)*, la conséquence *(donc, ainsi...)*, l'opposition et la réfutation *(mais, néanmoins, cependant, toutefois, malgré, en revanche…)* ;

– aux mots ou expressions valorisant une idée *(il est essentiel de…/il convient de noter/notamment…)* ;

– au « cœur » de la phrase, en faisant la distinction entre la proposition principale (sujet, verbe et complément), objet prioritaire de votre lecture, et les subordonnées ;

– à l'objectivité de certaines données (règles de droit, chiffres généraux...) et à la subjectivité de certaines autres données (opinions, points de vue, exemples spécifiques...) ;
– à l'emploi des mots ou **expressions-clés du sujet** du rapport.

À RETENIR

La lecture approfondie comprend **deux phases** :
– la lecture des extrémités (débuts et fins de paragraphes) qui permet déjà de distinguer les passages essentiels, sur lesquels il faudra ralentir sa lecture, des passages secondaires voire inutiles ;
– la lecture du contenu des paragraphes, très utile lorsque le texte est difficile à appréhender en raison de sa longueur et/ou de sa complexité. Elle permet d'appréhender progressivement un texte, sans se noyer dans les informations.

- Vous devez certes lire vite, améliorer vos capacités de lecture rapide, mais également être capable de comprendre et de retenir les données du dossier.

Cette dernière exigence est particulièrement importante. Les documents proposés comportent nécessairement des thématiques communes et de nombreuses redondances. L'objectif de l'épreuve est de croiser des informations dispersées.

- Sans capacité de mémorisation, vous ne pourrez travailler efficacement. Cette capacité s'exerce en vous **entraînant 2 à 3 fois/semaine** à lire 2 ou 3 documents à chaque fois, selon le timing suivant :

– un document de 1 ou 2 pages = 2 minutes maxi ;
– un document de 2 à 3 pages = 3 minutes maxi ;
– un document de 3 à 5 pages = 5 minutes maxi ;
– un document de 5 à 8 pages = 7 minutes maxi.

- Et faites « oralement » le résumé des principales informations contenues dans le document que vous venez de lire ; ce travail correspondra pratiquement à votre prise de notes.

3) Une prise de notes efficace

Il n'y a pas de technique unique et universelle de prise de notes. Cette capacité est personnelle, liée à votre type de mémoire.

Vous devez élaborer, à l'aide des conseils qui suivent, votre propre méthode, selon vos modalités de mémorisation.

Les techniques utilisées, la nature et l'organisation des notes vont aussi dépendre du type, de la nature des documents constitutifs du dossier, de leur « lisibilité ».

Conservez la mémoire des informations lues et sélectionnées. Il y a pour cela plusieurs « techniques ».

- **Surligner**

Cette technique est à privilégier si vous avez une bonne capacité de **mémorisation visuelle** ; vous emmagasinez dans votre mémoire les informations principales, au fur et à mesure que vous les surlignez.

En fonction des différents items remplis, il est aussi judicieux d'utiliser des codes couleur différents pour surligner.

Utilisez par exemple un stabilo bleu pour les éléments « positifs » d'un bilan, un stabilo rouge pour les éléments « négatifs » du bilan... Utilisez un stabilo vert pour présenter un dispositif côté « bénéficiaires », un stabilo orange pour présenter le dispositif côté « structures employeurs ».

- **Annoter les documents**

Vous pouvez aussi mettre des annotations sur les documents. Il peut s'agir :
– d'un sigle ou d'un mot-clé identifiant l'idée principale ;
– des signes d'alerte et d'indices hiérarchiques : signalement dans la marge du nombre d'avantages, du nombre d'inconvénients d'un dispositif, etc. ;
– de liens avec d'autres documents (ex. : complément doc. 3) ;
– d'un point pour identifier l'idée principale ;
– d'un tiret pour marquer l'information complémentaire ;
– d'une parenthèse pour l'accessoire.

Lors de ces deux techniques complémentaires, la prise de notes sur les feuilles de brouillon se fera par mots-clés ; vous noterez de façon très synthétique l'information principale, en indiquant la page et le numéro du document, le développement de chaque mot-clé ayant été surligné. Il faudra donc revenir dans les documents pour la rédaction du devoir, en « direct ».

- **Une prise de notes plus « rédigée »**

Cette méthode est plus adaptée et nécessaire, si **vous avez besoin d'écrire pour mémoriser les informations que vous venez de lire**.

Vous allez noter document par document, non seulement les informations principales mais également le **« résumé » du développement de chacune des informations principales**. Pour rendre cette prise de notes la plus efficace et économiser le temps nécessaire à la rédaction, vous êtes encouragé à :
– écrire en style télégraphique en abrégeant des phrases, en supprimant ce qui ne nuit pas au sens et à la compréhension (articles, prépositions...) ;
– utiliser des abréviations, des mots raccourcis en supprimant les voyelles et parfois quelques consonnes d'un mot (ex. : « tt » pour *tout*, « nbr » pour *nombre*, « cnes » pour *communes*, « créat » pour *création*, « tjs » pour *toujours*, « pcq » pour *parce que*…) ;
– adopter un système de signes et de symboles rapides à réaliser avec la constitution d'un lexique des signes les plus courants (ex. :// pour parallèlement, ? pour le doute, ?? pour l'interrogation, ??? pour l'incompréhension...). Pensez en particulier à utiliser les signes issus des mathématiques (ex. : → pour marquer la relation de causalité, < pour marquer l'infériorité...). Ceci relève de votre propre façon de faire, mais **il importe que vous puissiez vous relire aisément**. Car, avec cette méthode, vous ne reviendrez plus dans les documents du dossier, vous rédigerez votre copie à partir de cette prise de notes.

Fixez-vous comme objectif de repérer 3 à 5 idées essentielles, au maximum, par document.

La prise de notes doit donc se faire, document par document, dans l'ordre de présentation de ceux-ci, en lien avec le plan résultant de leur affectation.

2. La phase rédactionnelle

A. Rédaction du devoir

La rédaction va se traduire par **trois « pavés » essentiels** :
– une introduction ;
– des développements structurés ;
– une conclusion.

1) L'introduction

Étape essentielle, **l'introduction est le premier contact du correcteur avec la copie.** Elle est **obligatoire.** Sa longueur est d'environ 15 lignes, **sans tenir compte du rédactionnel relatif à l'annonce du plan.**

Elle s'articule en trois temps :
– **Définition des termes de la commande, du sujet** (de quoi parle-t-on ?).
Exemple de rédactionnel sur le sujet accompagné relatif à la transition énergétique :

> *« Le concept de transition énergétique en apparu en 1980, en Allemagne. On peut définir la transition énergétique comme l'ensemble des transformations du système de production, de distribution et de consommation d'énergie réalisées sur un territoire, dans le but de le rendre plus écologique. Il s'agit de transformer en profondeur le système de production énergétique, de consommation des énergies, vers des énergies renouvelables et durables, dans le cadre de la lutte contre le réchauffement climatique. La transition énergétique poursuit ainsi 5 objectifs majeurs. »*

– **Contexte du sujet :** évolution historique, données chiffrées, enjeux locaux, objectifs, problématique.

> *« En France, c'est la loi du 15 août 2015 relative à la transition énergétique pour la croissance verte qui traduit, de façon concrète, les objectifs gouvernementaux stratégiques et opérationnels, en termes d'économies d'énergie, de réduction des gaspillages énergétiques. La facture énergétique des Français s'élève à près de 70 milliards d'euros. De façon générale, cette loi vise à renforcer l'indépendance énergétique de la France, à préserver la santé publique, à protéger l'environnement et à solutionner le défi du réchauffement climatique, sujet particulièrement inquiétant. C'est une loi de « mobilisation » pour un nouveau modèle économique et social. »*

– **Annonce du plan :** c'est-à-dire des **deux grandes parties** : « Ce rapport montrera tout d'abord… (I). Ensuite, il sera mis en évidence que… II) ».

Exemples

> **Pour le rapport technique**
> *« Dans un premier temps, seront mis en évidence les objectifs généraux et les mesures générales de la loi « transition énergétique » (I). Ensuite, l'accent portera plus particulièrement sur les mesures concernant la lutte contre la précarité énergétique et en faveur de l'efficience énergétique des bâtiments (II). »*
> **Pour le rapport avec propositions**
> Après la phrase « *C'est une loi de « mobilisation » pour un nouveau modèle économique et social* », il conviendra de rajouter : « Le maire de TECHNIVILLE a la volonté, dans la continuité de la loi de transition énergétique d'améliorer la performance énergétique des bâtiments communaux. »
> La suite de l'annonce du plan sera la suivante : « *D'abord, seront mis en évidence les objectifs et mesures générales de la loi « transition énergétique ainsi que les mesures en faveur de la précarité énergétique et de l'efficience des bâtiments (I). Ensuite, un plan d'actions opérationnelles sera proposé en vue d'améliorer la performance énergétique des bâtiments communaux (II).* »

2) Le développement

C'est « l'outil » de mise en évidence de la cohérence du raisonnement, de la bonne compréhension du sujet, de la commande et du dossier, de la valorisation des principales

informations et de la mise en évidence, **exclusivement pour le rapport avec propositions**, de la **connaissance de la conduite de projet et de la pertinence des propositions faites**.
Un développement efficace et pertinent est constitué de **2 parties comportant chacune 2 sous-parties.**
Les parties doivent être équilibrées.
Les **titres des parties et sous-parties** sont essentiels : c'est la **colonne vertébrale du devoir**, guidant le lecteur dans la présentation de la problématique. Les titres doivent donc être **dynamiques et stratégiques**.
Il est impératif de regrouper les principales informations autour de **paragraphes thématiques : 2 ou 3 paragraphes par sous-partie au maximum**.

La spécificité du rapport avec propositions
Le développement de la partie II est normé et pratiquement « à l'identique », quel que soit le sujet.

Partie II-A :
– la structuration du pilotage (**1er paragraphe**) : chef de projet, comité technique, comité de pilotage ;
– la méthode de travail (**2e paragraphe**) : diagnostic/état des lieux, détermination d'objectifs, élaboration d'indicateurs de suivi au titre d'une démarche d'évaluation.

Les variables vont être l'identité du chef de projet, la composition du comité technique et la composition du comité de pilotage. Mais la présentation des rôles respectifs de ces trois instances sera toujours **identique**.
Il en est de même de la méthode de travail où les différentes étapes seront toujours semblables. Ce qui va varier, ce sont les types de données que vous allez proposer de recueillir au titre du diagnostic, selon le sujet, les objectifs stratégiques que vous allez fixer et les indicateurs de suivi que vous allez déterminer.
Pour bien comprendre le rédactionnel de la PARTIE II-A « méthodologie de projet », voici ci-dessous **une proposition d'ossature de rédactionnel-type, c'est-à-dire « invariant »** (cette proposition est naturellement à adapter à votre style rédactionnel).

Exemple

II. Réussir la mise en œuvre de… : une nécessaire démarche structurée, participative, au service d'une politique globale de…
La mise en œuvre de… implique de recourir en premier lieu à une stratégie d'action structurée et structurante au sein de… (A). Réussir la mise en place de… repose également sur un plan d'actions global sur le territoire (B).

A. Mettre en place un dispositif de… : une nécessaire dynamique méthodologique partagée et participative
La mise en place de… passe principalement par deux axes majeurs et essentiels à la réussite de la démarche.
Le premier axe consiste à organiser la ressource, la mobilisation des acteurs en interne, pour piloter le projet. Il est d'abord essentiel que l'autorité territoriale affirme son volontarisme politique et affiche clairement l'importance que constitue… Pour ce faire, le DST ou le Directeur (ceci va varier selon l'importance de la problématique posée, la taille de la collectivité) désignera un chef de projet dont une des missions principales sera d'organiser et de piloter, en qualité de « référent », la dynamique globale du projet de… Compte tenu des compétences requises et du

projet à réaliser, le chef de projet pourrait être le responsable du service/ direction… Il sera plus particulièrement chargé de définir le cadre de travail, le planning, les différentes étapes de mise en œuvre, les moyens financiers et matériels qui seraient nécessaires et les partenariats pouvant être noués. Dans cette fonction d'animation, le chef de projet s'appuiera sur deux instances, à savoir un comité technique et un comité de pilotage.
Le comité technique pourrait être constitué des membres suivants : le comité technique pourra se diviser en groupes de travail thématiques, afin d'aider le chef de projet dans la mise en œuvre des actions. Le comité de pilotage, qui aura pour objectif de valider les principales étapes méthodologiques, serait composé notamment, du DGS, du maire, de l'élu délégué à…, de représentants des associations locales…
Il y aura des partenaires institutionnels à identifier dans le comité de pilotage, selon le sujet, tout comme des représentants des personnels, également selon le sujet.

Le chef de projet mènera la démarche, selon trois étapes principales. En transversalité et concertation étroite avec l'ensemble des directions opérationnelles et autres directions « fonctionnelles » de la collectivité, il conviendra de réaliser un diagnostic, un état des lieux… d'identifier et définir les besoins ; il conviendra également de recenser les pratiques des autres collectivités territoriales dans le domaine de… Des questionnaires, des enquêtes pourront être réalisés auprès de… ***Il faudra particulièrement développer cette première étape, identifier les différentes données à recueillir pour construire le diagnostic, phase préalable indispensable à toute détermination d'objectifs et de propositions d'actions concrètes.***
Une fois cette phase de diagnostic réalisée et validée par le comité de pilotage, la deuxième étape consistera à définir les **objectifs stratégiques** et les actions concrètes qui en résultent. À ce titre, la première année, l'objectif de… pourrait être fixé. ***Attention, les objectifs que vous allez proposer doivent tous être chiffrés, mesurables et quantifiables. 2 voire 3 objectifs suffisent.***
Durant la première année de mise en œuvre, le chef de projet, avec les membres du comité technique, devra assurer un **suivi des actions réalisées**, à partir d'indicateurs et suivi et de tableaux de bord. À titre d'exemple, les indicateurs de pilotage suivants pourraient être pertinents : il établira ensuite une évaluation, un bilan détaillé, à présenter au comité de pilotage à des fins de validation. Des ajustements et correctifs pourront être apportés par le comité de pilotage au bilan annuel ainsi élaboré, dans la perspective de la préparation budgétaire de l'année N + 1.
Mais au-delà de la nécessaire structuration du projet d'accueil, réussir la mise en place de… implique également de recourir à une démarche partenariale et globale sur le territoire, permettant de mettre en place plusieurs actions opérationnelles.

Pour la partie II-B, trois propositions sont attendues au niveau développement. Il y aura toujours une **proposition 1** liée à un **plan de communication** en interne et souvent en externe.
Il y aura toujours une **proposition 3** liée à **l'accompagnement à la conduite du changement, à l'élaboration d'un plan de formation**.
Pour la **proposition 2, proposition médiane**, il importe de lui donner un titre dynamique et stratégique : par exemple « **élaborer un schéma directeur de…, élaborer une politique globale de…** » comportant principalement deux axes ; et vous développerez chacun des axes qui correspondra à une « micro-proposition ».

L'ensemble des propositions de corrigés figurant dans cet ouvrage vous permettra de mieux appréhender le rédactionnel attendu de cette partie II du rapport avec propositions.

3) La conclusion

La conclusion est facultative mais recommandée.

Ne donnez pas une nouvelle information, ni une nouvelle proposition.

La conclusion doit être brève, synthétisant les idées directrices du devoir et se terminant, le cas échéant, par une perspective.

Sa longueur : **3 ou 4 lignes maximum**.

Attention !

N'oubliez pas : ne signez jamais votre copie !

Pleine réussite à vous !

Sujet 1

Durée : 3 heures.
Coefficient : 1.

Rédaction d'un rapport technique à partir d'un dossier, sans propositions opérationnelles.

Sujet

Vous êtes technicien territorial dans la commune de TECHNIVILLE de 60 000 habitants, responsable du service bâtiments, à la direction des services techniques.

Le directeur doit prochainement faire le point avec le maire sur la mise en œuvre de la loi de transition énergétique pour la croissance verte du 17 août 2015, notamment pour ce qui concerne les améliorations possibles en termes de performance énergétique des bâtiments communaux.

Dans cette perspective, le directeur des services techniques vous demande de rédiger à son attention, **exclusivement à l'aide des documents joints**, un rapport technique sur la loi de transition énergétique, notamment les mesures résultant de la loi dans le secteur du bâtiment.

Pour le rapport avec propositions (technicien principal) le libellé serait le suivant :

Vous êtes technicien territorial principal dans la commune de TECHNIVILLE de 60 000 habitants, responsable du service bâtiments, à la direction des services techniques.

Dans un premier temps, le directeur des services techniques vous demande de rédiger à son attention, **exclusivement à l'aide des documents joints**, un rapport technique sur la loi de transition énergétique.

Dans un second temps, à partir de vos connaissances personnelles et professionnelles, vous ferez des propositions opérationnelles en vue d'améliorer la performance énergétique des bâtiments communaux.

Liste des documents

1. Loi n° 2015-992 du 17 août 2015 relative à la transition énergétique pour la croissance verte ; Legifrance.gouv.fr.
2. « *La transition énergétique pour la croissance verte* » ; ministère de l'Écologie, du Développement durable et de l'Énergie ; developpementdurable.gouv.fr ; avril 2016.
3. « *Transition énergétique : définition, enjeux et défis de la transition énergétique en France et dans le monde* » ; E-RSE, la plateforme de l'engagement RSE et développement durable ; octobre 2017.

4. « *La transition énergétique pour la croissance verte – Bâtiments* ». ministère de l'Environnement, de l'Énergie et de la Mer, ministère du Logement et de l'Habitant durable ; mai 2017.
5. « *La transition énergétique pour la croissance verte (extraits)* » ; gouvernement.fr ; 15 mai 2017.

Certains documents peuvent comporter des renvois à des notes ou à des documents volontairement non fournis, car non indispensables à la compréhension du sujet.

DOCUMENT N° 1

Liberté • Égalité • Fraternité
RÉPUBLIQUE FRANÇAISE
Legifrance.gouv.fr
LE SERVICE PUBLIC DE LA DIFFUSION DU DROIT

JORF n°0189 du 18 août 2015 page 14263 texte n° 1

LOI n° 2015-992 du 17 août 2015 relative à la transition énergétique pour la croissance verte

L'Assemblée nationale et le Sénat ont délibéré,
L'Assemblée nationale a adopté,
Vu la décision du Conseil constitutionnel n° 2015-718 DC du 13 août 2015 ; Le Président de la République promulgue la loi dont la teneur suit :

Titre Ier : DÉFINIR LES OBJECTIFS COMMUNS POUR RÉUSSIR LA TRANSITION ÉNERGÉTIQUE, RENFORCER L'INDÉPENDANCE ÉNERGÉTIQUE ET LA COMPÉTITIVITÉ ÉCONOMIQUE DE LA FRANCE, PRÉSERVER LA SANTÉ HUMAINE ET L'ENVIRONNEMENT ET LUTTER CONTRE LE CHANGEMENT CLIMATIQUE

Article 1
I. L'article L. 100-1 du Code de l'énergie est ainsi rédigé :
« Art. L. 100-1. - **La politique énergétique** :
« 1° Favorise l'émergence d'une économie compétitive et riche en emplois grâce à la mobilisation de toutes les filières industrielles, notamment celles de la croissance verte qui se définit comme un mode de développement économique respectueux de l'environnement, à la fois sobre et efficace en énergie et en consommation de ressources et de carbone, socialement inclusif, soutenant le potentiel d'innovation et garant de la compétitivité des entreprises ;
« 2° Assure la sécurité d'approvisionnement et réduit la dépendance aux importations ;
« 3° Maintient un prix de l'énergie compétitif et attractif au plan international et permet de maîtriser les dépenses en énergie des consommateurs ;
« 4° Préserve la santé humaine et l'environnement, en particulier en luttant contre l'aggravation de l'effet de serre et contre les risques industriels majeurs, en réduisant l'exposition des citoyens à la pollution de l'air et en garantissant la sûreté nucléaire ;
« 5° Garantit la cohésion sociale et territoriale en assurant un droit d'accès de tous les ménages à l'énergie sans coût excessif au regard de leurs ressources ;
« 6° Lutte contre la précarité énergétique ;
« 7° Contribue à la mise en place d'une Union européenne de l'énergie, qui vise à garantir la sécurité d'approvisionnement
•••

•••

et à construire une économie décarbonée et compétitive, au moyen du développement des énergies renouvelables, des interconnexions physiques, du soutien à l'amélioration de l'efficacité énergétique et de la mise en place d'instruments de coordination des politiques nationales. »

II. L'article L. 100-2 du même Code est ainsi rédigé :

« Art. L. 100-2. Pour atteindre les objectifs définis à l'article L. 100-1, l'État, en cohérence avec les collectivités territoriales et leurs groupements et en mobilisant les entreprises, les associations et les citoyens, **veille, en particulier, à** :

« 1° Maîtriser la demande d'énergie et favoriser l'efficacité et la sobriété énergétiques ;

« 2° Garantir aux personnes les plus démunies l'accès à l'énergie, bien de première nécessité, ainsi qu'aux services énergétiques ;

« 3° Diversifier les sources d'approvisionnement énergétique, réduire le recours aux énergies fossiles, diversifier de manière équilibrée les sources de production d'énergie et augmenter la part des énergies renouvelables dans la consommation d'énergie finale ;

« 4° Procéder à un élargissement progressif de la part carbone, assise sur le contenu en carbone fossile, dans les taxes intérieures de consommation sur les énergies, dans la perspective d'une division par quatre des émissions de gaz à effet de serre, cette augmentation étant compensée, à due concurrence, par un allègement de la fiscalité pesant sur d'autres produits, travaux ou revenus ;

« 5° Participer à la structuration des filières industrielles de la croissance verte ;

« 6° Assurer l'information de tous et la transparence, notamment sur les coûts et les prix des énergies ainsi que sur l'ensemble de leurs impacts sanitaires, sociaux et environnementaux ;

« 7° Développer la recherche et favoriser l'innovation dans les domaines de l'énergie et du bâtiment ;

« 8° Renforcer la formation initiale et continue aux problématiques et aux technologies de l'énergie, notamment par l'apprentissage, en liaison avec les professionnels impliqués dans les actions d'économies d'énergie ;

« 9° Assurer des moyens de transport et de stockage de l'énergie adaptés aux besoins.

« Pour concourir à la réalisation de ces objectifs, l'État, les collectivités territoriales et leurs groupements, les entreprises, les associations et les citoyens associent leurs efforts pour développer **des territoires à énergie positive**. Est dénommé "territoire à énergie positive" un territoire qui s'engage dans une démarche permettant d'atteindre l'équilibre entre la consommation et la production d'énergie à l'échelle locale en réduisant autant que possible les besoins énergétiques et dans le respect des équilibres des systèmes énergétiques nationaux. Un territoire à énergie positive doit favoriser l'efficacité énergétique, la réduction des émissions de gaz à effet de serre et la diminution de la consommation des énergies fossiles et viser le déploiement d'énergies renouvelables dans son approvisionnement. »

III. L'article L. 100-4 du même Code est ainsi rédigé :

« Art. L. 100-4.-I. **La politique énergétique nationale a pour objectifs** :

« 1° De réduire les émissions de gaz à effet de serre de 40 % entre 1990 et 2030 et de diviser par quatre les émissions de gaz à effet de serre entre 1990 et 2050. La trajectoire est précisée dans les budgets carbone mentionnés à l'article L.222-1 A du Code de l'environnement ;

« 2° De réduire la consommation énergétique finale de 50 % en 2050 par rapport à la référence 2012, en visant un objectif intermédiaire de 20 % en 2030. Cette dynamique soutient le développement d'une économie efficace en énergie, notamment dans les secteurs du bâtiment, des transports et de l'économie circulaire, et préserve la compétitivité et le développement du secteur industriel ;

« 3° De réduire la consommation énergétique primaire des énergies fossiles de 30 % en 2030 par rapport à l'année de référence

•••

•••

2012, en modulant cet objectif par énergie fossile en fonction du facteur d'émissions de gaz à effet de serre de chacune ;

« 4° De porter la part des énergies renouvelables à 23 % de la consommation finale brute d'énergie en 2020 et à 32 % de cette consommation en 2030 ; à cette date, pour parvenir à cet objectif, les énergies renouvelables doivent représenter 40 % de la production d'électricité, 38 % de la consommation finale de chaleur, 15 % de la consommation finale de carburant et 10 % de la consommation de gaz ;

« 5° De réduire la part du nucléaire dans la production d'électricité à 50 % à l'horizon 2025 ;

« 6° De contribuer à l'atteinte des objectifs de réduction de la pollution atmosphérique prévus par le plan national de réduction des émissions de polluants atmosphériques défini à l'article L. 222-9 du Code de l'environnement ;

« 7° De disposer d'un parc immobilier dont l'ensemble des bâtiments sont rénovés en fonction des normes "bâtiment basse consommation" ou assimilées, à l'horizon 2050, en menant une politique de rénovation thermique des logements concernant majoritairement les ménages aux revenus modestes ;

« 8° De parvenir à l'autonomie énergétique dans les départements d'outre-mer à l'horizon 2030, avec, comme objectif intermédiaire, 50 % d'énergies renouvelables à l'horizon 2020 ;

« 9° De multiplier par cinq la quantité de chaleur et de froid renouvelables et de récupération livrée par les réseaux de chaleur et de froid à l'horizon 2030.

« II. L'atteinte des objectifs définis au I du présent article fait l'objet d'un rapport au Parlement déposé dans les six mois précédant l'échéance d'une période de la programmation pluriannuelle de l'énergie mentionnée à l'article L. 141-3. Le rapport et l'évaluation des politiques publiques engagées en application du présent titre peuvent conduire à la révision des objectifs de long terme définis au I du présent article. »

Article 2

Les politiques publiques intègrent les objectifs mentionnés aux articles L. 100-1, L. 100-2 et L. 100-4 du Code de l'énergie. Elles soutiennent la croissance verte par le développement et le déploiement de processus sobres en émissions de gaz à effet de serre et de polluants atmosphériques, par la maîtrise de la consommation d'énergie et de matières, par l'information sur l'impact environnemental des biens ou services, ainsi que par l'économie circulaire, dans l'ensemble des secteurs de l'économie.

Les politiques nationales et territoriales, économiques, de recherche et d'innovation, d'éducation et de formation initiale et continue contribuent à ce nouveau mode de développement par les dispositifs réglementaires, financiers et fiscaux, incitatifs et contractuels que mettent en place l'État et les collectivités territoriales.

L'État mène une politique énergétique internationale ambitieuse et cohérente avec les politiques nationales et territoriales, en particulier en matière de lutte contre le changement climatique.

Les politiques publiques concourent au renforcement de la compétitivité de l'économie française et à l'amélioration du pouvoir d'achat des ménages, en particulier des ménages exposés à la précarité énergétique. Elles privilégient, à ces fins, un approvisionnement compétitif en énergie, favorisent le développement de filières à haute valeur ajoutée et créatrices d'emplois et soutiennent l'autoconsommation d'électricité. Elles garantissent un cadre réglementaire et fiscal favorable à l'attractivité de la France pour les investissements dans les industries intensives en énergie afin d'éviter le phénomène de fuite de carbone et de permettre une croissance durable. Elles veillent à garantir un haut niveau de protection sociale et de garanties collectives à l'ensemble des personnels des secteurs concernés par la transition énergétique et accompagnent les besoins de formation et les transitions professionnelles.

•••

•••

Titre II : MIEUX RÉNOVER LES BÂTIMENTS POUR ÉCONOMISER L'ÉNERGIE, FAIRE BAISSER LES FACTURES ET CRÉER DES EMPLOIS

Article 3

La France se fixe comme objectif de rénover énergétiquement 500 000 logements par an à compter de 2017, dont au moins la moitié est occupée par des ménages aux revenus modestes, visant ainsi une baisse de 15 % de la précarité énergétique d'ici 2020.

Article 19

Dans un délai de six mois à compter de la promulgation de la présente loi, le gouvernement remet au Parlement un rapport faisant état :

1° De l'ensemble des financements permettant l'attribution de subventions pour la rénovation énergétique des logements occupés par des ménages aux revenus modestes ;

2° De l'opportunité de leur regroupement au sein d'un fonds spécial concourant à la lutte contre la précarité énergétique ;

3° Des modalités d'instauration d'un tel fonds.

Article 28

I. La sous-section 1 de la section 2 du chapitre VII du titre III du livre III du Code de l'énergie est complétée par un article L. 337-3-1 ainsi rédigé :

« Art. L. 337-3-1. Pour les consommateurs domestiques bénéficiant de la tarification spéciale prévue à la présente sous-section, la mise à disposition des données de comptage en application de l'article L. 341-4 s'accompagne d'une offre, par les fournisseurs, de transmission des données de consommation, exprimées en euros, au moyen d'un dispositif déporté d'affichage en temps réel.

« La fourniture de ces services et de ces dispositifs ne donne pas lieu à facturation.

« Un décret précise les modalités d'application du présent article, qui tiennent compte du déploiement des dispositifs prévus au premier alinéa de l'article L. 341-4. »

II. Après le premier alinéa de l'article L. 341-4 du Code de l'énergie, sont insérés quatre alinéas ainsi rédigés :

« Dans le cadre du déploiement des dispositifs prévus au premier alinéa du présent article et en application de la mission fixée au 7° de l'article L. 322-8, les gestionnaires des réseaux publics de distribution d'électricité mettent à la disposition des consommateurs leurs données de comptage, des systèmes d'alerte liés au niveau de leur consommation, ainsi que des éléments de comparaison issus de moyennes statistiques basées sur les données de consommation locales et nationales.

« Dans le cadre de l'article L. 337-3-1, ils garantissent aux fournisseurs la possibilité d'accéder aux données de comptage de consommation, en aval du compteur et en temps réel, sous réserve de l'accord du consommateur. « La fourniture des services mentionnés aux deuxième et troisième alinéas du présent article ne donne pas lieu à facturation.

« Les gestionnaires des réseaux publics de distribution d'électricité mettent à la disposition du propriétaire ou du gestionnaire de l'immeuble, dès lors qu'il en formule la demande et qu'il justifie de la mise en œuvre d'actions de maîtrise de la consommation d'énergie engagées pour le compte des consommateurs de l'immeuble, les données de comptage de consommation sous forme anonymisée et agrégée à l'échelle de l'immeuble. Les coûts résultant de l'agrégation des données de comptage ne peuvent être facturés au consommateur et peuvent être facturés au propriétaire ou au gestionnaire de l'immeuble, sur une base non lucrative. Un décret précise les modalités d'application du présent alinéa, notamment la nature des justifications devant être apportées par le propriétaire ou le gestionnaire de l'immeuble et les modalités de leur contrôle, ainsi que les caractéristiques des données de consommation communiquées. » .../...

•••

•••

VI. L'article L. 453-7 du même Code est complété par quatre alinéas ainsi rédigés :
« Dans le cadre du déploiement des dispositifs prévus au premier alinéa du présent article et en application de la mission fixée au 7° de l'article L. 432-8, les gestionnaires des réseaux publics de distribution de gaz naturel mettent à la disposition des consommateurs leurs données de comptage, des systèmes d'alerte liés au niveau de leur consommation, ainsi que des éléments de comparaison issus de moyennes statistiques basées sur les données de consommation locales et nationales.
« Dans le cadre de l'article L. 445-6, ils garantissent aux fournisseurs la possibilité d'accéder aux données de comptage de consommation, sous réserve de l'accord du consommateur.
« La fourniture de services mentionnés aux deuxième et troisième alinéas du présent article ne donne pas lieu à facturation.

Article 201

I. Le titre II du livre Ier du Code de l'énergie est complété par un chapitre IV ainsi rédigé :
« Chapitre IV
« La protection des consommateurs en situation de précarité énergétique
« Art. L. 124-1. **Le chèque énergie** est un titre spécial de paiement permettant aux ménages dont le revenu fiscal de référence est, compte tenu de la composition du ménage, inférieur à un plafond d'acquitter tout ou partie du montant des dépenses d'énergie relatives à leur logement ou des dépenses qu'ils assument pour l'amélioration de la qualité environnementale ou la capacité de maîtrise de la consommation d'énergie de ce logement comprises parmi celles mentionnées à l'article 200 quater du Code général des impôts.
« Le chèque énergie est émis et attribué à ses bénéficiaires par l'Agence de services et de paiement mentionnée à l'article L. 313-1 du Code rural et de la pêche maritime, qui en assure le remboursement aux personnes et organismes définis par décret en Conseil d'État. Les fournisseurs et les distributeurs d'énergie, les gestionnaires des logements-foyers mentionnés à l'article L. 633-1 du Code de la construction et de l'habitation qui font l'objet de la convention prévue à l'article L. 353-1 du même Code et les professionnels ayant facturé les dépenses d'amélioration de la qualité environnementale ou de maîtrise de la consommation des logements sont tenus d'accepter ce mode de règlement.
« Le chèque énergie est accompagné d'une notice d'information et de conseils en matière d'efficacité et de bonne gestion énergétiques du logement et des appareils électriques.
« L'administration fiscale constitue un fichier établissant une liste des personnes remplissant les conditions prévues au premier alinéa du présent article et comportant les éléments nécessaires au calcul du montant de l'aide dont elles peuvent bénéficier. Ce fichier est transmis à l'Agence de services et de paiement afin de lui permettre d'adresser aux intéressés le chèque énergie. L'agence préserve la confidentialité des informations qui lui sont transmises.
« Les occupants des résidences sociales mentionnées à l'article L. 633-1 du Code de la construction et de l'habitation qui font l'objet de la convention prévue à l'article L. 353-1 du même Code bénéficient, lorsqu'ils n'ont pas la disposition privative, au sens de la taxe d'habitation, de la chambre ou du logement qu'ils occupent, d'une aide spécifique. Cette aide est versée par l'Agence de services et de paiement au gestionnaire de la résidence sociale, à sa demande, lequel la déduit, sous réserve des frais de gestion, du montant des redevances quittancées.
« Un décret en Conseil d'État détermine les conditions d'application du présent article.
« Ce décret définit les conditions d'une mise en œuvre progressive du chèque énergie, en vue de sa généralisation qui intervient au plus tard au 1er janvier 2018. Il désigne les territoires sur lesquels le chèque énergie est mis en place à titre

•••

•••

expérimental, en remplacement des tarifs spéciaux prévus aux articles L. 337-3 et L. 445-5 du présent Code, afin, notamment, de définir les meilleures modalités de mise en œuvre permettant d'optimiser l'utilisation du chèque énergie par ses bénéficiaires. L'État peut autoriser, dans le cadre de cette expérimentation, l'utilisation du chèque énergie pour l'achat d'équipements électriques, lorsque le remplacement d'un ancien équipement permet un gain substantiel de performance énergétique. Dans un délai de trois mois avant le terme de l'expérimentation, le gouvernement remet au Parlement un rapport d'évaluation.

« Art. L. 124-2. Le chèque énergie comporte, lors de son émission, une valeur faciale modulée en fonction du nombre de membres et des revenus du ménage. Il est nominatif et sa durée de validité est limitée. Cette durée de validité est différente selon que le chèque énergie est utilisé pour acquitter des factures d'énergie relatives au logement ou des dépenses d'amélioration de la qualité environnementale ou de maîtrise de la consommation d'énergie du logement mentionnées à l'article L. 124-1.

« Les caractéristiques du chèque énergie, en tant que titre spécial de paiement, sont déterminées par arrêté conjoint des ministres chargés de l'énergie, des affaires sociales et de l'économie.

« Art. L. 124-3. Les chèques qui n'ont pas été présentés au remboursement avant la fin du deuxième mois suivant l'expiration de leur durée de validité sont définitivement périmés.

Document n° 2

Liberté • Égalité • Fraternité
République Française

SÉGOLÈNE ROYAL, MINISTRE DE L'ÉCOLOGIE DU DÉVELOPPEMENT DURABLE, ET DE L'ÉNERGIE

LA TRANSITION ÉNERGÉTIQUE pour la CROISSANCE VERTE

Ségolène Royal lance l'expérimentation du chèque énergie.

Ségolène Royal, ministre de l'Écologie, du Développement durable et de l'Énergie, rend public le texte qui organise l'expérimentation du chèque énergie. La ministre avait fait voter la création de ce chèque dans la loi de transition énergétique pour la croissance verte pour faciliter l'accès à l'énergie, simplifier l'aide apportée aux ménages disposant de revenus modestes et étendre son champ de bénéficiaires.

1. L'article 201 de la loi de transition énergétique pour la croissance verte prévoit la mise en place d'un « chèque énergie », afin :

• d'accompagner un plus grand nombre de ménages en situation de précarité énergétique. Le chèque énergie va bénéficier à environ 4 millions de ménages, contre 3 millions pour les tarifs sociaux actuels ;

• de se doter d'un dispositif plus équitable que le système actuel des tarifs sociaux. Le chèque énergie va bénéficier de la même façon à l'ensemble des ménages en situation de précarité, quelle que soit leur énergie de chauffage ;

•••

•••

2. Le montant moyen du chèque énergie va varier en fonction du revenu fiscal de référence et du nombre de personnes qui composent le foyer. La valeur moyenne sera de l'ordre de 150 euros par an. Quelques exemples :
• une personne seule disposant d'un revenu fiscal de référence de 6 000 € recevra chaque année un chèque de 96 € ;
• un couple sans enfant disposant d'un revenu fiscal de référence de 8 000 € recevra chaque année un chèque de 190 € ;
• un couple avec deux enfants disposant d'un revenu fiscal de référence de 10 000 € recevra chaque année un chèque de 227 €.

3. Le chèque énergie pourra être utilisé pour le paiement d'une dépense de fourniture d'énergie liée au logement (électricité, gaz naturel, GPL, fioul, bois...), des charges locatives auprès d'un bailleur social, d'une redevance en logement-foyer, ou pour le paiement d'une dépense liée à des travaux de rénovation énergétique du logement, lorsqu'elle entre dans les critères du crédit d'impôt transition énergétique.

4. Le dispositif du chèque énergie sera géré par un établissement public, l'Agence de services et de paiement (ASP). Outre ses missions relatives à l'émission, à l'envoi, et au remboursement des chèques, l'ASP mettra en place un dispositif d'assistance qui aura également pour objet de traiter des réclamations.

5. Des dispositions spécifiques sont prévues pour le paiement des factures d'électricité et de gaz naturel : un bénéficiaire peut demander à ce que la valeur du chèque dont il bénéficiera, le cas échéant, les années suivantes soit directement affectée au paiement du même contrat de fourniture (mécanisme de pré-affectation).

6. Le chèque énergie sera mis en œuvre progressivement dans le cadre d'une expérimentation sur plusieurs territoires, avant sa généralisation. L'objectif est de disposer d'un échantillon de départements « urbains » et « ruraux » permettant d'évaluer l'utilisation du chèque en fonction des différents modes de chauffage, et avec un objectif d'émission de l'ordre de 150 000 à 200 000 chèques énergie en phase expérimentale. C'est pourquoi, ont été retenus les départements de l'Ardèche, Aveyron et Côtes d'Armor. Un quatrième département urbain sera intégré dans l'expérimentation.

La création d'un chèque énergie permet d'avoir une aide pour payer les factures d'énergie. Ce dispositif s'adresse en priorité aux ménages disposant de revenus modestes.
Ce chèque énergie devrait être attribué sur la base d'un critère fiscal unique, en tenant compte du niveau de revenus et de la composition des ménages. Il permettra aux ménages bénéficiaires de régler leur facture d'énergie, quel que soit leur moyen de chauffage (électricité, gaz naturel, GPL, fioul, bois...).

Retrouvez le communiqué en ligne

www.developpement-durable.gouv.fr
@ecologiEnergie
Contact presse : 01 40 81 78 31

Document n° 3

Octobre 2017

E-RSE

La plateforme de l'engagement RSE (Responsabilité Sociétale et Environnementale des Entreprises) et développement durable

Transition énergétique : définition, enjeux et défis de la transition énergétique en France et dans le monde

La transition énergétique : tout le monde en parle. Mais savez-vous vraiment ce que c'est ? En quoi cela consiste ? Quels sont ses objectifs ? Et comment y parvenir ? Découvrez ici toutes les infos à connaître pour comprendre la transition énergétique.

Définition de la transition énergétique

La transition énergétique désigne l'ensemble des transformations du système de production, de distribution et de consommation d'énergie effectuées sur un territoire dans le but de le rendre plus écologique. Concrètement, la transition énergétique vise à transformer un système énergétique pour diminuer son impact environnemental.

Comprendre la transition énergétique

Volet essentiel du concept de transition écologique, la transition énergétique consiste en une série de changements majeurs dans les systèmes de production de l'énergie et sa consommation. Elle est en cela partie prenante des stratégies de **développement durable et de lutte contre le réchauffement climatique**.

La transition énergétique s'appuie sur les progrès technologiques et les volontés politiques au sens large (gouvernements, populations, ONG, acteurs économiques…). Les programmes mis en place se fondent principalement sur le remplacement progressif des énergies fossiles et nucléaire par un mix énergétique privilégiant **les énergies renouvelables**, ainsi que sur une réduction de la consommation, une politique d'**économies d'énergie** et de réduction des gaspillages énergétiques, notamment via l'amélioration de l'efficacité énergétique et les évolutions comportementales en termes de consommation. Le transfert de certains usages énergétiques vers l'électrique (comme la voiture électrique) est aussi un volet de la transition énergétique.

Histoire de la transition énergétique : origine et enjeux

Le concept de transition énergétique est apparu en 1980, en Allemagne et en Autriche, sous la forme d'un livre blanc, suivi à Berlin du premier congrès sur le sujet.

Le passage progressif des énergies carbonées, polluantes ou à risque aux énergies propres, renouvelables et sans danger (solaire, éolienne, géothermique, hydraulique et marémotrice), répond à une série d'enjeux complémentaires :

- réduction des émissions de gaz à effet de serre ;
- sécurisation des systèmes énergétiques (à terme, abandon du nucléaire) ;
- décentralisation et réaménagement des infrastructures, avec une meilleure répartition d'emplois non délocalisables ;
- diminution de la consommation (efficience énergétique) ;
- réduction des inégalités de l'accès à l'énergie et progrès de l'indépendance énergétique ;
- protection de la santé des populations.

•••

•••

La loi de transition énergétique en France

En France, les objectifs en matière de transition énergétique se sont concrétisés officiellement par la promulgation, le 17 août 2015, de la **LOI n° 2015-992 relative à la transition énergétique pour la croissance verte**.

Ce texte, dans le cadre d'exigences en termes de compétitivité économique du pays, met en particulier l'accent sur le renforcement de l'indépendance énergétique, la préservation de la santé publique, la protection de l'environnement et la lutte contre le réchauffement climatique.

Elle comporte 8 grands objectifs à atteindre :

– **Réduire les émissions de gaz à effet de serre** (les diviser par 4 d'ici 2050 par rapport aux niveaux de 1990) ;

– **Réduire la consommation énergétique** (la diviser par 2 d'ici 2050 par rapport aux niveaux de 2012) ;

– **Réduire la consommation énergétique primaire d'énergies fossile**s (– 30 % d'ici 2030 par rapport aux niveaux de 2012) ;

– **Augmenter la part des énergies renouvelables** dans notre consommation énergétique (jusqu'à 32% en 2030) :

– **Porter la part du nucléaire dans la production d'électricité à 50 % à l'horizon 2025** (cet objectif a depuis été modifié) ;

– Améliorer les performances énergétiques des bâtiments ;

– **Lutter contre la précarité énergétique** et affirmer un droit à l'accès de tous à l'énergie sans coût excessif au regard des ressources des ménages ;

– Réduire notre production de déchets.

Pourquoi la transition énergétique : à quoi ça sert ?

La transition énergétique est devenue un sujet politique important pour de nombreuses raisons. Parmi ces raisons, on peut notamment citer : les problèmes écologiques et notamment climatiques, les questions de santé publique ou encore la question du prix de l'énergie et de la croissance économique.

La transition énergétique pour le climat

L'un des objectifs les plus fondamentaux de la transition énergétique est **de lutter contre le réchauffement climatique**. En effet, à l'heure actuelle, le réchauffement climatique est l'une des plus grandes inquiétudes. Le réchauffement climatique a déjà des conséquences sur la météo, en transformant les écosystèmes atmosphériques. Le réchauffement climatique a des conséquences sur l'économie car les modifications du climat affectent les activités humaines. Les conséquences du changement climatique se font aussi sentir sur l'agriculture… Bref, c'est un problème important. Et le principal responsable de cette situation, c'est le CO_2 que les activités humaines émettent dans l'atmosphère (pour plus d'informations, voir la définition du réchauffement climatique).

Or une grande partie du CO_2 que nous émettons provient de l'énergie que nous consommons. En effet, produire de l'électricité pour consommer du pétrole émet beaucoup de CO_2. Pour réduire ces émissions, il est donc nécessaire de changer notre modèle de production électrique. On sait par exemple que les énergies renouvelables, comme le solaire ou l'éolien, ou même les énergies hydrauliques, émettent moins de CO_2 que les centrales à charbon ou à gaz (voir : définition des énergies renouvelables). Le nucléaire est également une énergie qui émet peu de CO_2.

•••

•••

En faisant une transition énergétique, on espère donc réduire notre impact sur le climat.

La transition énergétique et écologique

Mais ce n'est pas tout. La transition énergétique vise aussi à réduire notre impact écologique global. Par exemple, en réduisant la pollution. Notre énergie ne produit pas que du CO_2. Les centrales de production d'électricité au charbon par exemple émettent des particules fines, tandis que les centrales nucléaires produisent des déchets nucléaires et consomment beaucoup d'eau. Les centrales à gaz, elles, émettent du méthane.

Globalement, la production d'énergie pollue et utilise beaucoup de ressources. Même les énergies renouvelables nécessitent beaucoup de ressources émettent des polluants.

En changeant notre façon de produire et de consommer de l'énergie, on peut réduire ces pollutions et cette consommation de ressources. C'est pourquoi la transition énergétique est souvent qualifiée de « transition énergétique et écologique », car elle permet de réduire notre impact sur l'environnement.

La transition énergétique pour la santé et la sécurité

La transition énergétique a aussi un objectif sanitaire. On sait que la pollution de l'air a des conséquences sur notre santé, notamment sur notre santé pulmonaire. La pollution affecte aussi notre cerveau, ainsi que notre risque de développer des maladies ou des cancers. Réduire la pollution, c'est donc améliorer notre santé.

Mais c'est aussi une question de sûreté. Les centrales thermiques et le nucléaire peuvent être assez dangereuses pour les communautés, notamment en cas d'accident. C'est pourquoi certains estiment qu'il est plus sûr d'effectuer une transition énergétique, notamment vers des énergies renouvelables et décentralisées.

La transition énergétique pour la réduction des déchets

En matière de déchets, la transition énergétique a aussi un rôle à jouer. D'abord, car elle permettrait à terme de réduire les déchets issus des productions d'énergie fossiles et nucléaires. Mais aussi, car elle permet de mieux valoriser certains types de déchets qui aujourd'hui sont jetés ou gaspillés. Par exemple, les déchets ménagers compostables peuvent être valorisés dans le cadre de programmes de biométhanisation ou d'incinération, où ils servent à produire de l'électricité, de la chaleur ou de l'énergie.

La transition énergétique pour la « croissance verte »

Enfin, certains partisans de la transition énergétique (mais pas tous) estiment que la transition énergétique serait à terme **un moyen de relancer la croissance**. En effet, les énergies fossiles sont de plus en plus chères globalement, car exploiter les gisements de pétrole ou de gaz devient plus compliqué au fur et à mesure que les réserves s'épuisent. Et puis elles coûtent beaucoup d'argent à cause de leurs conséquences environnementales. Or une énergie chère est un frein à la croissance. En faisant la transition vers des formes d'énergie plus accessibles comme le renouvelable, il serait en théorie possible de relancer la croissance. Cette transition permettrait également de **créer de nombreux emplois dans des secteurs nouveaux et sur de nouvelles technologies**.

Cependant, d'autres estiment que **la transition énergétique doit au contraire être une opportunité pour faire une transition vers la décroissance et la réduction de la consommation**. La croissance étant généralement liée à la croissance de la consommation énergétique, il peut en effet apparaître contradictoire l'idée de faire une transition énergétique tout en poursuivant des objectifs de croissance économique.

DOCUMENT N° 4

LE SECTEUR DU BÂTIMENT EST AU CŒUR DE LA STRATÉGIE DU GOUVERNEMENT POUR RELEVER LE DÉFI DE LA TRANSITION ÉNERGÉTIQUE, UNE OPPORTUNITÉ POUR L'INNOVATION, LE DÉVELOPPEMENT DE LA FILIÈRE ET DE L'EMPLOI LOCAL. CE SECTEUR CONSTITUE UN GISEMENT MAJEUR D'EFFICACITÉ ÉNERGÉTIQUE ET L'EFFORT DOIT COLLECTIVEMENT PORTER SUR LES CONSTRUCTIONS NEUVES ET LE PARC DE BÂTIMENTS EXISTANTS.

« LES FONDATIONS DU NOUVEL ÉDIFICE DE LA TRANSITION ÉNERGÉTIQUE SONT POSÉES. MAINTENANT, IL APPARTIENT À CHACUN D'APPORTER SA PIERRE. »

Ségolène Royal, ministre de l'Environnement, de l'Énergie et de la Mer, chargée des Relations internationales sur le climat

AGIR POUR LE CLIMAT

La loi de transition énergétique porte haut l'ambition française en matière de lutte contre le dérèglement climatique. Avec ce texte, la France a défini ses objectifs et ses moyens d'action pour mettre en œuvre l'Accord de Paris.

PRÉPARER L'APRÈS-PÉTROLE

La loi de transition énergétique contribue à instaurer un nouveau modèle énergétique, plus robuste et durable, et à renforcer l'indépendance énergétique de la France.

CRÉER DES EMPLOIS DURABLES

La loi de transition énergétique favorise une croissance économique durable et la création d'emplois pérennes non délocalisables.

OBJECTIFS DE LA LOI

> Réduire de 40% les émissions de gaz à effet de serre en 2030 par rapport à 1990
> Diminuer de 30% la consommation d'énergies fossiles en 2030 par rapport à 2012
> Porter la part des énergies renouvelables à 32% de la consommation énergétique finale en 2030
> Réduire de 50% les déchets mis en décharge à l'horizon 2025
> Baisser à 50% la part du nucléaire dans la production d'électricité à l'horizon 2025

●●●

CONSTRUCTION

MOTEURS DE L'INNOVATION, LES CONSTRUCTIONS NEUVES SONT UNE VITRINE DE LA TRANSITION ÉNERGÉTIQUE. LA LOI FIXE UN NIVEAU D'EXIGENCE AMBITIEUX AUX MAÎTRES D'OUVRAGE PUBLICS NOTAMMENT ET ENGAGE UN MOUVEMENT SANS PRÉCÉDENT POUR AMÉLIORER LA PERFORMANCE ENVIRONNEMENTALE DES BÂTIMENTS.

RÉGLEMENTATION ENVIRONNEMENTALE

La loi fixe le cadre de la future réglementation environnementale – unique en Europe – du bâtiment neuf qui devra prendre en compte des exigences énergétiques et de réduction des émissions de gaz à effet de serre. Ces émissions devront être calculées sur l'ensemble du cycle de vie des constructions afin d'appréhender les gisements de réduction d'émissions lors des phases de construction et d'exploitation.

● **Expérimentation du cadre de la future réglementation lancée en juillet 2016.**

EXEMPLARITÉ DE LA MAÎTRISE D'OUVRAGE PUBLIQUE

Toutes les nouvelles constructions sous maîtrise d'ouvrage publique – État, établissements publics ou collectivités – devront faire preuve d'exemplarité énergétique (sobriété, ENR) et environnementale (faible empreinte carbone).

● **Décret n° 2016-1821 du 21 décembre 2016 relatif aux constructions à énergie positive et à haute performance environnementale sous maîtrise d'ouvrage de l'État, de ses établissements publics ou des collectivités territoriales.**

BONUS DE CONSTRUCTIBILITÉ

L'autorité compétente en matière d'urbanisme peut autoriser un bonus de constructibilité de 30 % pour les constructions à énergie positive ou faisant preuve d'exemplarité énergétique ou environnementale.

● **Décret n° 2016-856 du 28 juin 2016 fixant les conditions à remplir pour bénéficier du dépassement des règles de constructibilité.**

DES TRANSPORTS PROPRES

Les constructions neuves devront intégrer la création d'infrastructures permettant le stationnement sécurisé des vélos. Elles devront également prévoir l'installation de bornes de recharge pour les véhicules électriques. Une disposition analogue est prévue pour les bâtiments existants.

● **Décret n° 2016-968 du 13 juillet 2016 relatif aux installations dédiées à la recharge des véhicules électriques ou hybrides rechargeables et aux infrastructures permettant le stationnement des vélos lors de la construction de bâtiments neufs.**

Entrée en vigueur : 1er janvier 2017.

OBJECTIFS

75 000 emplois créés

500 000 logements rénovés/an à l'horizon 2017, dont 250 000 occupés par des ménages aux revenus faibles

BBC Tous les bâtiments seront au standard bâtiment basse consommation en 2050

15 % de diminution de la précarité énergétique à l'horizon 2020

CARNET NUMÉRIQUE DE SUIVI ET D'ENTRETIEN DU LOGEMENT POUR LE CLIMAT

Conçu pour accompagner les occupants, ce carnet numérique comprendra l'ensemble des informations utiles à la bonne utilisation, à l'entretien et à l'amélioration progressive de la performance énergétique des logements (et des parties communes pour les copropriétés). Une expérimentation a été lancée et permettra de stimuler les meilleures solutions possibles.

•••

LE SECTEUR DOIT INVESTIR MASSIVEMENT DANS LA RÉNOVATION DU PARC EXISTANT AFIN D'EXPLOITER LE GISEMENT D'ÉCONOMIE D'ÉNERGIE, LA RÉDUCTION DES ÉMISSIONS DE GAZ À EFFET DE SERRE ET ENGAGER UNE DYNAMIQUE VERTUEUSE DE TRAVAUX POUR DÉVELOPPER L'ÉCONOMIE LOCALE DANS LE BÂTIMENT.

RÉNOVATION

LUTTE CONTRE LA PRÉCARITÉ ÉNERGÉTIQUE

LA PERFORMANCE ÉNERGÉTIQUE, NOUVEAU CRITÈRE DE DÉCENCE

Réglementairement, les bailleurs sont tenus de mettre à disposition de leurs locataires des logements décents ne laissant pas apparaître de risque manifeste pouvant porter atteinte à leur sécurité physique ou à leur santé. La loi ajoute un critère de performance énergétique minimum à respecter.

Décret n° 2017-312 du 9 mars 2017 modifiant le décret n° 2002-120 du 30 janvier 2002 relatif aux caractéristiques du logement décent. Entrée en vigueur : 1er janvier 2018.

LE PROGRAMME HABITER MIEUX

Mis en œuvre par l'Agence nationale de l'habitat (Anah), le programme national Habiter mieux permet à des ménages aux revenus modestes de bénéficier d'une aide et d'un accompagnement pour rénover leur logement. Ces travaux – 70 000 rénovations par an en 2016 – doivent permettre de diminuer de façon significative les déperditions d'énergie des logements.

INTÉGRATION DE TRAVAUX D'EFFICACITÉ ÉNERGÉTIQUE

Lors de travaux lourds de réhabilitation – ravalement de façade, réfection de toiture, aménagements pour rendre un local habitable –, les propriétaires devront intégrer une exigence d'efficacité énergétique. Ces travaux ne seront pas obligatoires en cas d'impossibilité technique, de surcoûts importants ou de disproportion manifeste sur le plan architectural.

Décret n° 2016-711 du 30 mai 2016 relatif à la nature des travaux déclenchant cette obligation. Entrée en vigueur : 1er janvier 2017 (date des devis signés faisant foi).

DÉROGATION AUX RÈGLES D'URBANISME

Afin d'accompagner la mesure précédente, des autorisations de dépassement des règles d'implantation et de hauteur maximale imposées par les règlements locaux d'urbanisme sont introduites par la loi dans certains cas : travaux d'isolation en saillie des façades, installation de dispositifs de protection contre le rayonnement solaire, isolation par surélévation des toitures.

Décret n° 2016-802 du 15 juin 2016 relatif aux possibilités de dérogation. Entrée en vigueur : 18 juin 2016.

RÉDUCTION DES CONSOMMATIONS ÉNERGÉTIQUES DANS LE SECTEUR TERTIAIRE

La loi inscrit le secteur tertiaire dans une trajectoire de réduction de ses consommations énergétiques de 60 % à l'horizon 2050, avec des objectifs fixés tous les dix ans.

Décret relatif aux modalités de mise en œuvre de la mesure et aux objectifs pour la décennie à venir. Parution : mai 2017.

INDIVIDUALISATION DES FRAIS DE CHAUFFAGE

Afin d'informer les usagers sur les consommations constatées dans leurs logements, la loi introduit l'obligation d'installer, dans les immeubles collectifs équipés d'un chauffage commun, des appareils de mesure permettant de déterminer la quantité de chaleur fournie à chaque local occupé à titre privatif.

Décret n° 2016-710 du 30 mai 2016 relatif au champ d'application de la mesure. Entrée en vigueur : 31 mars 2017.

CRITÈRE DE PERFORMANCE ÉNERGÉTIQUE MINIMALE POUR LES VENTES DE LOGEMENTS RÉGIS PAR DES ORGANISMES HLM

Les bâtiments régis par des organismes d'habitations de loyer modéré doivent, pour pouvoir être vendus, respecter des normes d'habitabilité minimales. En plus de cette obligation, la loi introduit une norme de performance énergétique minimale.

Décret n° 2015-1812 du 28 décembre 2015 relatif à la mesure. Entrée en vigueur : 1er janvier 2016.

INCITATION À L'UTILISATION DES MATÉRIAUX BIOSOURCÉS

Les matériaux biosourcés, c'est-à-dire issus de la biomasse d'origine végétale ou animale, concourent au stockage de carbone atmosphérique et à la préservation des ressources naturelles. C'est pourquoi, à travers son article 14, la loi de transition énergétique incite les pouvoirs publics à encourager l'utilisation de ces matériaux dans les projets de construction et de rénovation des bâtiments.

•••

•••

MESURES D'ACCOMPAGNEMENT

FONDS DE GARANTIE POUR LA RÉNOVATION ÉNERGÉTIQUE

Ce fonds de garantie a été créé afin de faciliter le financement des travaux d'amélioration de la performance énergétique des logements. Il peut garantir les prêts permettant de financer les travaux d'amélioration de la performance énergétique des logements, que ce soit en copropriété ou en logement individuel. Les ménages aux revenus modestes peuvent ainsi s'engager dans de tels projets de rénovation énergétique.

● **Décret n° 2016-689 du 27 mai 2016 relatif aux conditions d'éligibilité au fonds de garantie.**

SOCIÉTÉS DE TIERS FINANCEMENT

La définition, à travers la loi, d'un régime juridique des sociétés de tiers financement permet aux collectivités de prêter aux particuliers en leur apportant les garanties nécessaires. Avec ce dispositif, les particuliers qui souhaitent faire des travaux d'économie d'énergie dans leur logement, disposent d'une offre complète : conseils, accompagnement, financement.

● **Décret n° 2015-1524 du 25 novembre 2015 relatif aux modalités de fonctionnement des sociétés de tiers financement.**

CHÈQUE ÉNERGIE

Distribué par l'Agence de service et paiement, le chèque énergie a vocation, pour les ménages aux revenus modestes, à financer tout ou partie des dépenses d'énergie relatives à leur logement. Il permet également de financer des dépenses liées à l'amélioration de la qualité environnementale ou à la réduction de la consommation énergétique du logement.

● **Décret n° 2016-555 du 6 mai 2016 relatif aux conditions d'accès et de mise en œuvre du dispositif. Entrée en vigueur : 1er janvier 2018.**

CRÉDIT D'IMPÔT POUR LA TRANSITION ÉNERGÉTIQUE

Depuis le 1er septembre 2014, en faisant appel à un professionnel reconnu garant de l'environnement (RGE), les particuliers peuvent bénéficier pour leurs travaux de rénovation du crédit d'impôt pour la transition énergétique.

Accessible à tous (propriétaires occupants et locataires), il permet le remboursement de 30 % du montant des travaux de rénovation énergétique. Il vient appuyer les travaux d'économie d'énergie les plus performants et réduire la facture énergétique des ménages.

ÉCOPRÊT À TAUX ZÉRO

L'écoprêt à taux zéro est accessible à tous les propriétaires faisant appel à des professionnels qualifiés RGE pour leurs travaux. L'objectif est d'atteindre 100 000 prêts – montant maximum : 30 000 € – et d'entraîner 2 milliards d'euros de travaux par an.

LE SERVICE PUBLIC DE LA PERFORMANCE ÉNERGÉTIQUE DE L'HABITAT

Afin de renforcer l'information des ménages et la dynamique locale de rénovation énergétique, la loi institue un service public de l'efficacité énergétique. Il s'appuie sur un réseau de plates-formes de la rénovation énergétique présentes sur tout le territoire. La loi conforte ainsi le réseau des 450 points de rénovation info services (PRIS) délivrant une information neutre et gratuite sur les solutions techniques et les aides publiques à la rénovation. Elle permet le renforcement de ce réseau par les initiatives des collectivités proposant un accompagnement gracieux des ménages dans leur démarche de rénovation globale par étapes. Le réseau des plates-formes territoriales de la rénovation énergétique est coordonné sous l'autorité des Régions dans le cadre du programme régional d'efficacité énergétique.

POUR PLUS D'INFORMATIONS :

WWW.RENOVATION-INFO-SERVICE.GOUV.FR

N° RÉNOVATION INFO SERVICE : 0808 800 700 (SERVICE GRATUIT, PRIX APPEL)

Liberté • Égalité • Fraternité
RÉPUBLIQUE FRANÇAISE

MINISTÈRE DE L'ENVIRONNEMENT, DE L'ÉNERGIE ET DE LA MER
www.developpement-durable.gouv.fr

MINISTÈRE DU LOGEMENT, ET DE L'HABITAT DURABLE
www.logement.gouv.fr

Document n° 5

Liberté • Égalité • Fraternité
RÉPUBLIQUE FRANÇAISE GOUVERNEMENT.fr

15 Mai 2017

La transition énergétique pour la croissance verte (extraits)

La loi du 17 août 2015 relative à la transition énergétique pour la croissance verte est une loi «d'action et de mobilisation» qui engage le pays tout entier : citoyens, entreprises, territoires, pouvoirs publics.
Elle va permettre à la France de renforcer son indépendance énergétique, de réduire ses émissions de gaz à effets de serre et donne à tous des outils concrets pour accélérer la croissance verte.
En ouverture de la 4e Conférence environnementale le 25 avril 2016, Ségolène Royal a annoncé la publication de l'arrêté fixant la programmation pluriannuelle des énergies renouvelables ; l'objectif étant d'augmenter de 50 % la capacité installée des énergies renouvelables d'ici 2023.

DE QUOI S'AGIT-IL ?

La France a validé son nouveau modèle énergétique avec la loi de transition énergétique pour la croissance verte a promulguée le 17 août 2015.
La loi et les plans d'action qui l'accompagnent permettent à la France de contribuer plus efficacement à la lutte contre le dérèglement climatique et de renforcer son indépendance énergétique en équilibrant mieux ses différentes sources d'approvisionnement. La loi se veut une **boîte à outils directement opérationnelle**.

POURQUOI ?

Lutter contre le réchauffement climatique et faire baisser la facture énergétique des Français, et de la France, celle-ci approchant les 70 milliards d'euros, constitue une chance à saisir pour combattre le chômage par la croissance verte, valoriser de nouvelles technologies, conquérir de nouveaux marchés dans le domaine des énergies renouvelables, du transport propre et de l'efficacité énergétique, bref améliorer la compétitivité des entreprises.
La transition énergétique c'est :
– consommer mieux en économisant l'énergie (moins de carburants fossiles, moins de transport, plus de confort thermique, plus d'efficacité dans l'industrie) ;
– produire autrement en préservant l'environnement (plus de ressources locales, des énergies renouvelables, moins de déchets) ;
– faire progresser la société grâce à des projets mobilisateurs (projets coopératifs de production d'énergie, services innovants) ;
– créer des emplois dans de nouveaux métiers d'avenir et dans le bâtiment.
La loi du 17 août 2015 est une loi « d'action et de mobilisation » qui engage le pays tout entier : citoyens, entreprises, territoires, pouvoirs publics. Chacun doit désormais s'en saisir.
C'est un **texte ambitieux** qui se donne pour objectifs de réduire de 40 % les émissions de gaz à effet de serre en 2030 par rapport à 1990, de porter la part des énergies renouvelables à plus de 30 % de la consommation énergétique finale d'énergie en 2030 et de baisser à 50 % la part du nucléaire dans la production d'électricité à horizon 2025.
Elle stimulera la croissance verte en favorisant l'activité dans le bâtiment, les énergies renouvelables, l'économie circulaire et les transports propres. Le gouvernement est déterminé à créer ainsi 100 000 emplois.
Elle aura aussi une dimension sociale avec l'objectif « zéro gaspillage » et la lutte contre la précarité énergétique. La loi permettra également de gagner en progrès social par une meilleure qualité de vie et de santé.

•••

•••

La France avec cette loi s'inscrit pleinement dans la mutation énergétique du nouveau siècle. Elle introduit les outils indispensables à la réussite de la transition énergétique et fait de la France une référence.

LA TRANSITION ÉNERGÉTIQUE S'APPUIE SUR 6 GRANDS OBJECTIFS INSCRITS DANS LA LOI

La loi **fixe les objectifs à moyen et long termes** de production et de consommation d'énergie pour le pays. L'objectif, donner de la visibilité et un cadre à l'action conjointe des citoyens, des entreprises, des territoires et de l'État :

– réduire les émissions de gaz à effet de serre pour contribuer à l'objectif européen de baisse de 40 % de ces émissions en 2030 (par rapport à la référence 1990) ;
– diminuer de 30 % notre consommation d'énergies fossiles en 2030 ;
– ramener la part du nucléaire à 50 % de la production d'électricité en 2025 ;
– porter la part des énergies renouvelables à 32 % de la consommation énergétique finale d'énergie en 2030 et à 40 % de la production d'électricité ;
– diviser par deux notre consommation finale d'énergie d'ici à 2050 (par rapport à 2012) ;
– diminuer de 50 % le volume de déchets mis en décharge à l'horizon 2050.

Le gouvernement se fixe par ailleurs pour objectif d'atteindre **une valeur de la tonne carbone de 56 euros en 2020** et de 100 euros en 2023, pour la composante carbone intégrée aux tarifs des taxes intérieures sur la consommation des produits énergétiques (TICPE).

RÉNOVER LES BÂTIMENTS POUR ÉCONOMISER L'ÉNERGIE

Mobiliser tous les moyens pour accélérer et amplifier les travaux de rénovation énergétique, c'est l'un des principaux chantiers de la loi.

Objectif : **faire baisser les factures et créer 75 000 emplois dans le bâtiment.** Rénover les logements, c'est aussi agir pour les plus fragiles. La loi prévoit l'**obligation de réaliser des travaux** de rénovation énergétique en cas de travaux importants de ravalement, toiture et d'aménagement de nouvelles pièces.

44 % de la consommation d'énergie de la France est le fait du bâtiment.

Dans les territoires

Les nouvelles constructions de bâtiments publics seront exemplaires sur le plan énergétique et environnemental, et autant que possible à énergie positive ou à haute performance environnementale (les bâtiments à énergie positive produisent au moins autant d'énergie qu'ils en consomment grâce à des énergies renouvelables).

Les collectivités ont désormais la possibilité d'imposer que les nouvelles constructions soient à un standard plus exigeant que la réglementation, pour intégrer notamment des énergies renouvelables. Cette disposition est applicable dès à présent par les collectivités qui le souhaitent. Pour lever les freins à la rénovation énergétique des bâtiments, le maire peut accorder des dérogations aux règles d'urbanisme qui feraient obstacle aux travaux d'isolation des bâtiments.

Pour les ménages

L'objectif est de **rénover énergétiquement 500 000 logements par an** à compter de 2017, dont au moins la moitié est occupée par des ménages modestes.

Les dispositions concrètes pour faire des économies d'énergie dans mon logement :

Une meilleure information sur la rénovation énergétique des bâtiments : les plates-formes de la rénovation énergétique donnent aux consommateurs des conseils et des informations sur les financements, sur les artisans certifiés, sur la façon de procéder à des audits énergétiques et sur les travaux à faire. La loi fixe un cadre immédiatement applicable pour leur déploiement.

Une meilleure information sur la consommation d'énergie : afin de mieux informer les usagers, 11 millions de compteurs intelligents de gaz (Gazpar) et 35 millions de compteurs intelligents d'électricité (Linky) vont être déployés, dont 500 000 dès décembre 2015. Cinq milliards d'euros seront investis pour en accélérer le déploiement avec près de 10 000 emplois à la clé.

•••

•••

Un éco-prêt à taux zéro pour rénover son logement : immédiatement applicable, il permet aux propriétaires de bénéficier d'un prêt à taux zéro pouvant atteindre 30 000 euros pour réaliser des travaux de rénovation énergétique

Des aides pour les ménages aux revenus modestes : la création d'un fonds de garantie pour la rénovation énergétique permet d'aider au financement des travaux dans les logements. Les décrets d'application seront publiés d'ici la fin 2015.

Les carnets numériques de suivi des logements : la création de ce carnet numérique du logement permet d'en améliorer la connaissance et de favoriser la réalisation de travaux de performance énergétique. Pour sa mise en œuvre, engagement d'une concertation avec les professionnels.

Par ailleurs, un « **chèque énergie** », est mis en place en 2016 dans sa phase expérimentale pour accompagner les ménages disposant de revenus modestes à payer leur facture. Sa généralisation est prévue d'ici début 2018. C'est la mesure « phare » de la lutte contre la précarité énergétique.

DÉVELOPPER DES TRANSPORTS PROPRES

1. Donner à tous les Français l'accès à un véhicule électrique

Le **bonus pour l'achat ou la location de longue durée d'un véhicule électrique** a été pérennisé et majoré depuis le 1er avril 2015 lorsqu'il s'accompagne de la mise au rebut d'un véhicule polluant immatriculé avant le 1er janvier 2001 (date d'entrée en vigueur de la norme Euro 3 pour tous les véhicules neufs). Le bonus total peut **atteindre 10 000 euros**.

Des points de recharge pour les véhicules électriques seront disponibles sur tout le territoire français. La loi fixe l'objectif de **disposer en 2030 de 7 millions de points de recharge** pour les voitures électriques en France. 10 000 points de recharge sont déjà fonctionnels.

2. Financer les transports propres

Pour financer leurs projets de transports en commun en site propre, les projets de transport ferroviaire de voyageurs (notamment achat de matériel roulant par les régions) et de marchandises, la régénération des voies ferrées, ainsi que les projets de transport fluvial de marchandises, les collectivités pourront faire appel à la dotation dédiée aux projets liés à la transition énergétique.

L'État a souhaité soutenir des projets adaptés aux contextes locaux. Leur ampleur est donc très variable : le montant des investissements soutenus à travers les projets est ainsi compris entre 110 000 euros et 420 millions d'euros.

L'aide bénéficie à des agglomérations de toutes les tailles, dont une dizaine de moins de 100 000 habitants. Pour certaines d'entre elles, il s'agit de la construction de leur premier transport en commun en site propre soit ex nihilo, soit par requalification de lignes existantes. Une grande variété de modes de transport a été proposée, du métro jusqu'au vélo. Les bus à haut niveau de service (BHNS) sont prépondérants avec une cinquantaine de projets. Leur succès se confirme par leurs capacités d'adaptation aux contextes et aux tailles d'agglomération les plus différents.

3. Rendre les pouvoirs publics exemplaires en matière de mobilité

L'État et ses établissements publics doivent respecter **une part minimale de 50 % de véhicules à faibles émissions de CO_2 et de polluants de l'air**, tels que des véhicules électriques. Les collectivités locales s'engagent de leur côté à hauteur de 20 %. Tous les nouveaux bus et autocars qui seront acquis à partir de 2025 pour les services publics de transport devront être à faibles émissions.

L'appel à projets « villes respirables en 5 ans », permettra de créer des villes laboratoires volontaires pour mettre en œuvre des mesures exemplaires pour la reconquête de la qualité de l'air sur leur territoire.

Installer des zones à circulation restreinte : des mesures de restriction de la circulation peuvent être mises en œuvre dans les zones affectées par une mauvaise qualité de l'air.

•••

●●●

4. Accompagner les entreprises, la recherche et l'innovation

Les plans de déplacement d'entreprise sont généralisés pour favoriser le covoiturage et l'autopartage. Les employeurs peuvent désormais verser une **indemnité kilométrique à leurs salariés se rendant à vélo**, ou à vélo électrique, à leur lieu de travail. Cette indemnité est fixée à 25 centimes d'euro du kilomètre et est exonérée d'impôt sur le revenu pour les salariés, dans la limite d'un **plafond de 200 euros par an.**

DÉVELOPPER LES ÉNERGIES RENOUVELABLES, NOTAMMENT AU PLAN LOCAL

La loi vise à **favoriser le développement des énergies renouvelables** pour diversifier la production de la France et renforcer son indépendance énergétique.

Elle valorise les ressources (solaire, éolienne, hydraulique, marine, biomasse, biocarburants, récupération de chaleur et géothermie…) et de développer les filières industrielles concernées en modernisant le soutien aux énergies renouvelables, en lançant de nouveaux appels d'offres et en mettant en place des financements innovants.

Concrètement

Les délais de réalisation seront raccourcis par la simplification et la réunification des autorisations et des procédures.

Le financement participatif de la production d'électricité et de chaleur contribuera à développer une nouvelle citoyenneté, individuelle, collective et territoriale. Les communes et intercommunalités pourront participer au capital d'une société anonyme dont l'objet social est la production d'énergies renouvelables ; la participation des habitants au capital des sociétés de projets pour les énergies renouvelables est favorisée.

430 territoires ont été récompensés, fin janvier 2017, par le gouvernement pour leur engagement dans un programme d'actions. Ils ont répondu à l'appel à projet **Territoires à énergie positive** pour la croissance verte, qui rencontre un vif succès. Les collectivités lauréates se voient attribuer **une aide financière de 500 000 euros qui pourra être renforcée jusqu'à 2 millions d'euros** en fonction de la qualité des projets et de leur contribution aux objectifs inscrits dans la loi.

L'appel à projets **1 500 méthaniseurs en 3 ans** est lancé. Il permet notamment de produire de l'énergie (biogaz) à partir de déchets agricoles.

Enfin, pour accélérer le développement de la production et de la distribution de chaleur issue de sources renouvelables (bois, biomasse, déchets...) et atteindre ainsi l'objectif de 32 % d'énergie renouvelable en 2030, **le budget du Fonds Chaleur a été doublé, pour atteindre 420 millions d'euros en 2017.**

Le nucléaire : la puissance nucléaire installée en France est plafonnée à 63,2 GW. Aucune autorisation d'exploiter une centrale nucléaire ne pourra plus être délivrée si elle a pour effet de porter la capacité totale autorisée à plus de 63,2 GW, qui est la puissance cumulée des réacteurs actuellement en service. La centrale nucléaire de Flamanville ne pourra donc pas être mise en service à moins qu'EDF ne procède préalablement à la fermeture d'une capacité équivalente, soit deux réacteurs nucléaires.

EDF doit élaborer un plan stratégique présentant les actions que l'entreprise s'engage à mettre en œuvre pour respecter les objectifs de la programmation pluriannuelle de l'énergie. Les moyens de contrôle et les pouvoirs de l'Autorité de sûreté nucléaire seront renforcés.

LUTTER CONTRE LES GASPILLAGES ET PROMOUVOIR L'ÉCONOMIE CIRCULAIRE

Le projet encourage **le développement de l'économie circulaire, la réduction des déchets à la source et la lutte contre le gaspillage** pour favoriser le recyclage et l'innovation sur la conception des produits et des matériaux.

●●●

•••

Des objectifs sont définis

Diminuer la quantité de déchets produits en poursuivant comme **objectifs d'ici à 2020 : de réduire de 7 % les quantités de déchets ménagers** et assimilés produits par habitant, de stabiliser les quantités de déchets issus d'activités économiques, notamment du BTP.

Réduire de 50 % les quantités de déchets mis en décharge à l'horizon 2025.

Définir des objectifs de recyclage des différentes catégories de déchets : recycler 70 % des déchets du BTP à l'horizon 2020, recycler 55 % des déchets non dangereux en 2020, 60 % en 2025.

Quelques mesures à retenir :

– **Développement du tri à la source des biodéchets** (déchets organiques valorisables en compost) par les collectivités. D'ici 2025, chaque Français devra disposer d'une solution de tri à la source de ses déchets alimentaires.

– Mise en place de **plans de lutte contre le gaspillage alimentaire dans tous les services de restauration collective, à partir de septembre 2016.**

– **Interdiction des sacs plastiques** : les emballages en plastiques oxo-fragmentables qui ne sont pas biodégradables sont interdits car ils génèrent des effets négatifs sur l'environnement à travers l'accumulation de résidus dans le milieu (article 75). **Depuis, le 1er janvier 2017, les sacs plastique de caisse à usage unique et les sacs « fruits et légumes » sont interdits.**

– Contre le gaspillage alimentaire : la Date Limite d'Utilisation Optimale (DLUO) est souvent source de confusion pour le consommateur qui l'apparente à une Date Limite de Consommation. Cela conduit à jeter des produits encore consommables, favorisant ainsi le gaspillage alimentaire. **Avec la loi, la DLUO ne sera plus mentionnée sur un certain nombre de produits pour lesquels elle n'est pas pertinente** (produits d'épicerie non périssables).

– Inscription du **principe de proximité** pour que les déchets soient traités aussi près que possible de leur lieu de production.

– **Lutte contre l'obsolescence programmée** : l'amélioration de la conception des produits permet de réduire leur impact environnemental et d'augmenter leur durée de vie. Pour cela, l'obsolescence programmée, c'est-à-dire le fait de concevoir délibérément un produit pour que sa durée de vie soit réduite, **devient un délit pénalisé.** L'obsolescence programmée est punie d'une peine de deux ans d'emprisonnement et de 300 000 euros d'amende.

– L'**appel à projets villes ou territoires « zéro déchet, zéro gaspillage »** Un territoire zéro déchet est un idéal à atteindre pour une collectivité locale. C'est une démarche globale : ne pas gaspiller, limiter au maximum la production et l'élimination de déchets, recycler tout ce qui est recyclable.

Les territoires retenus rassemblent déjà plus de 7,5 millions d'habitants, dont 3 collectivités d'outre-mer, et s'engagent à réduire de plus de 10 % de leurs déchets, ce qui correspond à plus de 240 000 tonnes évitées et 43 millions d'euros d'économies par an.

Proposition de corrigé

Préfecture de X Le...........

Note à l'attention de Monsieur le chef de bureau

Objet : Objectifs de la loi de transition énergétique et mesures contenant le bâtiment
Références : Loi de transition énergétique pour la croissance verte du 15 août 2015

Le concept de transition énergétique est apparu en 1980, en Allemagne. On peut définir la transition énergétique comme l'ensemble des transformations du système de production, de distribution et de consommation d'énergie réalisées sur un territoire dans le but de le rendre plus écologique. Il s'agit de transformer en profondeur le système de production énergétique, de consommation des énergies, vers des énergies renouvelables et durables, dans le cadre de la lutte contre le réchauffement climatique.
En France, c'est la loi du 15 août 2015 relative à la transition énergétique pour la croissance verte qui traduit, de façon concrète, les objectifs gouvernementaux stratégiques et opérationnels, en termes d'économies d'énergie, de réduction des gaspillages énergétiques. La facture énergétique des Français s'élève à près de 70 milliards d'euros. De façon générale, cette loi vise à renforcer l'indépendance énergétique de la France, à préserver la santé publique, à protéger l'environnement et à solutionner le défi du réchauffement climatique, sujet particulièrement inquiétant. C'est une loi de « mobilisation » pour un nouveau modèle économique et social.
Dans un premier temps, seront mis en évidence les objectifs généraux et les mesures générales de la loi « transition énergétique » (I). Ensuite, l'accent portera plus particulièrement sur les mesures concernant la lutte contre la précarité énergétique et en faveur de l'efficience énergétique des bâtiments (II).

I. Les objectifs et mesures générales de la loi transition énergétique

La loi transition énergétique de 2015 définit des objectifs généraux au niveau de la politique énergétique nationale (A). Elle adopte également des mesures générales dans plusieurs domaines, autres que celui du bâtiment (B).

A. Les objectifs généraux de la politique énergétique nationale, leur traduction dans la loi d'août 2015

Les objectifs généraux de la politique énergétique nationale sont au nombre de sept, pouvant être regroupés autour de deux thématiques majeures. La première thématique porte sur la réduction de l'impact écologique global en luttant contre le réchauffement climatique, contre la pollution et contre la précarité énergétique. Il faut diminuer la consommation d'énergie, réduire les émissions de gaz à effet de serre, sécuriser les approvisionnements, développer la sobriété énergétique, diversifier les sources d'éner-

gie, notamment renouvelables. Il importe de protéger la santé des populations contre la pollution, face aux risques industriels et aussi de permette aux plus démunis l'accès à l'énergie et aux services énergétiques. La deuxième thématique est d'ordre économique. Il s'agir de faire émerger une économie compétitive et riche en emplois, par la mobilisation des filières industrielles, notamment celles de la croissance verte ; il s'agit de renforcer l'indépendance énergétique de la France et de maîtriser la demande d'énergie. Il importe de développer la recherche et l'innovation dans les domaines de l'énergie et du bâtiment. C'est le moyen de développer de nouvelles technologies, de nouveaux emplois durables, au service d'un nouveau modèle économique de « croissance verte et décarbonée ». La loi contribue à faire évoluer les mentalités en promouvant les Territoires à énergie positive et pour la croissance verte (TEP-CV). Cela passe aussi par la mise en place d'une Union européenne de l'énergie.
Dans la loi de 2015, ces objectifs généraux se traduisent par de nombreux objectifs chiffrés, qui donnent ainsi un cadre d'action concret, notamment pour le volet environnemental lié à la lutte contre le réchauffement climatique et la pollution. La loi fixe comme objectif premier de réduire de 40 % les émissions de gaz à effet de serre en 2030 par rapport à la référence de 1990 et les diviser par quatre en 2050. Ensuite, il faut diminuer de 30 % la consommation d'énergies fossiles en 2030 par rapport à 2012, et il faut porter la part des énergies renouvelables à 32 % de la consommation énergétique finale en 2030 et à 40 % de la production d'électricité ; il faut aussi diviser par deux notre consommation finale d'énergie d'ici à 2050 (par rapport à 2012). La loi fixe aussi comme objectif de réduire de 50 % les déchets mis en décharge à l'horizon 2025. Elle entend aussi ramener à 50 % la part du nucléaire dans la production d'électricité à l'horizon 2025. Le gouvernement se fixe par ailleurs pour objectif d'atteindre une valeur de la tonne carbone de 56 euros en 2020 et de 100 euros en 2023, pour la composante carbone intégrée aux tarifs des taxes intérieures sur la consommation des produits énergétiques (TICPE).
De plus, la loi de 2015 comporte plusieurs mesures générales dans différents domaines tels les transports, les énergies renouvelables et la lutte contre le gaspillage.

B. Les principales mesures de la loi de 2015, autres que celles liées au secteur du bâtiment

La loi de 2015 vise à d'abord à favoriser, par différentes mesures, le développement des transports propres, s'articulant autour de 4 axes. C'est rendre possible l'accès de tous les Français à un véhicule électrique par des incitations financières jusqu'à 10 000 euros et par le déploiement des points de recharge (7 millions d'ici 2030). C'est le soutien financier de l'État aux projets des agglomérations qui investissent dans des transports propres. Cela passe aussi par l'exemplarité des pouvoirs publics en matière de mobilité, notamment en ayant dans leur parc automobile au minimum 50 % de véhicules. Il s'agit aussi de généraliser les plans de déplacement d'entreprises, de développer les dispositifs incitatifs pour aller au travail en vélo électrique (indemnisation par les employeurs et déduction fiscale).
Ensuite, la loi de 2015 vise à développer les énergies renouvelables, notamment au niveau local. Ceci se traduit notamment par le doublement du budget du Fonds chaleur, s'élevant à 420 millions d'euros en 2017 ; après l'appel à projets « Territoires à énergie positive » qui a récompensé 430 territoires, par des aides allant de 500 000 euros à 2 millions d'euros, un nouvel appel à projets est lancé pour produire de l'énergie biogaz (1 500 méthaniseurs en 3 ans) ; et la loi plafonne à 63,2 GW la puissance nucléaire cumulée autorisée.

Enfin, la loi vise à lutter contre les gaspillages et promouvoir l'économie circulaire, notamment par les mesures suivantes : l'obsolescence programmée des produits devient un délit pénalisé par 2 ans de prison et 300 000 euros d'amende ; l'interdiction des sacs plastique de caisse à usage unique ainsi que des sacs « fruits et légumes », car néfastes pour l'environnement ; la mise en place de plans de lutte contre le gaspillage alimentaire dans les services de restauration collective ; l'instauration, pour tout Français, d'ici 2025, du tri à la source de ses déchets alimentaires.
La loi « transition énergétique » comporte également des mesures ciblées et précises concernant la lutte contre la précarité énergétique et l'amélioration de l'efficience énergétique des bâtiments.

II. La loi de transition énergétique : des mesures ciblées pour réduire la précarité énergétique et améliorer la performance environnementale des bâtiments

La loi « transition énergétique » a adopté des mesures spécifiques pour lutter contre la précarité énergétique (A). Elle décline aussi des mesures particulières en faveur de l'efficience énergétique des bâtiments (B).

A. Les mesures spécifiques pour lutter contre la précarité énergétique

L'ensemble des mesures, adoptées doivent aboutir à une réduction de 15 % d'ici 2020 de la précarité énergétique.
La mesure la plus « emblématique » de la loi est la création du chèque énergie dont les modalités sont fixées par l'article 201. Il s'agit de faciliter l'accès à l'énergie pour environ 4 millions de ménages aux revenus très modestes, en situation de précarité énergétique. Cette aide financière varie selon les revenus et le nombre de personnes au foyer ; son montant moyen est de 150 euros par an. Il est utilisé pour le règlement des factures d'énergie liées au logement, quel que soit le mode de chauffage (électricité, gaz, bois, etc.), mais aussi pour régler des travaux liés à la rénovation énergétique du logement, éligibles au crédit d'impôt transition énergétique. C'est l'agence de services et de paiement (ASP) qui est chargé de la gestion du chèque énergie, à partir des données fournies par l'administration fiscale. Ce dispositif a d'abord été mis en œuvre, à titre expérimental, sur quatre départements urbains et ruraux.
En complément, la loi crée d'autres mesures pour les particuliers, dans différents domaines. Des mesures d'accompagnement d'ordre financier sont mises en place. Il y a les éco-prêts à taux zéro pour financer des travaux réalisés par des professionnels qualifiés RGE ; il y a la possibilité pour les propriétaires occupants ou locataires de bénéficier du crédit d'impôt pour la transition énergétique, qui permet un remboursement à hauteur de 30 % des travaux de rénovation engagés pour réduire la consommation d'énergie. Un fonds de garantie est mis en place pour financer les travaux de rénovation énergétique dans les logements des ménages aux revenus modestes. Il y a également des

mesures en termes d'information. Il est prévu l'installation de 11 millions de compteurs intelligents de gaz et 35 millions de compteurs intelligents d'électricité, soit un investissement de 5 milliards d'euros ; de même, est créé le carnet numérique de suivi d'entretien permettant d'avoir une meilleure connaissance de « l'utilisation » du logement, pour favoriser des travaux de rénovation énergétique.
D'autres mesures sont également adoptées en faveur de l'efficience énergétique et environnementale des bâtiments.

B. Les mesures spécifique pour favoriser la performance environnementale des bâtiments

Ces mesures s'inscrivent, d'une part, dans le cadre de la construction de bâtiments neufs et, d'autre part, dans le cadre de la rénovation des bâtiments existants, l'ensemble du bâtiment représentant 44 % de la consommation d'énergie.
Au niveau de la construction de bâtiments neufs, celles-ci doivent être « une vitrine » de la transition énergétique. Les bâtiments neufs doivent prendre en compte les exigences énergétiques et de réduction des émissions de gaz à effet de serre. Ces émissions devront être calculées sur l'ensemble du cycle de vie des constructions. Toutes les nouvelles constructions relevant notamment de la maîtrise d'ouvrage de l'État devront faire preuve d'exemplarité énergétique (sobriété, ENR) et environnementale (faible empreinte carbone). L'autorité compétente en matière d'urbanisme peut autoriser un bonus de constructibilité de 30 % pour les constructions à énergie positive ou faisant preuve d'exemplarité énergétique ou environnementale. Les constructions neuves devront intégrer la création d'infrastructures permettant le stationnement sécurisé des vélos. Elles devront également prévoir l'installation de bornes de recharge pour les véhicules électriques. Tous les bâtiments devront être au standard bâtiment basse consommation (BBC) en 2050.
En matière de rénovation, l'objectif est de rénover énergétiquement 500 000 logements par an à partir de 2017. De plus, la loi de 2015, en son article 14, incite les pouvoirs publics à utiliser, dans les projets de rénovation des bâtiments/logements, des matériaux biosourcés, c'est-à-dire issus de la biomasse d'origine végétale ou animale ; ceux-ci concourent au stockage du carbone atmosphérique et à la préservation des ressources naturelles. Lors de travaux lourds de réhabilitation – ravalement de façade, réfection de toiture, aménagements pour rendre un local habitable –, les propriétaires doivent intégrer une exigence d'efficacité énergétique. Ces travaux ne seront toutefois pas obligatoires en cas d'impossibilité technique, de surcoûts importants ou de disproportion manifeste sur le plan architectural. Les organismes HLM doivent respecter une norme de performance énergétique minimale pour effectuer la vente de logements. De plus, la loi prévoit des dérogations aux règles d'urbanisme, en termes de hauteur maximale, dans certains cas (*cf.* isolation par surélévation des toitures).
La loi de transition énergétique pour la croissance verte est une loi de mobilisation de forte ampleur face au réchauffement climatique. C'est une réelle opportunité de muter notre société vers un autre modèle économique et humain.

Sujet 2

Durée : 3 heures.
Coefficient : 1.

Rédaction d'un rapport technique portant sur la spécialité au titre de laquelle le candidat concourt. Ce rapport est assorti de propositions opérationnelles.

Spécialité : prévention et gestion des risques, hygiène, restauration.

Sujet

Vous êtes technicien principal territorial de 1re classe au département de TECHNIDEP au sein de la direction de la prévention des risques. Le Comité d'hygiène, de sécurité et des conditions de travail (CHSCT) a émis le souhait que soit présenté un bilan sur l'évaluation des risques professionnels.

Dans un premier temps, le Directeur général des services vous demande de rédiger à son attention, exclusivement à l'aide des documents joints, un rapport technique sur la règlementation en matière d'évaluation des risques professionnels. **10 points**

Dans un deuxième temps, le Directeur général des services vous demande d'établir un ensemble de propositions opérationnelles pour mettre en place cette évaluation au sein de la collectivité. **10 points**

Liste des documents

1. « Circulaire N° RDFB1314079C » – *Ministère de l'Intérieur, Ministère de la Réforme de l'État, de la Décentralisation et de la Fonction publique* – Mai 2013.
2. « Conditions de travail. Les agents s'approprient le document unique » – Gaëlle Ginibrière – *La Gazette des communes* – 7 avril 2014.
3. « Quels sont les dispositifs qui permettent aux collectivités de disposer d'assistants et de conseillers de prévention pour leurs services ? » – Delphine Gerbeau – *www.lagazette.fr* – 14 janvier 2013.
4. « Responsabilité civile et pénale – le prix à payer pour l'absence de prévention » – Martine Doriac – *www.lagazette.fr* – 17 juin 2013.
5. « Synthèse des rapports annuels de santé, sécurité et conditions de travail des collectivités de Grande Couronne au 31 décembre 2011 » (extrait) – *Centre Interdépartemental de Gestion de la Grande Couronne de la Région Ile de France* – Avril 2013.

Certains documents peuvent comporter des renvois à des notes ou à des documents non fournis car non indispensables à la compréhension du sujet.

Document n° 1

DIRECTION GÉNÉRALE
DES COLLECTIVITÉS LOCALES
Sous-direction des élus locaux
et de la fonction publique territoriale
Bureau de l'emploi territorial
et de la protection sociale (FP3)

N° 13-008288-D

Le ministre de l'Intérieur
La ministre de la réforme de l'État, de la Décentralisation
et de la Fonction publique
à
Madame et Messieurs les préfets de région
Mesdames et Messieurs les préfets de département
(Métropole et départements d'outre-mer)

CIRCULAIRE N° RDFB1314079C

Objet : Rappel des obligations des employeurs territoriaux en matière d'évaluation des risques professionnels.
RÉF : Code du travail articles L.4121-1 à L.4121-5 et R.4121-1 à R.4121-4.

Dans le cadre de l'accord sur la santé et la sécurité au travail dans la fonction publique signé le 20 novembre 2009, les employeurs publics se sont engagés à mettre en œuvre une politique renouvelée en matière d'amélioration des conditions de travail. À ce titre, la mise en place d'outils de prévention des risques professionnels, notamment le document unique d'évaluation des risques professionnels, constitue l'un des axes majeurs des actions devant être menées.

L'évaluation des risques est une obligation des employeurs inscrite par la loi n° 91-1414 du 31 décembre 1991 par transposition de la directive n° 89/391/CEE du Conseil des Communautés Européennes du 12 juin 1989. Elle a été codifiée dans l'article L. 4121-3 du Code du travail. Pour les risques qui ne peuvent être évités, les employeurs ont en effet l'obligation d'identifier les dangers par unité de travail, puis d'évaluer les dommages à la santé et la sécurité des agents de ces dangers afin de proposer des mesures de prévention adéquates. Le décret n° 2001-1016 du 5 novembre 2001 portant création d'un document relatif à l'évaluation des risques pour la santé et la sécurité des travailleurs précise que l'évaluation des risques doit être transcrite dans un document unique d'évaluation des risques professionnels mis à jour régulièrement.

Le document unique est un élément clé de la prévention des risques professionnels. Il relève de la responsabilité de l'autorité territoriale mais sa réalisation implique nécessairement d'une part les agents et leurs représentants, et d'autre part les acteurs opérationnels de la santé et de la sécurité au travail (médecin de prévention, agent chargé de fonctions de conseil et d'assistance dans la mise en œuvre des règles d'hygiène et de sécurité, agent chargé de fonctions d'inspection…).

L'évaluation des risques est une étape de la démarche de prévention des risques professionnels. En effet, la prévention est un processus dynamique et évolutif qui doit prendre en compte l'évolution des données techniques, organisationnelles et humaines.

Il apparaît à ce jour que le nombre de collectivités ayant élaboré un document unique reste trop restreint. La présente circulaire a donc pour objet d'aider les collectivités territoriales à élaborer ce document important pour la santé et la sécurité des agents territoriaux.

•••

•••

I. Obligations de réalisation et de mise à jour du document unique[1]

A. Une étape de la prévention des risques : éviter les risques et évaluer ceux qui ne peuvent être évités.

Au titre de l'article L. 4121-1 du Code du travail, l'employeur doit prendre « les mesures nécessaires pour assurer la sécurité et protéger la santé physique et mentale des travailleurs », notamment par le biais d'actions de prévention des risques professionnels, d'actions d'information et de formation, et la mise en place d'une organisation et de moyens adaptés. Les mesures de prévention doivent pouvoir évoluer pour s'adapter à tout changement de circonstance et leur objectif est l'amélioration des situations existantes.

Les mesures de protection de la sécurité et de la santé des agents doivent être mises en œuvre selon les principes de prévention de l'article L.4121-2 du Code du travail. À ce titre, l'employeur doit :
« 1° Éviter les risques ;
2° Évaluer les risques qui ne peuvent pas être évités ;
3° Combattre les risques à la source ;
4° Adapter le travail à l'homme, en particulier en ce qui concerne la conception des postes de travail ainsi que le choix des équipements de travail et des méthodes de travail et de production, en vue notamment de limiter le travail monotone et le travail cadencé et de réduire les effets de ceux-ci sur la santé ;
5° Tenir compte de l'état d'évolution de la technique ;
6° Remplacer ce qui est dangereux par ce qui n'est pas dangereux ou par ce qui est moins dangereux ;
7° Planifier la prévention en y intégrant, dans un ensemble cohérent, la technique, l'organisation du travail, les conditions de travail, les relations sociales et l'influence des facteurs ambiants, notamment les risques liés au harcèlement moral et au harcèlement sexuel, tels qu'ils sont définis aux articles L.1152-1 et L.1153-1 ;
8° Prendre des mesures de protection collective en leur donnant la priorité sur les mesures de protection individuelle ;
9° Donner les instructions appropriées aux travailleurs. »

Si la suppression du risque n'est pas possible, l'employeur doit évaluer les risques auxquels sont exposés les agents afin de prendre les mesures de prévention les plus efficaces possibles.

B. La responsabilité de l'autorité territoriale

En application de l'article 108-1 de la loi n° 84-53 du 26 janvier 1984 portant dispositions statutaires relatives à la fonction publique territoriale, dans les collectivités territoriales et les établissements publics en relevant, les règles en matière d'hygiène et de sécurité sont, sauf dispositions dérogatoires particulières, celles définies par les livres 1er à V de la quatrième partie du Code du travail et par les décrets pris pour leur application.

À ce titre, les employeurs doivent se conformer notamment aux obligations définies aux articles L. 4121-1, L.4121-2 et L.4121-3 du Code du travail et aux décrets pris en leur application.

1. *Cf.*, pour les principes généraux d'évaluation des risques, la circulaire n° 6 DRT du 18 avril 2002 prise pour l'application du décret n° 2001-1016 portant création d'un document relatif à l'évaluation des risques pour la santé et la sécurité des travailleurs.

•••

•••

L'article 2-1 du décret n° 85-603 relatif à l'hygiène et à la sécurité du travail ainsi qu'à la médecine professionnelle et préventive dans la fonction publique territoriale précise que « les autorités territoriales sont chargées de veiller à la sécurité et à la protection de la santé des agents placés sous leur autorité ».

La responsabilité de l'employeur n'implique pas qu'il soit seul dans cette démarche : il peut en effet s'appuyer sur les acteurs opérationnels du champ de la santé et de la sécurité au travail (notamment l'assistant ou le conseiller de prévention) et doit en outre impliquer les agents et leurs représentants (*cf.* point II. La démarche, les ressources et les acteurs mobilisables).

C. L'obligation d'évaluation transcrite dans un document unique d'évaluation des risques professionnels

1 - Obligation d'évaluer les risques préalablement à la définition de mesures de prévention

L'article R. 4121-1 du Code du travail dispose que « cette évaluation comporte un inventaire des risques identifiés dans chaque unité de travail de l'entreprise ou de l'établissement » et qu'elle est réalisée, conformément à l'article L. 4121-3 du même Code, « compte tenu de la nature des activités de l'établissement, [...] y compris dans le choix des procédés de fabrication, des équipements de travail, des substances ou préparations chimiques, dans l'aménagement ou le réaménagement des lieux de travail ou des installations et dans la définition des postes de travail ». L'évaluation des risques doit donc être mise en œuvre à tous les niveaux de l'organisation du travail, tant au niveau des facteurs humains que techniques ou organisationnels.

Il est rappelé en outre que plusieurs prescriptions spécifiques du Code du travail déterminent les matières et conditions dans lesquelles une évaluation des risques doit être effectuée. Cette réglementation propre à certaines activités ou risques – notamment physiques, chimiques et biologiques – peut conduire à la réalisation de diagnostics fondés sur le respect d'indicateurs permettant d'estimer les conditions d'exposition[2].

« Il convient de préciser que la combinaison de facteurs liés à l'organisation du travail est susceptible de porter atteinte à la santé et à la sécurité des agents, bien qu'ils ne puissent être nécessairement identifiés comme étant des dangers. À titre d'exemple, l'association du rythme et de la durée du travail peut constituer un risque psychosocial – comme notamment le stress – pour les agents. Ainsi, l'évaluation des risques se définit comme le fait d'appréhender les risques créés pour la santé et la sécurité des agents, dans tous les aspects liés au travail. Par conséquent, elle ne se réduit pas à un relevé brut de données mais constitue un véritable travail d'analyse des modalités d'exposition des agents à des dangers ou à des facteurs des risques » (circulaire n° 6 DRT du 18 avril 2002, page 4).

À la suite de cette évaluation, l'employeur met en œuvre les actions de prévention ainsi que les méthodes de travail et de production garantissant un meilleur niveau de protection de la santé et de la sécurité des travailleurs, sur la base des alinéas 3 à 9 de l'article L.4121-2 du Code du travail. Il intègre ces actions et ces méthodes dans l'ensemble des activités de l'établissement et à tous les niveaux de l'encadrement.

---

2. *Cf.* circulaire DRT susmentionnée, annexe 1.

•••

●●●

À ce titre, l'article R.4121-3 du Code du travail a prévu que « le document unique d'évaluation des risques est utilisé pour l'établissement du rapport et du programme de prévention des risques professionnels annuels ». Le document unique d'évaluation est donc un outil important dans la mise en place d'une politique pérenne en matière de santé et sécurité au travail, formalisée dans le programme annuel de prévention prévu à l'article 49 du décret n° 85-603 présenté annuellement au comité d'hygiène, de sécurité et des conditions de travail (CHSCT), ou lorsqu'il n'existe pas de CHSCT, le comité technique.

La politique de prévention des risques doit obligatoirement intégrer des mesures d'évaluation et de prévention de risques spécifiques, tel que le risque routier.

2 - La transcription de l'évaluation dans un document unique mis à jour régulièrement

La transcription des résultats de l'évaluation des risques dans un document unique d'évaluation des risques professionnels, inscrite à l'article R.4121-1 du Code du travail, poursuit trois objectifs :

- De cohérence, en regroupant, sur un seul support, les données issues de l'analyse des risques professionnels auxquels sont exposés les travailleurs ;
- De commodité, afin de réunir sur un même document les résultats des différentes analyses des risques réalisées sous la responsabilité de l'employeur, facilitant ainsi le suivi de la démarche de prévention des risques en entreprise ;
- De traçabilité, la notion de « transcription » signifiant qu'un report systématique des résultats de l'évaluation des risques doit être effectué, afin que l'ensemble des éléments analysés figure sur un support. Celui-ci pourra être écrit ou numérique, laissant à l'employeur le soin de choisir le moyen le plus pratique de matérialiser les résultats de l'évaluation des risques. Dans tous les cas, l'existence de ce support traduit un souci de transparence et de fiabilité, de nature à garantir l'authenticité de l'évaluation. Pour tout support comportant des informations nominatives, l'employeur devra, conformément à la loi n°78-17 du 6 janvier 1978 relative à l'informatique, aux fichiers et aux libertés, procéder à une déclaration auprès de la Commission nationale de l'informatique et des libertés. »[3]

En sus de la stricte réalisation du document, le Code du travail a donc entendu que l'évaluation des risques soit un processus dynamique apte à prendre en compte les changements organisationnels, humains et techniques affectant le milieu professionnel. À ce titre, il est rappelé que le document unique doit être mis à jour :
«1° Au moins chaque année ;
2° Lors de toute décision d'aménagement important modifiant les conditions de santé et de sécurité ou les conditions de travail, au sens de l'article L.4612-8 ;
3° Lorsqu'une information supplémentaire intéressant l'évaluation d'un risque dans une unité de travail est recueillie » (article R.4121-2).

Les situations qui impliquent une actualisation du document unique sont appréciées compte tenu de l'apparition de risques dont l'existence peut, notamment, être établie par les connaissances scientifiques et techniques existantes (données publiées par les autorités publiques compétentes en matière sanitaire), par la survenue d'un accident du travail, d'une maladie à caractère professionnel ou par l'évolution des règles relatives à la santé et à la sécurité au travail. Dans ce cadre, il convient de noter que l'impact d'une pandémie

3. Circulaire n° 6 DRT du 18 avril 2002 susmentionnée.

●●●

•••

grippale sur l'activité d'un service (fonctionnement en mode dégradé…) et sur les conditions de travail (horaires, postes de travail…), justifie une actualisation pour tenir compte des risques supplémentaires générés par cette situation de crise[4].

3 - La publicité du document unique

L'article R.4121-4 du Code du travail rend le document unique accessible à une pluralité de personnes. Ce document doit ainsi être tenu à la disposition :
- des agents ;
- des instances de concertation (CHSCT et CT) ;
- du médecin de prévention.

Par ailleurs, les agents de contrôle de l'article 5 du décret n° 85-603 sus mentionné doivent pouvoir se faire présenter le document lors de leurs inspections.

4- Le contrôle par le CHSCT

L'état de réalisation du document unique est évalué par le CHSCT dans le cadre du rapport annuel prévu à l'article 49 du décret n° 85-603 qui lui est soumis chaque année et qui doit faire état du « bilan général de la santé, de la sécurité et des conditions de travail ».

II. La démarche, les ressources et les acteurs mobilisables

A. Une démarche en deux temps

Selon le Code du travail, l'évaluation comporte un « inventaire des risques identifiés dans chaque unité de travail » (article R.4121-1).

La démarche d'évaluation des risques doit donc comporter deux étapes :

- L'identification des dangers : le danger est la propriété ou capacité intrinsèque d'un équipement, d'une substance, d'une méthode de travail, de causer un dommage pour la santé des agents.
- L'analyse des risques : c'est le résultat de l'étude des conditions d'exposition des agents à ces dangers.

Les exemples suivants constituent des risques souvent identifiés dans les structures administratives : risque lié aux ambiances lumineuses et aux écrans, risque lié au bruit, risque lié à la manutention et aux gestes et postures, risque de chutes et risque lié aux déplacements, risque routier, risque lié à l'organisation, à la charge mentale et aux agressions, risque lié à l'électricité, risques liés à l'intervention d'une entreprise extérieure, et risque lié à l'utilisation de produits chimiques et au tabac, risque lié aux ambiances thermiques.

Par ailleurs, selon la circulaire DRT du 18 avril 2002 susmentionnée, « la notion d'« unité de travail » doit être comprise au sens large, afin de recouvrir les situations très diverses d'organisation du travail. Son champ peut s'étendre d'un poste de travail à plusieurs types de postes occupés par les travailleurs ou à des situations de travail, présentant les mêmes caractéristiques. De même, d'un point de vue géographique, l'unité de travail ne se limite pas forcément à une activité fixe, mais peut aussi bien couvrir des lieux différents (manutention, chantiers, transports, etc.) ».

La notion d'unité de travail trouve donc un intérêt si elle décrit des ensembles homogènes de situations d'exposition à des dangers. Sur la base d'une cartographie des conditions

---

4. *Cf.* Plan national de prévention et de lutte « pandémie grippale ». 4e édition du 20/02/2009.

•••

•••

similaires d'expositions à des dangers, les unités de travail peuvent ainsi être définies et structurées. Elles constituent le cadre de l'analyse des risques dans une vision globale. Néanmoins, ces regroupements ne doivent pas occulter les particularités de certaines expositions individuelles. À titre d'illustration, la situation particulière au regard des risques professionnels des agents handicapés doit pouvoir s'intégrer dans la démarche globale d'évaluation des risques.

Dans ce cadre également, un document unique devrait être constitué dans chaque établissement rattaché à la collectivité (CCAS, CDE...) où une stratégie de prévention cohérente et autonome et des instances de concertation sont mises en place.

Ainsi, le travail d'identification et d'analyse des risques devra nécessairement s'appuyer sur les données accessibles suivantes :

- L'analyse des risques réalisée par le comité d'hygiène, de sécurité et des conditions de travail (CHSCT), ou lorsqu'il n'est pas assisté par un CHSCT, le comité technique (article 39 du décret n° 85-603) ;
- La fiche de risques professionnels réalisée par le médecin de prévention (article 14-1 du décret n°85-603) ;
- La surveillance médicale réalisée par le médecin de prévention et le rapport annuel du médecin de prévention (articles 20 à 26-1 du décret n° 85-603) ;
- Le rapport annuel faisant le bilan de la situation générale de la santé, de la sécurité et des conditions de travail et le programme annuel de prévention des risques professionnels (articles 49 à 51 du décret n° 85-603) ;
- Les registres santé et sécurité (article 3-1 du décret n° 85-603) ;
- Les fiches de données sécurité (risques chimiques, machines...) ;
- Les rapports de l'agent chargé des fonctions d'inspection ;
- La fiche de prévention des expositions aux facteurs de risques professionnels (article L. 4121-3-1 du Code du travail).

Par ailleurs, les données issues de différents bilans en matière de ressources humaines (mouvements de personnel, absentéisme, accidents de service et maladies professionnelles) pourront être utilement utilisées dans une phase d'identification des dangers.

B. L'analyse du travail réel

Il convient de rappeler que les agents eux-mêmes sont souvent les mieux placés pour connaître les situations dangereuses. Il est donc nécessaire de les associer à la démarche afin de permettre une meilleure prise en compte de la réalité du travail.

À ce titre, la circulaire DRT du 18 avril 2002 indique que « la pertinence de l'évaluation des risques repose en grande partie sur la prise en compte des situations concrètes de travail – dit « travail réel » – qui se différencie des procédures prescrites. Ainsi, l'activité exercée par l'agent, pour réaliser les objectifs qui lui sont assignés, génère des prises de risques pour gérer les aléas ou les dysfonctionnements, qui surviennent pendant le travail. De ce fait, l'analyse des risques a pour objet d'étudier les contraintes subies par les travailleurs et les marges de manœuvre dont ceux-ci disposent, dans l'exercice de leur activité. L'association des travailleurs et l'apport de leur connaissance des risques ainsi que de leur expérience s'avèrent à cet égard indispensable. Pour ces raisons, il est souhaitable que dans le document unique, ne figurent pas uniquement les résultats de l'évaluation des risques,

•••

•••

mais aussi une indication des méthodes utilisées pour y parvenir. Cela doit permettre d'apprécier la portée de l'évaluation des risques, au regard des situations de travail ».

C. Un travail pluridisciplinaire

L'évaluation des risques professionnels doit être effectuée en concertation avec les agents et leurs représentants et en collaboration avec les acteurs de l'hygiène et de la sécurité définis par le décret n° 85-603 du 10 juin 1985 relatif à l'hygiène et à la sécurité du travail ainsi qu'à la médecine professionnelle et préventive dans la fonction publique territoriale, soit avec :

- Le comité d'hygiène, de sécurité et des conditions de travail (CHSCT), ou le comité technique lorsqu'il n'est pas assisté par un CHSCT : cette instance est compétente pour procéder à l'analyse des risques par le biais notamment de visites de sites (article 40 du décret n° 85-603) et pour collaborer à la mise en place d'actions de prévention par le biais des consultations sur les programme et rapport annuels (article 49 du décret n° 85-603). Le CHSCT peut proposer un ordre de priorité et des mesures supplémentaires au programme annuel de prévention (article 50 du décret n° 85-603) ;
- Les assistants de prévention ainsi que, le cas échéant, les conseillers de prévention : ils sont chargés d'assister l'autorité territoriale dans la mise en place des mesures visant à prévenir les dangers susceptibles de compromettre la sécurité ou la santé des agents.

Ils bénéficient d'une formation initiale et continue (articles 4 à 4-2 du décret n° 85-603) ;

- Le médecin de prévention : il conseille l'autorité territoriale, les agents et leurs représentants pour prévenir toute altération de la santé des agents du fait de leur travail.

L'autorité territoriale peut donc utilement demander conseil au médecin de prévention, en particulier sur la gravité potentielle des risques auxquels sont soumis les agents et sur les mesures de prévention à mettre en place (article 11 du décret n° 85-603) ;

- L'agent chargé de fonctions d'inspection (ACFI) : il propose à l'autorité territoriale toute mesure qui lui paraît de nature à améliorer l'hygiène et la sécurité du travail et la prévention des risques professionnels (article 5 du décret n° 85-603).

Le document unique d'évaluation des risques professionnels peut être réalisé avec les ressources internes de la collectivité territoriale ou de l'établissement public ou avec l'appui d'une ressource externe. Celle-ci peut être, selon le cas, le centre de gestion ou un prestataire de services.

S'agissant du centre de gestion, il peut mener des actions de pilotage, de coordination, d'animation ou encore d'information auprès des collectivités territoriales et des établissements publics en relevant. Il peut également avoir un rôle de conseil, d'accompagnement et de soutien méthodologiques dans la mise en œuvre des démarches préventives des collectivités territoriales.

D. Prescriptions spécifiques en matière d'évaluation des risques

En cas d'intervention d'entreprises extérieures au sein d'une collectivité ou d'un établissement pour exécuter ou participer à l'exécution d'une opération, quelle que soit sa nature, y compris dans ses dépendances ou chantiers, des risques liés aux interférences entre les activités des agents de la collectivité peuvent survenir. Dès lors, l'employeur territorial en tant que chef de l'entreprise utilisatrice assure la coordination générale des mesures de

•••

•••

prévention qu'il prend et de celles que prennent l'ensemble des chefs des entreprises extérieures intervenant dans la collectivité ou l'établissement, conformément aux dispositions prévues aux articles R.4511-1 à R.4515-11 du Code du travail.

Il s'agit d'articuler le document unique de la structure territoriale recensant ses risques propres avec les risques induits par l'opération en procédant à l'analyse commune des risques pouvant résulter de l'interférence entre les activités, les installations et matériels et en réalisant un plan de prévention où figurent les mesures qui doivent être prises par chaque entreprise, en vue de prévenir ces risques.

E. L'accompagnement du fonds national de prévention (FNP)

Les collectivités territoriales et les établissements publics peuvent faire appel au fonds national de prévention pour engager leurs démarches de prévention. Le FNP conditionne son aide financière à la réalisation préalable de l'évaluation des risques professionnels dans les conditions évoquées dans la présente circulaire. Il soutient également les centres de gestion dans une logique d'accompagnement des collectivités à réaliser leur document unique.

Le site du FNP peut être consulté pour tout renseignement sur l'appui méthodologique et l'aide financière que le fonds peut apporter aux collectivités territoriales et établissements publics en relevant dans leur politique de prévention de la santé et de la sécurité au travail de leurs agents (htpp://fnp.cnracl.fr).

III. Conséquences de l'absence du document unique

A. L'enjeu humain et social

Au vu de l'importance du document unique dans la mise en place d'une véritable politique de prévention des risques professionnels, son absence peut entraîner des conséquences humaines évidentes. En effet, la mise en œuvre d'actions de prévention adaptées est à même d'éviter, d'une part les accidents qui pourraient intervenir dans le cadre professionnel, mais également l'apparition de maladies professionnelles. En ce sens, la prise en compte de la santé et de la sécurité des agents dans les politiques de ressources humaines relève de la responsabilité sociale de l'employeur.

B. Les enjeux juridiques

Le non-respect de l'obligation d'évaluation des risques professionnels constitue une infraction. L'engagement de responsabilités visant soit à la sanction, soit à la réparation d'une situation accidentelle en relation avec un risque qui a ou aurait dû être identifié dans le cadre de cette démarche d'évaluation, constitue un réel enjeu juridique pour les collectivités territoriales et les établissements publics en relevant et les agents mis en cause. Il est toujours possible de cumuler, à raison d'un fait unique, une responsabilité pénale et une responsabilité indemnitaire (responsabilité administrative).

1 - Les responsabilités indemnitaires

a - Le droit et la jurisprudence sociale : une obligation de sécurité de résultat

Dans le secteur privé, les salariés victimes d'accident du travail ou de maladie professionnelle bénéficient d'un régime de réparation selon le droit commun de la responsabilité

•••

●●●

civile qui les dégage de la preuve de toute faute, cet avantage ayant pour contrepartie une indemnisation forfaitaire.

Cependant, le droit positif a évolué afin de permettre aux victimes d'un accident du travail de bénéficier d'une réparation intégrale. Ainsi, l'article L.452-1 du Code de la sécurité sociale a prévu une indemnisation complémentaire de la victime en cas de faute inexcusable de l'employeur. La jurisprudence, quant à elle, s'est attachée à définir cette notion de faute inexcusable. À cet égard, la Cour de Cassation[5] précise que tout manquement de la part de l'employeur à son obligation de sécurité est constitutif d'une « faute inexcusable ». De même, elle précise qu' « en vertu du contrat de travail le liant à son salarié, l'employeur est tenu envers celui-ci d'une obligation de sécurité de résultat notamment en ce qui concerne les maladies professionnelles contractées par le salarié du fait des produits fabriqués ou utilisés par l'entreprise ; que le manquement à cette obligation a le caractère d'une faute inexcusable, au sens de l'article L. 452-1 du Code de la sécurité sociale, lorsque l'employeur avait ou aurait dû avoir conscience du danger auquel était exposé le salarié et qu'il n'a pas pris les mesures nécessaires pour l'en préserver » . La faute inexcusable sera donc retenue si deux conditions sont réunies, à savoir que l'employeur avait ou aurait dû avoir conscience du danger risqué par le salarié mais également qu'il n'a pas pris les mesures nécessaires pour l'en préserver. En effet, peu importe que l'employeur n'ait pas eu conscience du danger auquel il exposait son salarié dès lors qu'il aurait dû en avoir conscience, du fait de son obligation d'évaluation des risques.

La faute inexcusable est par ailleurs présumée dans deux cas : le manque de formation à la sécurité renforcée prévue à l'article L.4154-2 du Code du travail ou lorsque survient un accident dont le risque avait été signalé à l'employeur par les intéressés ou un membre du CHSCT.

Il convient de noter en ce sens que le bénéfice de la faute inexcusable de l'employeur est de droit pour les agents non titulaires de la fonction publique territoriale s'ils sont victimes d'un accident du travail ou d'une maladie professionnelle alors qu'eux-mêmes ou un membre du comité d'hygiène de sécurité et des conditions de travail (CHSCT), – ou lorsqu'il n'est pas assisté par un CHSCT, le comité technique – avaient signalé à l'autorité territoriale ou à son représentant le risque qui s'est matérialisé (article 5-4 du décret n° 85-603).

Par ailleurs, la réglementation du régime général de sécurité sociale ainsi que celle relative aux accidents du travail et aux maladies professionnelles sont applicables à ces mêmes agents. Ils peuvent donc bénéficier d'une indemnisation complémentaire (rente majorée) et de la réparation des préjudices causés par les souffrances physiques et morales, des préjudices esthétiques et d'agrément en cas de faute inexcusable de l'employeur[6].

b - L'évolution de la responsabilité sans faute de l'administration pour les dommages créés par son fonctionnement

Parallèlement aux règles définies par le droit et la jurisprudence sociales, la jurisprudence administrative a évolué en dégageant le principe de la responsabilité de l'employeur public pour risque professionnel.

5. *Cf.* Cass. soc. N° 837 du 28 février 2002, Cass. soc. 11 avril 2002, Cass. Soc. N° 00-14125 du 23 mai 2002 et Cass. Sociale n° 00-18359 du 31 oct. 2002.

6. CAA de Douai n° 03DA00327 du 15 mars 2005 et CAA de Versailles, n° 06VE01148 du 19 novembre 2007).

●●●

•••

Ainsi, par sa jurisprudence Cames (CE, 21 juin 1895), le Conseil d'État a jugé que l'administration était tenue, même en l'absence de faute de sa part, de réparer les dommages corporels subis par ses agents dans l'exercice de leurs fonctions.

Cependant, la règle du « forfait de pension » instaurée par le Conseil d'État dans un avis du 1er juillet 1905, implique que la pension soit versée pour solde de tout compte, même si elle ne couvre pas l'intégralité du préjudice subi et qu'il y a eu faute de la part de l'employeur.

Par un arrêt d'Assemblée du 4 juillet 2003 (Moya-Caville), le Conseil d'État a mis fin à la théorie jurisprudentielle dite « du forfait de pension », théorie ayant été assouplie en 2000 dans les arrêts Castanet et Bernard[7] et se rapproche de la position de la Cour de cassation.

Ainsi, il y a donc tout lieu de considérer, au vu de la jurisprudence administrative, que la responsabilité de l'employeur pourrait être engagée dès lors que les mesures nécessaires de prévention de la santé des agents n'auraient pas été prises et qu'un dommage en aurait résulté directement. En effet, le manquement aux règles de protection de la santé des agents pourrait être constitutif d'une faute qui permettrait à la victime de demander la réparation intégrale de son préjudice.

En conclusion, ce régime de responsabilité en matière indemnitaire plaide pour la mise en place effective d'une véritable politique de prévention apte à supprimer, d'une part les risques par une évaluation stricte de leur gravité et de leur fréquence, et d'autre part les atteintes à la santé et à la sécurité des agents.

2 - La responsabilité pénale

Les infractions suivantes prévues par le Code pénal peuvent trouver à s'appliquer en matière de protection de la santé et de la sécurité des travailleurs, du fait du non respect des obligations découlant du Code du travail :
– atteintes involontaires à la vie ou à l'intégrité physique ou psychique d'autrui ;
– mise en danger grave, immédiate et délibérée d'autrui.

a. La faute d'imprudence, de négligence ou de manquement à une obligation de prudence ou de sécurité prévue par la loi ou le règlement

• Principes généraux[8]

Suite à la loi du 10 juillet 2000 relative aux délits non intentionnels, les exigences législatives pour l'engagement d'une faute pénale d'imprudence ou de négligence ont été modifiées. Dès lors que le dommage (homicide, blessures et destructions involontaires) est consécutif à une faute d'imprudence ou de négligence, le juge pénal procède par étapes successives, sur la base de l'article 121-3 du Code pénal.

Le juge examine s'il existe bien un lien de causalité certain entre la faute alléguée et le dommage. Si ce lien n'est pas contesté, il en apprécie le caractère direct ou indirect. Le lien de causalité sera considéré comme direct dès lors que l'imprudence ou la négligence constitue soit la cause unique, exclusive, soit la cause déterminante ou immédiate de l'atteinte à l'intégrité physique de la personne ou du dommage causé. Il sera en revanche considéré comme indirect si les personnes, sans être à l'origine direct du dommage ont, soit créé ou contribué à créer, par leur action, la situation qui a permis sa réalisation, soit omis de prendre des mesures permettant de l'éviter.

7. CE section, n°193335 et n°214065 du 15 décembre 2000.
8. Éléments issus du rapport « Eléments pour une politique des conditions de travail au ministère des affaires sociales » de Jeanne-Marie Pallier-Duplat.

•••

•••

La faute est par la suite appréciée en fonction de ce lien direct ou indirect avec le dommage : en présence d'un lien de causalité directe, la faute simple sera recherchée ; en présence d'un lien de causalité indirecte, c'est en revanche une faute qualifiée qui sera recherchée.

Seul le défaut de diligences normales permettra l'engagement de la responsabilité de l'auteur d'une faute d'imprudence, de négligence ou d'inobservation de la loi ou du règlement.

Concrètement appréciée par le juge, la faute d'imprudence ou de négligence ne peut être retenue que s'il est établi que l'auteur n'a pas accompli les diligences normales compte tenu de sa compétence, ses pouvoirs, les moyens dont il disposait, et les difficultés particulières de sa mission.

La faute qualifiée pour l'auteur indirect du dommage consiste :
– Soit en une « violation manifestement délibérée d'une règle particulière de sécurité ou de prudence imposée par la loi ou par un règlement » qui suppose la réunion de l'existence d'une obligation particulière de prudence ou de sécurité prévue par un texte de loi, un décret ou un arrêté, de la connaissance de cette obligation spécifique par la personne, au regard de sa formation, de ses fonctions, de ses compétences, de ses responsabilités, et enfin du choix délibéré de l'intéressé de ne pas la respecter ;
– Soit en une « faute caractérisée et qui exposait autrui à un risque d'une particulière gravité », ce qui suppose la réunion d'un comportement fautif devant présenter un caractère de gravité bien marqué et une particulière évidence, de l'existence d'un risque sérieux, mortel ou invalidant et un degré de probabilité élevé, ainsi que de la connaissance du risque.

• La faute pénale en matière d'hygiène et de sécurité

Il est de jurisprudence constante que la méconnaissance, par le chef d'entreprise ou son délégataire, de la réglementation relative à la sécurité des travailleurs constitue une faute caractérisée et qui expose autrui à un risque d'une particulière gravité que le prévenu ne peut ignorer (Crim. 10 oct. 2000, n° 99-87.280 : défaut d'établissement d'un plan de sécurité – 24 oct. 2000, n° 00-82.467 ; 17 déc. 2002, n° 02-81.229 : idem et défaut de protection d'une trémie – 24 oct. 2000, n° 00-80.170 : travail à proximité d'une ligne haute tension – 21 nov. 2000, n° 00-81.488 : défaut d'organisation d'une formation renforcée au profit des salariés sous CDD – 16 janv. 2001, n° 00-83.427 : travail en hauteur sans protection individuelle ou collective – 16 janv. 2001, n° 00-82.402, Bulletin criminel 2001 n° 15 p. 38 : travail dangereux sans formation et information – 16 janv. 2001, n° 00-82.274, Bulletin criminel 2001 n° 14 p. 32 : travail en hauteur sans protection et méconnaissance des mesures de sécurité relatives aux travaux effectués par une entreprise extérieure – 30 janv. 2001, n° 99-84.109 : défaut de port d'un casque de protection ,etc.).

De manière symétrique, le raisonnement est bien entendu également applicable lorsqu'à la suite d'un manquement à la réglementation du travail, sont poursuivis les agents publics qui étaient chargés de la faire respecter en application du décret n° 85-603 susmentionné[9].

Ainsi, le manquement à l'obligation d'évaluation des risques et à la mise en place de mesures de prévention pertinentes pourrait engager la responsabilité pénale de l'autorité territoriale ou de son délégataire, responsables de la mise en œuvre de la réglementation applicable à la santé et la sécurité au travail en cas de dommage consécutif à ces manquements.

9. *Cf.* Cass crim, 28 mars 2006 ; Cass crim, 20 février 2007.

•••

•••

b. La mise en danger d'autrui

La responsabilité pénale du chef d'entreprise peut également être engagée sur le fondement du Code pénal, en l'absence même d'un dommage constaté. Le nouveau Code pénal a en effet introduit le délit de mise en danger d'autrui (article 223-1) dont l'objectif est de prévenir les accidents du travail, en réprimant les manquements graves aux règles de sécurité.

Cette infraction est une violation manifestement délibérée d'une obligation particulière de sécurité ou de prudence, imposée par la loi ou le règlement, qui expose directement autrui à un risque de mort ou de blessures pouvant entraîner une mutilation ou une infirmité permanente. L'infraction est constituée lorsque son auteur a pleinement conscience du risque et lorsque plusieurs conditions sont réunies :

- Le risque visé est immédiat (risque d'accident ou de maladies professionnelles),
- L'exposition au risque est directe et inévitable pour le salarié,
- L'obligation violée est une obligation particulière de sécurité.

Ainsi, en contribuant à la mise en place d'une véritable politique de prévention, la réalisation du document unique permet non seulement d'éviter, d'évaluer et de combattre les risques pour la santé et la sécurité des agents mais contribue aussi à la prévention des risques juridiques.

Vous voudrez bien diffuser la présente circulaire aux collectivités territoriales ainsi qu'à leurs établissements publics.

DOCUMENT N° 2

CONDITIONS DE TRAVAIL

Les agents s'approprient le document unique

S'il est élaboré avec le personnel, le document unique, qui recense l'évaluation des risques pour la santé et la sécurité ainsi que les mesures de prévention, gagne en efficacité.

Depuis le décret du 5 novembre 2001, l'élaboration et la réactualisation annuelle du document unique relève de l'obligation pour les employeurs locaux. Il s'agit surtout d'un outil d'amélioration de la sécurité et des conditions de travail auquel il convient d'associer les agents eux-mêmes.

Les modalités de consultation des agents sont très variables d'une collectivité à l'autre. À Bordeaux (4 500 agents, 243 000 hab.), 470 unités de travail, soit 470 profils de risques différents, ont été identifiées et passées au crible d'une grille d'évaluation des risques. Pour chaque unité, au moins deux agents ont été interviewés afin de détailler leurs activités et mesurer leur degré d'exposition aux risques professionnels. Ainsi 25 % à 30 % des agents de la ville ont été auditionnés par les évaluateurs chargés de la rédaction du document unique. « Beaucoup d'entre eux ont découvert à cette occasion des risques qu'ils ne soupçonnaient même pas », note Gérard Gillet, préventeur et chef de projet pour l'élaboration du document unique.

Diffuser les bonnes pratiques

Au sein de la communauté de communes (CC) de la vallée du Lot et du vignoble (70 agents, 27 communes, 17 600 hab., Lot), ce sont essentiellement les assistants de prévention, les chefs de service et ceux de site qui ont mené la réflexion sur les trois étapes d'élaboration du document unique – descriptif et découpage des missions en tâches, évaluation des risques, évaluation des moyens de prévention existants et de ceux à adopter. « Nous avons bénéficié de l'aide de la responsable chargée de l'hygiène et la sécurité du centre de gestion. Les encadrants ont, ensuite, travaillé à adapter les fiches du centre de gestion à la situation de leurs équipes, en prenant soin de valider les informations avec les agents qu'ils côtoient au quotidien. Dans une petite collectivité comme la nôtre, les chefs de service et de site connaissent le travail et savent dire ce qu'il convient d'améliorer pour renforcer la sécurité.

•••

•••

En revanche, s'appuyer sur l'avis des agents est plus difficile car les réponses peuvent être très différentes selon la sensibilité aux risques des uns et des autres », témoigne Gilles Ortoul, assistant de prévention et coordinateur technique à la communauté de communes.
Les villes de Montastruc-la-Conseillère (50 agents, 3 500 hab., Haute-Garonne) et Saintes (600 agents, 27 400 hab., Charente-Maritime) ont associé encore plus étroitement leurs agents à la démarche. Dans la première, certains planchaient, au sein de groupes dédiés à chaque unité de travail, sous l'égide d'une animatrice du centre de gestion. Dans la seconde, des binômes d'agents volontaires – l'un issu de l'unité de travail évaluée, l'autre apportant son regard extérieur – ont auditionné leurs propres collègues. « Cela a permis aux agents de mieux se connaître, de comprendre le type de risques auxquels les autres services étaient exposés et surtout d'échanger et de diffuser les bonnes pratiques », assure Annie Delaï-Metas, ex-adjointe au maire de Saintes, chargée des affaires générales.

Faire preuve de pédagogie

Faire prendre conscience du degré d'exposition et de la nature des risques est effectivement l'une des vertus d'une démarche participative d'élaboration du document unique. À la condition express de rassurer sur le bien-fondé de l'action menée. « Il faut faire preuve de pédagogie. Surtout, demander aux agents de parler librement de ce qu'ils font implique une attitude dans laquelle les ressources humaines se mettent au service de ceux-ci. Cela se cultive au quotidien et sur la durée », recommande Anne Batailler, fondatrice du cabinet AB Conseil.
Pour souligner son engagement en faveur de la santé et de la sécurité au travail, la ville de Montastruc-la-Conseillère a délibéré de ce projet en conseil municipal. Sa directrice générale des services, Carole Gabriel, note que les réticences des agents n'ont été levées qu'au fur et à mesure de la démarche : « La partie description des activités a été longue et fastidieuse : les agents ne voyaient d'abord pas où cela allait les emmener. Puis la concertation s'est établie petit à petit naturellement. » Avec une vertu essentielle : leur faire comprendre qu'ils sont eux-mêmes acteurs de leur sécurité et dépasser certains a priori. « Les échanges et la circulation entre groupes qui travaillaient simultanément ont permis de faire remonter que nombre de modalités de prévention relevaient de bonnes pratiques, notamment en matière d'organisation, et pas forcément de l'achat de nouveaux matériels, comme le demandaient en première intention les agents », souligne Carole Gabriel. Même écho au sein de la CC de la vallée du Lot et du vignoble, où les demandes de formation des agents sur cette thématique ont progressé. À Saintes, les nouveaux équipements de protection individuelle sont de plus en plus portés. « Ils ont été testés en cours d'élaboration du document unique et adaptés aux besoins de chaque métier. Devant l'intérêt qu'y trouvent leurs collègues, les plus réticents à porter des chaussures de sécurité ou à se protéger avec des bouchons d'oreille finissent par être convaincus », note Axelle Chapuis, responsable de la santé et la sécurité au travail.

Financement du FNP à la clé

Le Fonds national de prévention de la Caisse nationale de retraites des agents des collectivités locales octroie des subventions à celles d'entre elles menant des démarches de prévention et engagées dans l'élaboration du document unique (mais non dans sa réactualisation). Parmi les critères d'attribution est notamment pris en compte le caractère participatif de la démarche. Le financement porte sur le temps mobilisé par l'ensemble des acteurs internes (forfait de 160 euros par jour, par agent mobilisé).

L'expert – Anne Batailler, fondatrice du cabinet AB Conseil – « Il ne faut pas rechercher une cogestion »

« L'élaboration du document unique est avant tout une démarche de ressources humaines. S'il est conçu et initié d'un seul point de vue, celui de la direction ou de la DRH, il sera beaucoup plus difficile pour les services de se l'approprier. Il y a donc un véritable sens à engager une concertation et à associer les agents à son élaboration. Ces derniers peuvent apporter un regard complémentaire sur la description des tâches réalisées et des risques qui y sont associés. Le premier niveau d'encadrement me semble le plus pertinent pour participer aux groupes de travail. Les agents peuvent, eux, être consultés au moyen de questionnaires diffusés par les chefs d'équipe. Mais, pour qu'ils s'expriment efficacement sur ces questions, ils doivent être convaincus de l'intérêt réel de la collectivité pour leur santé. Par la suite, ils pourront être conviés à une restitution du contenu du document unique et informés sur les mesures visant à améliorer leur niveau de sécurité. En revanche, il ne faut pas, à mon sens, rechercher une cogestion sur l'ensemble de la démarche. Les agents ne maîtrisent pas tout et ce n'est pas à eux de déterminer la priorisation des risques, l'ordonnancement dans le temps des actions ou encore leur faisabilité financière. »

par Gaëlle Ginibrière – La Gazette N° 2216 | 07/04/2014

DOCUMENT N° 3

la gazette·fr

Adresse de l'article http://www.lagazettedescommunes.com/149713/quels-sont-les-dispositifs-qui-permettent-aux-collectivites-de-disposer-d%e2%80%99assistants-et-de-conseillers-de-prevention-pour-leurs-services/

FONCTION PUBLIQUE

Quels sont les dispositifs qui permettent aux collectivités de disposer d'assistants et de conseillers de prévention pour leurs services ?

Delphine Gerbeau I Réponses ministérielles I Réponses ministérielles RH I Publié le 14/01/2013

Conformément à l'article 4 du décret n° 85-603 [1] modifié du 10 juin 1985 relatif à l'hygiène et à la sécurité du travail ainsi qu'à la médecine professionnelle et préventive, les assistants et conseillers de prévention remplacent les agents chargés de la mise en oeuvre des règles d'hygiène et de sécurité (Acmo).

Le réseau de ces acteurs opérationnels de la santé au travail a ainsi été restructuré en deux niveaux par le décret n° 2012-170 [2] du 3 février 2012. Les assistants de prévention constituent le niveau de proximité et sont chargés d'assister et de conseiller l'autorité territoriale auprès de laquelle ils sont placés dans la mise en oeuvre des règles d'hygiène et de sécurité.

Les conseillers de prévention, niveau de coordination, sont désignés si l'organisation de la collectivité ou de l'établissement, ou l'importance des risques professionnels ou des effectifs, le justifient et ce, afin d'assurer notamment une mission de coordination des assistants de prévention.

Afin de pallier les éventuelles difficultés susceptibles d'être rencontrées par les employeurs, trois dispositifs leur permettent de disposer de ces acteurs au sein de leur collectivité ou établissement. L'assistant ou le conseiller de prévention peut en effet soit être nommé au sein de la collectivité ou de l'établissement, soit être mis à disposition, pour tout ou partie de son temps par une commune ou l'établissement public de coopération intercommunale dont est membre la commune, soit enfin, être mis à disposition par le centre de gestion dans les conditions prévues à l'article 108-3 [3] de la loi du 26 janvier 1984.

S'agissant de cette dernière option, les assistants de prévention sont mis à disposition pour tout type de collectivité, quelle qu'en soit la taille, et sont compétents pour répondre à toutes les problématiques rencontrées par les employeurs. Compte tenu, d'une part, des récentes améliorations et, d'autre part, de la nécessaire implication des employeurs territoriaux en matière de protection de la santé et de la sécurité de leurs agents, il n'est pas envisagé d'établir de nouvelles règles ayant notamment pour objet de permettre à certaines collectivités de déroger aux règles en vigueur.

RÉFÉRENCES

[3] QE de Bernard Fournier, n° 1780, JO du Sénat du 10 janvier 2013.

DOCUMENT N° 4

la gazette·fr

Responsabilité civile et pénale

Le prix à payer pour l'absence de prévention

Par Martine Doriac - 17 juin 2013

Applaudi pour ses mises en garde martelées avec brio, Michel Ledoux, avocat spécialiste des questions de santé et sécurité au travail, intervenait le 29 mai au salon Préventica, à Lille, pour rappeler que la responsabilité civile et pénale de l'employeur et de ses délégataires ne doit jamais être oubliée. Durant la conférence du Fonds national de prévention, l'expert a mis l'accent sur l'obligation de prévention et de résultats pour éviter d'être condamné par les juridictions civiles et adminisatrives. « Le montant des indemnisations explose depuis cinq ans. La réparation coûte plus cher que la prévention qui devient rentable, car source d'économies », a-t-il insisté, ajoutant que les risques psychosociaux ont alourdi la facture.

Soumis au Code du travail

La responsabilité pénale, elle, se traduit par une amende ou de la prison. « On l'assume sur son patrimoine. C'est le délinquant qui paye, pas la collectivité. Ce serait un abus de bien social ! » a-t-il rappelé, avant de préciser que, en matière de risques, deux codes – du travail (4e partie) et pénal – s'appliquent à la fonction publique. « À de rares exceptions près, cessez de croire que vous n'êtes pas soumis au Code du travail. Cela peut faire très mal ! » a-t-il assené, avant de rassurer à demi : les peines prononcées envoient rarement en prison, mais les infractions se chiffrent en milliers d'euros par agent…

L'employeur « personne morale » qui émet la fiche de paye, incarné par le maire ou le président d'exécutif, peut être condamné, même s'il a délégué ses pouvoirs. Le juge vérifiera les compétences, l'autorité, le degré d'autonomie du délégataire. « La délégation de pouvoir fait partie de la prévention. Il s'agit de l'améliorer, en plaçant les bonnes personnes aux bons endroits. Elle rapproche le pouvoir du terrain », a précisé l'avocat, attirant l'attention sur le fait que les responsabilités se cumulent lors de la mise en danger de la vie d'autrui ou de blessures ou homicide par imprudence.

« Tous ceux qui ne font pas leur travail de prévention sont susceptibles de voir leur responsabilité engagée », a encore décrit Michel Leoux, qui note que la « faute inexcusable de l'employeur » est invoquée après un accident grave, quand le document unique est inexistant ou incomplet. Assistants et conseillers de prévention (ex. « Acmo ») peuvent dormir plus sereins : « Le préventeur, un opérationnel, est là pour aider, apporter des savoir-faire, pas pour faire ou faire faire », a précisé le juriste. À ceci près que la jurisprudence s'intéresse désormais à la responsabilité des « sachants ».

---

3 750 €

par salarié ou agent, c'est le montant moyen de l'infraction pénale en santé et sécurité au travail cité par l'avocat Michel Ledoux.

DOCUMENT N° 5

Centre Interdépartemental de Gestion
de la Grande Couronne
de la Région d'Île-de-France

Système de Management
certifié le 19 juillet 2012
Service prévention des risques professionnels
Certificat n° 4000486

Synthèse des rapports annuels
de santé, sécuritée ett conditions de travail
des collectivités de Grande Couronne au 31 décembre 2011

En juin 2012, le service prévention des risques professionnels du CIG avait informé par courrier l'ensemble des collectivités de la grande couronne de la mise à disposition sur le site Internet du CIG :

- D'un fichier de saisie (au format Microsoft-Excel) permettant d'établir **le rapport faisant le bilan de la santé, la sécurité et les conditions de travail pour l'année 2011**, prêt à être présenté au CTP/CHS et incluant automatiquement une présentation graphique établie à partir de leurs données.
- D'un guide méthodologique, accompagnant pas à pas dans le renseignement de ce fichier.

Grâce à ce modèle, 462 collectivités (comptant au moins un agent) ont ainsi réalisé leur rapport annuel 2011, ce qui représente 41,6 % des collectivités de la grande couronne comptant au moins 1 agent dans ses effectifs. Ce taux de retour, satisfaisant pour une première collecte, permettra une utilisation statistique des données. Surtout, il témoigne du fait qu'un nombre important de collectivités se sont saisies des outils mis à disposition par le CIG et ont répondu pour la première fois à leur obligation de présenter un rapport annuel à leur CTP.

410 rapports ont pu être exploités pour la présente synthèse qui traite des accidents du travail, des accidents de trajet et des maladies professionnelles pour 35 410 agents (soit 33,5 % des effectifs de la Grande Couronne au 31.12.2011).
Parmi ces rapports, 278 sont issus de collectivités rattachées au CTP du CIG et comptabilisent 4 308 agents.

Le document présenté constitue une agrégation des données des 410 fichiers Microsoft-Excel exploitables.

Les données générales Accidents du travail/de service, accidents de trajet et maladies professionnelles

En 2011, sont comptabilisés :

- 2 203 accidents du travail soit environ **6 accidents par jour**.
- 356 accidents de trajet soit presque **1 accident de trajet par jour**.
- 148 maladies professionnelles dont 108 proviennent du tableau n° 57 du régime général : affections péri-articulaires provoquées par certains gestes et postures de travail (main et poignet étant les plus touchés).

Le nombre de jours d'arrêt pour accident du travail de 53 853 jours est constitué de 18 027 jours d'arrêts dus à des accidents d'années antérieures à 2011, soit environ 1/3 des jours d'arrêts.

La durée moyenne d'un arrêt pour un accident du travail ayant eu lieu en 2011 est de 22,9 jours.

●●●

•••

Et plus de 41 % des accidents du travail (905) entraînent un arrêt dont la durée est comprise entre 4 et 21 jours.
Les femmes ont été concernées par 54 % des accidents du travail, 75,8 % des accidents de trajets et 75 % des maladies professionnelles.
Les agents de la Grande Couronne en 2011 étaient à 65 % de sexe féminin.

Répartition des accidents du travail
Les données relatives à la répartition par type d'activités, par filière, par tranche d'âge, par nature des lésions, par siège des lésions, par éléments matériels ne concernent que les accidents du travail/de service.

Répartition par type d'activités
En 2011, 439 accidents sont survenus sur des activités de service aux personnes-travail social (enfants, personnes âgées, accompagnement social, etc.) soit quasiment 20 % des accidents, et ont occasionné le plus grand nombre de jours d'arrêts de travail (10 467 jours), soit environ 20 %. Parallèlement 15,84 % des accidents du travail ont concerné les activités d'entretien, nettoyage et rangement mais ont été à l'origine de 19 % des jours d'arrêts.

Cependant, si on cumule les activités Espaces verts, Voirie-Chantiers, Réparation et fabrication, Magasinage et stockage généralement exercées par les services techniques des collectivités et établissements publics, on comptabilise 530 événements, soit 24 % des accidents du travail et environ 22 % des jours d'arrêts.

Répartition par filière
1 310 accidents ont été recensés pour la filière technique, soit 59,5 % des accidents et, d'après le bilan social 2011, cette filière comptait 40,2 % des effectifs de la Grande Couronne. Elle semble donc plus concernée par les accidents du travail que les autres filières.

Répartition par tranche d'âge
Le nombre d'accidents de travail augmente avec l'âge des agents jusqu'à 49 ans, puis diminue à partir de 50 ans.
Dans le RASSCT joint à cette synthèse, l'histogramme des accidents en fonction de l'âge suit une courbe assez proche de celle de la pyramide des âges des agents territoriaux de Grande Couronne. De même, l'histogramme du nombre de jours d'arrêts en fonction de l'âge laisse cependant apparaitre que la durée des arrêts des 50-59 ans est, proportionnellement au nombre d'arrêts, plus longue que celle des autres tranches d'âge.

Répartition par nature et siège des lésions
Les atteintes ostéo-articulaires et/ou musculaires (entorse, douleur d'effort, etc.) ont entraîné le plus d'accidents du travail : 1 019 en 2011, soit 46 % des accidents.
Elles sont suivies par les contusions, hématomes avec 618 accidents du travail qui représentent 28 % des accidents du travail.
Les membres inférieurs (cheville comprise) sont les plus touchés en termes de fréquence (23 % des accidents).

Répartition selon les éléments matériels
Les accidents liés aux objets en cours de manipulation ou transport manuel, ceux liés aux chutes de plain pied et ceux liés aux chutes avec dénivellation ont engendré 60 % des accidents du travail en 2011 avec respectivement 23, 20 et 16 % des accidents du travail.

•••

•••

Taux de fréquence, indice de fréquence et taux de gravité

Le taux de fréquence (TF), l'indice de fréquence (IF) et le taux de gravité (TG) sont trois indicateurs statistiques quantitatifs destinés à permettre des comparaisons entre collectivités de même type ou à observer les évolutions au sein d'une même collectivité.

Les évolutions pourront s'observer à partir de la prochaine campagne de collecte.

Les taux prennent en compte l'ensemble des données, à savoir les accidents survenus au courant de l'année, les accidents non consolidés et les accidents ayant entraîné une rechute. Ils permettent de comparer l'accidentologie d'une année à l'autre malgré la variation du nombre d'heures payées et des effectifs présents dans les collectivités.

Le taux de fréquence représente le nombre d'accidents avec arrêt par million d'heures payées :

$$TF = \frac{\text{Nombre d'accidents avec arrêts} \times 1\,000\,000}{\text{Nombres total d'heures payées}}$$

En 2011, **TF = 29,95**

L'indice de fréquence représente le nombre d'accidents avec arrêt pour 1 000 agents :

$$IF = \frac{\text{Nombre d'accidents du travail avec arrêt} \times 1\,000}{\text{Nombre total d'heures payées} / 1\,607}$$

En 2011, **IF = 48,13**

Le taux de gravité représente le nombre de jours d'arrêt par millier d'heures travaillées :

$$TG = \frac{\text{Nombre de jours d'arrêts de travail} \times 1\,000}{\text{Nombre total d'heures payées}}$$

En 2011, **TG = 1,03**

Pour comparaison, les statistiques CNAMTS 2011 pour les collectivités territoriales indiquent les valeurs suivantes :

TF = 22,4

IF = 23

TG = 1

Ces données ne concernent cependant que les agents relevant du régime général de la sécurité sociale.

Bilan des actions réalisées

Parmi les faits significatifs, on peut noter que sur les 410 collectivités de la présente synthèse, seulement 270 assistants de prévention ou conseillers de prévention ont été nommés, sachant que plusieurs assistants ont pu être nommés dans une même collectivité ; 80 collectivités ont réalisé leur document unique ; 67 ont désigné un agent chargé des fonctions d'inspection (ACFI).

Conclusion

Sur le fond, les données issues de cette enquête corroborent les informations publiées par ailleurs (BND, CNAMTS, assureurs) sur les tendances en matière d'accidents de service et de maladies professionnelles dans les collectivités territoriales. Cette enquête prendra toutefois tout son sens quand elle aura été réalisée consécutivement au cours de plusieurs années. Elle permettra alors des comparaisons et apportera des informations statistiques fines et détaillées qui permettront d'adapter les plans d'action de santé au travail et d'orienter les actions de prévention.

Cette enquête permet néanmoins de confirmer d'ores et déjà que les CDG ont et auront un rôle essentiel à jouer dans les politiques de prévention et de santé dans leurs territoires. En matière d'actions de prévention, les chiffres fournis par les collectivités sont en effet éloquents : moins de 20 % ont mis en œuvre un document unique , 16 % seulement ont désigné un ACFI. Beaucoup

•••

•••

est encore à faire, l'échelon de mutualisation proposé par les CDG pour la mise à disposition des compétences nécessaires est à promouvoir et développer.

Dans sa forme, il ressort des résultats de cette première collecte de données qu'une des principales difficultés rencontrées par les collectivités a été la répartition des données par sexe, et notamment celles liées aux accidents de travail.

Par ailleurs, les collectivités avaient la possibilité de ne pas renseigner les données par sexe, si bien que certains tableaux de répartition des accidents du travail présentent des différences entre le nombre total d'accidents et la somme des accidents par sexe.

Une des autres difficultés pour les collectivités a été de différencier les jours d'arrêts en 2011 liés à des accidents de 2011, des jours d'arrêts en 2011 liés à des accidents antérieurs à 2011. Cette difficulté apparaît notamment dans les tableaux de répartition des accidents du travail.

Annexe n° 1 : Taux de retour du RASSCT 2001

Type de collectivité	Nombre de collectivités de la Grande Couronne ayant au moins 1 agent	Nombre de retours	Taux de retour en %	Nombre agrégé	Taux agrégé en %
Commune	634	282	44.5	249	39.2
Département	3	1	33.3	1	33.3
Région	1	0	0	0	0
CDG	1	1	100	1	100
CNFPT	1	0	0	0	0
SDIS	3	0	0	0	0
Communauté d'agglomération	19	10	52.6	9	47.4
Communauté de communes	23	9	39.1	8	34.8
CCAS-CIAS	160	51	31.8	41	25.6
Caisse des Écoles	33	7	21.2	7	21.2
Syndicat intercommunal et autre établissement public	227	98	43.2	91	40.1
OPAC-OPHLM	7	3	42.8	3	42.8

Proposition de corrigé

- **Utilisation des documents**

Document n° 1

Document à **caractère juridique.** Circulaire ministérielle rappelant l'obligation générale des employeurs d'évaluer les risques professionnels, afin de garantir de bonnes conditions de travail des agents, en application du Code du travail. Cela fait partie de la responsabilité des employeurs. Nécessité de réaliser et de mettre à jour le Document unique d'évaluation des risques professionnels (DUERP) ; transcrire l'évaluation dans le document unique. Présentation des deux étapes constitutives de la démarche méthodologique d'évaluation (identifier les dangers et analyser les risques). Mise en évidence des différents acteurs mobilisés dans ce travail d'évaluation : CHSCT, assistants de prévention, le médecin de prévention, l'ACFI, les agents eux-mêmes. Appui du FNP (Fonds National de Prévention) auprès des collectivités, dans leur démarche de prévention. Mise en avant des enjeux et des conséquences juridiques, financières, pour les employeurs, liés à l'absence de document unique.
Document utile pour l'introduction, la partie 1-A et la partie 1-B. Document également utile pour la Partie « propositions » -2.B.

Document n° 2

Document à caractère de **vulgarisation juridique et illustratif**. Document qui rappelle, en application du décret du 5 novembre 2011, l'obligation de réaliser et actualiser annuellement le DUERP. Rappel du rôle financier du FNP auprès des collectivités pour les démarches de prévention. Illustration d'exemples de pratiques de collectivités quant à l'opportunité, la nécessité d'associer les agents dans l'identification et la compréhension des risques professionnels, ainsi qu'à l'élaboration du DUERP, qui est avant tout une démarche de RH.
Document utile pour la partie 1.A ; document à utiliser pour la partie 2, au titre de la méthodologie et du plan d'action.

Document n° 3

Document à caractère de **vulgarisation juridique**. Document qui synthétise le contenu du décret du 3 février 2012, quant aux différents dispositifs permettant aux collectivités de disposer d'assistants et de conseillers de prévention pour leurs services.
Document utile pour la Partie 1.B.

Document n° 4

Document à caractère de **vulgarisation juridique**. Document rappelant l'obligation de prévention des risques et de résultats et l'engagement de la responsabilité civile et pénale des employeurs en cas de non-respect.
Document utile pour la partie 1.B.

Document n° 5

Document à **caractère informatif.** Document synthétisant les rapports annuels de santé, sécurité et conditions de travail des collectivités de Grande Couronne au 31 décembre

2011. Données statistiques sur les accidents de travail /de service, les accidents de trajet et maladies professionnelles. Document concluant par la confirmation du rôle essentiel des CDG dans la prévention des politiques de prévention et de santé dans les territoires. Document utile pour l'introduction (éléments de contexte) et pour la partie 1.B.

- **Proposition rédactionnelle**

Département TECHNIDEP — Le …… 2018

Rapport à l'attention du Directeur Général des Services

Objet : évaluation des risques professionnels dans le département de TECHNIDEP
Références : – Code du travail
– Décret du 5 novembre 2001
– Circulaire du 18 avril 2012

Éléments Introduction (docs 1, 5)
– Définition des termes du sujet.
Évaluer les risques, c'est le « fait d'appréhender les risques créés pour la santé et la sécurité des agents, dans tous les aspects liés au travail ; c'est un vrai travail d'analyse des modalités d'exposition des agents à des dangers ou des facteurs des risques » (circulaire 18 avril 2002).
– Recontextualisation du sujet.
Le respect de la santé et de la sécurité des agents est une priorité pour les employeurs publics, depuis l'accord de 2009 sur la santé et la sécurité au travail dans la fonction publique visant à améliorer les conditions de travail des agents. Mais, on constate un retard, côté collectivités territoriales, dans la mise en œuvre des politiques de prévention des risques professionnels. Par exemple, en Grande Couronne, au 31 décembre 2011, seulement 42 % des collectivités ont réalisé un rapport annuel santé, sécurité, conditions de travail. En 2011, on comptabilisait 2 203 accidents du travail soit environ 6 accidents par jour, 356 accidents de trajet soit presque un accident de trajet par jour. La durée moyenne d'un arrêt pour accident du travail en 2011 est de près de 23 jours. Et plus de 41 % des accidents du travail entraînent un arrêt dont la durée est comprise entre 4 et 21 jours. La filière technique reste la plus touchée.
S'agissant du département de TECHNIDEP, les acteurs de prévention, notamment le CHSCT, ont fait la demande d'avoir un bilan sur l'évaluation des risques professionnels.
– Annonce du plan.
Dans un premier temps, on montra que les employeurs ont des obligations en termes d'évaluation des risques professionnels, qui mobilisent aussi une pluralité d'acteurs (I). Engager une dynamique d'évaluation des risques professionnels dans le département repose sur une démarche structurée, participative, concertée, autour de nouvelles modalités de dialogue avec les agents (II).

I. Une obligation générale de prévention des risques pour les employeurs, sous peine de mise en responsabilité, mobilisant plusieurs acteurs

Les autorités territoriales doivent respecter une obligation générale de prévention corrélée à une nécessaire démarche préalable d'évaluation des risques (A). L'évaluation préalable des RP est une obligation de résultat, source de mise en responsabilité et impliquant de nombreux acteurs (B).

A. Une obligation générale de prévention avec 2 axes : la démarche d'évaluation préalable des RP et le DUERP

– Les autorités territoriales ont une obligation générale de veiller à la sécurité et à la protection de la santé des agents placés sous leur autorité, en application des articles L4121-1, L4121-2 et L4121-3 du Code du travail (doc. 1). Elles doivent mettre en place des actions d'information et de formation, une organisation et des moyens adaptés. Cela implique un inventaire préalable, dans chaque unité de travail, des risques professionnels auxquels les agents sont exposés, à tous les niveaux de l'organisation du travail, tant humains que techniques ou organisationnels, afin de proposer ensuite les mesures préventives adéquates : risques physiques, chimiques, psychosociaux, risques liés au bruit, aux gestes et postures, aux charges mentales, etc. Les collectivités peuvent faire appel au FNP pour leurs démarches de prévention, sur le plan méthodologique et financier. Cette évaluation comporte deux étapes principales. Il y a d'abord l'identification des dangers ; on entend par danger la propriété ou capacité intrinsèque d'un équipement, d'une substance, d'une méthode de travail, de causer un dommage pour la santé des agents. Et ensuite, il y a l'analyse des risques, à savoir le résultat de l'étude des conditions d'exposition des agents aux dangers. Ce travail d'analyse prend appui sur plusieurs documents (doc 1) : l'analyse des risques faite par le CHSCT, la fiche des risques professionnels réalisée par le médecin de prévention, les registres santé et sécurité, les rapports de l'Acfi, le rapport annuel présentant le bilan de la situation générale de la santé, de la sécurité et des conditions de travail. Cette évaluation nécessite qu'on y associe les agents (doc. 2). Ils apportent un regard complémentaire sur les risques associés aux tâches qu'ils effectuent.

– Le rôle majeur du DUER, outil de transcription de l'évaluation des RP. Le résultat de l'évaluation préalable des RP doit être transcrit dans un support spécifique, le document unique d'évaluation des risques professionnels (DUERP), créé par le décret du 5 novembre 2001 (doc. 2). Le DUER a un rôle majeur dans la mise en place d'une véritable politique de prévention des risques professionnels. Il poursuit trois objectifs principaux (art. R 4121-1 du Code du travail). D'abord un objectif de cohérence, car il regroupe, en un seul document, l'ensemble des données résultant de l'analyse des risques professionnels. Ensuite, un objectif de commodité, car il facilite le suivi de la démarche de prévention des risques dans la collectivité. Enfin, un objectif de traçabilité. Ce support, qui peut être écrit ou numérique, matérialise les résultats de l'évaluation, de façon transparente et fiable. Le DUER doit être actualisé chaque année, ou lors de toute décision d'aménagement important modifiant les conditions de santé et de sécurité ou les conditions de travail (art. L 4612-8 du Code du travail). Le DUERP doit être accessible aux agents, aux différentes instances du dialogue social (CHSCT, CT, médecin de prévention). De même, il doit être accessible à l'Acfi, lors de ses inspections. Il doit être présenté chaque année aux instances du dialogue social. L'état de la réalisation du document unique doit faire l'objet d'une évaluation par le CHSCT dans le cadre du rapport annuel (art. 49 du décret de 1985) qui lui est soumis chaque année.

B. L'évaluation des risques : une obligation de résultat source de mise en responsabilité, associant une pluralité d'acteurs

– *L'absence d'évaluation préalable, l'absence de DUERP est une infraction*, elle peut engager la responsabilité de l'employeur (docs 1, 4), à deux niveaux. Il y a d'abord la responsabilité sur le plan indemnitaire. Le droit et la jurisprudence sociales ont, en effet, défini une obligation de sécurité de résultat. En cas de faute inexcusable de l'employeur, les victimes d'un accident du travail ou d'un dommage peuvent bénéficier d'une réparation intégrale. L'employeur aurait dû, en effet, avoir conscience du danger risqué par la victime et il n'a pas pris les mesures de prévention appropriées. De plus, la jurisprudence administrative a fait émerger le principe de la responsabilité de l'employeur public pour risque professionnel (arrêt du CE du 4 juillet 2003). La responsabilité de l'administration peut être engagée quand les mesures nécessaires de prévention de la santé des agents n'ont pas été prises et qu'un dommage en a directement résulté. Il y a ensuite la responsabilité pénale de l'employeur, lors de fautes d'imprudence de négligence, de manquement à une obligation de prudence ou de sécurité (art. 121-3 du Code pénal). Le nouveau Code pénal a introduit une nouvelle notion, celle du délit de la mise en danger d'autrui en raison d'un manquement grave aux règles de sécurité, sans même qu'un dommage soit causé.

– *Des acteurs opérationnels pluriels mobilisés et associés* pour évaluer les risques professionnels (docs 1, 3, 5). L'évaluation des RP repose sur un travail pluridisciplinaire, en étroite collaboration avec principalement **quatre types d'acteurs opérationnels** (décret du 10 juin 1985). Il y a d'abord le CHSCT et le CT quand il n'est pas assisté par le CHSCT. Le CHSCT analyse les risques, par des visites sur sites ; il participe à la mise en place d'actions de prévention et peut proposer une hiérarchisation. Il y a aussi le médecin de prévention qui a un rôle de conseil auprès de l'autorité territoriale pour prévenir toute altération de la santé des agents liée à leur travail, pour préconiser des mesures de prévention. Il y a aussi les acteurs chargés de contrôler et /ou d'assister l'application de la réglementation en matière de santé et sécurité. Ce sont les assistants et conseillers en prévention (ex. Acmo). Ils assistent l'autorité territoriale dans la mise en place des mesures visant à prévenir les dangers susceptibles de compromettre la sécurité ou la santé des agents. Les assistants de prévention sont des acteurs de proximité et, dans les collectivités d'une certaine taille ou dans lesquelles les risques sont importants, ils sont sous la coordination des conseillers de prévention (décret du 3 février 2012). Trois modes de désignation : par la collectivité, mise à disposition par l'EPCI, mise à disposition par le centre de gestion. Les CDG (doc. 5) ont et vont avoir un rôle de plus en plus important dans les politiques de prévention et de santé.

II. Évaluer les risques professionnels dans le département : une démarche participative, concertée, associant les agents

Dans un premier temps, il s'avère nécessaire d'établir un diagnostic des risques existants dans la collectivité (A). De plus, l'évaluation et la prévention passent par un nouveau cadre de dialogue avec les agents et instances participatives (B).

A. Établir un état des lieux des risques professionnels, de façon transversale et participative dans la collectivité

Il importe d'avoir une vision partagée de ce que sont les risques professionnels dans la collectivité. Nécessaire de mettre en place un pilotage transversal de cette évaluation de RP.

Dans un premier temps, le DGS va désigner un **chef de projet**, chargé de piloter la démarche. Il pourrait être un chargé de mission au sein de la direction de la prévention des risques. Il va coordonner le projet, définir le plan de travail, la répartition des tâches à effectuer, le planning, les moyens nécessaires, le budget alloué aux actions, l'échéancier etc. Il va mettre en place les différentes « instances » internes de conduite de projet, à

savoir un comité technique et un comité de pilotage. Le **comité technique** pourrait comprendre : la DRH, le directeur de la prévention des risques, les responsables des services les plus concernés par les risques professionnels (*cf.* services techniques, voirie, service entretien, service restauration des collèges) mais aussi deux ou trois agents de chaque service concerné, les assistants de prévention, le conseiller de prévention. Des groupes de travail pourront être mis en place au sein du comité technique : par exemple, un groupe de travail sera chargé d'identifier les pratiques existantes dans le département d'évaluation et de prévention des RP, ainsi que celles mises en œuvre dans d'autres collectivités. Le comité technique va élaborer des propositions au comité de pilotage qui les validera. Le **comité de pilotage**, instance de validation politique, sera composé : de la direction générale, du Vice-Président délégué aux ressources humaines, du médecin du travail, des représentants des personnels, de représentants du Centre de gestion.
Ensuite, le chef de projet va procéder en **3 étapes**, pour mener à bien le projet. D'abord, avec le comité technique, il va établir un **état des lieux** en vue d'identifier l'ensemble des risques professionnels existants : identifier les sources de stress ; l'évolution du nombre d'accidents du travail, d'arrêts maladie, l'évolution de l'absentéisme, sur les 3 dernières années ; identifier les services, les agents les plus exposés aux RP ; l'organisation du temps de travail, les troubles musculo-squelettiques, le niveau d'absentéisme, le nombre de consultations médicales, le nombre d'avis d'inaptitude temporaire, les rapports de la médecine du travail. Pour établir ce diagnostic, s'appuyer sur les données accessibles existantes, notamment : rapports de l'Acfi, l'analyse des risques réalisée par le CHSCT, la surveillance médicale, les registres santé et sécurité. Proposer aussi de faire appel à un intervenant extérieur spécialisé dans ce type de démarche et qui pourra plus aisément observer les modalités de « production » du service public dans la collectivité, les conditions de travail, conduire des entretiens individuels ou collectifs, réaliser une enquête auprès des agents. Validation du diagnostic par le comité de pilotage. Ensuite, proposer comme **objectifs stratégiques**, que l'évaluation des RP soit réalisée en 6-8 mois ; diminuer l'absentéisme de 15 % la première année, puis de nouveau de 10 % la 2e année ; diminuer de 20 % les accidents du travail. Validation de ces objectifs par le comité de pilotage. Des **indicateurs de suivi** seront établis pour mesurer **l'impact de cette évaluation** et des mesures de prévention : le nombre réel d'accidents du travail et d'arrêts maladie enregistrés chaque mois.

B. Un plan d'action associant les agents pour prévenir les risques professionnels

– *Proposition 1* : **Plan de communication interne,** auprès des agents, sur la volonté de la collectivité de faire connaître la situation des risques professionnels dans la collectivité, par unité de travail et de prévenir ces risques. Communication de l'état des lieux qui sera fait aux agents afin de leur faire prendre conscience que les risques professionnels sont une réalité de leur métier et que la collectivité souhaite mettre en place une politique de prévention. Supports de cette communication : intranet, note informative à tous les agents en appui de la feuille de paie, journal interne, mais aussi réunions par unités de travail. Organiser la communication pour informer les agents tout au long de la démarche.

– *Proposition 2* : **Plan d'action** pour évaluer et prendre des mesures de protection de la sécurité des agents, **dans le cadre d'un dialogue rénové**. S'appuyer sur les neuf principes généraux de prévention (doc. 1) : éviter les risques ; évaluer les risques ne pouvant pas être évités ; combattre les risques à la source ; adapter les conditions de travail, les

postes, les matériels, les équipements etc. ; planifier la prévention ; prendre des mesures de protection collective qui sont à prioriser sur les mesures de protection individuelle ; donner des instructions appropriées aux agents. Inclure les agents dans la démarche en les faisant participer à des groupes de travail. Désignation de référents dans les services pour assurer le suivi des actions préconisées et assurer la remontée d'information.
Constitution de groupes de travail avec les responsables et les référents pour débattre des mesures de prévention proposées, sur l'élaboration d'un planning d'intervention avec rapports réguliers au comité de pilotage.
Sollicitation du Fond National de Prévention pour financer tout ou en partie la démarche. Possibilité de solliciter le centre de gestion pour se faire accompagner sur la démarche. Actualiser chaque année le DUER.

– *Proposition 3* : **Mettre en place une culture de la sécurité**. Cela passe aussi par la mise en place d'*un plan de formation pour l'encadrement*, notamment intermédiaire, à la prévention des conflits, à la détection précoce des agressions, à la compréhension des processus générant de la souffrance au travail. Enfin, il serait intéressant d'élaborer, de concert avec les représentants du personnel, une charte de prévention et de gestion du harcèlement au travail qui serait assortie de la tenue d'une demi-journée d'information et de sensibilisation des cadres de la collectivité sur les risques juridiques du harcèlement moral.

Offert en ligne

Connectez-vous à notre site www.nathan.fr/livre-en-ligne et retrouvez en **accès gratuit** un **sujet 2018 de rapport technique**.

Épreuve d'étude de cas sur la spécialité

Technicien principal 2e classe (concours interne et troisième concours)

Présentation de l'épreuve

Durée : 4 heures.
Coefficient : 1.

Cette épreuve constitue l'une des deux épreuves d'admissibilité **des concours interne et de troisième voie de technicien principal territorial de 2e classe,** l'autre épreuve écrite étant dotée du même coefficient 1. L'unique épreuve d'admission est également affectée d'un coefficient 1.

Cette épreuve porte sur la spécialité au titre de laquelle vous concourez.

Elle vise à évaluer, notamment, vos capacités à :
– analyser une commande et un dossier afin d'identifier les éléments utiles au traitement du cas proposé ;
– mobiliser des connaissances professionnelles pour proposer des solutions adaptées ;
– organiser méthodiquement les informations nécessaires à la rédaction de l'étude de cas ;
– produire en temps limité un document synthétique parfaitement compréhensible et présentant clairement la problématique à traiter.

Cette épreuve est donc fondée sur une **situation concrète** que vous pouvez être amené à rencontrer dans le cadre de vos missions.

1. La forme de l'épreuve

- Les sujets comprennent dans chaque spécialité un **dossier qui n'excède pas une quinzaine de pages.**
- L'épreuve n'est pas une épreuve de synthèse qui nécessiterait une analyse approfondie du dossier préalable à la rédaction d'une note synthétisant les informations essentielles : ici, le dossier est mis à votre service afin que vous trouviez des éléments utiles à l'étude du cas qui vous est soumise. Le dossier ne contient pas de documents « parasites », redondants ou inutiles.
- Le dossier est un **dossier technique** contenant des documents de nature diverse : texte juridique, article de presse, plan, schéma, graphique, tableau, document photographique, etc.

2. Le fond

Le programme réglementaire de l'épreuve permet de circonscrire le champ du sujet et des connaissances nécessaires tant à une bonne compréhension du sujet qu'à l'élaboration de solutions et de dispositions adaptées.

A. Un programme réglementaire

Le programme de chaque spécialité est fixé par un arrêté (arrêté du 15 juillet 2011).

B. Une mise en situation

• L'étude de cas est fondée sur une situation que peut rencontrer un technicien principal de 2e classe dans le cadre de ses missions.

Comme le précise leur cadre d'emplois, « les techniciens territoriaux sont chargés, sous l'autorité d'un supérieur hiérarchique, de la conduite de chantiers. Ils assurent l'encadrement des équipes et contrôlent les travaux confiés aux entreprises. Ils participent à la mise en œuvre de la comptabilité analytique et du contrôle de gestion. Ils peuvent instruire des affaires touchant l'urbanisme, l'aménagement, l'entretien et la conservation du domaine de la collectivité. Ils participent également à la mise en œuvre des actions liées à la préservation de l'environnement.

Ils assurent le contrôle de l'entretien et du fonctionnement des ouvrages, ainsi que la surveillance des travaux d'équipements, de réparation et d'entretien des installations mécaniques, électriques, électroniques ou hydrauliques. Ils peuvent aussi assurer la surveillance du domaine public. À cet effet, ils peuvent être assermentés pour constater les contraventions. Ils peuvent participer à des missions d'enseignement et de formation professionnelle ».

Ainsi, les titulaires des grades de technicien principal de 2e et de 1re classe ont vocation à occuper des emplois qui correspondent à un niveau d'expertise acquis par la formation initiale, l'expérience professionnelle ou par la formation professionnelle tout au long de la vie.

Ils peuvent assurer la direction des travaux sur le terrain, le contrôle des chantiers, la gestion des matériels et participer à l'élaboration de projets de travaux neufs ou d'entretien. Ils peuvent procéder à des enquêtes, contrôles et mesures techniques ou scientifiques.

Ils peuvent également exercer des missions d'études et de projets et être associés à des travaux de programmation. Ils peuvent être investis de fonctions d'encadrement de personnels ou de gestion de service ou d'une partie de services dont l'importance, le niveau d'expertise et de responsabilité ne justifient pas la présence d'un ingénieur.

• Les éléments de contexte sont précis afin d'éviter que les candidats ne transposent indûment des données propres à leur collectivité ou imaginent des situations très différentes d'une copie à l'autre, ce qui rendrait difficile l'évaluation de leur niveau relatif.

• La commande qui est passée peut prendre la forme de plusieurs questions. Le nombre de points alloués à chaque question est précisé afin de vous permettre d'apprécier et d'évaluer l'importance relative de chaque question et, de là, le degré de développement de la réponse.

• Chaque sujet comprend ainsi :
– une mise en situation et des éléments de contexte précis ;
– des questions accompagnées d'un barème porté sur le sujet ;
– un dossier n'excédant pas au total une quinzaine de pages.

3. Un barème général

- L'étude de cas sera avant tout évaluée sur le fond (note sur 20 points), avant que des points ne soient éventuellement retranchés pour sanctionner des problèmes de forme. **Le nombre de points attribué à chaque question est précisé sur le sujet.**
- Une copie doit naturellement pouvoir **obtenir la moyenne ou plus** lorsqu'elle :
– est fondée sur une **analyse pertinente** des informations essentielles du sujet ;
– fait preuve de **connaissances professionnelles et techniques précises** ;
– propose des **solutions et des dispositions pertinentes**, faisables, adaptées au problème posé dans son contexte ;
– est rédigée, pour ce qui est des parties rédactionnelles, dans un **style correct**.
- En revanche, une copie **ne saurait obtenir la moyenn**e si elle :
– omet des informations importantes contenues dans le sujet ou se fonde sur des données irréalistes, sur des éléments manquant de faisabilité ;
– traduit de réelles méconnaissances professionnelles et techniques ;
– propose des solutions et des dispositions irréalistes et inadaptées au problème posé ;
– est rédigée dans un style particulièrement incorrect (nombreuses fautes de syntaxe, style télégraphique, séries d'énumérations).
- **L'évaluation du niveau de maîtrise de la langue est prise en considération** dans la note globale attribuée à la copie. On peut distinguer deux cas de figure :
– les copies dans lesquelles les fautes d'orthographe et de syntaxe participent d'un défaut global d'expression. Ces copies ne sauraient, en tout état de cause, obtenir la moyenne ; elles seront très fortement pénalisées ;
– les copies qui, malgré quelques fautes d'orthographe ou de syntaxe, témoignent d'une maîtrise de la langue correcte. Un système de pénalités s'applique alors en fonction du nombre de fautes.
- **À titre indicatif**, le barème suivant pourrait être appliqué :
– copie négligée (soin, calligraphie, présentation) : **– 0,5 point** ;
– au-delà de 10 fautes d'orthographe ou de syntaxe : **– 1 point**.

Conseils méthodologiques

Le sujet comprend :
– une mise en situation et des éléments de contexte précis ;
– des questions accompagnées d'un barème porté sur le sujet ;
– un dossier n'excédant pas au total une quinzaine de pages et comprenant des documents de nature diverse (texte juridique, article de presse, plan, schéma, graphique, tableau, document photographique, etc.).

1. Quelques conseils pratiques pour bien se préparer avant l'épreuve

• Il importe que vous lisiez régulièrement des mensuels et hebdomadaires en lien avec la spécialité dans laquelle vous avez choisi de concourir. Il est en effet possible que des documents de votre dossier en soient extraits.

• Tenez-vous au courant de l'actualité, plus particulièrement en lien avec la spécialité choisie.

• Enfin, entraînez-vous à écrire, car n'oubliez pas que les copies dans lesquelles les fautes d'orthographe et la transgression des règles de syntaxe sont trop nombreuses sont systématiquement pénalisées.

2. Quelques conseils utiles pour le jour de l'épreuve

A. Avoir une approche globale du sujet

• Lisez et prenez le temps d'analyser bien attentivement la situation pour la comprendre, ainsi que le libellé des questions. Prenez le temps d'appréhender la mesure de la nature et de l'importance relative des informations fournies par le dossier (*cf.* éléments descriptifs, analyse de projets techniques déjà réalisés, problèmes restant à résoudre, etc.).

• Procédez à un classement de ces questions : par exemple, quel est le nombre de points associés à la question ? La question est-elle isolée ou liée à d'autres ? Quelles sont vos connaissances personnelles sur la thématique ?

• Travaillez question par question.

- Lisez le dossier et analysez les documents en repérant :
– les titres des documents ;
– les titres et sous-titres en caractères gras, au sein de chaque document ;
– les chapeaux des paragraphes, qui peuvent être en caractères gras ou d'une police de caractères différente, faits pour accrocher « immédiatement » votre regard, et donc votre attention ;
– les encadrés qui résument souvent l'essentiel du document ou de la problématique posée ;
– les schémas, graphiques, etc.

Lisez enfin le début de chaque paragraphe, car généralement une nouvelle information y est développée.

B. L'organisation de votre raisonnement

- Après avoir analysé le sujet, vous avez choisi dans quel ordre vous allez répondre aux questions. Selon le type de question, le rôle et le contenu de la réponse seront différents, selon que vous devez :
– informer : dans ce cas, il convient de classer la liste des informations de la plus importante à la moins importante ;
– aider à la décision : dans ce cas, il convient de vous poser la question suivante : « Qu'est-ce que je veux démontrer ? »
- Il importe que les réponses que vous allez apporter soient structurées, présentées de façon limpide et concise. En effet, au travers de ces réponses, le correcteur va évaluer non seulement vos aptitudes professionnelles, mais également votre capacité à présenter clairement les informations, à vous faire comprendre sans ambiguïté, à apporter un éclairage pertinent.

Aussi, si cela vous paraît adapté à la question posée, n'hésitez pas à recourir à des tableaux, schémas, croquis, organigrammes qui permettront d'apporter à la partie rédactionnelle un complément visuel pédagogique tout à tout à fait appréciable et apprécié par le correcteur.

- Pour structurer vos réponses, vous pouvez adopter les différents plans suivants :
– causes, puis conséquences ;
– constats ou enjeux, puis solutions ;
– diagnostic et objectifs, puis mise en œuvre (solutions techniques ; coût ; moyens humains…) ;
– solutions techniques, puis avantages et inconvénients.

Vous ne trouverez pas dans le dossier toutes les données nécessaires à son étude. Aussi, vos connaissances techniques et vos savoir-faire, notamment en matière de gestion de projet, de management, de communication, vous seront indispensables.

De plus, n'inventez pas votre propre scénario sans rapport avec la situation pour proposer des solutions qui vous seraient familières, car vous seriez alors pénalisé.

C. L'expression et la forme

Soyez vigilant quant à votre expression !

- Le vocabulaire doit être le plus précis possible.

- Le style doit être clair avant tout. Ponctuez convenablement vos réponses, en privilégiant des phrases assez courtes. Faites des paragraphes pour chaque information nouvelle développée, afin de bien aérer votre copie, cela permettra de mieux suivre l'argumentaire de votre réponse.
- Les phrases doivent être grammaticalement correctes.
- L'écriture doit être lisible (n'utilisez pas d'abréviations et de style télégraphique) et utilisez la même couleur d'encre tout au long de la copie (sinon, cela peut être considéré comme un signe distinctif, pouvant entraîner une note éliminatoire).
- Donnez un titre à vos schémas ou tableaux.
- Relisez votre copie afin de vérifier l'orthographe et la syntaxe des phases, de rajouter des mots éventuellement oubliés, etc.

N'oubliez pas que le correcteur doit prendre plaisir à corriger votre copie. Ce point est très important dans la perception globale du contenu de votre devoir, cela participe de son appréciation générale.

Sujet

Durée : 4 heures.
Coefficient : 1.

Concours interne et troisième concours de technicien principal territorial de 2e classe – Spécialité : Services et interventions techniques.

SUJET

Le Conseil régional de Techni s'est porté acquéreur de la base militaire de Techniville, suite au transfert des activités de celle-ci sur un autre site par le ministère de l'Intérieur. Technicien principal territorial de 2e classe, vous êtes chargé de transformer le bâtiment 8, qui servait de dortoir aux militaires, en lingerie pour l'ensemble du site.
Il vous est demandé, à l'aide des documents ci-joints et de vos connaissances personnelles et professionnelles, de répondre aux questions suivantes.

10 points

1 Vous donnerez, en apportant toutes les précisions nécessaires :
– un organigramme fonctionnel du projet lingerie proposé en précisant, notamment, les grands principes ;
– les différents diagnostics ou études préalables à mettre en place avant le démarrage des études de conception ou en parallèle de celles-ci ;
– un plan d'aménagement intérieur de ces locaux, format A4, en y donnant toutes précisions utiles à la bonne compréhension ;
– le type et le nombre d'extincteurs à installer dans la future lingerie y compris les plans ou signalisation réglementaire ;
– sur la base des éléments en votre possession, la liste des vérifications périodiques qui seront nécessaires une fois la lingerie livrée.
Le plan d'aménagement au format A4 est à rendre avec la copie.

3 points

2 La maintenance des bâtiments, des espaces extérieurs et équipements de ce site sera confiée aux équipes de maintenance de la Région de Techni.
Dans le cadre d'une restructuration de ces équipes et en prévision des formations complémentaires éventuelles à apporter aux agents de ces équipes ou de futurs recrutements, la Direction des Ressources Humaines vous demande de lui communiquer, en motivant votre réponse et en expliquant les démarches, le type d'habilitation ou de CACES que devront posséder les agents.
À noter que les équipes se composent des spécialités suivantes : électricité / chauffage ventilation-sanitaire / menuiserie / espaces verts.

3 points

3 Dans le cadre de la démarche développement durable portée par le Conseil régional, vous préconiserez, à partir des documents joints, les lampes et ampoules à mettre en œuvre dans les bâtiments et l'éclairage extérieur du projet.

4 points

4 Dans le cadre d'une campagne de communication, une plaquette d'information de 16 pages de la transformation de ce site par le Conseil régional va être diffusée. Vous donnerez de manière synthétique et en les argumentant l'ensemble des différentes étapes de la chaîne graphique nécessaires depuis la prise en compte de décision de réalisation de la plaquette jusqu'à la diffusion de celle-ci.

Liste des documents

1. Fiche technique du centre d'activités de Techniville, Conseil régional de Techni, mars 2012.
2. « Principales vérifications périodiques réglementaires », Conseil régional de Techni, mars 2012.
3. « Conduite d'engins en sécurité, Le CACES », Fiche pratique de sécurité, INRS, décembre 2005.
4. « Comparatif des différents types de lampes et d'ampoules », www.econo-ecolo.fr, 15 juin 2008.
5. « Les lampes à économie d'énergie », Syndicat de l'éclairage, ADEME, AFE, décembre 2000.
6. « Les LED en éclairage public : mythe ou réalité ? », Cahier technique, septembre/octobre 2008.
7. « Définir son symbole d'habilitation électrique », CNAM INRS ACEI UTE .

Plans joints

1. Centre d'activités de Techniville – Conseil régional de Techni – Bâtiment 8 – Plan du rez-de-chaussée – État existant – Échelle : 1/100 – Mars 2012 – Format A4.
2. Centre d'activités de Techniville – Conseil régional de Techni – Bâtiment 8 – Plan du sous-sol – État existant – Échelle : 1/100 – Mars 2012 – Format A4.

Certains documents peuvent comporter des renvois à des notes ou à des documents volontairement non fournis car non indispensables à la compréhension du sujet.

DOCUMENT N° 1
Conseil régional de Techni, mars 2012.

Fiche technique du centre d'activités de Techniville

Préambule :
L'État a décidé en 2001 de redéployer progressivement ses effectifs et moyens sur différents sites dans le cadre général d'un programme de modernisation de l'Armée. À cet effet, dans un champ d'actions équivalent, deux bases, dont celle de Techniville, étaient situées à 150 kilomètres l'une de l'autre. Il a donc été décidé de rationaliser les moyens et de les regrouper sur cette autre base (plus récente et adaptée). Ce regroupement a été opéré de 2003 à 2006. Depuis lors, la base de Techniville est totalement désaffectée. Les collectivités locales et notamment le Conseil régional de Techni ont engagé des discussions avec le ministère de la Défense pour trouver une affectation à ce site. C'est ainsi que le Conseil régional de Techni, après de longues discussions avec l'État, s'est porté acquéreur de la base en 2009. Des études de programmation sont depuis en cours afin de réorganiser le site et lui donner une seconde vie.

1-Programme de revitalisation du site
La base militaire de Techniville a été construite de 1947 à 1950 par le ministère de la Défense. Elle s'étend sur 75 800 m^2, au cœur d'un paysage remarquable, à la lisière d'une forêt d'un côté, d'un lac de l'autre. Le site est classé Natura 2000.

1-1-Récapitulation des surfaces du site :
– **Bâtiments :** emprise au sol : 24 250 m^2, surface de planchers : 30 070 m^2
  • Bâtiments de vie (réfectoires, dortoirs…) : 8 500 m^2/11 750 m^2
  • Bâtiments administratifs : 450 m^2/800 m^2
  • Bâtiments divers et techniques : 300 m^2/320 m^2
  • Bâtiments spécifiques à l'activité militaire : 15 000 m^2/17 200 m^2
– **Routes, chemins d'accès, parcs de stationnement :** 3 870 m^2
– **Plateaux sportifs :** 17 230 m^2
– **Zones d'espaces verts :** 30 450 m^2

1-2-Programme des travaux
Après une expertise générale du site (2009 à 2011), il a été décidé de le restructurer afin d'y permettre les implantations ou activités suivantes :
– office de tourisme régional ;
– un centre de formation et d'apprentissage (CFA) sur les métiers de l'environnement ;
– un centre de vacances pour les personnels du Conseil régional, y compris les collectivités locales de la région et les personnes extérieures. Ce centre permettra l'accueil des familles et également l'organisation de colonies de vacances pour les enfants en périodes de congés scolaires ;
– un centre de formation y permettant la tenue de sessions de formation internes au Conseil régional de Techni et également externes. Les personnels en formation et souhaitant être hébergés le sont au centre de vacances ;
– une lingerie blanchisserie pour les besoins du centre de vacances et d'hébergement ;
– un centre de restauration destiné notamment au centre de vacances et à l'hébergement des personnes du centre de formation ;
– des zones naturelles conservées.

•••

•••

1-3-Le programme de restructuration du bâtiment 8 en lingerie

Afin de faire face aux besoins de lingerie et blanchisserie du centre de vacances notamment, il a été décidé de restructurer complètement le bâtiment 8 (ancien dortoir militaire) en lingerie dédiée aux activités du centre.

1-3-1-L'expression des besoins

– 2 bureaux de 12 à 15 m^2 chacun
– 1 local de repassage de 25 m^2
– 1 local de stockage du linge à laver de 12 à 15 m^2
– Une laverie d'environ 30 m^2
– Un local de linge à distribuer de 15 à 20 m^2
– Un stock de linge propre d'environ 40 m^2
– Un sanitaire mixte

1-3-2-Caractéristiques et préconisations particulières

Local de stockage du linge à laver et du traitement du linge :

– Dans le local de tri du linge sale et la laverie, il est préconisé de prévoir un renouvellement d'air minimum de 6 fois le volume des pièces par heure. Les locaux devront être en dépression afin d'éviter toutes propagations.
– Les murs, les sols et les plafonds devront être facilement nettoyables, c'est-à-dire être lisses, homogènes et avec des joints étanches.
– Les matériaux devront être étanches, résistants aux produits détergents et désinfectants.
– Prévoir un siphon de sol dans le local de stockage du linge à laver, ainsi que dans le local de traitement du linge.
– Prévoir un point d'eau permettant le nettoyage désinfectant rapide et efficace du local.
– Prévoir un bac de trempage et de désinfection du linge souillé dans le local de stockage du linge à laver.
– Un poste de lavage des mains est à prévoir dans le local de traitement du linge.
– Les luminaires devront être étanches à la projection d'eau.
– Pas de stockage de linge à même le sol.
– Prévoir une bande de protection des murs à hauteur des chariots de linge sale.
– Prévoir des sectionneurs de courant pour tous les appareils afin de pouvoir les consigner lors des interventions techniques.
– Prévoir un crochet pour les blouses côté sale dans le local de traitement du linge.

Les doseurs produits lessiviels :

– Prévoir une alimentation électrique type 16A 1 P/N + T ainsi qu'un robinet de 3/4 de pouce pour l'alimentation du doseur lessiviel.
– Un bac de rétention est à prévoir sous les bidons de lessive afin d'éviter tout risque de dispersion du produit (très corrosif).

Le local repassage et distribution :

– Des précautions doivent être mises en œuvre afin que l'air vicié du local de traitement du linge n'y pénètre pas. Il est conseillé de mettre ce local en surpression.
– Pas de stockage de linge à même le sol.
– Prévoir une bande de protection sur les murs à hauteur des chariots de linge propre.
– Les sols peuvent être carrelés ou en PVC et les murs peints.
– Les armoires de rangement devront être intégrées dans le local, elles peuvent être en bois ou en acier du fait que le local n'est pas jugé à risques et qu'il n'y a pas de projections d'eau.
– Prévoir des crochets pour les blouses côté propre.

•••

•••

Caractéristiques des équipements :

Recensement des attentes réseaux à prévoir pour l'installation d'appareils spécifiques dans les locaux de traitement du linge :

– **Lave-linge 10 kg n° 1, n° 2 et n° 3 :**

• Électrique : 3 N AC / 400 V / 50 Hz / 9,35 KW
• Disjoncteur immunisé SI tétra / 16 A / section 5 x 2,5 mm^2
• Sélectionneur à 1,90 m du sol (pas de coupure en charge uniquement consignation)
• Eau :
Eau chaude = ¾ de pouce mâle à 1,50 m du sol fini - 10 litres/mn maximum - 70 °C maximum.
Eau froide = ¾ de pouce mâle à 1,50 m du sol fini - 26 litres/mn maximum.
Eaux usées : 200 litres/mn maximum / 95 °C en continu / Sortie en diamètre 75 mm à 5 cm du sol fini (femelle).

– **Lave-linge 6 kg n° 4 :**

• Électrique : 3 N AC / 400 V / 50 Hz / 5,5 KW
• Disjoncteur tétra 16 A / section 5 x 2,5 mm^2
• Sélectionneur à 1,90 m du sol (pas de coupure en charge uniquement consignation)
• Eau :
Eau chaude = ¾ de pouce mâle à 1,00 m du sol fini - 10 litres/mn maximum - 70 °C maximum.
Eau froide = ¾ de pouce mâle à 1,00 m du sol fini - 26 litres/mn maximum.
Eaux usées : 200 litres/mn maximum / 95 °C en continu / Sortie en diamètre 75 mm à 5 cm du sol fini (femelle).

– **Sèche-linge 10 kg n° 5 :**

• Électrique : 3 N AC / 400 V / 50 Hz / 14,3 KW
• Disjoncteur tétra 25 A / Section 5 x 4 mm^2
• Sélectionneur à 1,90 m du sol (pas de coupure en charge uniquement consignation)
• Évacuation d'air vicié à 80 °C
• Diamètre 150 ou 160 mm en tuyau galvanisé en attente à 1,50 m du sol fini (le raccordement entre l'attente et le sèche-linge sera effectué en souple transparent afin de permettre de visualiser rapidement des bourrages de peluche – risque de sinistre incendie). La grille extérieure ne devra pas être équipée de grillage anti-insecte et les lamelles devront avoir un espace minimum de 3 cm.
• Arrivée d'air neuf. Prise directe extérieure diamètre 160 mm en attente à 1,50 m du sol fini le raccordement entre l'attente et le sèche-linge sera effectué en souple transparent.

– **Sèche-linge 6 kg n° 6 :**

• Électrique : 3 N AC / 400 V / 50 Hz / 5,4 KW
• Disjoncteur tétra 16 A / Section 5 x 2,5 mm^2
• Sélectionneur à 1,50 m du sol (pas de coupure en charge uniquement consignation)
• Évacuation d'air vicié à 80 °C
• Diamètre 100 mm en tuyau galvanisé en attente à 1,00 m du sol fini (le raccordement entre l'attente et le sèche-linge sera effectué en souple transparent afin de permettre de visualiser rapidement des bourrages de peluche – risque de sinistre incendie). La grille extérieure ne devra pas être équipée de grillage anti-insecte et les lamelles devront avoir un espace minimum de 3 cm.
Important : ne pas raccorder les 2 sèche-linge sur un même conduit car cela crée des phénomènes de condensats engendrant un taux de pannes élevé.

•••

●●●

– **Table de repassage :**
- Électrique : 3 N AC / 400 V / 50 Hz / 2,5 KW
- Disjoncteur tétra 16 A / section 5 x 2,5 mm^2
- Prise à 1,20 m du sol fini
- Arrivée d'eau : robinet 3/8 de pouce mâle à 30 cl du sol fini
- Évacuation DN40

– **Table de raccommodage :**
- Électrique : 1 N AC / 230 V / 50 Hz

Diagnostic du bâtiment 8 existant :

– Celui-ci dispose d'un sous-sol (ou vide sanitaire de grande hauteur) et de galeries de liaison enterrées vers les autres bâtiments de la base. Vous ne disposez d'aucune information concernant les aspects structurels de celui-ci et de l'ensemble du bâtiment. Le sous-sol est accessible depuis une trappe située à l'entrée du bâtiment.

– Il vous a été donné de constater que la charpente en place est une charpente de type fermettes bois avec un entraxe de 70 cm entre les axes des fermettes. Vous ne disposez d'aucune information sur cette charpente fermettes (état de conservation, tenue...).

– Les menuiseries extérieures sont en bois, en relativement mauvais état et ne sont plus compatibles avec les nouvelles règlementations thermiques.

– Le bâtiment n'est pas isolé thermiquement.

– Les cloisons intérieures sont en plâtre et présentent des signes de moisissures.

– Les revêtements de sols sont en PVC et assez délabrés dans l'ensemble.

– Les murs extérieurs sont en maçonnerie terre cuite.

DOCUMENT N° 2
Conseil régional de Techni, mars 2012.

Principales vérifications périodiques réglementaires

Ces vérifiations doivent être réalisées par un organisme de contrôle ou un technicien compétent suivant le cas, selon une périodicité définie réglementairement :

Installation	Périodicité	Réalisé par	Référence réglementaire
Installations électriques	1 an	Organisme agréé ou technicien compétent	EL 19
Éclairage de sécurité	1 an	Organisme agréé ou technicien compétent	EL 19
Paratonnerres	1 an	Organisme agréé ou technicien compétent	EL 19
Moyens de secours : extincteurs, robinets d'incendie armés...	1 an	Technicien compétent	MS 73
Installations de désenfumage	1 an	Organisme agréé ou technicien compétent	DF 10
	3 ans(1)	Organisme agréé	
Alarme incendie	1 an	Organisme agréé ou technicien compétent	MS 73
Système de sécurité incendie de catégorie A et B	3 ans	Organisme agréé	MS 73
Installations de gaz	1 an	Organisme agréé ou technicien compétent	GZ 30
Ascenseurs	5 ans(2)	Organisme agré	AS 9
Chauffage	1 an	Organisme agréé ou technicien compétent	CH 58
Appareils de cuisson	1 an	Organisme agréé ou technicien compétent	GC 22
Ramonage cheminée	2 x / an(3)	Maître ramoneur	CH 57

(1) Lorsqu'il existe une installation de désenfumage mécanique et un système de sécurité incendie de catégorie A ou B.
(2) Une vérification doit également avoir lieu avant remise en service suite à transfomations importantes.
(3) Conformément au règlement sanitaire départemental du Bas-Rhin (art. 31.6).

DOCUMENT N° 3

Fiche pratique de sécurité, INRS, décembre 2005. Document propriété de l'INRS reproduit avec son autorisation © INRS.

Conduite d'engins en sécurité – Le CACES

PAR MICHEL AUMAS

La conduite des équipements de travail mobiles automoteurs et des équipements de travail servant au levage est réservée aux travailleurs qui ont reçu une formation adéquate et en possession d'une autorisation de conduite délivrée par l'employeur. Cette fiche présente le CACES (certificat d'aptitude à la conduite en sécurité) qui est un bon moyen de s'assurer des connaissances et savoir-faire du conducteur.
Des tableaux récapitulent les catégories d'engins correspondant à un CACES et la recommandation de la CNAMTS qui les traite.

Conduire un chariot automoteur ou tout autre engin ne s'improvise pas.

Pour prévenir les risques d'accidents et les accidents graves occasionnés par les engins mobiles automoteurs et les engins de levage, les services de prévention de la Sécurité sociale ont, depuis de nombreuses années, préconisé une formation des conducteurs afin qu'ils acquièrent les règles élémentaires pour conduire en sécurité (exigence également précisée dans le Code du travail et les textes réglementaires associés).

Certificat d'Aptitude à la Conduite En Sécurité

ORGANISATION DE LA PRÉVENTION

Cette situation a entraîné la création d'un grand nombre d'organismes de formation avec des contenus et des durées de formations parfois très différents. À l'issue de ces formations, aucun moyen ne permettait de s'assurer que le conducteur était effectivement apte à conduire en sécurité.

Il a donc paru nécessaire, pour les services de prévention de la Sécurité sociale, d'instituer une évaluation des connaissances et savoir-faire des conducteurs pour la conduite en sécurité, cette évaluation intervenant au terme de la formation. Dans ce contexte, le contenu et la durée de la formation sont laissés à l'appréciation des formateurs qui doivent les adapter en fonction des candidats.

Tous ces considérants ont conduit la Caisse nationale de l'Assurance maladie des travailleurs salariés (CNAMTS) à élaborer le dispositif CACES « Certificat d'aptitude à la conduite en sécurité ».
Par ailleurs, fin 1998, la réglementation a reprécisé l'obligation de formation pour la conduite des équipements de travail mobiles automoteurs et des équipements de travail servant au levage (art. R. 233-13-16 du Code du travail).

En complément, la conduite de certains équipements nécessite l'obtention d'une autorisation de conduite délivrée par le chef d'entreprise (art. R233-13-19 et arrêté « conduite » du 2 décembre 1998) après la prise en compte des trois éléments suivants :

- un examen d'aptitude médicale,
- un contrôle des connaissances et savoir-faire pour la conduite en sécurité,
- une connaissance des lieux et des instructions à respecter.

Les matériels concernés par l'autorisation de conduite sont :

- les grues à tour,
- les grues mobiles,
- les grues auxiliaires de chargement de véhicules,
- les chariots automoteurs de manutention à conducteur porté,
- les plates-formes élévatrices mobiles de personnes,
- les engins de chantier télécommandés ou à conducteur.

•••

•••

LES RECOMMANDATIONS DE LA CNAMTS

Pour chacun de ces types d'engins, la CNAMTS a établi une recommandation en précisant sa date d'application qui définit les conditions d'obtention du CACES :

R 372 modifiée : engins de chantier (01-01-2000)

R 377 modifiée : grues à tour (01-01-2000)

R 386 : plates-formes élévatrices mobiles de personnes (01-01-2000)

R 383 modifiée : grues mobiles (01-07-2000)

R 389 : chariots automoteurs de manutention à conducteur porté (01-01-2001)

R 390 : grues auxiliaires de chargement de véhicules (01-01-2003)

Ces recommandations définissent un référentiel de connaissances et savoir-faire des conducteurs pour la conduite en sécurité, les contenus des tests d'évaluation tant théoriques que pratiques auxquels doivent satisfaire les candidats en vue de l'obtention du CACES, ainsi que les instructions générales d'utilisation des matériels, mais elles ne précisent ni la durée de la formation et ni le contenu, qui sont laissés à l'appréciation des organismes de formation.

Recommandation R 372 modifiée
Engins de chantier
1- Tracteurs et petits engins de chantier mobiles (tracteur agricole, mini-pelle jusqu'à 6 t, mini-chargeuse jusqu'à 4,5 t, moto-basculeur jusqu'à 4,5 t, petit compacteur, machines à peindre les lignes sur les chaussées...)
2- Engins d'extraction ou de chargement à déplacement séquentiel (pelles, engins de fondations spéciales, de forage, de travaux souterrains...)
3- Engins d'extraction à déplacement alternatif (bouteurs, tracteurs à chenilles, pipe layer...)
4- Engins de chargement à déplacement alternatif (chargeuse, chargeuse-pelleteuse...)
5- Engins de finition à déplacement lent (finisseur, machine à coffrage glissant, répandeur de chaux, gravillonneur automoteur, pulvimixeur, fraiseurs...)
6- Engins de réglage à déplacement alternatif (niveleuse...)
7- Engins de compactage à déplacement alternatif (compacteur...)
8- Engins de transport ou d'extraction transport (tombereau, décapeuses, tracteur agricole > 50 ch).
9- Engins de manutention (chariot élévateur de chantier ou tout terrain)
10- Déplacement, chargement, déchargement, transfert, maintenance, démonstration, essais (hors production)

Recommandation adoptée par les Comités techniques nationaux des industries du bâtiment et des travaux publics, le 2 décembre 1999, des pierres à feu, le 16 novembre 1999, des transports et de la manutention le 30 novembre 1999, de l'eau, du gaz, de l'électricité, le 3 décembre 1999, interprofessionnel (entreprises de travail temporaire) le 29 novembre 2000.

Recommandation R 377 modifiée
Grue à tour
Grues à tour à montage automatisé (GMA). Conduite en cabine
Grues à tour à montage par éléments (GME). Conduite en cabine
Grues à tour à flèche relevable à montage par éléments (GME). Conduite en cabine
Grues à tour à montage automatisé (GMA). Conduite au sol

Recommandation adoptée par le Comité technique national des industries du bâtiment et des travaux publics, le 2 décembre 1999, interprofessionnel (entreprises de travail temporaire), le 29 novembre 2000.

« Pour chacun des types d'engins, la CNAMTS a établi une recommandation qui définit les conditions d'obtention du CACES. »

•••

•••

Le CACES est délivré par des « testeurs » appartenant à des « organismes testeurs » ; l'organisme testeur peut être soit un organisme de formation, soit une entreprise, certifié par des « organismes certificateurs de qualification » conventionnés par la CNAMTS et accrédités par le COFRAC (Comité français d'accréditation).

COMMENT OBTENIR LE CACES ?

Le CACES n'est ni un diplôme, ni un titre de qualification professionnelle toutefois, il constitue un bon moyen, pour le chef d'établissement, de se conformer aux obligations en matière de contrôle des connaissances et savoir-faire du conducteur pour la conduite en sécurité (obligations définies à l'art. R. 233-13-19).

Pour certaines familles de matériels, sont définies différentes catégories correspondant chacune à un CACES (se référer aux différents tableaux présentés dans cette fiche).

Avant de débuter toute formation en vue de l'obtention du CACES, il est nécessaire de s'assurer de l'aptitude médicale du candidat.

Pour obtenir le CACES, le candidat sera évalué par un testeur à partir des fiches d'évaluation des connaissances théoriques et pratiques, correspondant à la catégorie d'engins concernés, figurant dans chacune des recommandations.

Le candidat devra avoir obtenu une moyenne de 7/10 en théorie comme en pratique, avec un minimum de 7/10 pour certains points spécifiques définis dans les recommandations.

Le candidat qui échoue au CACES tout en réussissant l'une des évaluations théorique ou pratique, conserve le bénéfice de celle-ci pendant six mois. Pour obtenir le CACES, il lui suffit, dans un délai de six mois maximum après une formation complémentaire, de satisfaire auprès du même organisme testeur à l'évaluation pour laquelle il a échoué.

Recommandation R 383 modifiée
Grue mobiles
1A- Grue à treillis sur porteur Grue à treillis automotrice
1B- Grue télescopique sur porteur Grue télescopique automotrice
2A- Grue à treillis sur chenilles
2B- Grue télescopique sur chenilles
2C- Grue à treillis sur rails

Recommandation adoptée par les Comités techniques nationaux des transports et de la manutention, le 19 juin 2000, des industries du bâtiment et des travaux publics, le 20 juin 2000, des pierres et terres à feu, le 21 juin 2000, interprofessionnel (entreprises de travail temporaire), le 29 novembre 2000.

Recommandation R 386
Plates-formes élévatrices mobiles de personnes
1A- La translation n'est admise qu'avec la plate-forme de travail en position de transport avec élévation suivant un axe vertical.
1B- La translation n'est admise qu'avec la plate-forme de travail en position de transport avec élévation multidirectionnelle.
2A- La translation avec la plate-forme de travail en position haute ne peut être commandée que par un organe situé sur le châssis, avec élévation suivant un axe vertical.
2B- La translation avec la plate-forme de travail en position haute ne peut être commandée que par un organe situé sur le châssis, avec élévation multidirectionnelle.
3A- La translation avec la plate-forme de travail en position haute ne peut être commandée que par un organe situé sur la plate-forme de travail, avec élévation suivant un axe vertical.
3B- La translation avec la plate-forme de travail en position haute ne peut être commandée que par un organe situé sur la plate-forme de travail, avec élévation multidirectionnelle.

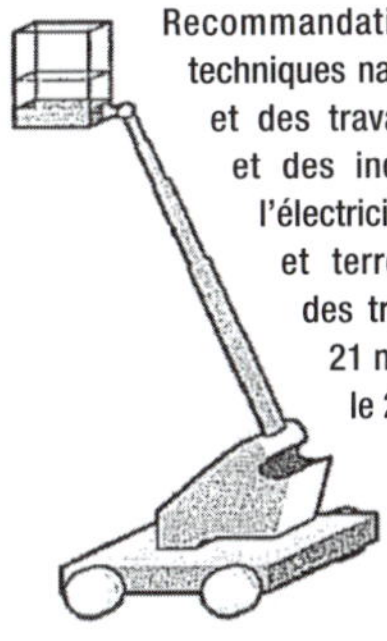

Recommandation adoptée par les Comités techniques nationaux des industries du bâtiment et des travaux publics, le 2 décembre 1999, et des industries de l'eau, du gaz et de l'électricité, le 3 décembre 1999, des pierres et terres à feu, le 16 novembre 2000, des transports et de la manutention, le 21 novembre 2000, interprofessionnel, le 29 novembre 2000.

•••

●●●

Pour certaines familles de matériels, les recommandations de la CNAMTS peuvent prévoir des CACES différents en fonction d'une classification des matériels en différentes catégories. Dans le cas où la partie théorique est commune à tous les CACES de la famille, le candidat qui possède un des CACES conserve le bénéfice de la partie théorique pendant 6 mois. Pour obtenir le CACES d'une autre catégorie de la famille, le candidat devra dans un délai de 6 mois au maximum et auprès du même organisme testeur, réussir l'évaluation des connaissances pratiques pour la catégorie d'engins considérés.

Le CACES est valable 5 ans à l'exception des engins de chantier pour lesquels il est valable 10 ans. Le conducteur doit réactualiser ses connaissances et repasser les tests d'évaluation avant la fin de validité du CACES.

Les conducteurs titulaires d'anciens CACES, du CCP « cariste » délivré suivant la recommandation R369 ou de diplômes équivalents, en conservent le bénéfice pendant 5 ans à dater de l'application de la recommandation établie pour le type d'engin concerné.

Pour connaître la liste à jour des organismes testeurs, s'adresser aux CRAM ou consulter le site web de l'INRS, www.inrs.fr.

Recommandation R 389
Chariots automoteurs de manutention à conducteur porté
1- Transpalettes à conducteur porté et préparateurs de commandes au sol (levée inférieure à 1 m)
2- Chariots tracteurs, chariots à plateau porteur
3- Chariots élévateurs en porte-à-faux de capacité inférieure ou égale à 6 000 kg (+complément de formation pour les chariots embarqués)
4- Chariots élévateurs en porte-à-faux de capacité supérieure à 6 000 kg (+complément de formation pour les chariots spéciaux non listés)
5- Chariots élévateurs à mât rétractable (+complément de formation pour les chariots bi et tri directionnels, à prise latérale, à poste de conduite élevable)
6- Déplacement, chargement, déchargement, transfert, maintenance, essais (hors production)

Recommandation adoptée par le Comité technique national des industries des transports et de la manutention, le 19 juin 2000, des pierres et terres à feu, le 16 novembre 2000, interprofessionnel, le 29 novembre 2000, du bâtiment et des travaux publics, le 20 juin 2001.

Recommandation R 390
Grue auxiliaire de chargement de véhicule
Toute grue auxiliaire (+ option complémentaire pour conduite télécommandée)

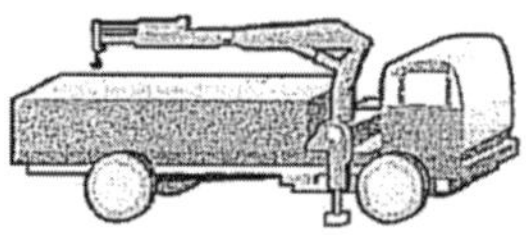

Recommandation adoptée par le Comité technique national des industries du bâtiment et des travaux publics, le 1er décembre 2000, des activités de service (entreprises de travail temporaire), le 7 juillet 2003.

CONDUITE D'ENGINS EN SÉCURITÉ : LE CACES
Michel Aumas

ont collaboré à cette fiche
Secrétariat de Rédaction : C. Larcher,
Infographie : WAG

CONTACTS
Service Prévention de votre CNAM,
s'adresser aux personnels spécialisés
dans le risque conduite d'engins
INRS : Tél. 01 40 44 30 00
www.inrs.fr

ED 96 - Tiré à part de *Travail & Sécurité*, novembre 2001 - Réimpression déc. 2005 à 8 000 ex
Imprimerie Chirat, n° 8072 - n° CPPAP 80GAD du 21/11/74
Directeur de la publication : J.L. Marié - ISSN 0373-1044

DOCUMENT N° 4
Site Internet www.econo-ecolo.fr, 15 juin 2008.

Comparatif des différents types de lampes et d'ampoules

Que cela soit par souci écologique ou par souci économique, l'éclairage est un vecteur important de dépense énergétique qu'il est possible de réduire par quelques gestes simples.
Le premier d'entre eux est le choix judicieux du type de lampe adapté à l'usage que vous souhaitez en faire.
Chaque utilisation requiert un certain type de lampe. Par exemple :
- une ampoule LED pour une lampe de chevet dans une chambre,
- une ampoule basse consommation fluorescente compacte pour la salle à manger,
- une ampoule à incandescence pour le couloir,
- une ampoule au sodium ou aux halogénures métalliques pour un grand jardin,
- une ampoule à induction sur une lampe peu accessible située sur votre toit.

Vous trouverez dans les lignes qui suivent un comparatif des différents types de lampes existantes afin de vous éclairer dans votre choix ...

Ampoules Led (*Light Emitting Diode*) ou diode électro-luminescente

Pour débuter ce comparatif des ampoules, c'est une des ampoules les plus économiques et les plus écologiques. L'ampoule Led est largement à privilégier. Son principal inconvénient qui est en train d'être résolu est qu'elle est peu disponible en forte puissance.

Avantages :
- La durée de vie des ampoules Led est exceptionnelle : 50 000 à 100 000 heures d'utilisation !
- De plus, les ampoules Led sont très solides et résistantes aux chocs, ce qui permet de profiter de leur durée de vie...
- Enfin, leur durée de vie n'est pas altérée par des allumages répétés comme les ampoules basses consommation.
- Leur rendement est très bon : de 50 à 60 lumens par watt. Elle ne dégage que très peu de chaleur et reste froide ; il n'y a donc que peu de déperdition d'énergie.
- L'intensité lumineuse de l'ampoule Led est variable, elles peuvent donc être utilisées avec un variateur.
- Leur taille est très petite : elles peuvent ainsi être intégrées dans des luminaires plus discrets.
- Ce type de lampe Led existe également en basse tension, ce qui en permet l'utilisation en pièces humides ou à l'extérieur.

Inconvénients :
- Le prix de ces lampes Led est leur principal inconvénient, car il est assez élevé. Toutefois, c'est un investissement qui peut être assez vite amorti en fonction de votre utilisation et au vu de leur coût de consommation. En outre, le prix est en ce moment en chute libre.
- Le rendu des couleurs est plutôt moyen, bien que ce point ait été grandement amélioré ces dernières années.
- Il existe peu de fortes puissances disponibles, mais ce point est en fort progrès.

Les ampoules LED sont idéales pour un éclairage ponctuel comme une lampe de chevet, un spot d'éclairage, une veilleuse...

Ampoule basse consommation, lampe à fluorescence ou néon

La lampe fluorescente ou ampoule basse consommation est une solution économique et écologique pour éclairer de grands volumes ou le jardin. Elle est à éviter dans les pièces qui sont éclairées par intermittence comme les WC, la cave ou les couloirs.
Il convient de privilégier des marques afin de bénéficier des récents avantages (moins de substances nocives, usure moindre, meilleur rendu des couleurs...).

•••

•••

La lampe fluocompacte est un néon torsadé pour prendre moins de place mais utilise la même technologie.

Avantages :

– La durée de vie des ampoules basse consommation est importante : 10 à 20 fois plus qu'une ampoule à incandescence, mais 5 fois moins qu'une ampoule Led.
– Le rendement énergétique est très bon (5 fois meilleur que les ampoules classiques à incandescence) ; l'ampoule reste tiède.
– Il existe de nombreuses puissances disponibles.

Inconvénients :

– Le prix est plus élevé qu'une lampe classique à incandescence, mais reste moins élevé que les ampoules Led. Leur prix d'achat est vite amorti par leur coût de consommation moindre.
– Le rendu des couleurs de l'ampoule basse consommation n'est pas très bon, notamment lors de la phase de chauffe.
– Les lampes à fluorescence sont de taille assez conséquente, limitées par le fait que la lumière provient d'un tube long dans le cas d'un néon ou courbé dans le cas d'une lampe basse consommation. Elles ne conviennent pas à tous les luminaires.
– Ces ampoules fluocompactes contiennent des substances dangereuses comme le mercure ou le plomb. Il convient de privilégier les grandes marques qui minimisent ces éléments nocifs.
– Elles sont assez fragiles, beaucoup plus que les Led.
– Les ampoules basse consommation ne sont pas utilisables avec un variateur.
– Elles supportaient mal les allumages répétés. Ce point a été résolu sur les modèles les plus récents et de bonne qualité.
– Elles mettaient un certain temps avant d'atteindre leur puissance lumineuse maximale. C'est toujours le cas des modèles bas de gamme.

Une variante : la lampe à ioniseur

La lampe à ioniseur est une ampoule fluocompacte qui intègre un ioniseur.
Son rôle est de revivifier l'air, comme les lampes à sel.
Elle utilise la photocatalyse pour dépolluer l'air en tentant de le débarrasser des germes, composants organiques volatils, formaldéhyde, benzène, allergènes et poussières présents dans nos intérieurs.
Les milieux naturels sont riches en ions négatifs. En milieu urbain, cette ionisation est très faible et quasiment absente dans les logements où l'on trouve de nombreux micro-polluants en suspension dans l'air (COV, benzène, toluène, formaldéhyde, éther de glycol...). Les polluants sont émis par les bois traités, agglomérés, contreplaqués, colles, moquettes, peintures, isolants...
Les ions négatifs revitalisent l'atmosphère, éliminent la micro-pollution, neutralisent l'électricité statique et réduisent les perturbations électromagnétiques (ordinateur, télévision, téléphone...).
L'ioniseur émet des électrons qui s'attachent aux micro-polluants en suspension dans l'air. Ces particules vont se déposer progressivement au sol et ne seront donc plus inhalées.
Son inconvénient est sans doute son prix plus important qu'une ampoule fluocompacte classique.
Pour plus d'information : www.zone-ecolo.com

Ampoule classique incandescente

La lampe à incandescence est l'ampoule classique à bas prix et à l'éclairage très naturel, mais dont le coût de consommation est très important et la durée de vie très faible : une lampe peu écologique !

Avantages :

– Le prix de l'ampoule incandescente est très faible comparativement aux autres ampoules.

•••

•••

– Leur taille est très variable et peut s'adapter à de multiples types de luminaires. Elle existe dans de nombreuses variétés de couleur et de forme.
– Le rendu des couleurs est excellent. C'est son gros point fort !
– Ce type de lampe peut être utilisé avec un variateur.
– Les gaz inertes contenus dans l'ampoule ne sont pas polluants.

Inconvénients :
– La durée de vie de ce type de lampe est faible : 1 000 heures contre 100 000 heures pour les ampoules Led..
– L'ampoule incandescente n'est pas particulièrement solide et est sensible aux chocs.
– Le rendement est très mauvais : seulement 5 % de l'énergie consommée est restituée en lumière, le reste est perdu en chaleur. Ce type d'ampoule chauffe beaucoup et peut donc s'avérer dangereuse.

Il est à noter la suppression progressive des ampoules à incandescence jusqu'en 2012. Les ampoules à incandescence de puissance supérieure à 75 W sont en 2011 retirés de la vente. Au 1er septembre 2011, ce seront les ampoules de puissance de plus de 60 W et au 1er septembre 2012, ce sera au tour des puissances supérieures à 25 W.

Ampoule halogène
L'ampoule halogène n'est adaptée que dans un éclairage indirect car le flux lumineux est trop éblouissant.
C'est un mauvais calcul économique : le prix d'achat est pratiquement aussi élevé que les ampoules basse consommation pour un coût de consommation beaucoup plus élevé lié au rendement, mais également au fait que ce type de lampe est utilisé en lumière indirecte.
C'est la lampe à éviter : peu économique et peu écologique.

Avantages :
– Le rendu des couleurs des ampoules halogènes est excellent et est comparable à la lumière naturelle.
– Les tailles sont très variables et il en existe de multiples formes.
– La lampe halogène existe en basse tension et est donc adaptée pour l'utilisation dans une salle de bains ou une cuisine.
– Il existe une grande variété de puissance d'ampoule halogène.

Inconvénients :
– La lampe halogène résiste peu aux chocs et vibrations.
– Le rendement est particulièrement mauvais, bien que légèrement meilleur que celui des lampes à incandescence. L'échauffement de l'ampoule est très important et dangereux.
– Ce type de lampe peut être installé sur un variateur, mais en réduit la durée de vie du filament qui s'oxyde en raison d'une température plus basse.
– Le gaz halogène est toxique et polluant.

Lampe au sodium
La lampe au sodium est utilisée surtout pour les éclairages publics.
Son rendu des couleurs et son éclairage peu agréable sont des inconvénients de taille pour ce type de lampe.
Elle est adaptée pour éclairer un grand jardin par exemple.

Avantages :
– La durée de vie est longue, comparable aux ampoules basse consommation fluorescentes.
– Le rendement et la puissance dégagée sont les principaux atouts de ce type de lampe.

•••

•••

Inconvénients :
– Ces ampoules au sodium ne sont pas solides.
– Le rendu des couleurs est très mauvais, donnant une lumière blafarde peu agréable.
– La taille des ampoules est assez imposante et peu adaptée à certains luminaires.
– Elle est difficile à trouver dans les grandes enseignes.

Lampe à induction

Ce sont des lampes à décharge basse pression à vapeur de mercure. C'est une lampe sans filament qui combine la technologie des tubes fluorescents et de l'induction.
Du fait de sa longue durée de vie et de son prix, la lampe à induction est utilisée là où la maintenance est difficile ou coûteuse, et dans des situations requérant de longues périodes de fonctionnement.

Avantages :
– La durée de vie des ampoules à induction est extrêmement longue : jusqu'à 100 000 heures !
– Procure un éclairage instantané.
– Le rendu des couleurs est bon

Inconvénients :
– Le prix est assez cher.

N'oubliez pas de recycler vos ampoules usagées.

Le recyclage des ampoules permet de :
– préserver des ressources naturelles : 93 % du poids des lampes sont recyclables. L'utilisation de débris de verre, appelés calcin, permet d'économiser 700 kg de sable par tonne de verre fabriqué. On économise également 150 kg de soude ou potasse et 100 kg de calcaire. Par ailleurs, les composants recyclés sont autant de déchets en moins à mettre en décharge ou à incinérer ;
– économiser de l'énergie : produire des tubes fluorescents à partir de calcin nécessite moins d'énergie qu'à partir de sable puisque le verre fond plus facilement que le sable. 1 tonne de calcin utilisée permet d'éviter le rejet de 500 kg de CO_2 en moyenne ;
– évite la pollution due au mercure : le mercure est le composant qui permet aux lampes de consommer peu d'énergie tout en éclairant très efficacement. Si le mercure contenu dans une lampe en infime quantité (0,005 %) ne représente aucun danger en cas de « casse », il devient potentiellement dangereux pour l'environnement à l'échelle des dizaines de millions de lampes arrivant en fin de vie chaque année si elles ne sont pas traitées. Le recyclage des lampes permet de récupérer et réutiliser le mercure et d'empêcher son rejet dans l'atmosphère ou dans les sols.
Toutes les ampoules à filament, classiques et halogènes, peuvent être jetées à la poubelle.
Leur composition ne nécessite pas de traitement particulier, ce qui permet leur élimination avec les déchets ménagers.
Toutes les autres ampoules doivent être collectées, notamment les tubes fluorescents appelés couramment « néons », les lampes fluocompactes appelées couramment « ampoules basse consommation » et les ampoules Led.

DOCUMENT N° 5

Syndicat de l'éclairage, ADEME, AFE, décembre 2000.

Les lampes à économie d'énergie

Les lampes à économie d'énergie sont nées en 1980 d'une idée relativement simple : plier un tube fluorescent pour en faire une lampe adaptable sur des luminaires moins volumineux.

Une lampe fluorescente est donc constituée d'un tube de verre dont la paroi interne est recouverte d'une mince couche de substance photoluminescente (poudres fluorescentes). Une décharge électrique dans la vapeur de mercure à basse pression produit un rayonnement ultraviolet qui est transformé en lumière visible par la couche de poudre. C'est de la composition de ces poudres que dépendront en grande partie la nature, la qualité et la quantité de lumière émise.

Deux types de lampes ont été créés simultanément. Les premières, dites d'intégration, sont équipées d'un culot à broches et destinées à des luminaires spécialement conçus pour les recevoir. Les secondes ont été appelées lampes de substitution car elles disposent de culots Edison (à vis) ou à baïonnette qui leur permettent de se substituer aux lampes à incandescence. Grâce à leurs ballasts incorporés (elles sont également appelées lampes à ballast intégré) et à leurs culots standards E27, B22, E14, ces lampes peuvent être utilisées dans tous les types d'éclairage qui faisaient précédemment appel à l'incandescence.

Plusieurs appellations caractérisent les lampes à économie d'énergie : lampes basse consommation, lampes fluorescentes compactes ou lampes fluocompactes. Les termes lampes à économie d'énergie et lampes fluorescentes compactes seront indifféremment employés dans cette brochure.

Les lampes à économie d'énergie

Ces lampes offrent une efficacité lumineuse jusqu'à 5 fois supérieure à celle de l'incandescence, elles consomment de 4 à 5 fois moins et durent de 12 à 15 fois plus longtemps, ce qui permet de réduire les frais d'exploitation et d'espacer les opérations de maintenance. Leur allumage est quasi instantané.

Leur température de couleur – généralement 2 700 kelvins (K) – et un indice de rendu des couleurs élevé permettent de retrouver les ambiances lumineuses chaudes propres à l'incandescence et une bonne capacité à restituer les couleurs des personnes et des objets éclairés.

Elles sont désormais toutes équipées d'un **ballast électronique intégré**, pour réaliser des économies de consommation supplémentaires (20 %) et allonger la durée de vie de la lampe. Certaines peuvent fonctionner en courant continu et d'autres sont prévues pour des milieux basse température (– 15 °C), sans baisse du flux lumineux.

> Équivalences de puissances entre lampes à incandescence et lampes fluorescentes compactes

Lampes à incandescence (W)	Lampes à économie d'énergie (W)
25	5
40	7
2 x 25	9
60	11
75	15
100	20
2 x 60	23

•••

•••

L'avantage de la substitution

> Deux gammes adaptées

La lampe fluorescente compacte, à vis ou à baronnette, est en constante évolution. Pour mieux répondre à la demande du marché, il existe aujourd'hui deux gammes de lampes qui ne présentent pas les mêmes caractéristiques.

• LES LAMPES « GRAND PUBLIC » moins coûteuses à l'achat et généralement d'une durée de vie de 3 000 à 8 000 heures (soit 3 à 6 ans à raison de seulement 3 heures de fonctionnement par jour), d'une efficacité lumineuse moins élevée, sont plutôt destinées à l'habitat et sont commercialisées dans les réseaux de grande distribution.

• LES LAMPES « PROFESSIONNELLES » sont destinées aux petits commerces, aux cafés, hôtels, restaurants, aux petits espaces de bureaux, etc. Ces lampes se substituent aux lampes à incandescence dans tout espace professionnel intérieur ou extérieur où, pour des raisons budgétaires, il n'est pas envisagé de remplacer immédiatement les luminaires pour lampes à incandescence par des luminaires pour lampes à économie d'énergie à alimentation séparée, dites d'intégration, ou pour tubes fluorescents à haut rendement. Elles sont également recommandées pour l'utilisation dans les blocs autonomes d'éclairage de sécurité et en éclairage de secours.

Les lampes fluorescentes compactes professionnelles sont généralement plus coûteuses que les lampes « grand public » mais leur importante efficacité lumineuse et leur durée de vie supérieure à 10 000 heures permettent aux exploitants, soucieux de considérer à la fois les coûts d'investissement et d'exploitation de leur installation d'éclairage, de réduire leur facture d'électricité, par une meilleure maîtrise des consommations d'énergie.

> Caractéristiques techniques

• Culot	E 14, E27, 622
• Puissance (W)	3, 5, 6, 7, 9,11, 12, 13, 14, 15, 16, 17, 18, 20, 21,23
• Flux lumineux (lumen, lm)	100 à 1 800
• Efficacité lumineuse	33 à 64
• Indice de rendu des couleurs (IRC)	85
• Température de couleur (Kelvin, K)	2 700 à 4 000*
• Durée de vie (heure, h)	10 000 à 16 000

• Tension (V)	Basse tension soit 230 V
• Formes	– standard (2 ou 3 tubes) – à enveloppe cylindrique – à enveloppe en forme d'ampoule « champignon » – à réflecteur : • circulaire • globe
• Longueur culot compris (mm)	113 à 190
• Poids (g)	60 à 200

Les données reprises dans ce tableau émanent des marques des fabricants de lampes à économie d'énergie, adhérents du Syndicat de l'éclairage : Claude, GE Lighting, Mazda, Osram, Philips Eclairage et Sylvania.

** Les fabricants peuvent proposer cette température de couleur pour répondre à des demandes particulières.*

• Température de fonctionnement : entre – 15 °C et + 55 °C selon les modèles. Certaines lampes peuvent fonctionner à une température de – 30 °C.

• Les lampes fluorescentes compactes de substitution ne fonctionnent pas sur gradateur et leur utilisation sur minuterie n'est pas recommandée.

• Les caractéristiques précises de chaque lampe sont indiquées dans les catalogues des fabricants qui garantissent le suivi de ces gammes et une qualité constante de fabrication.

•••

•••

> Repérer la qualité

Une lampe à économie d'énergie doit assurer un éclairage durable, efficace, économique et agréable. Elle doit également pouvoir se substituer à une lampe à incandescence classique, assurer la sécurité de l'utilisateur et de son environnement, résister aux contraintes mécaniques et climatiques externes ainsi qu'aux perturbations électromagnétiques externes, ne pas perturber son environnement électromagnétique ni son environnement lumineux. L'information de l'utilisateur doit en outre être assurée par un marquage précis des caractéristiques du produit.

C'est à ces seules conditions que l'on peut considérer que le produit est vraiment de qualité. C'est pour aider à reconnaître un produit de qualité que l'ADEME, EDF et le Syndicat de l'éclairage ont établi un référentiel de qualité dont les principaux points sont repris dans le tableau ci-après.

> Le respect de l'environnement : collecte, traitement des lampes et des emballages...

Le mercure contenu dans les lampes fluorescentes compactes est le seul matériau sensible d'un point de vue environnemental. C'est pourquoi ces lampes sont concernées par la Directive européenne relative aux déchets dangereux, transposée en France par un décret du 15 mai 1997. Depuis le 1er janvier 1999, le professionnel propriétaire ou détenteur final de lampes usagées doit donc suivre une démarche spécifique pour assurer leur élimination : la collecte séparée et le traitement des déchets. Une filière spécialisée s'est mise en place pour proposer la collecte et le retraitement de ces déchets. Le Syndicat de l'éclairage tient à la disposition des utilisateurs une liste d'entreprises susceptibles de traiter ces produits dans le respect de la réglementation. Outre les exigences énoncées à la rubrique « Informer » du tableau ci-après, doit figurer sur les emballages le logo indiquant que le fabricant participe au financement d'Eco-Emballage, société chargée d'assurer la collecte et le traitement des emballages.

•••

●●●

> Les critères de qualité

DÉSIGNATION		CRITÈRE	RÉFÉRENTIEL
ÉCLAIRER	durée de vie	Durée de vie sur le cycle d'allumage normalisé *Niveau exigé : mini 10 000 heures*	NF EN 60969 § 10
	photométrie (flux)	Maintien du flux lumineux dans le temps *Niveau exigé : ⩾ 80 % du flux initial*	NF EN 60969 § 10
	colorimétrie	Température de couleur et IRC *Niveau exigé : IRC > 80*	NF EN 60969 § 8
	mesures électriques	Consommation électrique	NF EN 60969 § 6
SE SUBSTITUER	mécaniquement	Géométrie du culot	NF EN 60968 § 5 NF EN 60969 § 3
ASSURER LA SÉCURITÉ	de l'utilisateur	Protection contre les chocs électriques	NF EN 60968 § 6 et 7
	de son environnement	Échauffement du culot	NF EN 60968 § 9
RÉSISTER	aux contraintes externes	Résistance mécanique	NF EN 60968 § 8
		Résistance à la chaleur	NFEN 60968 § 10
		Résistance à l'inflammation et à la combustion	NFEN 60968 § 11
		Conditions de défaut	NF EN 60968 § 12
	alimentation	Tension d'alimentation 230 V (+ 6 % – 10 %)	Arrêté du 29 mai 1986
NE PAS PERTUBER		Courants hamoniques BF	EN 61000-3-2
		Champs rayonnés et tensions conduites 9 kHz à 30 MHz	NF EN 55015
INFORMER		Marquage sur la lampe	NF EN 60968 § 4.1 et 4.3
		Informations complémentaires (soit sur la lampe, soit sur l'emballage, soit dans les instructions de montage) *Type de culot + durée de vie + marquage CE* *(étiquetage énergétique)*	NF EN 60968 § 4.2 Directive 98/11/CE du 27/01/98
GARANTIR UNE QUALITÉ CONSTANTE			ISO 9002 ISO 14000

●●●

●●●

> Coûts et performances

Ce tableau présente les bilans économiques d'une installation de type tertiaire (couloir d'hôpital) équipée de lampes à incandescence puis de lampes à économie d'énergie « professionnelles » et enfin de lampes à économie d'énergie « grand public », il permet d'établir une comparaison chiffrée des coûts et performances de chaque type de lampe.

	LAMPES À INCANDESCENCE CLASSIQUE	LAMPES À ÉCONOMIE D'ÉNERGIE « PROFESSIONNELLES »	LAMPES À ÉCONOMIE D'ÉNERGIE « GRAND PUBLIC »
Nombre de lampes installées	100	100	100
Puissance consommée par lampe (W)	100	20	20
Nombre d'heures de fonctionnement par jour	8	8	8
Nombre de jours de fonclionnement annuel	365	365	365
Nombre d'heures de fonctionnement annuel *nombre d'heures de fonctionnement par jour x nombre de jours de fonctionnement annuel*	2 920	2 920	2 920
Prix de l'électricité en F HT/kWh	0,50	0,50	0,50
Durée de vie moyenne des lampes (heures)	1 000	15 000	5 000
Prix unitaire moyen d'une lampe pour l'utilisateur final (F HT)	3	70	25
Coût de main-d'œuvre pour changer une lampe (10 min à 160 F HT/h)	26,67	26,67	26,67
Coût d'investissement (F HT) *(prix lampe + coût de main-d'œuvre/lampe) x nombre de lampes installées*	2 967	9 667	5 167
Nombre relatif de lampes changées tous les ans *(nbre de lampes installées x durée de fonctionnement annuel) / durée de vie moyenne des lampes*	292	19	58
Coût moyen annuel de remplacement des lampes (F HT) *prix lampe + coût de main-d'œuvre/lampe) x nombre de lampes changées par an*	8 663	1 836	2 997
Coût de la consommation électrique par an (F HT) *(puissance totale lampe x durée de fonctionnement annuel x coût kWh/1000*	14 600	2 920	2 920
Coût total 1re année (F HT)	26 320	12 587	8 087
Coûts cumulés sur 5 ans (F HT) *soit en Euros*	**119 282** *18 184,42*	**24 267** *42 3699,48*	**31 755** *4 841,02*

> Dépenses cumulées sur 5 ans pour chaque type de lampe (F HT)

Lampes à incandescence			Lampes à économie d'énergie « professionnelles »			Lampes à économie d'énergie « grand public »		
Investissement	2 967 F		Investissement	9 667 F		Investissement	5 167 F	
Année 1 (2 920 h)	26 230 F		Année 1 (2 920 h)	12 587 F		Année 1 (2 920 h)	8 087 F	
Année 2 (5 840 h)	49 493 F		Année 2 (5 840 h)	15 507 F		Année 2 (5 840 h)	14 004 F	
Année 3 (8 760 h)	72 756 F		Année 3 (8 760 h)	18 427 F		Année 3 (8 760 h)	19 921 F	
Année 4 (11 680 h)	96 019 F		Année 4 (11 680 h)	21 347 F		Année 4 (11 680 h)	25 838 F	
Année 5 (14 600 h)	119 282 F	18 184,42 €	Année 5 (14 600 h)	24 267 F	3 699,48 €	Année 5 (14 600 h)	31 755 F	4 841,02 €

●●●

•••

> Une grille de calcul comparatif à proposer...

	LAMPES À INCANDESCENCE CLASSIQUE	LAMPES À ÉCONOMIE D'ÉNERGIE « PROFESSIONNELLES »	LAMPES À ÉCONOMIE D'ÉNERGIE « GRAND PUBLIC »
Nombre de lampes installées			
Puissance consommée par lampe (W)			
Nombre d'heures de fonctionnement par jour			
Nombre de jours de fonclionnement annuel			
Nombre d'heures de fonctionnement annuel *nombre d'heures de fonctionnement par jour x nombre de jours de fonctionnement annuel*			
Prix de l'électricité en € HT/kWh			
Durée de vie moyenne des lampes (heures)			
Prix unitaire moyen d'une lampe pour l'utilisateur final (€ HT)			
Coût de main-d'œuvre pour changer une lampe (€ HT)			
Coût d'investissement (€ HT) *(prix lampe + coût de main-d'œuvre/lampe) x nombre de lampes installées*			
Nombre relatif de lampes changées tous les ans *(nombre de lampes installées x durée de fonctionnement annuel) /durée de vie moyenne des lampes*			
Coût moyen annuel de remplacement des lampes (€ HT) *(prix lampe + coût de main-d'œuvre/lampe) x nombre de lampes chargées par an*			
Coût de la consommation électrique par an (€ HT) *(puissance totale lampes x durée de fonctionnement annuel x coût kWh/1 000)*			
Coût total 1re année (€ HT)			

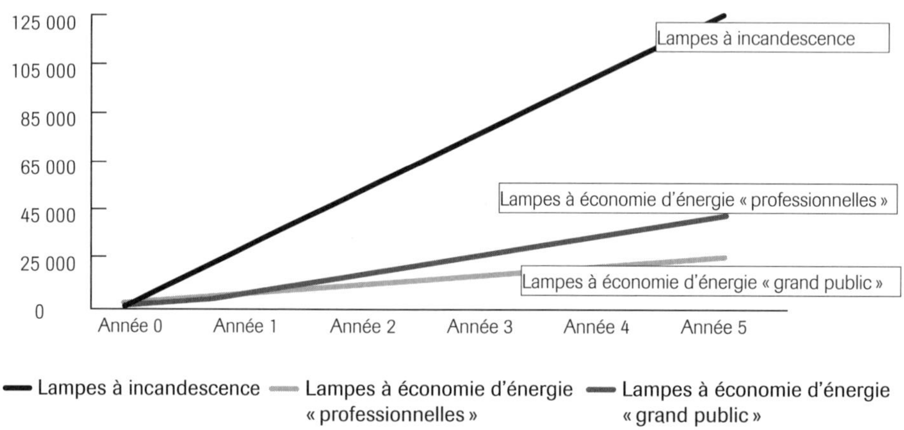

Document n° 6
Cahier technique, septembre/ octobre 2008.

Les LED en éclairage public : mythe ou réalité ?

La LED ne nécessitant aucune optique ou juste un simple collimateur, de nombreux intégrateurs non professionnels se sont engouffrés dans ce nouveau marché pour vendre des solutions non adaptées aux besoins des collectivités. Résultat : beaucoup de déceptions et de débats autour de ce produit. Si elle est parfaitement au point pour de nombreuses applications, rectifier certaines idées reçues sur cette technologie en constante évolution s'impose, en particulier dans le domaine de l'éclairage public.

ALAIN CHARDIGNY
PRÉSIDENT DE LA DIVISION
ÉCLAIRAGE EXTÉRIEUR DU SYNDICAT DE L'ÉCLAIRAGE

Ici et là, on commence à voir quelques projets d'éclairage public se réaliser en luminaire à LED avec, toujours, beaucoup de déceptions et un débat souvent biaisé. De nombreuses « fausses bonnes informations » sont colportées et expliquées aux clients : les LED ont une durée de vie de 100 000 h, avec la LED pas d'entretien, seule la LED peut permettre de réaliser des économies d'énergie...
Et dans le même temps, on occulte les questions essentielles : personne ne parle de chute de flux, de qualité de lumière, du respect de la norme d'éclairage public EN 13 201, d'uniformité d'éclairement et/ou de luminance, encore moins de confort visuel et de respect du contrôle des nuisances lumineuses (valeur de l'ULOR).
Concevoir une optique performante pour lampes à décharge demande des investissements colossaux et une technologie réservée aux constructeurs dignes de ce nom alors que la LED ne nécessite pas d'optique ou bien alors un simple collimateur fourni par le fabricant ; de ce fait elle a permis à beaucoup de non-professionnels intégrateurs de LED de se croire fabricants de luminaires et éclairagistes, et à beaucoup de commerciaux peu scrupuleux de « surfer » sur la vague du développement durable pour vendre aux clients des solutions non adaptées à leurs besoins et d'un coût annuel d'exploitation et de maintenance prohibitif. N'oublions pas qu'un client déçu par les LED est un client qui n'en installera plus jamais, ce qui sera très pénalisant dans 5 ou 10 ans lorsque ce produit sera mature.
Nous allons tenter de rétablir quelques vérités.

Flux lumineux et efficacité lumineuse des LED

Le flux et l'efficacité lumineuse des LED dépendent de plusieurs facteurs :

1. Le lot de fabrication

Exemple pour les teintes froides :
- 5 % de la production à 100 lm mini soit 83,3 lm/W
- 15 % de la production à 90 lm mini soit 75 lm/W
- 40 % de la production à 80 lm mini soit 66,7 lm/W

L'achat des LED selon un lot particulier est possible, mais avec un surcoût (suivant un tri sélectif appelé « *binning* »).

2. La température de couleur

Le flux lumineux dépend de la température de couleur elle-même fonction du taux de phosphore :
- Teintes froides : Fmax
- Teintes neutres : environ – 7 % de Fmax
- Teintes chaudes : environ – 35 % de Fmax

•••

●●●

3. La température de jonction

Exemple pour une teinte froide :
- 100 lm mini pour Tj = 25 °C
- Chute de 8 % pour une Tj = 60 °C
- Chute de 16 % pour une Tj = 100 °C

Conclusion. Pour l'éclairage extérieur, on peut retenir les conditions de fonctionnement suivantes :

- Tj = 80 °C pour des conditions économiques, les luminaires doivent rester dans des dimensions et des coûts raisonnables – soit une chute de flux moyenne de 10 %
- Utilisation des lots à 90 lm mini soit une valeur moyenne de flux de 95 lm
- Fonctionnement aux conditions nominales de courant, soit 350 mA.

Nous utiliserons donc les valeurs suivantes :
- LED froide. Flux à la mise en service 95 lm x 0,9 = 85,5 lm, soit 71,3 lm/W
- LED neutre. Flux à la mise en service 88,4 lm x 0,9 = 79,6 lm, soit 66,3 lm/W
- LED chaude. Flux à la mise en service 61,75 lm x 0,9 = 55,6 lm, soit 46,3 lm/W

Pertes de flux dues aux collimateurs

Les LED utilisées « brutes » ont une ouverture de faisceau de 140°. Dans la majeure partie des utilisations en éclairage extérieur (sauf balisage), on doit donc utiliser des collimateurs pour obtenir un faisceau de 10°, 30° ou 60° afin d'obtenir une photométrie adaptée au profil d'implantation sur une voie de circulation. On peut estimer que la perte de flux moyenne due à la présence de collimateurs est de 15 % à 20 %.

Conclusion : nous pouvons retenir une perte de flux due aux collimateurs de 17,5 %.

Durée de vie des LED

La durée de vie des LED dépend :

1. de la température de jonction Tj

2. des couleurs LED
   - Groupe 1 : LED blanche, bleue, verte
   - Groupe 2 : LED rouge et ambre

3. des hypothèses de calcul retenues

Taux de mortalité retenu : exemple 20 %.
Chute de flux retenue : exemple 30 %.
Dans cette hypothèse, la durée de vie se lit sur la courbe B20L70, soit 60 000 heures pour les LED Groupe 1.

Conclusion : en éclairage extérieur, compte tenu des garanties à apporter aux clients et des conditions de fonctionnement quelquefois difficiles (variations de température, humidité, vibrations, etc.) et bien que « théoriquement », ces éléments n'affectent pas la durée de vie des LED, nous ne pouvons raisonnablement pas garantir une durée de vie de 60 000 heures. On peut retenir comme durée de vie utile garantie :
- luminaires routiers, décoratifs ou projecteurs : 35 000 heures ;
- luminaires encastrés de sol : 25 000 heures.

Une des plus spectaculaires applications de l'éclairage par LED : la mise en lumière du patrimoine.

●●●

Tableau 1. Comparatif économique *(éclairage d'une voie de largeur 5 m ; mâts de hauteur 5 m ; éclairement demandé : 15 lux dépréciés)*

Sources	Puissance lampe	Puissance appareillage	Puissance totale	Espacement maximal	Nombre luminaires par km	Puissance installée par luminaire	Prix kW/h	Coût consommation annuelle	Prix lampe	Coût main-d'œuvre (remplct. syst.)
Unités	W	W	W	m		kW/km	€	€	€	€
SHP	70	12,3	82,3	23,6	42,4	3,49	0,10	1 394,92 €	13,75 €	21,00 €
HIT	70	12,3	82,3	19	52,6	4,33	0,10	1 732,63 €	36,90 €	21,00 €
COSMOPOLIS	60	6	66	21,2	47,2	3,11	0,10	1 245,28 €	54,90 €	21,00 €
→ LED SOLUTION 1 CU = 0,36										
LED froide 1	144	27,6	171,6	16	62,5	10,73	0,10	4 290,00 €	370,00 €	63,00 €
LED neutre 1	144	27,6	171,6	14,9	67,1	11,52	0,10	4 606,71 €	370,00 €	63,00 €
LED chaude 1	144	27,6	171,6	10,4	96,2	16,50	0,10	6 600,00 €	370,00 €	63,00 €
→ LED SOLUTION 2 CU = 0,50										
LED froide 2	144	27,6	171,6	22,3	44,8	7,70	0,10	3 078,03 €	370,00 €	63,00 €
LED neutre 2	144	27,6	171,6	20,7	48,3	8,29	0,10	3 315,94 €	370,00 €	63,00 €
LED chaude 2	144	27,6	171,6	14,4	69,4	11,92	0,10	4 766,67 €	370,00 €	63,00 €

NB : Flux LED. *Impossible de remplacer les LED séparément. Il faut remplacer l'ensemble du bloc optique.*
NB : Coût maintenance. *Prix lampe et coût main-d'œuvre selon série de prix d'un syndicat d'électrification.*

Tableau 2. Comparatif photométrique selon EN 13 201 *(éclairage d'une voie de largeur 5 m - Mâts de hauteur 5 m - Éclairement demandé : 10 lux dépréciés)*

Sources	Puissance lampe	Flux lumineux	lm/W	Durée de vie utile	Chute flux lampe	Chute flux luminaire IP65	Facteur de dépréciation globale	Éclairement déprécié	Éclairement mise en service EN13201	Coefficient d'utilisation	Espacement nécessaire
Unités	W	W		b	K	K	K	lux	lux	K	m
SHP	70	6 600	94	12 000	0,86	0,82	0,7052	10	14,2	0,36	23,6
HIT	70	6 300	90	8 000	0,72	0,90	0,658	10	15,4	0,36	19,0
COSMOPOLIS	60	6 850	114	12 000	0,80	0,82	0,656	10	15,2	0,36	21,2
→ LED SOLUTION 1 CU = 0,36											
LED froide 1	144	9 374	65,1	36 000	0,75	0,65	0,4875	10	20,5	0,36	16,0
LED neutre 1	144	8 712	60,5	36 000	0,75	0,65	0,4875	10	20,5	0,36	14,9
LED chaude 1	144	6 077	42,2	36 000	0,75	0,65	0,4875	10	20,5	0,36	10,4
→ LED SOLUTION 2 CU = 0,50											
LED froide 2	144	9 374	65,1	36 000	0,75	0,65	0,4875	10	20,5	0,5	23,3
LED neutre 2	144	8 712	60,5	36 000	0,75	0,65	0,6875	10	20,5	0,5	20,7
LED chaude 2	144	6 077	42,2	36 000	0,75	0,65	0,4875	10	20,5	0,5	14,4

NB : Flux LED. *144 W de LED = 40 LED de 3,6 W.*
ColdFlux 71,3 lm/W. Absorption collimateurs = 17,5 % - 50 % de LED avec collimateur flux moyen = 65,1 lm/W.
NeutralFlux 66,3 lm/W. Absorption collimateurs = 17,5 % - 50 % de LED avec collimateur flux moyen = 60,5 lm/W.
WarmFlux 46,3 lm/W. Absorption collimateurs = 17,5 % - 50 % de LED avec collimateur flux moyen = 42,2 lm/W.

•••

Chute de flux des LED

La chute de flux des LED est estimée à partir de tests et de calculs en laboratoires établis sur une durée de 8 000 heures. Cette chute de flux dépend des conditions de fonctionnement : courant de fonctionnement et température de jonction Tj. On peut estimer qu'à 35 000 heures, la chute de flux est d'environ :
- 20 % avec une Tj = 55 °C ;
- 25 % avec une Tj = 85 °C ;
- 30 % avec une Tj = 100 °C. Elle est identique quelle que soit la couleur des LED.

Conclusion En éclairage extérieur, compte tenu des garanties à apporter aux clients (mesures d'éclairement contractuelles), on retiendra comme chute de flux réelle :
- 15 % à 25 000 heures ;
- 25 % à 35 000 heures.

Prix lampe + main-d'œuvre	Coût maintenance sur 36 000 h	Coût maintenance annuelle sur 4 000 h	Coût d'exploitation annuelle sur 4 000 h	Écart
€	€	€	€	%
34,75 €	104,25 €	17,38 €	1 412,29 €	10 %
57,90 €	260,55 €	43,43 €	1 776,06 €	38 %
75,90 €	227,70 €	37,95 €	1 283,23 €	Base
433,00 €	433,00 €	72,17 €	4 362,17 €	240 %
433,00 €	433,00 €	72,17 €	4 678,88 €	265 %
433,00 €	433,00 €	72,17 €	6 672,17 €	420 %
433,00 €	433,00 €	72,17 €	3 150,19 €	145 %
433,00 €	433,00 €	72,17 €	3 388,11 €	164 %
433,00 €	433,00 €	72,17 €	4 838,83 €	277 %

Température de couleur

Les LED ne sont pas des lampes mais des composants électroniques. La température de couleur proximale Tcp des LED est répartie en trois familles :

1. Les LED froides :
- plage de 4 500 K à 10 000 K ;
- moyenne à 5 500 K.

2. Les LED neutres :
- plage de 3 500 K à 4 500 K ;
- moyenne à 4 100 K.

3. Les LED chaudes :
- plage de 2 670 K à 3 500 K ;
- moyenne à 32 00 K.

La fabrication est répartie en lots, ou « bins », qui ont une plage de variation de + ou – 150 K. L'achat des LED selon un « bin » particulier est possible, mais avec un surcoût et après validation du fournisseur. La différence de couleur d'un lot à l'autre est perceptible par l'œil humain. Elle peut être atténuée par l'utilisation d'une optique appropriée.

•••

•••

À partir de ces valeurs moyennes, dont nous garantissons la livraison dans des conditions économiques acceptables, nous pouvons établir une étude comparative fondée sur une installation type d'éclairage public (voie de 5 m éclairée à 5 m par des luminaires 70 W SHP/IM, 60 W Cosmopolis et LED 144 W). Le projet d'éclairage répond aux exigences de la norme EN 13 201.

Nous démontrons sur le tableau 2 que pour un éclairement déprécié demandé à 10 lux nous devons prévoir, compte tenu des chutes de flux dues à la source et à l'encrassement des luminaires, un éclairement à la mise en service de :
- 14,2 lux pour des lampes sodium HP ;
- 15,4 lux pour les lampes iodures métalliques ;
- 15,2 lux pour les lampes Cosmopolis ;
- 20,5 lux pour les LED.

Nous calculons ensuite les espacements requis pour obtenir ces résultats avec les différentes sources, en considérant chacune des températures de couleur pour les LED et, afin d'être totalement impartial, les valeurs de facteurs d'utilisation suivantes (tableau 2) :
- 0,36 pour une optique d'éclairage public pour lampes tubulaires claires standard ;
- 0,50 (valeur maximale obtenue pour des luminaires équipés de LED avec collimateurs avec un strict éclairage sur la chaussée et pratiquement rien sur les abords).

Les résultats se passent de commentaires, l'espacement entre foyers est de :
- 23,6 m pour le SHP 70 W ;
- 19 m pour les iodures métalliques 70 W à brûleur céramique ;
- 21,2 m pour les Cosmopolis 60 W ;
- 10,4 à 22,3 m pour les LED 144 W selon la teinte et le coefficient d'utilisation.

Un calcul économique de coût de maintenance et de coût de consommation conduit à un bilan économique très défavorable pour les luminaires à LED qui consomment entre 2,5 à 5,3 fois plus que la meilleure des solutions utilisant des lampes à décharge.

Il serait erroné de penser que cette augmentation de consommation est compensée par l'économie résultant d'une meilleure maintenance et d'une durée de vie plus élevée des LED. En effet, après 36 000 heures (soit 9 ans de fonctionnement), il faut changer tout le bloc à LED, voire tout le luminaire, ce qui représente un coût considérable. Rappelons que la durée de vie d'un luminaire est de 25 à 30 ans. Le bilan de consommation et de maintenance sur la durée de vie globale de l'installation est de 2,5 à 5,2 fois plus onéreux en LED.

Notre propos n'est pas de rejeter la LED en tant que telle. De nombreuses applications sont d'ores et déjà parfaitement au point et ont démontré leur efficacité telles que le balisage, l'animation lumineuse, la mise en valeur de bâtiments ou de végétaux, l'éclairage intérieur, la muséographie, les enseignes lumineuses, les décorations de Noël, les feux de signalisation routière, etc.

D'autre part, la technologie de fabrication de LED est en perpétuelle évolution avec de nouveaux produits chaque année. Soyons donc attentifs aux évolutions techniques rapides des LED (une nouvelle génération tous les 18 mois) et aux garanties que pourront offrir les fabricants.

À ce jour, et au moins pour les 5 ans à venir, la LED n'a strictement aucun intérêt en éclairage public et rien ne peut remplacer les lampes à décharge utilisées dans les meilleures optiques, le tout étant logé dans un luminaire au moins IP 65 avec un ULOR parfaitement maîtrisé.

Rappelons enfin que 50 % du potentiel d'économie d'énergie pour les installations d'éclairage public réside dans la qualité de l'étude qui doit être le préalable de toute installation.

NB : Chiffres de performance LED communiqués par LUMILED.

DOCUMENT N° 7

CNAM INRS ACEI UTE, Document propriété de l'INRS reproduit avec son autorisation. © INRS.

Définir son symbole d'habilitation électrique

1er Caractère domaine de tension	Tension	B : basse tension (BT) et très basse tension (TBT) = tension entre 0 volt et 1 000 volts. H : (HTA et HTB) haute tension = tension > 1 000 volts
2e Caractère type d'opération	Travaux d'ordre non électrique	0 : Exécutant ou chargé de chantier
	Travaux d'ordre électrique	1 : Pour exécutant 2 : Pour chargé de travaux
	Intervention BT	R : Intervention BT d'entretien et de dépannage S : Intervention BT de remplacement et de raccordement Hors tension
	Consignation	C : Chargé de consignation électrique
	Opération spécifique	E : Essai, vérification, mesurage ou manœuvre
3e Caractère lettre additionnelle	Complète si nécessaire les travaux	V : Travaux réalisés dans la zone de voisinage T : Travaux sous tension N : Nettoyage sous tension X : Opération spécifique
Attribut	Complète si nécessaire les caractères précédents	Écriture en clair du type d'opération, de vérification, d'essai, de mesurage ou de manœuvre d'un opérateur

Ce tableau résulte des éléments de la nouvelle norme NFC 18-510 qui est parue en janvier 2012.

QUELLE FORMATION À LA PRÉPARATION À L'HABILITATION ÉLECTRIQUE CHOISIR

OPÉRATION / TÂCHES	Anciennes habilitations 2011	Nouvelles habilitations 2012	OBSERVATIONS
Travaux / opérations non électriques en Basse Tension	BO	BO	S'applique aux exécutants et chef d'équipe ou de chantier
Travaux / opérations non électriques	BOV	SUPPRIMER	Soit BO /BS / BE
Travaux / opérations non électriques en Haute Tension	HO / HOV	HO / HOV	S'applique aux exécutants et chef d'équipe ou de chantier
Exploitation courante des installations basse tension. Réarmement de protection, manœuvre, changement de fusible	BO / B1V autorisé à ou limité à...	BE manœuvre / BS	Électricien ou personne qualifiée
Opérations de remplacement et de raccordement simple : ampoules interrupteurs prises hors tableau électrique et hors tension	B1V / BR autorisé à ou limité à...	BS	Électricien ou personne qualifiée
Travaux / opérations électriques Basse Tension	B1-B1V / B2-B2V / BC	B1-B1V / B2-B2V / B2V essai / BC	Électricien ou personne qualifiée
Travaux / opérations électriques Haute Tension	H1-H1V / H2-H2V / HC	H1-H1V / H2-H2V / H2V essai /HC	Électricien ou personne qualifiée
Intervention de maintenance et de dépannage des installations électriques Basse Tension	BR	BR	Électricien ou personne qualifiée
Opérations spécifiques de mesure, essai sur plate-forme d'essai, vérifications réglementaires ou fonctionnelles	BR / H1V	BE/HE mesurage BE/HE vérification BE/HE manœuvre	Nouveaux symboles : opérations spécifiques Électricien ou personne qualifiée

PLAN N° 1
Centre d'activités de Techniville, Conseil régional de techni, bâtiment n° 8, Plan du rez-de-chaussée, état existant, échelle 1/1 00, mars 2012.

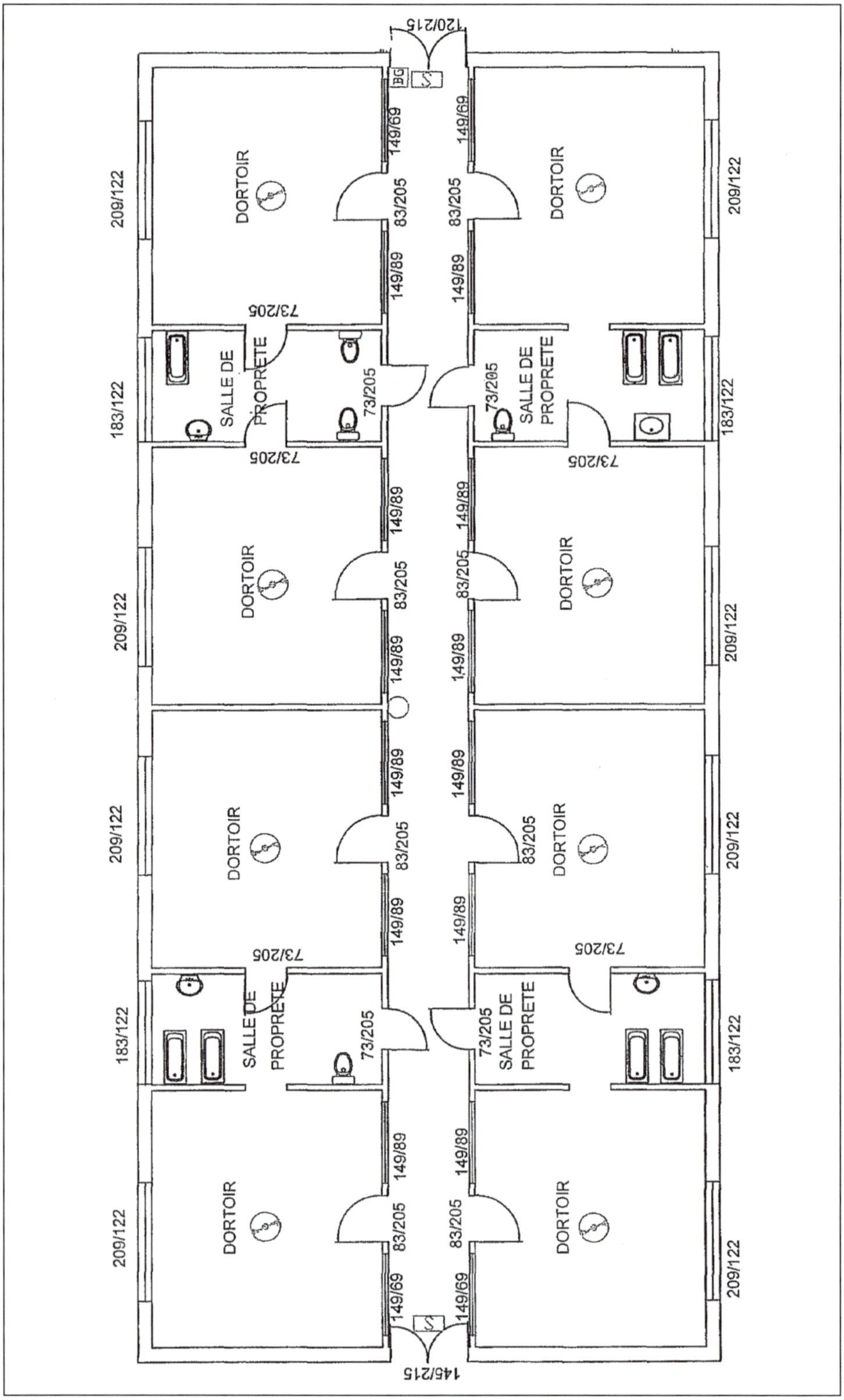

PLAN N° 2

Centre d'activités de Techniville, Conseil régional de techni, bâtiment n° 8, plan du sous-sol, état existant, échelle 1/1 00, mars 2012.

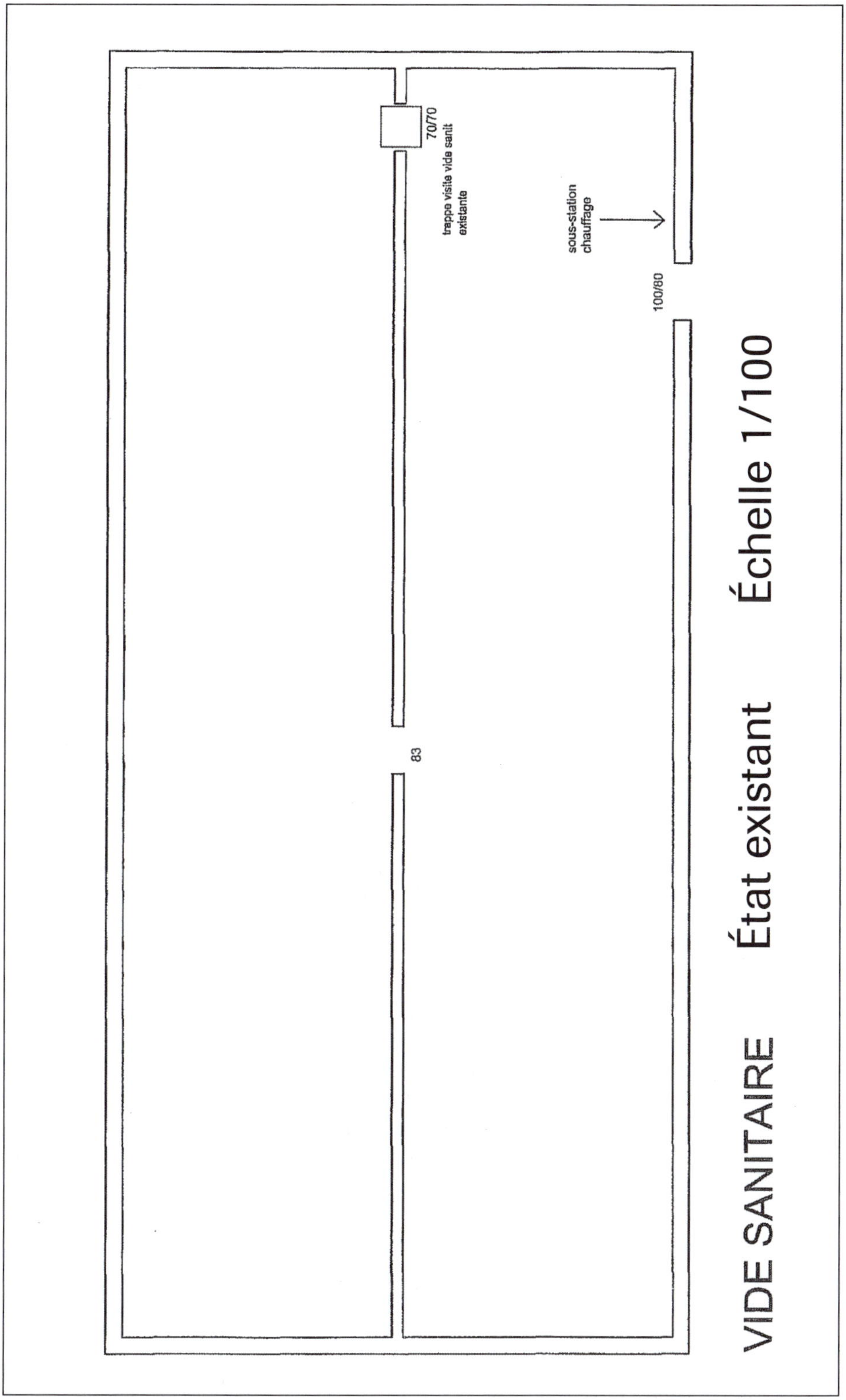

Proposition de corrigé

1 Dans la réalisation de l'**organigramme fonctionnel** du projet lingerie, certains principes sont à respecter, qui sont le respect de l'hygiène dans le cadre de la marche en avant et l'ergonomie de travail. L'organigramme fonctionnel se présentera donc sous la forme suivante :

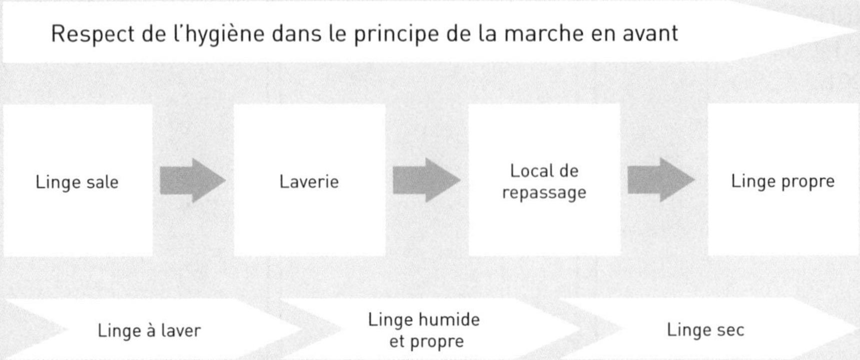

L'aménagement intérieur des locaux devra donc tenir compte de cet organigramme fonctionnel. Par conséquent, les sanitaires et les bureaux seront disposés dans les espaces restants.
Au préalable à tout aménagement, **plusieurs diagnostics** devront être mis en œuvre :
– **diagnostic amiante avant travaux :** l'État doit mentionner la présence, ou le cas échéant l'absence, de matériaux ou produits de la construction contenant de l'amiante ;
– **diagnostic plomb selon le cas.** Rappelons, en effet, que pour tout bien immobilier dont le permis de construire a été délivré avant 1949 et pour tout bien immobilier situé dans une « zone à risques d'exposition au plomb » délimitée par la préfecture, la promesse de vente ou le bail de location doit être accompagné d'un diagnostic plomb qui ne doit pas dater de plus d'un an au moment de la signature de l'acte, sous peine de sanctions pénales ;
– **diagnostic charpente et structure.** Ce diagnostic aura pour but de vérifier la qualité de la structure et, notamment, de prévenir des risques contre les ennemis du bois (dans le cas de structures bois) qui sont principalement les insectes à larves xylophages et les champignons lignivores.

Vous trouverez ci-après une **proposition d'aménagement des locaux** présentant la disposition des pièces et leurs surfaces.

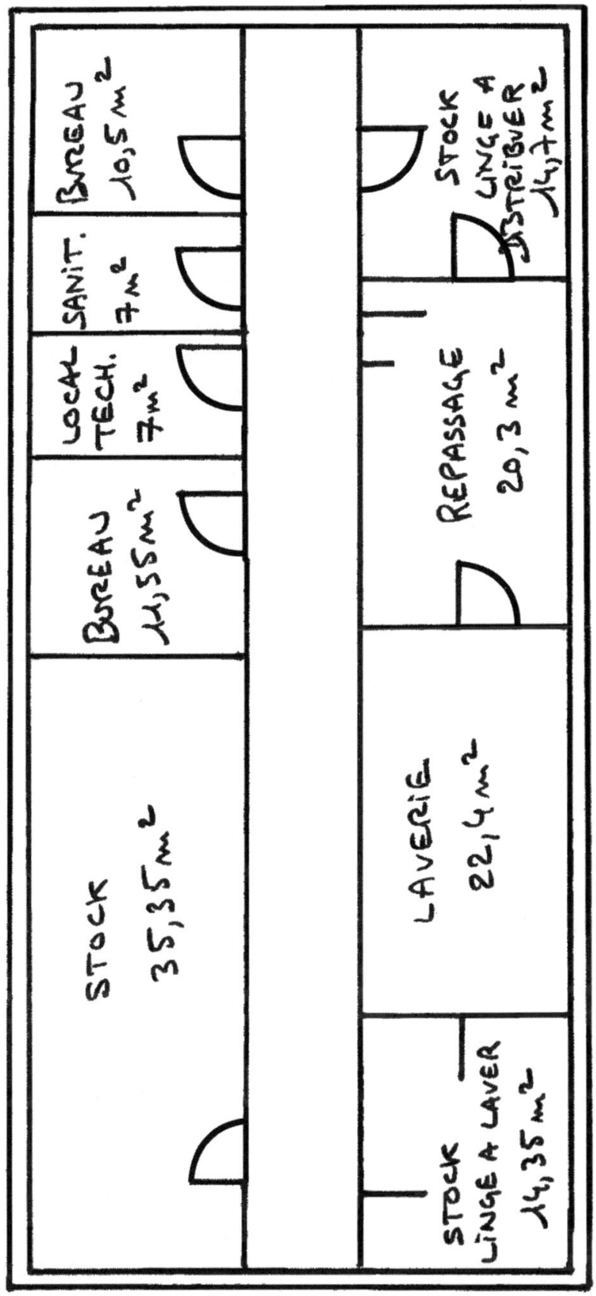
BUREAU 10,5 m²
SANIT. 7 m²
LOCAL TECH. 7 m²
BUREAU 11,55 m²
STOCK 35,35 m²
STOCK LINGE A DISTRIBUER 14,7 m²
REPASSAGE 20,3 m²
LAVERIE 22,4 m²
STOCK LINGE A LAVER 14,35 m²

UN PLAN « PARFAIT »

Pour information, voici un aménagement « parfait », irréalisable bien sûr dans les délais impartis.

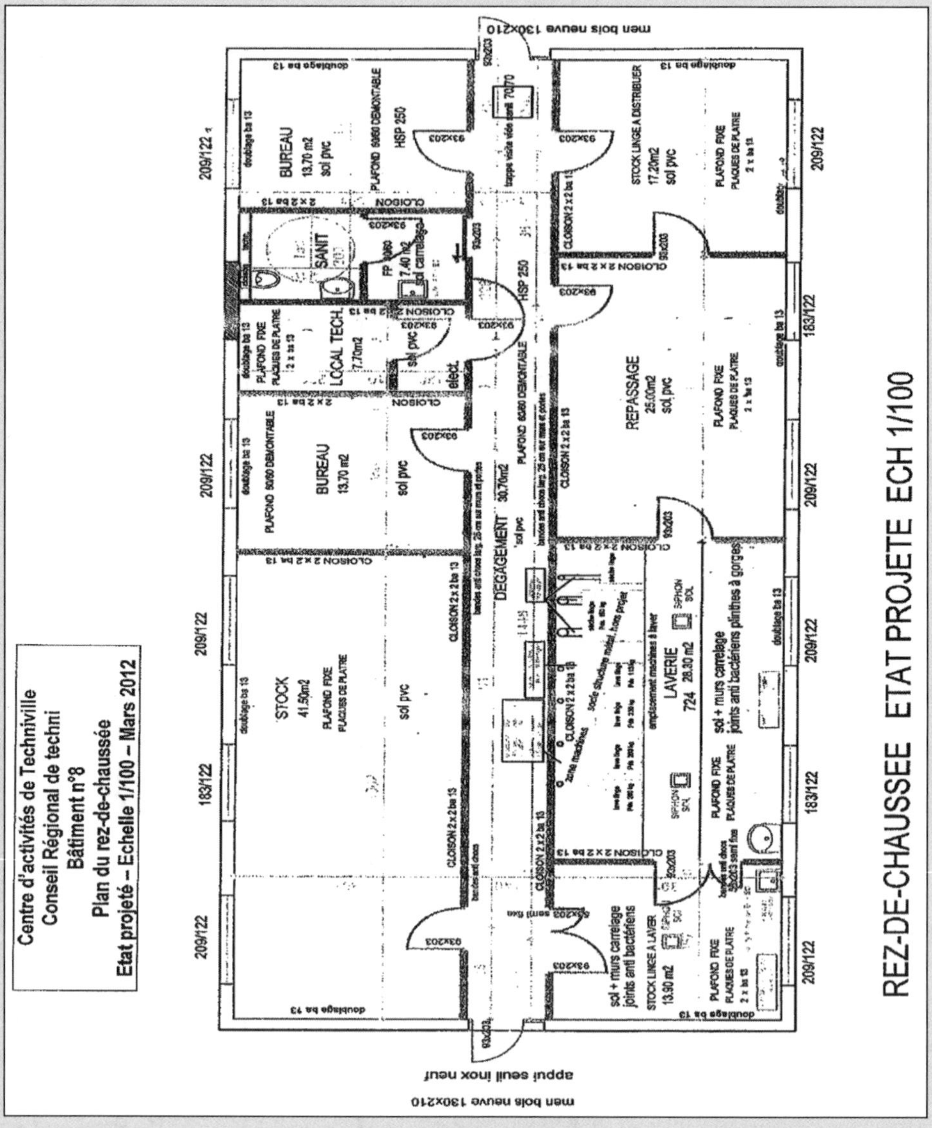

Il convient de préciser que le Code du travail **impose différentes dispositions** pour ces locaux, notamment des dispositions **en matière de prévention du risque incendie.** Pour rappel, sont visés par le Code du travail les établissements occupés par des travailleurs, à l'exception des immeubles de grande hauteur. Les règles régissant la prévention des incendies tiennent compte du nombre de personnes susceptibles d'être présentes dans l'établissement, à savoir l'effectif du personnel auquel s'ajoute éventuellement l'effectif du public pouvant être admis.

Au regard de la surface des locaux (environ 200 m^2), il devra être installé un extincteur à eau pulvérisée avec additif de 6 litres et un extincteur CO_2 : 2 kg.

Chacun de ces extincteurs devra être signalé et visible. L'extincteur CO_2 est prévu pour les feux électriques ; il sera implanté à proximité de l'installation électrique. Il sera également implanté sur le plan d'évacuation et d'intervention.
Comme le précise également le Code du travail, tout établissement accueillant des travailleurs doit faire l'objet de vérifications périodiques obligatoires pour certaines installations. C'est ainsi le cas pour :
– les installations électriques ;
– l'éclairage de sécurité ;
– les installations de désenfumage ;
– l'alarme incendie.

2 La maintenance des bâtiments, des espaces extérieurs et équipements de ce site sera confiée aux équipes de maintenance du Conseil régional de Techni.
Dans le cadre de cette restructuration, il convient de faire le point sur les formations complémentaires qu'il serait peut-être nécessaire d'apporter aux agents actuellement en poste ou qui seraient prochainement recrutés.
En effet, les équipes vont se composer des spécialités suivantes : électricité, chauffage-ventilation-sanitaire, menuiserie et espaces verts. Or, comme vous le savez, ces activités peuvent nécessiter des habilitations ou autorisations de conduite attestant que l'agent a été formé aux règles de sécurité.
En référence au décret n° 98-1 084 du 2 décembre 1998, relatif aux mesures d'organisation, aux conditions de mise en œuvre et aux prescriptions techniques auxquelles est subordonnée l'utilisation des équipements de travail et modifiant le Code du travail, tout conducteur d'un équipement de travail mobile automoteur ou d'un équipement de travail servant au levage, quel que soit le secteur d'activité dans lequel il exerce, doit avoir reçu une formation adaptée.
Cette formation a pour objectif de donner au conducteur les connaissances et savoir-faire nécessaires à la conduite en toute sécurité. Toutefois, il est également obligatoire, pour certains matériels, que l'agent soit titulaire d'une autorisation de conduite. Il s'agit des équipements suivants :
– chariots automoteurs de manutention à conducteur porté ;
– grues à tour ;
– grues mobiles ;
– engins de chantier télécommandés ou à conducteur porté ;
– plates-formes élévatrices mobiles de personnes ;
– grues auxiliaires de chargement de véhicules.
La délivrance de cette autorisation est de la responsabilité du chef d'établissement.
L'évaluation préalable à la délivrance de l'autorisation de conduite est fondée sur les **trois éléments d'évaluation** suivants :
– un examen d'aptitude réalisé par le médecin du travail ;
– un contrôle des connaissances et savoir-faire de l'opérateur pour la conduite en sécurité de l'équipement de travail ;
– une connaissance des lieux et des instructions à respecter sur le ou les sites d'utilisation.
Pour satisfaire à cette obligation, il peut être envisagé de faire passer aux agents un CACES (certificat d'aptitude à la conduite d'engins en sécurité). Les référentiels de ces formations sont développés dans des recommandations de la Caisse nationale d'assurance-maladie (CNAM).

Sans être obligatoire, l'application de ces recommandations constitue un bon moyen pour le chef d'établissement de se conformer aux obligations en matière de contrôle des connaissances et du savoir-faire de l'opérateur pour la conduite en sécurité de l'équipement de travail.
Le contrôle des connaissances est réalisé par un « testeur » employé par un organisme certifié, qui est chargé de réaliser ce contrôle des connaissances par la réalisation d'un test d'évaluation. Ce test, tant pratique que théorique, est réalisé lui aussi à partir du référentiel de connaissances et des fiches d'évaluation pratiques et théoriques qui se trouvent en annexe des recommandations.
Dans le cas présent, il faudra prévoir les formations aux CACES pour les agents utilisateurs des plateformes élévatrices mobiles de personnes, les chariots automoteurs de manutention à conducteur porté, les grues auxiliaires de chargement de véhicules.
Enfin, il conviendra d'être vigilant sur l'actualisation des CACES des agents, car ces certificats ont une durée de validité. En l'occurrence, la validité des CACES pour les matériels cités ci-dessus est de **5 ans.**
Les agents pourront aussi être amenés à réaliser des tâches électriques. Ils doivent alors être titulaires d'une habilitation électrique qui est la reconnaissance, par l'employeur, de leur capacité à accomplir en sécurité les tâches fixées. Cette habilitation est matérialisée par un document établi par l'employeur et signé par l'employeur et l'habilité où sont indiqués :
– le niveau d'habilitation ;
– le domaine de tension ;
– les ouvrages concernés ;
– les autorisations ou interdictions particulières.
Une habilitation électrique est nécessaire :
– pour intervenir sur une installation électrique (réparation, nettoyage, mesures, consignation...) ;
– pour intervenir à proximité des pièces nues sous tension ;
– pour nettoyer un local réservé aux électriciens ;
– pour effectuer des travaux non électriques (peinture par exemple) dans un local électrique.
La délivrance de l'habilitation électrique est subordonnée à trois obligations :
– la qualification technique de l'intéressé (connaissances des règles de l'art) ;
– son aptitude médicale ;
– le suivi d'une formation à la sécurité électrique. Celle-ci n'a pas pour but d'enseigner l'électricité mais les risques électriques, leurs effets et les moyens de les éviter. La période de formation comprend une partie théorique (qui doit être adaptée aux particularités des installations et aux compétences et attributions du personnel à habiliter) et une partie pratique.
Pour chacun des agents, il faudra relever les tâches qu'ils seront susceptibles de réaliser dans le domaine électrique ; les niveaux d'habilitation dont ils ont besoin pourront ainsi être déterminés.

3 Dans le cadre de la démarche développement durable portée par le Conseil régional, il est nécessaire d'avoir une réflexion sur les lampes et ampoules à mettre en œuvre dans les bâtiments et l'éclairage extérieur.
Plusieurs types de lampes sont actuellement proposés par les fabricants.

Les lampes à économie d'énergie sont nées en 1980. Une lampe fluorescente est constituée d'un tube de verre dont la paroi interne est recouverte d'une mince couche de substance photoluminescente. Une décharge électrique dans la vapeur de mercure à basse pression produit un rayonnement ultraviolet qui est transformé en lumière visible par la couche de poudre.

Deux types de lampes ont été créés simultanément. Les premières, dites d'intégration, sont équipées d'un culot à broches et destinées à des luminaires spécialement conçus pour les recevoir. Les secondes ont été appelées lampes de substitution, car elles disposent de culots à vis ou à baïonnette qui leur permettent de se substituer aux lampes à incandescence. Grâce à leurs ballasts incorporés et à leurs culots standards, ces lampes peuvent être utilisées dans tous les types d'éclairage qui faisaient précédemment appel à l'incandescence.

Ces lampes offrent une efficacité lumineuse jusqu'à 5 fois supérieures à celle de l'incandescence, elles consomment de 4 à 5 fois moins et durent de 12 à 15 fois plus longtemps, ce qui permet de réduire les frais d'exploitation et d'espacer les opérations de maintenance.

La lampe fluorescente compacte, à vis ou à baïonnette, est en constante évolution. Pour mieux répondre à la demande du marché, il existe aujourd'hui deux gammes de lampes (les lampes « grand public » et les « lampes professionnelles ») qui ne présentent pas les mêmes caractéristiques.

Une lampe à économie d'énergie doit assurer un éclairage durable, efficace, économique et agréable, mais aussi garantir la sécurité de l'utilisateur et de son environnement.

Le mercure contenu dans les lampes fluorescentes compactes est le seul matériau sensible d'un point de vue environnemental. Depuis le 1er janvier 1998, le professionnel propriétaire ou détenteur final de lampes usagées doit donc suivre une démarche spécifique pour assurer leur élimination : la collecte séparée et le traitement des déchets.

Comparatif des différents types de lampes et d'ampoules :

– ampoule LED ou diode électroluminescente : c'est une des ampoules les plus économiques et les plus écologiques. Elle est à privilégier pour un éclairage ponctuel comme une lampe de chevet, un spot d'éclairage, une veilleuse. Les points faibles de ce type de lampes sont en cours de résolution ;

– lampe fluocompacte : c'est un néon torsadé qui utilise la même technologie que les ampoules LED ;

– lampe à ioniseur : c'est une ampoule fluocompacte qui intègre un ioniseur ;

– ampoule classique incandescente : c'est une ampoule classique à bas prix et à l'éclairage très naturel, mais dont le coût de consommation est très important et la durée de vie faible ;

– ampoule halogène : l'ampoule halogène n'est adaptée que dans un éclairage indirect, car le flux lumineux est trop éblouissant ;

– lampe au sodium : elle est utilisée surtout pour les éclairages publics ;

– lampe à induction : c'est une lampe à décharge basse pression à vapeur de mercure. Cette lampe sans filament combine la technologie des tubes fluorescents et de l'induction.

Enfin, concernant les LED en éclairage public, leur utilisation peut être appréciée au regard des éléments suivants : la chute de flux, la qualité de la lumière, le respect de la norme d'éclairage public EN 13 201, l'uniformité d'éclairement et/ou de luminance, le confort visuel.
À ce jour, au regard de ces éléments et du coût de maintenance encore important, les luminaires à LED ne sont pas la solution actuelle la plus appropriée. Ce sont donc les lampes à décharge qui sont les mieux adaptées.
Toutefois, il convient de rester en veille vis-à-vis des LED, qui sont en pleine évolution technologique.

4 Dans le cadre de la campagne de communication sur la transformation du site, une plaquette d'information va être réalisée. Pour la réalisation de ce document, plusieurs étapes sont à prévoir.
Le tableau ci-après présente une synthèse de ces étapes et précise, pour chacune d'elles, les éléments qui en sont constitutifs.

Conception de la plaquette	• Création d'un comité de pilotage et d'un comité technique • Élaboration d'une maquette (contenu, visuel, définition du public cible destinataire de la plaquette) par le comité technique • Validation de la maquette par le comité de pilotage
Planning pour l'impression	• Prise en compte des impératifs de chaque intervenant (responsable de la communication, élus et chargé de projet, imprimeur...) • Décision sur le nombre d'exemplaires à imprimer • Maîtrise de la charte graphique • Intégration des différentes étapes de validation
Utilisation des images	• Maîtrise des formats informatiques des différentes images (poids, taille, définition...) • Connaissance des droits d'auteur et droits à l'image
Fabrication du document	• Définition du support et du format • Définition du procédé d'impression (sérigraphie ou numérique). Des éléments permettront de préciser les logiciels à utiliser. • Précisions sur le nombre d'exemplaires • Choix sur la finition (façonnage, massicotage, pliage...) • Date de livraison

Entretien avec le jury

Technicien territorial et technicien territorial principal

Concours externe, interne et troisième concours

Présentation de l'épreuve

L'épreuve d'admission est la dernière étape à franchir avant d'être inscrit sur la liste d'aptitude correspondant à l'un des concours ou examen professionnel auquel vous avez choisi de vous présenter pour devenir technicien territorial ou technicien territorial principal.

Cette épreuve est essentielle. Il serait présomptueux de croire qu'il ne s'agit que d'une « simple formalité ».

En effet, comme le précisent les notes de cadrage pour le concours de technicien territorial (il s'agit de documents indicatifs destinés à éclairer les candidats et les formateurs dans leur action d'accompagnement et de préparation des candidats), « cette unique épreuve d'admission joue un rôle important dans la réussite du concours : affectée d'un coefficient 1, elle "pèse" du même poids dans la réussite du concours que l'unique épreuve d'admissibilité, affectée du même coefficient ».

Pour l'examen professionnel de promotion interne au grade de technicien principal de 2e classe, « affectée d'un coefficient 2, elle "pèse" deux fois plus dans la réussite à l'examen que l'unique épreuve écrite d'admissibilité » (cette dernière est affectée du coefficient 1).

Par conséquent, vous devez **anticiper votre préparation à l'épreuve d'admission** avant même la publication ou la communication des résultats des épreuves d'admissibilité.

1. L'épreuve d'admission

Globalement, l'objectif poursuivi lors de l'épreuve d'admission est le même, que vous passiez un concours interne, externe ou troisième voie de technicien territorial et technicien territorial principal 2e classe, ou l'examen de promotion interne ou d'avancement de grade de technicien territorial principal de 1re ou 2e classe.

En effet, il s'agit pour le jury d'admission d'apprécier votre motivation et votre aptitude à exercer les missions dévolues au cadre d'emplois.

Cependant, les attentes de chaque candidat pour les concours et examens sont légèrement différentes. Toutes les modalités d'organisation des épreuves d'admission des concours et examens des techniciens territoriaux, techniciens territoriaux principaux 1re classe et 2e classe sont précisées dans l'arrêté du 15 juillet 2011, ainsi que dans les décrets du 9 novembre 2010 n° 2010-1357, n° 2010-1358, n° 2010-1359, n° 2010-1360 et n° 2010-1361.

Vous trouverez ci-après le détail des attentes pour chaque concours et chaque examen.

A. L'entretien avec un jury d'admission pour les concours externe, interne et troisième voie de technicien territorial

L'objectif des membres du jury d'admission est d'apprécier la motivation et l'aptitude du candidat à exercer les missions d'un technicien territorial. Cependant, le décret du 9 novembre 2010 (n° 2010-1361) fixe des modalités légèrement différentes pour l'entretien avec un jury d'admission selon le type de concours.

1) Concours externe

Durée totale de l'entretien : 20 minutes dont 5 minutes au plus d'exposé. Coefficient : 1.

« L'épreuve se compose d'un entretien ayant pour point de départ un exposé du candidat sur sa formation et son projet professionnel permettant au jury d'admission d'apprécier ses motivations et son aptitude à exercer les missions dévolues au cadre d'emplois, notamment dans la spécialité choisie par le candidat. »

2) Concours interne

Durée totale de l'entretien : 20 minutes dont 5 minutes au plus d'exposé. Coefficient : 1.

« L'épreuve se compose d'un entretien ayant pour point de départ un exposé du candidat sur les acquis de son expérience permettant au jury d'admission d'apprécier ses motivations et son aptitude à exercer les missions dévolues au cadre d'emplois, notamment dans la spécialité choisie par le candidat. »

3) Troisième concours

Durée totale de l'entretien : 20 minutes dont 5 minutes au plus d'exposé. Coefficient : 1.

« L'épreuve consiste en un entretien ayant pour point de départ un exposé du candidat sur les acquis de son expérience permettant au jury d'admission d'apprécier ses connaissances, son aptitude à exercer les missions dévolues au cadre d'emplois, ainsi que sa capacité à s'intégrer dans l'environnement professionnel. »

Principale différence entre les trois concours

La principale différence entre les trois concours repose sur la situation du candidat.

- Un candidat externe étant « fraîchement » issu de sa formation initiale, son expérience professionnelle est plus restreinte et il est par conséquent plus pertinent qu'il consacre, dans son exposé, un temps plus important à décrire son cursus de formation. Le jury d'admission n'exigera pas forcément de lui des compétences appliquées, mais sera plus enclin à l'entendre sur des connaissances plus théoriques.
- À l'inverse, pour un candidat au concours interne ou troisième voie, l'expérience professionnelle prend le dessus sur les connaissances théoriques et sur le parcours. Le jury d'admission souhaite dans cette situation vérifier que l'expérience du candidat comble bien une relative « carence » de formation initiale et qu'il est aujourd'hui, fort de son parcours professionnel, en capacité d'être un bon technicien territorial apte à encadrer.

B. L'entretien avec un jury d'admission pour les concours externe, interne et troisième voie de technicien territorial principal 2e classe

L'objectif de chaque concours d'admission de technicien territorial principal 2e classe est très proche de celui des concours d'admission de technicien territorial.

Le décret du 9 novembre 2010 (n° 2010-1361) fixe également les modalités d'organisation des différents concours d'admission de technicien territorial principal 2e classe (reprises dans les notes de cadrage fournies aux jurys d'admission).

1) Concours externe

Durée totale de l'entretien : 20 minutes dont 5 minutes au plus d'exposé. Coefficient : 1.

« L'épreuve consiste en un entretien ayant pour point de départ un exposé du candidat sur sa formation et son projet professionnel permettant au jury d'admission d'apprécier ses connaissances dans la spécialité choisie, ses motivations et son aptitude à exercer les missions dévolues au cadre d'emplois. »

2) Concours interne

Durée totale de l'entretien : 20 minutes dont 5 minutes au plus d'exposé. Coefficient : 1.

« L'épreuve consiste en un entretien ayant pour point de départ un exposé du candidat sur les acquis de son expérience et des questions sur la spécialité au titre de laquelle le candidat concourt. »

3) Troisième concours

Durée totale de l'entretien : 20 minutes dont 5 minutes au plus d'exposé. Coefficient : 1.

« L'épreuve consiste en un entretien ayant pour point de départ un exposé du candidat sur les acquis de son expérience permettant au jury d'admission d'apprécier ses connaissances, son aptitude à exercer les missions dévolues au cadre d'emplois, ainsi que sa capacité à s'intégrer dans l'environnement professionnel. »

Principale différence entre les trois concours

À l'instar des concours de technicien territorial, la principale différence entre les trois concours repose sur la situation du candidat.

- Il est attendu du candidat inscrit au concours externe des connaissances techniques approfondies et empiriques, voire appliquées, alors que les membres du jury d'admission peuvent tolérer des savoirs sur l'environnement territorial parfois plus théoriques.
- À l'inverse, pour un candidat inscrit aux concours interne ou troisième voie, l'expérience professionnelle prend le dessus sur les connaissances théoriques. Le jury d'admission souhaite vérifier que l'expérience du candidat comble bien une relative « carence » de formation initiale et qu'il est aujourd'hui, fort de son parcours professionnel, en capacité d'être un bon technicien territorial principal de 2e classe et apte à encadrer.

C. L'entretien avec un jury d'admission pour les examens de technicien territorial principal de 2e classe

Il existe une différence entre l'examen professionnel de promotion interne et celui d'avancement de grade au regard des notes de cadrage remises aux jurys d'admission. **L'accent est plus mis sur des questions techniques pour l'examen professionnel d'avancement.** En effet, pour cet examen, il est attendu que le contexte professionnel actuel du candidat l'amène déjà à posséder les aptitudes nécessaires à exercer les missions incombant au cadre d'emplois.

1) Examen professionnel de promotion interne de technicien territorial principal 2e classe

Durée totale de l'entretien : 20 minutes dont 5 minutes au plus d'exposé. Coefficient : 2.

« L'épreuve d'admission consiste en un entretien ayant pour point de départ un exposé du candidat portant sur son expérience professionnelle ; elle se poursuit par des questions visant à permettre d'apprécier les facultés d'analyse et de réflexion du candidat, ainsi que son aptitude et sa motivation à exercer les missions incombant au cadre d'emplois. »

2) Examen professionnel d'avancement au grade de technicien territorial principal 2e classe

Durée totale de l'entretien : 20 minutes dont 5 minutes au plus d'exposé. Coefficient : 1.

« L'épreuve orale consiste en un entretien ayant pour point de départ un exposé du candidat portant sur son expérience professionnelle ; elle se poursuit par des questions techniques, notamment dans la spécialité au titre de laquelle le candidat concourt. »

D. L'entretien avec un jury d'admission pour l'examen professionnel d'avancement de grade de technicien territorial principal de 1re classe

Durée totale de l'entretien : 20 minutes dont 5 minutes au plus d'exposé. Coefficient : 2.

Les notes de cadrage précisent que « l'épreuve orale consiste en un entretien ayant pour point de départ un exposé du candidat portant sur son expérience professionnelle ; elle se poursuit par des questions visant à permettre d'apprécier les facultés d'analyse et de réflexion du candidat, ses connaissances techniques ainsi que sa motivation et son aptitude à exercer les missions du cadre d'emplois et à encadrer une équipe ».

E. En conclusion

- Quel que soit le concours ou l'examen que vous passez, toutes les notes de cadrage officielles précisent que « le libellé de cette épreuve ne doit pas égarer le candidat : l'épreuve ne consiste pas en une conversation à "bâtons rompus" avec un jury, mais repose, après l'exposé du candidat, sur des questions du jury destinées à apprécier les aptitudes du candidat à exercer les missions dévolues au cadre d'emplois ».
- « Le libellé réglementaire de l'épreuve ne prévoyant ni sujet tiré au sort, ni temps de préparation, les questions posées par le jury d'admission, choisies par celui-ci au sein d'une palette de questions qu'il a préalablement élaborées, appellent des réponses "en temps réel", sans préparation. »

En résumé, d'une certaine manière, **vous devez appréhender l'épreuve d'admission comme un entretien d'embauche** (« même si la finalité de l'épreuve n'est pas de recruter un technicien territorial ou un technicien territorial principal pour un poste déterminé »).

Chaque membre du jury d'admission peut être enclin à se demander face au candidat :
– S'il s'agissait d'un entretien de recrutement à un poste à responsabilités confié à un technicien territorial ou un technicien territorial principal, ses propos, ses réponses, sa posture me conduiraient-ils à l'engager ?
– Au-delà de ses connaissances, a-t-il fait preuve des aptitudes et des qualités indispensables à l'exercice des fonctions de technicien territorial ou technicien territorial principal ?
– Serait-il capable de répondre aux attentes d'une collectivité territoriale, de ses collaborateurs, du service public ?

2. Les attentes du jury d'admission : apprécier le niveau de motivation du candidat et sa posture professionnelle

Quel que soit le concours ou examen de technicien territorial ou technicien territorial principal que vous passez, il existe un consensus autour des capacités qui sont attendues de vous tout au long de l'épreuve d'admission. Les notes de cadrage sont assez précises.

A. Gérez votre temps

- Inscrivez votre exposé dans le temps imparti.
- Présentez un exposé équilibré.

B. Soyez cohérent

- Annoncez un plan pour votre exposé, mais également dans la mesure du possible lors des échanges avec le jury d'admission ; c'est ainsi que vous gagnerez des points.
- Veillez à ne pas dire une chose, puis son contraire.
- Défendez vos idées et ne donnez pas systématiquement raison à un contradicteur (cela requiert d'argumenter vos propos).
- Sachez convenir d'une « absurdité ».
- Émettez des réserves éventuelles sur vos propres propos lorsque cela est nécessaire (en précisant que cela imposerait des recherches complémentaires).

C. Gérez votre stress

- Présentez votre exposé avec fluidité et assurance et en apportant des réponses sans précipitation excessive, mais également sans hésitation, ce qui pourrait vous desservir.
- Sachez garder, même lors de mises en difficulté sur une question, une confiance en vous suffisante pour la suite de l'entretien.

D. Communiquez

- Ayez réellement le souci d'être compris, grâce à une expression claire.
- Exprimez-vous à haute et intelligible voix.
- Adoptez une élocution ni trop rapide, ni trop lente.
- Adressez-vous à l'ensemble des membres du jury sans privilégier « abusivement » un seul interlocuteur.

E. Appréciez justement votre hiérarchie

- Adoptez un comportement adapté à votre « condition » de candidat face à un jury.
- Ne soyez ni péremptoire ni excessivement sûr de vous et ne contestez pas les questions posées.
- Sachez argumenter en cas de point de vue différent, voire de désaccord avec le jury.

F. Faites preuve de curiosité intellectuelle et d'esprit critique

- Manifestez un réel intérêt pour l'actualité.
- Sachez opposer des arguments fondés face à ceux du jury.
- Profitez d'une question pour valoriser vos connaissances personnelles avec pertinence.

3. Les spécialités choisies par le candidat

- Au moment de votre inscription, vous devez choisir la spécialité que vous souhaitez. Pour rappel, vous avez le choix entre 10 spécialités :
– bâtiments, génie civil ;
– réseaux, voirie et infrastructures ;
– prévention et gestion des risques, hygiène, restauration ;
– aménagement urbain et développement durable ;
– déplacements, transports ;
– espaces verts et naturels ;
– ingénierie, informatique et systèmes d'information ;
– services et interventions techniques ;
– métiers du spectacle ;
– artisanat et métiers d'art.
- Les notes de cadrage fournies aux membres du jury d'admission précisent les points suivants :
– pour un candidat inscrit aux concours de technicien territorial ou de technicien territorial principal de 2e classe, ce choix est important, car il va conditionner le domaine sur lequel il va être interrogé ;
– pour un candidat inscrit à l'examen de technicien territorial principal de 1re ou 2e classe, si l'épreuve d'entretien n'est pas exclusivement centrée sur la spécialité choisie par le candidat au moment de son inscription, le jury peut poser des questions liées au domaine d'activité du candidat et déterminées notamment par son exposé.

Par conséquent, vous devez choisir avec soin la spécialité sur laquelle vous souhaitez être interrogé. Si vous choisissez une spécialité dans laquelle vous n'exercez pas, il est possible que le jury d'admission vous interroge sur la raison qui vous a incité à procéder ainsi. Il ne s'agit pas d'une question piège, mais bien de permettre aux membres du jury de percevoir la cohérence de votre raisonnement.

• Même si le nombre de spécialités proposées est important, les domaines sont vastes et il est parfois compliqué de choisir la spécialité la plus adaptée.

Exemple

> Si vous êtes en charge de l'inventaire des zones humides au sein de votre collectivité, vous pouvez hésiter entre la spécialité « Aménagement urbain et développement durable » et la spécialité « Espaces verts et naturels ».
> Si vous êtes en charge d'un restaurant collectif, les domaines de la restauration et de l'hygiène font partie de votre activité quotidienne. En revanche, la « prévention et gestion des risques » peut être plus éloignée.

Cependant, vous devez vous préparer sur l'ensemble de la spécialité choisie.

Le jury d'admission peut légitimement vous interroger sur l'ensemble de la spécialité, et il n'est pas pertinent de vous contenter d'une réponse telle que : « ce n'est pas mon domaine de compétence ». Les membres du jury peuvent vous opposer la nécessité de vous préparer sur l'ensemble des questions du domaine et surtout d'être en capacité d'élargir votre champ d'intervention quotidien.

En revanche, le jury d'admission peut plus facilement concevoir et entendre que vos réponses soient plus théoriques sur les domaines éloignés de vos champs d'expertise.

4. Le jury d'admission

• Le jury d'admission se compose généralement de **3 personnes** :

– un élu local ;

– une personne qualifiée. Il s'agit par exemple d'un représentant du Centre national de la Fonction publique territoriale (CNFPT), d'un représentant de l'enseignement universitaire ou d'un représentant des organisations syndicales ou des associations professionnelles ;

– un expert (fonctionnaire) de la spécialité que vous avez choisie.

• Les membres du jury d'admission ne se connaissent pas ; chacun découvre, juste avant le démarrage de la journée de l'épreuve orale, les autres membres constitutifs du jury d'admission dont il fait partie.

• Il n'y a pas de répartition officielle des rôles entre les différents membres du jury d'admission. Toutefois, l'élu local est généralement le « président » du jury d'admission. C'est le plus souvent lui qui présente le déroulé de l'épreuve orale et qui lance le minuteur. Il intervient plutôt sur les questions liées à l'environnement territorial (y compris sur les relations élu-technicien), au budget, et aux marchés public. Les questions sur le droit du travail, l'hygiène et la sécurité, sont *a priori* réservées à la personnalité qualifiée. Enfin, l'expert intervient naturellement sur l'option choisie, mais également sur la capacité de management.

Organisation du jury

Il faut savoir que **par habitude**, les membres du jury d'admission se répartissent quelques missions : le premier, généralement le président du jury, accueille le candidat, explique le déroulement de l'épreuve et assure la « gestion » du minuteur ; le deuxième prépare la feuille officielle d'appréciation. La répartition de ces missions tourne généralement entre les membres du jury d'admission au cours de la journée, voire à chaque candidat.

- Si un des membres du jury d'admission vous connaît, il le signale aux organisateurs du concours et vous serez alors orienté vers un autre jury d'admission.

Attention, par « connaître », il faut entendre : une personne qui vous encadre directement (ou qui vous a encadré), ou un élu de votre collectivité en lien direct avec votre poste. Par précaution, les organisateurs étendent ce principe aux membres du jury d'admission qui évoluent dans la même collectivité que vous.

- L'objectif du jury d'admission est bien de vérifier votre capacité à exercer les missions dévolues aux techniciens territoriaux et donc de garantir ainsi la qualité d'un « bon » exercice de vos missions dans la collectivité locale. Il ne s'agit en aucun cas de vous déstabiliser ou de vous piéger. Les membres du jury d'admission n'ont pas de lien direct avec vous, ils ne connaissent pas les notes que vous avez obtenues lors de l'épreuve d'admissibilité.

Par conséquent, évitez de considérer les membres du jury d'admission comme des « ennemis », ce sont simplement des examinateurs qui attendent de vous une qualité de présentation et des compétences.

A. Premier contact avec le jury d'admission

Le premier contact avec le jury d'admission est important. En effet, les membres du jury d'admission porteront sur vous un regard en vous projetant dans une posture de technicien territorial et plus précisément de responsable d'équipe. Ils évalueront également si les échanges vont être cordiaux et fluides, « tendus » ou « peu dynamiques ».

Lors d'une journée d'épreuve d'admission, le jury d'admission accueille une quinzaine de candidats. Si les candidats ne sont pas dynamiques ou peu diserts, les membres du jury d'admission vont devoir être très actifs et multiplier les questions. Cette situation n'est pas forcément souhaitée par le jury. Par conséquent, vous devez vous efforcer d'être souriant, dynamique, mais également serein lorsque vous entrez dans la pièce.

1) Répondre aux codes vestimentaires

- Vous devez présenter une apparence vestimentaire soignée et dans laquelle vous vous sentez à l'aise. Inutile donc de vous « déguiser » pour la circonstance.
- Lors des formations de préparation aux épreuves d'admission, les stagiaires s'interrogent souvent sur la tenue vestimentaire à porter : costume ou non, tailleur ou non, cravate ou non, jeans ou non, etc. Vous êtes le seul à pouvoir apporter une réponse : demandez-vous simplement si la tenue que vous envisagez de porter le jour de l'épreuve est cohérente avec l'image que vous avez d'un technicien territorial ou d'un technicien territorial principal.

Si vous considérez qu'un technicien territorial se doit d'être souvent présent auprès de ses équipes sur site, vous pouvez tout à fait opter pour une tenue plus décontractée. En revanche, si vous pensez que votre poste vous amène à être majoritairement en contact avec des élus ou à animer des réunions publiques, un costume (voire une cravate) ou un tailleur semble plus adapté.

2) Entrer dans la salle et saluer le jury d'admission

L'épreuve d'admission démarre dès que vous entrez dans la pièce. Vous devez être souriant et dynamique, comme nous venons de le voir.

- Vous pouvez dire « Bonjour » en entrant, mais vous devez également saluer tous les membres du jury d'admission. Pour certains candidats, cette première étape est complexe. Il existe des exercices très simples de respiration, voire de sophrologie, qui permettent de rentrer directement dans l'épreuve en étant à la fois concentré et souriant.
- Il n'est pas indispensable de serrer la main des examinateurs. Certains n'apprécient pas ce geste et se sentent mal à l'aise. Vous verrez rapidement si l'un des membres du jury d'admission vous tend la main.
- Vous pourrez avoir la sensation que tous les membres du jury d'admission ne « font pas attention » à vous à votre arrivée. En effet, ils peuvent par exemple préparer la feuille d'appréciations. Pourtant, ils vous ont quand même jaugé et se sont construits une première impression de vous. Par conséquent, saluez-les tous, sans vous vexer s'ils ne vous répondent pas ou ne vous regardent pas à cet instant.

3) S'installer à la bonne place

- Vous allez ensuite devoir vous installer à votre place. Il est préférable d'attendre qu'un des membres du jury d'admission vous invite à vous asseoir. Vous prenez sinon le risque de les incommoder en occupant l'espace sans qu'ils ne vous l'aient proposé.
- Il est également important que vous portiez une attention particulière à vos mains. En effet, l'attention d'un des membres du jury d'admission peut être moins soutenue par instants, et son regard peut alors être attiré par cette partie de votre corps qui se doit d'être en mouvement. Dans ce cas, vos mains doivent être propres et soignées.

B. Posture et expression orale durant l'épreuve

- Durant toute l'épreuve, il est essentiel que vous restiez concentré et que vous veilliez à la qualité de vos réponses. À quelques reprises lors des stages de préparation, des candidats ont signalé qu'ils avaient souffert d'hypoglycémie, allant même jusqu'à ne plus se souvenir de la fin de leur intervention. Même si l'épreuve est assez courte, n'hésitez pas à vous alimenter en amont.
- Votre posture est aussi assez significative de votre endurance. Ainsi, efforcez-vous de rester droit sans être tendu et de faire en sorte que votre voix ait toujours la même intensité. Il est fort désagréable pour les membres du jury d'admission de devoir tendre l'oreille pour entendre les réponses du candidat.

Si vous parlez trop bas, le jury d'admission vous demandera les premières fois de répéter vos propos, mais, sur la durée, il ne prendra plus cette peine. Il considérera alors, qu'au mieux, vous fournissez les bonnes réponses mais que vous êtes trop timide ou trop effacé (image qui ne correspond pas forcément à l'idée que l'on se fait d'un chef d'équipe) ; qu'au pire, vos réponses ne sont pas correctes.

- De même, votre expression orale tient une place essentielle. Il importe d'avoir une diction claire, posée, avec des variations dans l'intonation, afin d'éviter un ton monotone, susceptible de créer une certaine lassitude chez le jury d'admission. Vous devez soigner votre vocabulaire et proscrire toute facilité de langage.
- Il est essentiel également de chasser toute nonchalance et autre de signe de désinvolture et de nervosité (chewing-gum, « jonglage » avec le stylo...).
- En termes de communication à destination du jury d'admission, essayez de rester le plus souvent possible dans une posture « d'échange et d'ouverture ». Au-delà de la parole, vos mains font partie de la relation que vous allez construire avec les membres du jury d'admission, elles doivent donc être visibles et libres. Par conséquent, laissez-les au-dessus de la table et évitez de tenir un stylo ou tout autre objet, voire de croiser les bras.

Conseils méthodologiques

Quel que soit le concours ou examen professionnel, à savoir technicien territorial ou technicien territorial principal (1re ou 2e classe), l'épreuve d'admission dure **20 minutes au total.**

La première partie est consacrée à l'exposé de votre parcours professionnel. Elle dure au maximum 5 minutes. La deuxième partie est un entretien visant à évaluer vos aptitudes, vos savoir-faire et dure 15 minutes. Vos motivations et « savoir-être » sont évalués tout au long de l'entretien.

Généralement, avant le démarrage de l'entretien, les membres du jury se présentent : ils déclinent très succinctement leurs fonctions (par exemple « je suis maire-adjoint délégué à l'urbanisme », « je suis DST dans une ville de xxx habitants », etc.) sans donner le nom de la collectivité ou de l'organisme dans lequel ils exercent ; ils peuvent également rappeler les modalités de déroulement de l'épreuve.

La sonnerie du minuteur retentit au bout des 20 minutes écoulées et indique la fin de l'épreuve orale. Les notes de cadrage remises aux membres du jury d'admission stipulent que « tout candidat dispose de la totalité du temps réglementaire (20 minutes) et l'entretien ne peut éventuellement être interrompu qu'à sa demande expresse ».

Il est également précisé que « le candidat n'est autorisé à utiliser aucun document (ni CV, ni document présentant son expérience professionnelle) pendant l'épreuve ».

1. Phase 1 : présentation de l'exposé de parcours professionnel

A. Durée

• La note de cadrage précise que « le candidat dispose réglementairement de 5 minutes sans être interrompu pour son exposé ». Il est **essentiel** de tenir cette durée maximum de 5 minutes, car cela démontre votre capacité à respecter les contraintes qui vous sont imposées.

• Par ailleurs, il est également précisé dans la lettre de cadrage que le candidat « sera pénalisé si l'exposé est interrompu par le jury d'admission au terme des 5 minutes et demeure de ce fait inachevé ». À l'inverse, si l'exposé est trop court (inférieur à 3 minutes), vous serez également sanctionné.

• Si votre exposé ne respecte pas les contraintes temporelles, cela démontre que vous n'avez pas – ou du moins pas assez – préparé cet entretien. **Cette carence de préparation sera d'autant plus mal perçue** que c'est la seule partie de l'épreuve d'admission qui ne présente aucune surprise (notamment pour les éléments attendus).

DÉCOUPAGE INDICATIF PROPOSÉ DANS LES NOTES DE CADRAGE

- **Concours de technicien territorial (concours externe, interne et troisième concours)**

– Exposé du candidat : 5 minutes maximum.

– Aptitude à exercer les missions : 15 minutes.

– Motivation, savoir-faire et savoir-être : tout au long de l'entretien.

- **Examen professionnel d'avancement de grade de technicien territorial principal 1re classe**

– Exposé du candidat : 5 minutes maximum.

– Entretien visant à évaluer les aptitudes, le savoir-faire : 15 minutes.

– Motivation, savoir-être : tout au long de l'entretien.

- **Concours de technicien territorial principal 2e classe (concours externe, interne et troisième concours)**

– Exposé du candidat : 5 minutes maximum.

– Connaissances et aptitude à exercer les missions : 15 minutes.

– Motivation, savoir-faire et savoir-être : tout au long de l'entretien.

- **Examen professionnel de technicien territorial principal 2e classe (promotion interne, avancement de grade)**

– Exposé du candidat : 5 minutes maximum.

– Entretien visant à évaluer les aptitudes, le savoir-faire : 15 minutes.

– Motivation, savoir-être : tout au long de l'entretien.

B. Les différentes séquences

Votre présentation doit s'organiser autour de **quatre « séquences » principales** qui vont de votre formation à votre projet professionnel, en passant par votre parcours professionnel et votre poste actuel.

1) Séquence 1 : identité et formation

- Lors de cette première séquence, vous devez décliner votre identité (nom, prénom), et fournir une indication sur la structure dans laquelle vous travaillez. Ne donnez pas le nom précis de votre collectivité, mais seulement son statut et une indication géographique et dimensionnelle, par exemple « je travaille dans une communauté de communes d'Ille-et-Vilaine de 15 000 habitants ».
- **La première séquence est également l'occasion de proposer le plan de votre présentation,** afin de démontrer votre sens de l'organisation (atout essentiel pour un technicien territorial) et votre capacité à structurer les informations.

N'hésitez pas à utiliser des formules très simples, mais rapidement et facilement identifiables pour votre auditoire : « Dans un premier temps, je vais présenter… Dans un second temps, … et enfin … ». Il est pertinent d'« éveiller » l'attention de vos interlocuteurs en marquant chaque séquence par votre interaction.

À la suite de cette introduction, vous allez exposer votre formation initiale. Il est inutile de lister la totalité de vos diplômes. Concentrez-vous sur les principaux et, notamment, ceux qui ont un lien avec votre parcours professionnel et votre poste actuel, ou qui pourraient vous servir dans votre projet professionnel.

2) Séquence 2 : présentation du parcours professionnel, hors situation actuelle avec valorisation des acquis en termes de savoir-faire et « savoir-être »

- La deuxième séquence présente un « risque » pour votre présentation. En effet, si votre parcours professionnel est riche et fourni, vous pourriez passer trop de temps dessus. Mieux vaut éluder certaines étapes pour vous concentrer sur les principales et, notamment, celles vous positionnant en tant qu'encadrant. Privilégiez aussi les expériences les plus cohérentes avec votre poste actuel et votre projet professionnel.
- Si vous passez le concours interne, vous devez mettre prioritairement en avant vos expériences :
  – au sein de la fonction publique (territoriale de préférence) ;
  – pour lesquelles vous avez été en position d'encadrement ;
  – qui sont en cohérence avec votre poste actuel et votre projet professionnel.
- Quel que soit le concours ou examen que vous passez, proscrivez les périodes de chômage, ou à défaut, valorisez-les.

Exemple

> « Après une vingtaine d'années en tant que directeur-adjoint de l'Accueil de loisirs de la ville de X, j'ai souhaité réorienter ma carrière vers la filière technique. Grâce à une formation qualifiante en bâtiment, j'ai travaillé durant 10 ans pour une entreprise de gros-œuvre en tant que chef d'équipe. L'essentiel de mon activité était alors de répondre aux appels d'offres des collectivités locales du département de X et d'animer une équipe de 10 personnes spécialisées en maçonnerie. »
> Il est inutile de passer trop de temps sur les premières années, mais préférez développer cette dernière expérience qui peut susciter des questions sur la spécialité bâtiment auprès de l'expert de l'option.
> Par ailleurs, si vous précisez que vous répondez aux appels d'offres, le jury d'admission va très probablement vous interroger sur les marchés publics. Donc préparez votre réponse de façon précise.

3) Séquence 3 : situation professionnelle actuelle (poste, titre, statut ; missions ; encadrement) avec valorisation des acquis en termes de savoir-faire et « savoir-être »

Cette troisième séquence doit être la plus développée. Elle doit démontrer qu'après la progression de vos compétences et connaissances au cours de votre parcours professionnel, votre poste actuel est en parfaite cohérence avec le profil d'un technicien territorial ou technicien principal et que passer ce concours ou cet examen est une évidence.

Pour cela, il faut que vos missions actuelles soient en adéquation avec celles d'un technicien. **Développez les points les plus attractifs de vos missions (encadrement, organisation de service, budget, marché public, maîtrise d'ouvrage, réunion publique etc.).**

4) Séquence 4 : conclusion (votre motivation à passer le concours et votre projection professionnelle à court, moyen, voire long terme)

Votre projet professionnel est aussi une séquence importante. C'est tout d'abord le dernier temps de votre présentation et vous devez remobiliser votre auditoire. Par conséquent, vous pouvez commencer cette séquence par une formule du type : « Pour conclure… ».

Votre projet professionnel doit également justifier votre candidature au concours de technicien territorial ou technicien principal.

- Une partie des candidats se contente de préciser qu'ils sont sur un poste de technicien territorial ou de technicien principal et qu'ils seront titularisés s'ils sont lauréats du concours. Cette formulation est peu appropriée, car elle n'offre pas l'opportunité au jury d'admission de réagir et de vous demander des précisions. Face à cette position, les membres du jury d'admission peuvent avoir le réflexe de vous démontrer que vous pouvez aller au-devant de désillusions. Par exemple, il peut vous être opposé que si votre hiérarchie ou vos élus changent, les nouveaux responsables vont peut-être développer une stratégie différente de leurs prédécesseurs et ne plus souhaiter vous titulariser.

De plus, si vous vous contentez de dire que vous serez titularisé sur votre poste, le jury d'admission peut vous « interpeller » en s'étonnant de l'« intérêt » que pourrait avoir votre collectivité à vous payer plus cher pour un travail que vous faites déjà.

- Le jury d'admission peut vous demander : « Si vous êtes lauréat du concours, comment allez-vous procéder ? Allez-vous chercher une nouvelle collectivité locale pour vous accueillir ou perdre éventuellement le bénéfice du concours ? »

Certains candidats répondent que, pour diverses raisons, ils souhaitent demeurer dans leur collectivité actuelle. Cette réponse peut être considérée comme un manque de motivation pour obtenir le concours de technicien territorial ou technicien principal. En effet, si vous êtes disposé à perdre le bénéfice du concours, c'est que le statut de technicien territorial ou technicien principal n'est pas pour vous essentiel.

Afin d'éviter ces questions très déstabilisantes, vous pouvez bien sûr préciser que votre collectivité vous a indiqué que vous serez stagiairisé sur votre poste, mais que vous n'excluez pas d'intégrer une nouvelle collectivité. Vous devez alors préciser pour quel type de poste et au sein de quelle structure vous aimeriez évoluer.

Une telle réponse laisse l'opportunité au jury d'admission de vous interroger sur ce nouveau poste et d'approfondir sur les missions qui lui correspondent. Elle vous permet éventuellement d'orienter les questions des membres du jury d'admission vers des domaines qui vous conviennent et notamment sur la spécialité que vous avez choisie.

- Il faut apporter **quelques nuances entre les concours externe, interne et troisième concours et examens professionnels,** même si, sur le fond, la trame qui vient de vous être proposée vous permet de réaliser un exposé cohérent qui répondra aux attentes des membres du jury.

En effet, les notes de cadrage précisent que :

– **pour le concours externe :** « Le candidat […] est évalué sur sa capacité à rendre compte clairement de sa formation et de son projet professionnel et à faire comprendre sa motivation pour accéder au grade [pour lequel il concourt]. Un candidat ayant acquis, en outre, une expérience professionnelle pourra également en rendre compte. Cependant, [il] devra prendre soin d'équilibrer son propos et de valoriser, comme l'intitulé réglementaire le prévoit, sa formation et son projet professionnel » ;

– **pour le concours interne et le troisième concours :** « Le candidat doit valoriser l'expérience et les compétences acquises au long de son parcours professionnel en sachant dépasser une simple énumération chronologique. Il est évalué sur sa capacité à rendre compte clairement de son expérience et de ses compétences et à faire comprendre sa motivation pour accéder au grade [pour lequel il concourt]. Le candidat peut également retracer son parcours de formation (initiale, continue, stages…). ». S'agissant plus particulièrement du troisième concours, « tout candidat doit être attentif à valoriser, dans l'expérience acquise, notamment, pendant les années au titre desquelles il a été admis à concourir (activité professionnelle dans le secteur privé, responsabilité associative, mandat électif local), ce qui lui paraît utile dans l'exercice des missions [d'un technicien territorial ou technicien territorial principal] » ;
– **pour les examens de promotion interne et d'avancement de grade,** les notes de cadrage pour les examens reprennent les termes du concours interne : « Le candidat doit valoriser l'expérience et les compétences acquises au long de son parcours professionnel en sachant dépasser une simple énumération chronologique. Il est évalué sur sa capacité à rendre compte clairement de son expérience et de ses compétences et à faire comprendre sa motivation pour accéder au grade [pour lequel il concourt]. Le candidat peut également retracer son parcours de formation (initiale, continue, stages…). »

En résumé

- Il est essentiel de bien préparer cette présentation : vous devez impérativement éviter d'improviser le jour de l'épreuve d'admission, car traiter ces quatre séquences en 5 minutes est un exercice complexe.
- Il est d'autant plus pertinent de travailler bien en amont cette présentation du parcours professionnel, car les informations que vous allez communiquer serviront de base aux échanges avec les membres du jury d'admission.
- Suivant les points mis en avant, les attentes du jury d'admission sur le niveau de vos réponses seront différentes. Ainsi, si vous précisez que préparer des marchés publics occupe l'essentiel de votre temps, le jury d'admission ne se contentera pas des grandes lignes théoriques de ce type de procédure et attendra que vous soyez en capacité de fournir une réponse précise et détaillée. En revanche, si vous indiquez par exemple que vous êtes responsable d'un restaurant collectif, le jury d'admission pourra se contenter des notions de base pour les marchés publics.
- N'hésitez pas à répéter votre présentation devant un public, qu'il s'agisse de collègues ou de familiers. Cela vous permettra de vérifier en « conditions réelles » que vous répondez aux contraintes de temps, de tester la fluidité de votre présentation et votre diction, mais également de percevoir les réactions de votre auditoire.

Remarques :

- Une fois l'exposé de présentation de votre parcours professionnel terminé et avant d'aborder les questions sur la spécialité que vous avez choisie, sur le management ou l'environnement territorial, il est possible que les membres du jury d'admission souhaitent approfondir certains éléments que vous avez exposés.

Il s'agit soit de préciser des zones floues, soit d'identifier les éventuelles incohérences de votre présentation. Parmi les points à étayer, le jury d'admission peut vous demander d'approfondir votre projet professionnel à moyen ou long terme et ainsi vous poser une question telle que : « **Où pourriez-vous être dans 10 ans ?** »

Il s'agit non seulement de savoir si le projet que vous exposez est cohérent, mais également de trouver des questions à poser pour le reste de l'entretien adaptées à votre profil en termes de management, d'environnement territorial…

Si vous proposez une réponse du type : « **à la même place que le poste occupé aujourd'hui** », vous prenez le risque d'insuffler aux membres du jury d'admission l'idée que vous manquez d'ambition. Par ailleurs, vous lui imposez de chercher lui-même le projet professionnel qui pourrait être le vôtre. En résumé, le jury d'admission aura la sensation de construire votre projet à votre place, ce qui le rendra moins patient et en empathie avec vous.

• Suivant votre réponse, les membres du jury d'admission peuvent également vous demander si vous envisagez de passer le concours ou l'examen d'ingénieur territorial. Par la suite, il s'agit de définir si vous avez anticipé votre projet professionnel et de savoir :

– si vous maîtrisez la différence entre les concours et les examens ;

– si vous connaissez les critères pour pouvoir passer le concours interne, le concours externe ou l'examen professionnel.

2. Phase 2 : échange avec les membres du jury d'admission

Cet échange comporte généralement **quatre volets.**

Même si les décrets sur l'organisation et les notes de cadrage établissent des décalages entre les différents concours et examens de technicien territorial et de technicien territorial principal, les membres du jury d'admission chercheront à aborder ces quatre volets **à travers diverses questions,** avec des niveaux d'exigence différents.

Il n'existe pas d'ordre « réglementaire » imposé aux jurys d'admission pour aborder les quatre volets. Les membres du jury ne sont pas contraints d'aborder un volet puis l'autre. Il est tout à fait possible qu'une question sur l'environnement territorial précède une question sur la spécialité et soit suivie par des questions sur des situations managériales pour revenir sur une question technique.

Le jury est totalement souverain quant au déroulé de l'échange et à l'ordonnancement des questions qu'il va poser.

A. Volet portant sur la conception de la fonction et les connaissances professionnelles/Questions techniques

• Au moment de votre inscription, vous avez choisi une spécialité. Un arrêté ministériel en date du 15 juillet 2011 a fixé le programme des différentes spécialités (principalement pour les concours).

Dans chaque domaine, **trois « chapitres »** sont décrits :

– **les connaissances de base** avec le cadre réglementaire et institutionnel, les aspects généraux, l'hygiène, la santé et la sécurité ;

– **l'ingénierie ;**
– **l'organisation et la gestion de service.**

• Dans la partie « Exemples de questions techniques/connaissances professionnelles », vous trouverez dans un premier temps des questions à choix multiples (QCM) pour vous permettre d'appréhender les principales spécialités choisies que sont le Bâtiment-génie civil, les Réseaux, voirie et infrastructures, l'Aménagement urbain et le développement durable, les Espaces urbains et naturels, puis dans un second temps, toujours sur les mêmes spécialités, des exemples de questions susceptibles d'être posées, ainsi que des propositions de réponses.

B. Volet portant sur la connaissance de l'environnement territorial

Les notes de cadrage remises aux membres du jury d'admission sont assez précises sur le volet « Environnement territorial ».

• Dans l'optique de jauger de l'aptitude à exercer les missions dévolues à un technicien territorial ou un technicien territorial principal, le jury d'admission attend du candidat une connaissance de l'environnement professionnel « prouvant par là même sa motivation et son sens du service public et plus particulièrement du service public local ».

• Il est également précisé que « des connaissances minimales des collectivités territoriales sont ainsi indispensables à tout candidat, le jury vérifiant la maîtrise de connaissances basiques qu'un citoyen éclairé, et *a fortiori* un fonctionnaire, ne saurait ignorer. » Ainsi, des lacunes importantes pour les candidats des concours internes et des examens sur ce volet seraient d'autant moins acceptées.

• Les grands domaines attendus sur ce volet sont donc : **l'environnement des collectivités territoriales, les finances, les marchés publics…**

Pour être plus précis, parmi les thèmes susceptibles d'être abordés, vous pourriez trouver (liste non exhaustive et sans hiérarchisation) :
– la décentralisation et la déconcentration ;
– les collectivités territoriales : les organes et leurs principales compétences ;
– l'intercommunalité ;
– les droits et les devoirs des fonctionnaires ;
– la Fonction publique territoriale ;
– la filière technique (métiers, missions, positionnement des agents…) ;
– la répartition des pouvoirs et les modes de décision dans les collectivités territoriales ;
– les notions de base en matière de finances publiques locales ;
– les moyens juridiques d'action des collectivités territoriales, la commande publique (marchés publics, partenariat public-privé…) ;
– les relations entre l'administration et les administrés ;
– l'accessibilité des services publics ;
– les modes de gestion des services publics ;
– le contrôle de légalité des actes des collectivités territoriales ;
– les instances participatives.

Dans la partie « Exemples de questions de mise en situation managériales », vous trouverez des exemples concrets de questions pouvant vous être posées, ainsi que des propositions de réponse.

C. Volet portant sur l'appréciation des capacités managériales

De manière courante, les techniciens territoriaux et les techniciens territoriaux principaux sont en position d'encadrement d'une équipe.

- Dans ce cadre, les notes de cadrage précisent que le jury d'admission « s'attachera également à discerner les attitudes managériales du candidat, son aptitude à assumer des responsabilités, à gérer une équipe, un service et à conduire des projets ».
- Parmi les domaines abordés, vous trouverez notamment :

– **la posture managériale :** les qualités d'un encadrant ; les positions du chef d'équipe par rapport à sa hiérarchie, à ses élus, à ses collaborateurs ; la façon de motiver ses collaborateurs ; les différentes postures managériales ; les différentes étapes d'un projet…
– **les mises en situation :** la prise de poste, la gestion de conflit, les refus d'obtempérer, l'organisation de service et ses conséquences, les situations d'ivresse des agents…

Vous trouverez des exemples concrets de questions susceptibles d'être posées et des propositions de réponse dans la partie « Exemples de questions sur l'environnement territorial ».

D. Volet portant sur la motivation et le « savoir-être »

Ce volet est plus transversal et sera jaugé par les membres du jury d'admission tout au long de l'entretien. Vos motivations et votre « savoir-être » seront perçus de manière diffuse, mais aussi à travers des éléments comme :

– votre intérêt pour le monde qui vous entoure (veille technique, administrative, réglementaire…) ;
– votre dynamisme ;
– votre curiosité intellectuelle ;
– votre ouverture d'esprit ;
– votre capacité d'adaptation aux situations, aux questions qui vous sont soumises.

3. Conclusion

À la fin de l'épreuve

Il n'est pas forcément pertinent de demander aux membres du jury d'admission les dates de publication des résultats. En effet, ceux-ci ne maîtrisent pas forcément le calendrier de la délibération de l'épreuve d'admission, de publication des résultats ou d'envoi des résultats aux candidats. Par ailleurs, cela peut les mettre mal à l'aise.

En revanche, vous pouvez tout à fait demander ces informations aux personnes du centre de gestion en charge de l'organisation du concours. De manière générale, ce sont les agents qui ont contrôlé votre identité et vous ont fait émarger à votre arrivée.

A. Conseils de préparation

• **Préparez rigoureusement (notamment sur la gestion du temps) votre présentation en respectant les différentes séquences :**
– introduction (identité, plan de votre présentation) ;
– formation ;
– présentation du parcours professionnel ;
– situation professionnelle actuelle ;
– conclusion (motivations pour passer le concours, projet professionnel).

• **Multipliez les répétitions : n'hésitez pas à vous appuyer sur vos collègues ou vos proches pour leur demander de simuler un jury d'admission.**

Propositions de répétition

Pour commencer, dans une première répétition, il peut être plus facile de faire sa présentation (en respectant bien les 5 minutes), puis de répondre à deux questions que vous avez choisies et que vous maîtrisez.

Au cours d'une seconde répétition, vous pouvez commencer par votre présentation, puis faire choisir à votre « jury de répétition » des questions dans une liste que vous aurez élaborée précédemment, à partir des questions qui vous sont proposées dans le présent recueil, par exemple.

• **Gardez en mémoire que le jury d'admission n'est pas votre ennemi. Ses membres sont seulement présents pour jauger de vos capacités à exercer les fonctions de technicien territorial ou technicien territorial principal.**

B. Après les épreuves

1) Après l'épreuve d'admission

Le jury délibérant sera amené à se prononcer sur plusieurs points :
– les éventuelles irrégularités ou les dysfonctionnements identifiés lors de l'épreuve d'admission ;
– les seuils des notes finales (note finale pondérée des épreuves d'admissibilité + note finale pondérée des épreuves admission) afin de désigner les lauréats des concours ;
– le nombre de places attribuées par catégorie de concours. En effet, le décret n° 263 du 14 novembre 2010 définit le pourcentage de postes attribués par catégorie de concours (externe, interne, troisième voie). Ce pourcentage est différent entre les concours de technicien territorial et technicien territorial principal. Il précise également que « lorsque le nombre de candidats ayant subi avec succès les épreuves de l'un des trois concours est inférieur au nombre de places offertes à ce concours, le jury peut modifier le nombre de places aux externe, interne ou au troisième concours, dans la limite de 25 % de la totalité des places offertes à ces concours ou d'une place au moins » ;
– les candidats ayant obtenu une note inférieure à 5 sur 20 pour l'épreuve d'admission. Ceux-ci sont alors déclarés éliminés.

Pour les candidats des examens professionnels, aucun candidat **ne peut être déclaré admis** si la moyenne des notes obtenues à l'épreuve d'admission et d'admissibilité **est inférieure à 10 sur 20.**
Il est à noter également que cette règle s'applique également aux concours depuis la parution du décret n° 2013-593 du 5 juillet 2013.
Suite à la délibération du jury, le service concours du centre de gestion organisateur du concours ou de l'examen établit la liste des candidats lauréats du concours ou de l'examen. Après vérification, cette liste est affichée sur le site Internet et au sein des locaux du centre de gestion organisateur. En aucune manière, un résultat ne peut être donné par téléphone. Dans tous les cas de figure, vous recevrez par la poste un courrier précisant votre résultat.

2) Après la réussite du concours ou de l'examen

ATTENTION !

L'admission à l'examen n'est que l'une des conditions à la nomination au grade visé. Il faut que votre collectivité territoriale vous nomme dans le cadre de l'avancement de grade.

– Si vous êtes lauréat du concours ou de l'examen que vous venez de passer, vous allez chercher une collectivité territoriale pour vous accueillir. Gardez en mémoire le travail préparatoire que vous avez réalisé pour passer l'épreuve d'admission, ainsi que les questions ou les pistes de réflexion que le jury d'admission vous a livrées durant l'épreuve. En effet, ces éléments pourraient vous être d'un précieux secours lors de vos entretiens de recrutement.
– Même si vous êtes en attente d'une stagiairisation sur votre poste, il est possible que vous soyez auditionné par votre collectivité, votre hiérarchie, les services des ressources humaines et/ou vos élus dans ce cadre.
– Dans les deux cas (recrutement ou transformation de votre poste), les membres du jury de recrutement voudront vérifier vos capacités à exercer les fonctions de technicien ou technicien principal. Or il s'agit bien du même objectif que celui poursuivi par les examinateurs de l'épreuve d'admission...

Questions techniques/ connaissances professionnelles

Une des séquences de l'épreuve d'admission concerne les questions liées au domaine que vous avez choisi (voir « 4. Le programme des épreuves des concours/examens professionnels » dans Présentation des concours et examens professionnels).

Les interrogations des membres du jury d'admission portent soit sur des points très précis (une définition par exemple), soit sur une question plus générale.

- Les questions plus précises ont deux objectifs :

– vous mobiliser autour de questions liées à la spécialité choisie (ou éventuellement vous remobiliser) ;

– vous faire préciser des éléments trop peu développés ou approximatifs lors de réponses à des questions plus généralistes.

- Les questions plus généralistes doivent permettre au jury d'admission de jauger votre expérience professionnelle (ou à défaut théorique) ou votre aptitude à vous adapter à des situations techniques.

Vous trouverez ci-dessous pour vous tester d'une part, un QCM, c'est-à-dire des questions sous forme de questions/réponses à choix multiples et, d'autre part, une série de 10 questions d'entraînement plus « transversales », et ce dans chacune des trois principales spécialités choisies le plus souvent (à savoir Bâtiment-voirie, Urbanisme et Espaces verts).

1. Testez-vous : les QCM

Vous trouverez ci-dessous plusieurs QCM (questionnaires à choix multiples) qui vont vous permettre d'évaluer vos connaissances.

A. Spécialités Bâtiment-génie civil et Réseaux, voirie et infrastructures

Pour chaque question, cochez la ou les réponses qui vous semblent exactes, puis consultez le corrigé, afin de connaître vos forces et vos faiblesses.

1 **Que signifie le sigle CCTP ?**

❒ **A.** cahier des clauses techniques particulières
❒ **B.** cahier des clauses techniques pratiques
❒ **C.** cahier des contraintes techniques particulières

2 **Quels documents doivent être transmis au maître d'ouvrage lors de la réception d'un bâtiment par le coordonnateur SPS ?**

❒ **A.** le dossier d'intervention ultérieure sur l'ouvrage (DIUO)
❒ **B.** le dossier des ouvrages exécutés (DOE)
❒ **C.** la liste des personnes ayant travaillé sur le site

3 À quoi correspond le sigle SSI dans l'expression « coordinateur SSI » ?

❒ **A.** sécurité – système incendie
❒ **B.** sécurité – sauvegarde incendie
❒ **C.** système de sécurité incendie

4 Au cours de travaux de tranchée, le conducteur de la pelleteuse se trouve face à un grillage de couleur non précisé par le concessionnaire. Remettez dans l'ordre chronologique les actions que vous devez réaliser.

❒ **A.** alerter les secours
❒ **B.** accueillir le concessionnaire à son arrivée
❒ **C.** arrêter immédiatement le fonctionnement des engins ou des matériels
❒ **D.** aménager une zone d'exclusion vide de toute présence humaine

5 Reliez les couleurs de grillage d'alerte et les réseaux correspondants.

1) bleu	❒ **A.** eau potable
2) marron	❒ **B.** gaz combustible, hydrocarbures liquides ou liquéfiés
3) violet	❒ **C.** assainissement
4) jaune	❒ **D.** réseaux électriques BT et HT, éclairages publics
5) orange	❒ **E.** télécommunication et vidéo en pleine terre ou sous fourreaux
6) blanc	❒ **F.** équipement routier dynamique
7) rouge	❒ **G.** gaz, produits chimiques (autre que gaz combustible et hydrocarbure)
8) vert	❒ **H.** chauffage urbain, climatisation urbaine

6 Que signifie le sigle DTU ?

❒ **A.** document technique universel
❒ **B.** document technique unifié
❒ **C.** dossier technique unifié

7 Vous avez fait installer une nouvelle armoire électrique. Quel extincteur est le plus approprié à proximité de cette armoire électrique ?

❒ **A.** un extincteur à eau pulvérisée
❒ **B.** un extincteur à poudre
❒ **C.** un extincteur à CO_2

8 Associez chaque sigle à sa définition.

1) CCTP	❒ **A.** décrit les caractéristiques d'un marché public et détermine les conditions d'envoi et de jugement des offres
2) CCAP	❒ **B.** détaille les dispositions techniques propres au marché, particulières au cahier des clauses techniques générales
3) RC	❒ **C.** fixe les dispositions administratives propres à chaque marché

Corrigé

1 **Réponse A : cahier des clauses techniques particulières.**

2 **Réponses A et B : le dossier d'intervention ultérieure sur l'ouvrage (DIUO) et le dossier des ouvrages exécutés (DOE).**
Le DIUO contient une présentation générale de l'ouvrage et des conditions de sa réalisation, la liste de tous les intervenants de l'opération, le dossier de maintenance (au moins pour les établissements régis par le Code du travail), les fiches d'intervention ultérieure avec les risques liés aux accès sur le lieu d'intervention et les risques liés à l'intervention elle-même.
Le DOE contient les plans conformes à l'exécution, les plans du gros œuvre et du génie civil, les plans des réseaux intérieurs, les plans d'atlas, les plans de bâtiments, les plans topographiques et de récolements, la nomenclature des équipements, le dossier de sécurité incendie, les notes de calculs, les essais de fonctionnement, les notices de fonctionnement et le dossier de maintenance de l'ouvrage.

3 **Réponse C : système de sécurité incendie.**
Le coordinateur SSI est un auxiliaire au service du maître d'ouvrage et en collaboration directe avec la maîtrise d'œuvre.

4 **Réponses C, puis A, puis D, puis B.**
Il faut d'abord arrêter immédiatement le fonctionnement des engins ou des matériels (**C**), puis alerter les secours (et plus précisément le concessionnaire) (**A**). Cependant, vous pouvez nuancer vos propos en précisant que tous les réseaux ne nécessitent pas d'alerter les secours.
Ensuite, il faut aménager une zone d'exclusion vide de toute présence humaine (**D**) et, dans la mesure du possible, faire éloigner toute personne de la zone, interdire de fumer, rediriger la circulation afin de ne pas engorger les voies d'accès, faciliter l'arrivée de l'exploitant – voire dans les cas plus extrêmes des secours –, et solliciter les forces de l'ordre pour maintenir la zone d'éloignement.
Enfin, vous devez accueillir le concessionnaire à son arrivée et rester à sa disposition autant que nécessaire (**B**).

5 **Réponse : 1A, 2C, 3H, 4B, 5G, 6F, 7D, 8E.**
Bleu (**1**) : eau potable (**A**).
Marron (**2**) : assainissement (**C**).
Violet (**3**) : chauffage urbain, climatisation (**H**).
Jaune (**4**) : gaz combustible, hydrocarbures liquides ou liquéfiés (**B**).
Orange (**5**) : gaz, produits chimiques (autre que gaz combustible et hydrocarbure) (**G**).
Blanc (**6**) : équipement routier dynamique (**F**).
Rouge (**7**) : réseaux électriques BT et HT, éclairages publics (**D**).
Vert (**8**) : télécommunication et vidéo en pleine terre ou sous fourreaux (**E**).

6 **Réponse B : document technique unifié.**

7 **Réponse C : extincteur à CO_2.**

8 **Réponses : 1B, 2C, 3A.**

Le règlement de consultation (**RC**) décrit les caractéristiques d'un marché public et détermine les conditions d'envoi et de jugement des offres (**A**).

Le cahier des clauses techniques particulières (**CCTP**) détaille les dispositions techniques propres au marché, particulières au cahier des clauses techniques générales (**B**). Les prescriptions qu'il contient permettent à la personne responsable du suivi du marché de vérifier le bon déroulement du marché, l'attente de ses objectifs et la bonne réalisation des prestations (« contrôle de service fait »).

Le cahier des clauses administratives particulières (**CCAP**) fixe les dispositions administratives propres à chaque marché (**C**).

B. Spécialité Aménagement urbain et développement durable

Pour chaque question, cochez la ou les réponses qui vous semblent exactes, puis consultez le corrigé, afin de connaître vos forces et vos faiblesses.

1 **Quelles sont les missions d'un architecte des Bâtiments de France ?**

- ❒ **A.** l'entretien et la conservation des monuments protégés
- ❒ **B.** le conseil pour les édifices du patrimoine
- ❒ **C.** l'aide au montage des dossiers financiers et techniques de restauration
- ❒ **D.** la veille de la réalisation des travaux dans les règles de l'art
- ❒ **E.** la veille de l'insertion des constructions neuves et des transformations aux abords des monuments protégés
- ❒ **F.** l'instruction des autorisations du droit des sols et la rédaction des arrêtés

2 **Sur quel domaine porte la loi ELAN ?**

- ❒ **A.** l'environnement
- ❒ **B.** l'habitat
- ❒ **C.** les déplacements

3 **Parmi ces documents, identifiez ceux qui doivent être compatibles avec le schéma de cohérence territoriale (SCOT).**

- ❒ **A.** le schéma directeur d'aménagement et de gestion des eaux (SDAGE)
- ❒ **B.** le PLH (*voir question 4*)
- ❒ **C.** le plan de déplacements urbains (PDU)
- ❒ **D.** les plans locaux d'urbanisme
- ❒ **E.** les zones d'aménagement concerté

4 **Que signifie le sigle PLH ?**

- ❒ **A.** programme local de l'habitat
- ❒ **B.** plan local de l'habitat

5 **Parmi ces éléments, lesquels doivent être présents dans une procédure de déclaration d'utilité publique (DUP) ?**

- ❒ **A.** la définition précise de l'objectif de la DUP
- ❒ **B.** les règles de la procédure d'enquête publique
- ❒ **C.** l'enquête parcellaire
- ❒ **D.** l'arrêté de cessibilité

6 **Que signifie le sigle ANRU ?**

- ❒ **A.** aménagements naturels des régions à urbaniser
- ❒ **B.** agence nationale pour la rénovation urbaine
- ❒ **C.** atelier national de renouvellement urbain

7 **Parmi ces quelques propositions, quelles sont les missions de l'ANRU ?**

- ❒ **A.** restructurer les quartiers situés en zone urbaine sensible
- ❒ **B.** favoriser la mixité sociale dans l'habitat
- ❒ **C.** favoriser la diversification des fonctions (commerces, loisirs…) dans les quartiers

Corrigé

1 **Réponses A à E : l'entretien et la conservation des monuments protégés, le conseil pour les édifices du patrimoine, l'aide au montage des dossiers financiers et techniques de restauration, la veille de la réalisation des travaux dans les règles de l'art, la veille de l'insertion des constructions neuves et des transformations aux abords des monuments protégés.**

2 **Réponse B : l'habitat.**
La loi ELAN, adoptée en 2018, a notamment pour ambition de faciliter la construction de nouveaux logements.

3 **Réponses B à E : le PLH, le plan de déplacements urbains (PDU), les plans locaux d'urbanisme, les zones d'aménagement concerté.**

4 **Réponse A : programme local de l'habitat.**
Attention, les candidats donnent souvent une mauvaise réponse à cette question !

5 **Réponses A à D : auxquelles il faut ajouter l'arrêté préfectoral portant DUP.**

6 **Réponse B : agence nationale pour la rénovation urbaine.**

7 **Réponses A à C : restructurer les quartiers situés en zone urbaine sensible, favoriser la mixité sociale dans l'habitat, favoriser la diversification des fonctions (commerces, loisirs) dans les quartiers.**

C. Spécialité Espaces verts et naturels

Pour chaque question, cochez la ou les réponses qui vous semblent exactes, puis consultez le corrigé, afin de connaître vos forces et vos faiblesses.

1 **Parmi ces critères, lesquels un local ayant le symbole ci-dessous doit-il respecter ?**

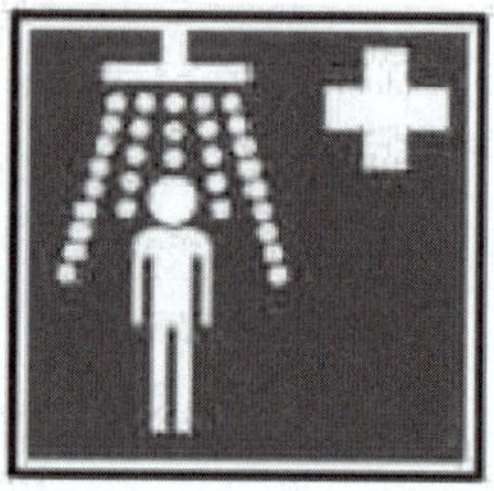

- ❒ A. local fermé à clé pour en interdire l'accès, notamment aux enfants
- ❒ B. local aéré et ventilé
- ❒ C. installation électrique en bon état
- ❒ D. téléphone
- ❒ E. numéro d'appel d'urgence affiché avec les recommandations
- ❒ F. trousse de premiers secours
- ❒ G. extincteur à l'extérieur ou point d'eau à proximité
- ❒ H. ustensiles banals marqués pour un usage exclusivement phytosanitaire

2 **Que signifie le sigle EPI ?**

- ❒ A. équipement particulier contre les incendies
- ❒ B. équipement de protection individuel
- ❒ C. entraînement de la poulie intérieure

3 **Quels seraient les risques encourus par un agent devant utiliser une tondeuse à conducteur accompagnant ?**

- ❒ A. des coupures aux pieds et aux mains par la lame
- ❒ B. une intoxication liée aux gaz d'échappement
- ❒ C. des pertes auditives occasionnées par le bruit
- ❒ D. des projections de pierres au niveau des jambes
- ❒ E. des brûlures ou un incendie à cause du carburant facilement inflammable

4 **Quels sont les EPI nécessaires lors de l'utilisation d'une tondeuse à conducteur accompagnant ?**

- ❒ A. des chaussures de sécurité
- ❒ B. un chapeau contre le soleil
- ❒ C. un masque
- ❒ D. des protections auditives
- ❒ E. des vêtements de travail
- ❒ F. des gants de sécurité pour l'intervention sous châssis
- ❒ G. une écharpe contre le froid

5 **En tant que responsable de service, parmi les propositions ci-dessous, lesquelles devez-vous délivrer à un agent devant utiliser une débroussailleuse à fil et dans quel ordre ?**

- ❒ A. faire un compte-rendu après la réalisation de la mission
- ❒ B. l'informer des risques encourus
- ❒ C. lui demander de mettre ses EPI
- ❒ D. nettoyer l'appareil après utilisation
- ❒ E. vérifier le bon fonctionnement de l'appareil
- ❒ F. sécuriser l'espace de travail
- ❒ G. ne pas fumer
- ❒ H. refaire les niveaux après l'utilisation de l'appareil

Corrigé

1 **Réponses A, B, C, E, G et H : local fermé à clé pour en interdire l'accès, notamment aux enfants, local aéré et ventilé, installation électrique en bon état, numéro d'appel d'urgence avec les recommandations, extincteur à l'extérieur ou point d'eau à proximité, ustensiles banals marqués pour un usage exclusivement phytosanitaire.**

Au-delà de ces éléments indispensables, il est fortement recommandé de trouver dans ce local :
– un sol cimenté ;
– des matières absorbantes (sciure, sable) ;
– des caillebotis isolant les produits du sol, en particulier les conditionnements en papier et carton ;
– des bidons posés dans des bacs de rétention ;
– un panneau d'interdiction de fumer.

Il est aussi recommandé que le local soit éloigné des habitations.

2 **Réponse B : équipement de protection individuel.**

3 **Réponses A, C, D et E : des coupures aux pieds et aux mains par la lame, des pertes auditives occasionnées par le bruit, des projections de pierres au niveau des jambes, des brûlures ou un incendie à cause du carburant facilement inflammable.**

4 **Réponses A, D, E et F : des chaussures de sécurité, des protections auditives, des vêtements de travail, des gants de sécurité pour l'intervention sous châssis.**

5 **Réponses B, E, F, C, D, H et A.**

Ne pas fumer est évident et cela doit donc être un simple rappel. Dans l'ordre chronologique, il faut :
– **B** : l'informer des risques encourus ;
– **E** : vérifier le bon fonctionnement de l'appareil ;
– **F** : sécuriser l'espace de travail ;
– **C** : lui demander de mettre ses EPI ;
– **D** : nettoyer l'appareil après utilisation ;
– **H** : refaire les niveaux après l'utilisation de l'appareil ;
– **A** : faire un compte-rendu après la réalisation de la mission.

2. Entraînez-vous : questions « usuelles » d'oral

A. 10 questions d'entraînement pour les spécialités Bâtiment-génie civil et Réseaux, voirie et infrastructures

1 Accessibilité aux bâtiments : quelles échéances ? Le Code de la construction et de l'habitation (CCH) doit permettre aux personnes en situation de handicap de se déplacer de façon autonome (loi de 2005 et arrêté de 2006).
Ces dispositions concernent-elles les bâtiments des collectivités territoriales et à partir de quelle date ?

2 Pouvez-vous donner une définition d'un maître d'ouvrage ?

3 Donnez une définition d'un maître d'œuvre.

4 Quels sont les objectifs de la réforme du 7 octobre 2011 portant sur les DT-DICT ?

5 Comment mettre en place une gestion durable du patrimoine bâti dans votre collectivité ?

6 Qu'est-ce qu'un coordonnateur SPS ?

7 Comment isoler un bâtiment par l'extérieur lors d'une rénovation ?

8 Pouvez-vous citer quelques sortes d'éco-matériaux ?

9 Pouvez-vous citer les différents types de VMC ?

Corrigé

1 Les dispositions régies par la loi de 2005 et l'arrêté de 2006 concernent les établissements recevant du public (ERP) et les installations ouvertes au public (IOP), quelles que soient leur taille ou leur catégorie. La loi handicap définit les moyens de la participation des personnes handicapées à la vie de la cité. Elle crée l'obligation de mise en accessibilité des bâtiments et des transports dans un délai maximum de 10 ans.

Initialement, au 1er janvier 2015, les ERP et les IOP devaient être mis en accessibilité. Cela s'inscrivait dans une politique volontariste de lutte contre toutes les formes de discriminations, mais cette échéance vient d'être reportée.

2 **Définition :**

Le maître d'ouvrage (MO) est la personne (personne morale, privée ou publique) pour le compte de laquelle sont réalisés les ouvrages de bâtiment ou d'infrastructure. Il en est le commanditaire et celui qui en supporte le coût financier.

Précisions complémentaires :

Le rôle et les missions d'un maître d'ouvrage public sont définis par le titre I de la loi n° 85-704 du 12 juillet 1985 dite « loi MOP ». Cette loi institue des obligations légales qui s'imposent au maître d'ouvrage public et traite des relations entre la maîtrise d'ouvrage publique et la maîtrise d'œuvre privée.

Le maître d'ouvrage a par exemple l'obligation de rédiger un programme. Il doit ainsi définir le besoin, l'objectif du projet, son calendrier et le budget consacré à ce projet. Le résultat attendu du projet est la réalisation et la livraison d'un résultat, appelé l'ouvrage.

3 **Définition :**

Le maître d'œuvre (MOE) désigne une personne ou entité chargée de la conduite opérationnelle de travaux.

Ses principales missions :

Elles sont au nombre de trois :

– concevoir éventuellement le projet, s'il est lui-même architecte ou ingénieur architecte (sinon, ce rôle est dévolu à un cabinet d'architectes extérieur) ;

– élaborer le cahier des clauses techniques particulières (CCTP) et contrôler la bonne exécution des travaux ;

– jouer un rôle d'interface entre le client et les entreprises chargées d'exécuter les travaux. Il n'est pas chargé de les effectuer lui-même et ne doit pas avoir de liens juridiques avec les entreprises travaillant sur le chantier. Le choix de ces dernières qui appartiennent à différents corps de métier (maçon, couvreur, électricien…) revient au maître d'ouvrage. Dans le cas contraire, il ne s'agit pas d'un maître d'œuvre, mais d'un constructeur.

4 Dans un premier temps, il est nécessaire de définir les sigles DT et DICT, puis de préciser les trois principaux objectifs de la réforme.

Définitions :

Une DT est une **déclaration préalable de travaux**. Cette autorisation du droit des sols doit être sollicitée lors des constructions de taille modeste (voir questions d'urbanisme), de toute modification ou rénovation de toutes les constructions.

Une DICT est une **déclaration d'intention de commencement de travaux**. Son objet est de prévenir l'ensemble des exploitants de réseaux de la future réalisation de travaux. Il s'agit essentiellement de prévenir des risques d'accident et d'atteinte aux ouvrages.

Principaux objectifs :

– la création du **guichet unique**. Le guichet unique doit permettre à tous les intervenants de disposer des coordonnées à jour de tous les exploitants de réseaux sur un projet donné ;

– la création d'un **Observatoire national** pour assurer la sensibilisation de tous les acteurs (maître d'ouvrage, exploitants, entreprises…) ;
– la refonte des textes réglementaires.
Précision complémentaire :
Les collectivités sont à la fois maître d'ouvrage et exploitant de réseaux. Elles sont également gestionnaires de l'espace public.

5 Une gestion durable du patrimoine bâti repose essentiellement sur la mise en place d'un outil de gestion technique et informatique des bâtiments. Cet outil peut, par exemple, s'appuyer sur un système informatique géographique (SIG).
Préalablement à l'intégration dans un SIG, il est nécessaire d'établir un diagnostic de chaque édifice dans chaque corps d'état (état d'usure, calendrier prévisionnel de travaux…).
Parallèlement, il est important de mettre en place des indicateurs d'usure. L'indicateur le plus simple est le temps. Par exemple, il peut être établi que les peintures des couloirs de chaque bâtiment doivent être refaites tous les 10 ans ; dans cette situation, le coefficient annuel de vétusté est de 10 %.
Au-delà de cet « observatoire », il est nécessaire d'adapter le service maintenance du patrimoine à ce souci d'efficience.
Comme chaque gestion de projet, il sera nécessaire d'intégrer les problématiques budgétaires. Parmi les conséquences budgétaires peuvent être cités : les coûts liés à la potentielle acquisition d'un SIG, les coûts liés à la possible réorganisation du fonctionnement du service maintenance du patrimoine – y compris la formation des agents au SIG –, les aides financières…

6 **Définition :**
Un coordonnateur de sécurité et de protection de la santé (SPS) est une personne physique ou morale missionnée par le maître d'ouvrage dès le début de la phase d'élaboration de l'avant-projet sommaire (APS) de l'ouvrage.
Ses missions :
– mettre en application et veiller à la bonne mise en œuvre des principes généraux de prévention durant les phases de conception, de réalisation et d'intervention ultérieure sur l'ouvrage ;
– rechercher les risques d'accident et de santé découlant de la co-activité durant ces trois phases (la co-activité est la présence de plusieurs corps de métier œuvrant en même temps sur le chantier) ;
– assister le maître d'ouvrage dans les déclarations d'urbanisme et les procédures de DICT (*voir question précédente*) ;
– assister le maître d'ouvrage et le maître d'œuvre dans l'APS ;
– établir le dossier des interventions ultérieures sur l'ouvrage (DIUO) dès l'APS ;
– établir le registre journal dès l'APS ;
– établir le plan général de coordination (PGC) dès l'APS (le contenu doit être détaillé et adapté à l'opération) ;
– mettre à jour le PGC par avenants tout au long du chantier ;
– diffuser et communiquer les informations des plans de prévention SPS (PPSPS) ;
– harmoniser les PPSPS des entreprises et sous-traitants ;
– constituer, présider et participer à l'action du Collège interentreprises de sécurité, de santé et des conditions de travail (CISSCT) si celui-ci existe ;

– diffuser les procès-verbaux du CISSCT au CHSCT et délégués du personnel ;
– remettre le DIUO au maître d'ouvrage lors de la réception de l'ouvrage ;
– archiver et conserver le registre-journal pendant 5 ans.

Remarque

Le jury d'admission ne vous laissera pas forcément le temps de développer toute la réponse. En revanche, cette réponse appelle l'utilisation de nombreuses abréviations. Stratégiquement, il est pertinent de donner la signification des premières abréviations que vous utiliserez. Par la suite, le jury d'admission aura en tête que vous avez le réflexe de traduire les sigles et vous pourrez vous permettre de ne pas systématiquement donner la signification de chaque sigle.

7 **Le principe de l'isolation thermique par l'extérieur (ITE) :**

Une des techniques les plus efficaces est l'isolation thermique par l'extérieur (ITE) sous bardage.

L'ITE permet de construire une véritable protection thermique du bâti grâce à la constitution d'une enveloppe autour de la maison. La continuité de l'enveloppe est alors assurée et réduit fortement les ponts thermiques, limitant ainsi les déperditions de chaleur.

L'ITE permet d'une part, d'embellir la façade et, d'autre part, d'améliorer le confort thermique et acoustique.

Il est important de vérifier auprès du service d'urbanisme de la mairie ou de la structure intercommunale que les matériaux de bardage et les coloris choisis sont acceptés.

Méthodes à employer :

– la mise en œuvre d'un isolant en couche unique positionné derrière les chevrons. La pose en continu de l'isolant sur l'ensemble de la façade permet de fortement limiter les ponts thermiques en désolidarisant l'ossature du mur porteur ;
– la mise en œuvre d'un isolant posé en deux couches : la première derrière les chevrons et la deuxième entre les chevrons. Un tasseautage ajouté le long des chevrons permet de ménager la lame d'air obligatoire de 2 cm minimum et sert de support pour la fixation du parement.

8 **Définition :**

Un éco-matériau est un matériau de construction qui répond aux critères techniques exigés des matériaux de construction, telles les performances techniques et fonctionnelles, la qualité architecturale, la durabilité, la sécurité, la facilité d'entretien, la résistance au feu, à la chaleur, etc. Un éco-matériau doit aussi répondre à des critères environnementaux ou socio-environnementaux, tout au long de son cycle de vie (c'est-à-dire de sa production à son élimination ou son recyclage).

Il doit permettre également de favoriser l'économie locale et la réduction des gaz à effet de serre.

Quelques écomatériaux :

– **le parpaing.** Le classique parpaing (ou bloc de béton) est un éco-matériau performant. Il est constitué de 87 % de granulats (graviers, pierres et sable), de 6 % d'eau et il ne nécessite que 6 % de ciment chauffé. Étant moulé à froid et sans transport (production locale et non délocalisable), il est aujourd'hui le matériau demandant le moins d'énergie grise. Recyclable à 100 %, ce matériau est aussi sans danger pour la santé (100 % minéral) ;

– **bois** non imbibé de pesticides non dégradables ;

– **terre** (construction en terre) crue ou cuite avec la brique Monomur collée par exemple ;

– **matériaux d'isolation :** chanvre, liège, laine de mouton, paille, lin, plumes, ouate de cellulose soufflée.

9 La ventilation mécanique contrôlée (VMC) est le système le plus simple et le plus courant pour lutter contre les COV (composés organo-volatiles).

Il existe trois types de VMC :

– **VMC simple flux.** La moins chère à mettre en œuvre, elle impose que les appareils à gaz soient raccordés à une prise d'air. Elle ne permet pas la régulation thermique et ne peut être filtrée ;

– **VMC simple flux hygroréglable.** Elle est plus économe en énergie que le simple flux et plus simple à installer que le double flux ;

– **VMC double flux.** Elle est la plus adaptée en termes d'économies d'énergie, mais la plus chère à installer.

B. 10 questions d'entraînement spécialité Aménagement urbain et développement durable

1 Quels sont les principaux objectifs du PLU depuis 2016 ?

2 Que sont les trames vertes et bleues ?

3 Citez quelques outils de l'urbanisme opérationnel en mettant en avant les avantages et inconvénients de chacun.

4 Décrivez l'évolution des outils de financement de l'assainissement collectif depuis la loi de finances rectificative du 14 mars 2012.

5 Pouvez-vous citer les autorisations du droit des sols (ADS) ?

6 Monsieur le Maire souhaite accorder une autorisation du droit des sols illicite et vous charge de rédiger l'arrêté correspondant. Quelle position allez-vous prendre ?

7 Donnez une définition d'un PLH.

8 Qu'est-ce qu'une déclaration d'utilité publique (DUP) ?

Corrigé

1 Les principaux objectifs du PLU sont :
– Cadre de vie : promouvoir une qualité urbaine et paysagère.
– Environnement : favoriser une approche intégratrice des enjeux de préservation environnementale.
– Intensification : construire la ville sur elle-même.
– Mixité : sortir du zoning et favoriser une meilleure cohabitation des usages.
– Simplification : se recentrer sur les objectifs et les enjeux locaux.

2 Il est nécessaire de donner, dans un premier temps, le contexte général, puis quelques définitions et objectifs.

1) Contexte

Les trames vertes et bleues sont une des mesures phares et concrètes du Grenelle de l'environnement. Leur ambition est d'enrayer le déclin de la biodiversité au travers de la préservation et de la restauration des continuités écologiques.

Elles doivent être déclinées dans les documents d'urbanisme (et notamment les SCOT). Leurs continuités doivent être maintenues au-delà des limites des documents de planification.

2) Définitions

- La **trame verte** est la somme des zones de connexion biologique et des habitats naturels connectés. En d'autres termes, il s'agit du réseau des éléments de territoire et de milieux qui constituent ou connectent entre eux (milieux naturels ou semi naturels tels que les forêts et prairies) :

– les habitats naturels de la flore et de la faune sauvages et spontanées ;
– les sites de reproduction ;
– les sites de nourrissage ;
– les sites de repos et d'abri ;
– les « couloirs » (corridors) de déplacement de la faune sauvage ;
– les « couloirs » (corridors) de dispersion de la flore.

- La **trame bleue** concerne l'eau (cours d'eau) et les zones humides (fleuves, rivières, étangs, marais, …). Elle doit être intégrée dans les SDAGE.

3) Objectifs

Les objectifs sont les suivants :

– diminuer la fragmentation et la vulnérabilité des habitats naturels et habitats d'espèces ;
– identifier et relier les espaces importants pour la préservation de la biodiversité par des corridors écologiques ;
– atteindre ou conserver le bon état écologique ou le bon potentiel des eaux de surface ;
– prendre en compte la biologie des espèces migratrices ;
– faciliter les échanges génétiques nécessaires à la survie des espèces de la faune et de la flore sauvage ;
– améliorer la qualité et la diversité des paysages ;
– permettre le déplacement des aires de répartition des espèces sauvages et des habitats naturels dans le contexte du changement climatique.

3 Les principaux outils de l'urbanisme opérationnel sont au nombre de quatre. Dans un premier temps, je vais donner la définition de chacun (y compris la signification des sigles) et dans un second temps, leurs avantages et inconvénients respectifs.

Outil	Signification	Objet	Avantages	Inconvénients
ZAC	Zone d'aménagement concerté	Aménagement réalisé par une personne habilitée, en vue de céder des terrains à des opérateurs, constructeurs ou des individuels	Adaptée pour les grands périmètres et en cas de foncier « compliqué ». Projet évolutif et adaptable au fur et à mesure de l'aménagement Intègre le financement des équipements publics	Procédure longue (dont enquête publique) et plus coûteuse Nécessite diverses études préalables et complémentaires
PA	Permis d'aménager	Aménagement permettant de mettre des terrains viabilisés à la disposition des opérateurs, constructeurs ou des individuels	Très opérationnel Procédure administrative allégée Nécessite un projet précis et finalisé	Inadapté au grand périmètre Nécessite une quasi-maîtrise foncière Nécessite un projet précis et finalisé
ZAD	Zone d'aménagement différé	Réserve foncière en vue d'une action d'aménagement à venir	Acquisition du foncier (droit de préemption spécifique) Outil anti-spéculatif	N'intervient qu'en complément des autres outils opérationnels
PUP	Projet urbain partenarial	Financement d'équipements	Établissement libre des clauses du contrat	Très peu de retours sur expérience

4 ***Remarque :*** *si le jury d'admission voit que le candidat reste sans réponse, il est possible qu'il reformule sa question ainsi « Qu'est-ce que la PRE et par quoi a-t-elle été remplacée ? »*

La participation au raccordement à l'égout (PRE) a été supprimée le 1er juillet 2012. Elle est remplacée par une participation pour le financement de l'assainissement collectif (PAC).

La PAC est perçue lors du raccordement d'une construction neuve, mais aussi désormais pour des constructions existantes.

Ses modalités de calcul sont similaires à la PRE.

Dans tous les cas, une délibération avant juin 2012 est indispensable pour pouvoir continuer à percevoir des recettes.

5 Les principales autorisations du droit des sols (ADS) sont au nombre de quatre. Il s'agit :
– des **déclarations préalables** (en lieu et place des déclarations de travaux). Elles concernent : les constructions nouvelles ou agrandissements dont la surface de plancher (SP) est inférieure à 20 m² (40 m² pour les extensions en zone U, si le seuil du recours à l'architecte n'est pas franchi), les transformations dont la SP est inférieure à 10 m², les modifications d'aspect extérieur, les changements de destination d'un bâtiment sans modification de l'aspect extérieur ou des structures porteuses, les divisions de lots en l'absence d'équipement et d'espaces communs ;
– des **permis de construire.** Cela concerne la modification des structures porteuses ou de la façade d'un bâtiment couplée à un changement de destination des locaux, de la modification du volume du bâtiment, du percement ou de l'agrandissement d'une ouverture sur un mur extérieur, du changement de destination ;
– des **permis d'aménager.** Les permis d'aménager sont utilisés dans les opérations de lotissement (division foncière) avec création d'espaces communs, de remembrement, d'affouillement et d'exhaussement excédant 2 mètres. Le dossier comprend : un plan de situation, une notice décrivant le terrain et le projet d'aménagement, un plan de l'état actuel du terrain à aménager et de ses abords, un plan de composition d'ensemble du projet côté dans les trois dimensions, un programme et des plans des travaux ;
– des **certificats d'urbanisme** (CU). Il en existe deux **types** : les CU d'information permettent, en l'absence de projet précis, de connaître les règles d'urbanisme applicables au terrain ; les CU opérationnels précisent si le terrain peut être utilisé pour la réalisation du projet et donnent l'état des équipements publics existants ou prévus desservant le terrain (voies et réseaux).

6 La stratégie retenue s'appuie sur trois **temps :**
– comprendre les motivations du Maire sur ce dossier (analyse du contexte général et du jeu d'acteurs) ;
– évaluer si l'ordre donné est manifestement illégal et de nature à compromettre gravement un intérêt public ;
– produire une note à destination du Maire et du Directeur général des services. Cette note pourrait contenir des éléments complétant éventuellement l'instruction initiale (par exemple par le contexte législatif, les documents « cadre » comme la directive territoriale d'aménagement, le schéma de cohérence territoriale, le programme local de l'habitat…), les risques potentiels d'une autorisation illicite (notamment les risques de contentieux) et le rappel de l'avis de la commission communale d'urbanisme lorsqu'elle a statué sur ce dossier.

7 **Définition :**
Un PLH est un programme local de l'habitat. Son objet est l'observation, la définition et la programmation des investissements et des actions en matière de politique du logement à l'échelle du territoire communal. Il est mis en place pour une durée minimale de 5 ans.
Un PLH est composé de **3 parties** :
– un diagnostic ;
– l'énoncé des principes et des objectifs ;
– le programme d'actions.

Objectif :
– mettre en place une politique cohérente (quantitativement et qualitativement) avec les besoins en logements (publics et privés) ;
– mettre en œuvre et évaluer des actions de renouvellement urbain et maîtrise foncière ;
– favoriser et soutenir la mixité sociale (répartition équilibrée de la production de logements sociaux sur tout le territoire communal).
Cette question peut déboucher sur une question complémentaire : pourquoi mettre en place un PLH ?
Deux principaux arguments peuvent motiver la mise en œuvre d'un PLH :
– la mobilisation de la commune autour d'un projet commun en faveur de l'habitat et d'une répartition cohérente ;
– l'obtention de certaines aides et subventions de l'État (condition de délégation des « aides à la pierre ») conditionnées par la réalisation d'un PLH.
Il convient de préciser que des aides peuvent être obtenues pour l'élaboration du PLH et la mise en place d'un observatoire de l'habitat.

8 **Définition :**
Il s'agit d'une procédure administrative qui permet de réaliser une opération d'aménagement sur des terrains privés par le biais d'une expropriation pour cause d'utilité publique.

Éléments essentiels de la procédure :
– définir avec précision l'objectif (et plus précisément le caractère d'utilité publique de l'opération). L'acte de déclaration d'utilité publique et sa pertinence sont essentiels, car ce document est attaquable devant le tribunal administratif par le biais du recours pour excès de pouvoir ;
– déterminer les règles de la procédure d'enquête publique (calendrier, publicité, transmission des documents…) ;
– réaliser une enquête parcellaire (périmètre très précis, immeubles à exproprier, propriétaires et locataires et toute personne pouvant prétendre à une indemnité, un exploitant agricole par exemple), suivie d'un arrêté de cessibilité. L'arrêté est attaquable devant le tribunal administratif comme l'acte de déclaration d'utilité publique.

C. 10 questions d'entraînement spécialité Espaces verts et naturels

1 Comment mettre en place une gestion différenciée des espaces verts et naturels dans une collectivité ?

2 Comment mettre en œuvre une politique de valorisation de la biodiversité dans un service de gestion des espaces verts et des espaces naturels ?

3 Comment favoriser la diversification végétale dans les espaces publics ?

4 Quels sont les principes et la mise en œuvre de la taille des végétaux ?

5 Vous êtes nommé responsable du service « Espaces verts » d'une commune. Le souhait de cette dernière est d'être primée à la commission départementale de fleurissement. Quel projet pourriez-vous proposer à vos élus sans grever le budget communal ?

6 Qu'est-ce qu'une ZNIEFF ?

7 Que faire des déchets végétaux produits ?

8 Qu'est-ce qu'une zone humide et comment l'intégrer dans un PLU ?

9 Vous gérez un patrimoine de plusieurs alignements de platanes, représentant plusieurs milliers d'unités. Quelle est la fréquence et la durée des opérations d'élagage ?

10 Quelle place pour l'arbre en ville ?

Corrigé

1 Dans un premier temps, il s'agit de donner une définition de la gestion différenciée et d'énumérer quelques principes. La gestion différenciée est un des outils du développement durable. Les enjeux de cette nouvelle gestion de l'espace public tournent autour de **quatre axes :**
– l'**environnement :** maintien de la biodiversité, plan de désherbage, protection biologique intégrée, gestion des déchets verts, gestion de la ressource en eau… ;
– l'**axe social :** management et nouvelle organisation du travail, rôle des élus, communication avec les usagers… ;

– l'**axe économique :** augmentation des surfaces à entretenir et maintien, voire diminution des moyens du service, mécanisation, planification des tâches… ;
– l'**axe professionnel :** la gestion d'une manière « écologique » n'est pas une perte de compétences, elle entraîne l'acquisition de nouveaux savoir-faire dans le métier de jardinier, d'un plan de formation du service…

Dans un second temps, vous pourrez proposer des éléments pour sa mise en œuvre :
– la **conduite du projet :** du diagnostic au bilan ;
– la **constitution d'un outil cartographique des espaces à gérer :** identification et localisation, par nature, par fonction, l'outil SIG ;
– la **codification des espaces et la définition des activités et tâches par nature** (tonte, taille, désherbage…) ;
– les **codes d'entretien** classés depuis une pratique horticole stricte vers une gestion écologique des espaces ;
– la **communication sur le projet :** presse, événements, manifestations, rôle du jardinier auprès des usagers…

2 Il s'agit là encore de proposer une définition et de formuler quelques principes.
D'un point de **vue scientifique,** la biodiversité repose sur la diversité génétique, les écosystèmes et les interactions entre les organismes vivants.
D'un point de **vue juridique,** la biodiversité concerne les outils de protection des espèces et des espaces, à l'échelle nationale ou locale.
Il semble pertinent, à ce niveau de la réponse, de faire référence à la Convention sur la diversité biologique et la stratégie nationale sur la biodiversité.
Concernant la mise en œuvre, les éléments attendus reposent sur :
– **l'élaboration d'un diagnostic des espèces végétales et animales :** codification européenne CORINE Biotopes, mise en place d'un inventaire naturel et identification des zones humides ;
– l'**identification des espèces invasives et des moyens de lutte appropriés ;**
– **l'instauration du « zéro-pesticides » et la mise en place de la protection biologique intégrée sur le territoire ;**
– **la formation des jardiniers aux techniques « douces »** dans les zones naturelles (génie écologique) ;
– **l'exemplarité du service public :** valorisation des actions auprès des particuliers (reconnaissance de la flore, compostage des déchets…) ;
– **le suivi et la mesure de l'évolution de la biodiversité :** mise en place d'indicateurs et formation des agents aux techniques de relevés de terrain.

3 Le premier temps est consacré à l'inventaire des palettes végétales horticole et naturelle, en mettant en avant les différentes classifications : typologique (arbres, arbustes, vivaces…), scientifique (genre, espèces, variétés, habitats…). La localisation de ces éléments peut se faire à partir d'un outil cartographique (SIG).

Dans un deuxième temps, il s'agit d'établir un diagnostic paysager de la collectivité en ciblant :
– l'identité paysagère ;
– les unités paysagères qui composent cette identité ;
– le végétal dans ces composantes du paysage (origines phytogéographiques, agricoles, industrielles…).

Enfin, il convient de mettre en place un **projet de diversification** végétale autour de **trois axes** :

– **conserver** :
   – valeur patrimoniale de certains végétaux ou groupements végétaux,
   – espèces ou espaces protégés (PLU, espèces protégées, biodiversité…),
   – espaces verts à forte valeur sociale (ombrage, écrans visuels, jardins de collection, pédagogiques…) ;

– **améliorer** :
   – remplacer les végétaux sénescents ou malades et les plantes invasives,
   – mettre en place une charte de l'arbre et l'intégrer dans les documents d'urbanisme,
   – renforcer et valoriser les unités paysagères recensées (notion d'ambiance végétale, sécurisation de l'approvisionnement avec des pépinières certifiées, valorisation des habitats naturels identifiés…) ;

– **communiquer** :
   – favoriser l'accès à la connaissance des plantes (étiquettes, catalogue…),
   – développer les animations autour du projet (journées des plantes, de l'arbre, expositions, animations scolaires…).

4 La taille est un outil de gestion du patrimoine végétal qui s'appuie sur :
– des contraintes économiques ;
– le respect du développement naturel du végétal ;
– la valorisation du paysage (urbain, naturel, bocage…) ;
– la maîtrise et la répartition des temps de travaux consacrés à la taille.

Cette question peut déboucher sur des interrogations complémentaires :
– La majorité des travaux de taille consiste-t-elle à corriger les erreurs dans le choix des végétaux à la conception ?
– La meilleure manière de conduire un végétal est-elle de ne pas le tailler ?
– Quelle utilisation peut être faite des résidus de taille ?

Pour cette dernière question, une des pistes à proposer concerne leur valorisation par broyage sur place pour le paillage des massifs d'arbustes. Deux autres pistes peuvent être abordées : le compostage des résidus et l'utilisation du compost en tant qu'amendement organique ou bien la valorisation par la méthanisation (surtout si sont ajoutés au broyage des déchets plus riches en matières azotées – d'origine animale par exemple). Ces deux solutions nécessitent des études économiques pointues prenant en considération l'impact du transport, des volumes et des débouchés.

5 Vous devez tout d'abord alerter le jury d'admission sur le fait qu'il existe différentes « compétitions » du niveau départemental à l'échelle nationale, voire européenne.
Aujourd'hui, seul le label des « Villes et villages fleuris » est reconnu. Il est délivré après le passage d'un jury régional ou national (ce dernier intervenant pour l'attribution de la 4e fleur).
Dans un premier temps, il s'agit de faire un diagnostic aussi bien du contexte végétal et culturel de la commune et de ses environs, que des attentes du public et des capacités budgétaires qui peuvent être mobilisées.
Avant d'aller plus loin, il est nécessaire de préciser deux points :
– Les jardinières et autres éléments suspendus peuvent porter atteinte au paysage. Il en est de même pour les ronds-points et l'utilisation abusive d'éléments de décors non végétaux ;

– Dans le volet budgétaire, vous devez intégrer l'entretien. En effet, le binage et l'arrosage peuvent générer des coûts de main-d'œuvre importants.
Dans un deuxième temps, il s'agit d'établir un ensemble de propositions cohérentes avec le contexte végétal et culturel, puis de le soumettre pour arbitrage à la commission « Espaces verts ».
Ces propositions devront, au-delà des investissements à strictement parler, intégrer des objectifs de coûts de maintenance et d'entretien. Elles devront naturellement s'inscrire dans un contexte de développement durable. Les jurys du concours des Villes et villages fleuris prennent en compte d'une manière importante les démarches respectueuses de l'environnement proposées par les villes candidates.
Enfin, il sera important de mobiliser l'équipe et d'associer la population autour de ce projet, dans le cadre d'une approche de démocratie participative.

6 Dans un premier temps, il est important de préciser que l'inventaire des zones naturelles d'intérêt écologique, faunistique et floristique (ZNIEFF) a pour objectif d'identifier et de décrire des secteurs présentant de fortes capacités biologiques et un bon état de conservation.
Les données sont validées par le Muséum national d'histoire naturelle, et la maîtrise d'œuvre de cet inventaire est assurée par les structures régionales du ministère de l'Écologie.
Cet inventaire est devenu aujourd'hui un des éléments majeurs de la politique de protection de la nature. Il doit être consulté dans le cadre des projets d'aménagement du territoire. Il est même partie intégrante des directives d'aménagement du territoire (DTA). Les documents locaux d'urbanisme (schémas de cohérence territoriale, plans locaux d'urbanisme, cartes communales…) doivent être compatibles avec les DTA.

Dans un second temps, il est nécessaire de présenter les deux **types de ZNIEFF :**
– les **ZNIEFF de type I**, de superficie réduite, sont des espaces homogènes d'un point de vue écologique et qui abritent au moins une espèce et/ou un habitat rare ou menacé, d'intérêt aussi bien local que régional, national ou communautaire ou des espaces d'un grand intérêt fonctionnel pour le fonctionnement écologique local ;
– les **ZNIEFF de type II** sont de grands ensembles naturels riches, ou peu modifiés, qui offrent des potentialités biologiques importantes. Elles peuvent inclure des zones de type I et possèdent un rôle fonctionnel ainsi qu'une cohérence écologique et paysagère.
Cet inventaire est produit à l'échelle nationale, mais il faut également mentionner qu'au niveau européen, dans le cadre respectif des directives « Oiseaux » et « Habitat », des zones de protection spéciales prévoient un régime de protection d'habitats ou d'espaces végétales ou animales.
Au-delà, il existe des protections plus contraignantes d'espaces : parcs naturels, réserves, conservatoires…

7 **Remarque**

> Il s'agit d'une réponse simple qui a pour unique objectif de vous faire réagir en instantané. Il n'est pas indispensable de rentrer dans le détail. Le jury d'admission sollicitera éventuellement des compléments.

La complexité de la gestion des déchets végétaux est liée :
– aux volumes produits ;
– à leur manipulation ;
– à leur transport ;
– à leur élimination.
Le coût du traitement des déchets est aussi un élément important.
La gestion différenciée peut avoir un impact important, aussi bien sur les volumes produits que sur leur répartition géographique.

8 **Définition :**
Les zones humides (ZH) sont des espaces de transition entre la terre et l'eau. Ces espaces revêtent des réalités écologiques et économiques très différentes.
La loi sur l'eau du 3 janvier 1992 a donné une définition : « On entend par zone humide les terrains exploités ou non, habituellement inondés ou gorgés d'eau douce, salée ou saumâtre, de façon permanente ou temporaire ; la végétation, quand elle existe, y est dominée par des plantes hygrophiles pendant au moins une partie de l'année ».
Identification des ZH :
L'arrêté du 24 juin 2008 définit que les ZH sont identifiées par :
– le sol après analyse pédologique ;
– la végétation (présence de plantes hygrophiles ou d'habitats répertoriés).
Les ZH peuvent être intégrées à quatre niveaux dans un plan local d'urbanisme :
– dans le rapport de présentation : inventaire des ZH dans le descriptif de l'état initial de l'environnement ;
– dans le projet d'aménagement et de développement durable (PADD) : préservation des ZH comme orientation générale ;
– dans le règlement : interdiction de toute constructibilité et tout aménagement du sol non adapté à la préservation des milieux humides (pas d'exhaussement, ni d'affouillement...) ;
– dans les documents graphiques : traduction par un zonage spécifique.

9 Il est extrêmement difficile de répondre directement à cette question sans renseignement complémentaire.
Il faudrait des précisions sur le contexte et notamment :
– l'âge des alignements et leur état parasitaire ;
– leur positionnement au regard de la voirie et des réseaux, de la proximité du bâti ;
– le mode de gestion préalable (taille courte sur marottes ou taille longue) ;
– s'il existe un service ou une équipe de gestion de l'arbre, des élagueurs qualifiés ;
– si ces alignements sont répertoriés dans un Système d'Information Géographique ;
– si la gestion actuelle a fait l'objet d'une étude de coût ;
– si une externalisation fait partie du champ des possibles pour la collectivité ;
– et, en fonction des réponses apportées, s'il est envisageable de mettre en place une mécanisation de type « taille en rideau ».

Remarque

Vous pouvez tout à fait vous adresser aux membres du jury d'admission afin de leur demander des précisions sur la question posée.

Ceux-ci, loin de juger une carence technique, constateront bien que vous construisez vos réponses en fonction du contexte et non simplement de la théorie. Vous démontrez ainsi que vous êtes capable de prendre du recul face aux questions posées et que vous ne foncez pas « tête baissée » dans une réponse approximative.

10 L'arbre en ville peut être envisagé sous plusieurs formes :

– l'arbre isolé, souvent situé dans un parc. Une valeur intrinsèque par sa dimension remarquable ou symbolique (marquage historique ou patrimonial) lui est reconnue ;

– les alignements qui structurent ou accompagnent l'espace urbain ;

– les espaces boisés souvent qualifiés de « poumons verts » ;

– à l'échelle d'une agglomération, les forêts urbaines issues des notions de trames vertes promues dans le cadre du « Grenelle de l'environnement », notamment.

Il faut envisager l'arbre en ville sous deux aspects.

- **Les fonctions de l'arbre en ville :**

Vous pouvez en identifier trois principales :

– la fonction sociale : elle est essentielle et valorisée par toutes les enquêtes d'opinion sur le cadre de vie ;

– la fonction écologique : production d'oxygène, fixation des particules, du CO_2 et des NO_x, puits de carbone, effet tampon sur le climat… ;

– la fonction patrimoniale et urbanistique : arboretum, mise en valeur monumentale, maillage intra et interurbain.

- **Les outils de gestion et de valorisation de l'arbre :**

– une **gestion spécifique :** quelle que soit la dimension ou l'organisation du service, l'arbre en ville nécessite une expertise sur son fonctionnement, son écologie (sols, revêtements, circulation urbaine…), et des enjeux de sécurité (élagages, techniques de grimper et signalisation des chantiers sur la voie publique) ;

– un **document partagé :** le système d'information géographique est un outil indispensable pour l'identification des arbres, des alignements et de leurs relations avec leur environnement (réseaux, bâti, transports…) ;

– la **charte de l'arbre :** les documents d'urbanisme cadrent d'un point de vue réglementaire le statut de l'arbre, mais de nombreuses villes ont produit une charte de l'arbre qui précise les relations avec les concessionnaires de réseaux, les promoteurs immobiliers, les usagers et peut proposer une méthode d'évaluation de la valeur de l'arbre ;

– la **communication** autour de l'arbre, qui passe par l'identification botanique de l'arbre grâce à un étiquetage, des journées de l'arbre impliquant les secteurs associatifs, scolaires…, des documents destinés au public identifiant et localisant des arbres (alignements, arboretum, collections…) et proposant des informations sur la charte, les espaces boisés, les animations…

Questions de mise en situation managériale

Les questions posées liées au management seront, en partie, influencées par les éléments de votre présentation.

Le jury d'admission profitera de cette séquence pour jauger de votre capacité à l'encadrement, au management.

Si lors de votre présentation et, plus précisément, de votre projet professionnel, vous avez mis en avant que vous souhaitiez prendre en charge une équipe de plusieurs agents, le jury d'admission sera très attentif à la cohérence de vos réponses et à votre expérience en la matière.

Pour rappel, la lettre de cadrage précise que « l'entretien vise à apprécier l'aptitude du candidat à s'intégrer dans l'environnement professionnel au sein duquel il est appelé à exercer, ainsi que **sa capacité à résoudre les problèmes techniques ou d'encadrement les plus fréquemment rencontrés par un technicien** ».

Il est aussi précisé aux membres du jury d'admission que « les questions sont volontairement ouvertes et n'appellent donc pas de réponses formatées. Le management n'étant pas une science exacte, l'important sera de voir la capacité du candidat à comprendre la problématique, à l'analyser rapidement et à apporter des éléments susceptibles de la résoudre. »

Au regard de ces informations, le candidat est appelé à utiliser la première personne du singulier et à illustrer si possible ses propos par sa propre expérience.

Si vous n'avez pas d'expériences précises d'encadrement, vous pouvez vous appuyer sur des expériences que vous avez vécues en tant qu'agent ou dont vous avez été témoin.

1 **Suite à la réussite au concours de technicien territorial, vous êtes choisi pour encadrer la Direction des services techniques de votre collectivité. Décrivez votre première journée.**

2 **Quel est le rôle d'un technicien territorial ? En d'autres termes, doit-il être avant tout technicien ou gestionnaire ?**

3 **Un des agents que vous encadrez est ivre sur la voie publique. Quelle attitude adoptez-vous ?**

4 **Pourriez-vous définir les expressions « management participatif », « management directif », « management délégatif » et préciser vers lequel de ces managements vous tendriez ?**

5 **Quelles sont les différences entre le secteur privé et le secteur public (et plus précisément territorial) en termes de management ?**

6 Quelles sont pour vous les principales qualités attendues d'un « bon » manager ?

7 Afin d'améliorer l'efficacité du service, vous souhaitez que tous vos collaborateurs partagent leur agenda associé à leur messagerie. La majorité de votre équipe s'y oppose. Quelle position allez-vous prendre ?

8 Plusieurs de vos collaborateurs souffrent de problèmes dorsaux. Que pouvez-vous faire pour améliorer cette situation ?

9 Un de vos collaborateurs refuse de mettre son EPI et entraîne une partie de l'équipe dans ce refus. Que faites-vous ?

10 Les élus de votre collectivité souhaitent effectuer des réductions dans le budget de fonctionnement. Comment pourriez-vous optimiser le coût de votre service ?

Corrigé

1 ***Préambule :*** *cette question est bien placée dans le domaine de l'encadrement, car la façon de vous présenter à votre équipe influencera profondément son comportement vis-à-vis de vous. Il est aisé à partir de cette simple question de percevoir si vous avez déjà été en position d'encadrement et si cette expérience a été positive.*
Dans un premier temps, il s'agit de me présenter à l'ensemble de l'équipe (formation, expériences professionnelles) et de prendre contact avec les membres de l'équipe, individuellement et collectivement. Cette prise de contact est également l'occasion de présenter mon mode de management, le mode de travail en équipe que je souhaite mettre en place. J'envisage, par exemple, de proposer un calendrier de réunion d'équipe une fois par semaine, chaque lundi matin par exemple. Dans un second temps, je programmerai le calendrier des premières prises de contact avec chaque agent pour percevoir son ressenti par rapport à l'équipe, aux missions – au regard de sa fiche de poste –, à ses ambitions personnelles, ses attentes en termes de formation…

2 ***Préambule :*** *cette question est un « grand classique » des épreuves d'admission. En effet, elle touche de nombreux aspects. Une autre formulation de cette question est : « Faut-il savoir faire pour faire faire ? » Par conséquent, il s'agit pour les membres du jury d'admission d'identifier votre conception de l'encadrement et votre façon de déléguer.*

Je ne pense pas qu'il faille absolument qu'un technicien sache tout faire pour encadrer avec efficacité son équipe. En effet, un bon manager doit s'appuyer sur l'ensemble de son équipe et doit pouvoir identifier les qualités et les limites de ses collaborateurs afin de leur confier des missions qui correspondent à leurs compétences.
Cela n'autorise pas le responsable d'un service à totalement méconnaître techniquement le domaine confié. Il doit être en capacité d'arbitrer les questions posées par ses agents, mais pas forcément de manière instantanée. Il peut tout à fait demander à ses collaborateurs de faire des recherches complémentaires et parallèlement effectuer ses propres investigations.
En résumé, il est naturellement important qu'un cadre maîtrise globalement, d'un point de vue technique, le domaine qui lui incombe, mais son rôle principal est le management de son équipe. Cela impose que le technicien soit capable de déléguer avec pertinence les missions qui sont confiées à son service.

3 ***Préambule :*** *cette question est très courante. Elle débouche sur une multitude de questions complémentaires qui peuvent être des « pièges ».*
Si votre collectivité territoriale a rédigé un document de cadre pour ce genre de situation, vous pouvez (vous devez) y faire référence. Vous pouvez indiquer le cadre général de la loi, puis indiquer les compléments exposés par le document interne de votre collectivité (comportement à tenir, personnes à alerter…).
Dans un premier temps, il est nécessaire de protéger l'agent, mais également le public. Il s'agit par conséquent :
– de se rendre sur place ;
– de mettre le public et les tiers en sécurité ;
– de constater l'état d'ébriété (proposer l'utilisation d'un éthylotest) ;
– d'extraire l'agent de la voie publique ;
– d'alerter les secours si l'état de l'agent laisse un doute sur sa santé ;
– de le laisser dégriser, mais en laissant une personne à ses côtés (toujours le laisser sous surveillance) ;
– de gérer son retour au domicile en sécurité. Il s'agit, notamment, de ne pas le laisser seul à son domicile.
Remarque : *il est possible que le jury d'admission pousse le raisonnement très loin en précisant que la personne est célibataire, qu'elle vit seule… La réponse que le jury d'admission veut principalement entendre est que vous ne laissez pas votre collaborateur seul après un tel évènement. Au bilan, si vous n'êtes pas en capacité de le confier à un proche, vous pouvez suggérer que vous l'emmenez aux urgences.*
Dans un deuxième temps, il faut gérer l'« après » en s'interrogeant sur la récurrence de cette alcoolémie (est-ce seulement un épiphénomène ou un énième dérapage ?).
Si c'est une problématique récurrente, il est nécessaire de mettre en place une procédure d'accompagnement médical en s'appuyant sur le service en charge du personnel.
Si cela s'avère nécessaire, parce que c'est la première fois et qu'il faut « marquer le coup », tant pour l'agent que vis-à-vis de ses collègues, ou parce que ce n'est pas la première fois et que plusieurs temps de dialogue avec l'agent concerné n'ont rien donné, il faut engager une procédure de sanction disciplinaire envers l'agent.
Quelle que soit la situation (récurrente ou non), il sera nécessaire de faire passer

un message à l'ensemble de l'équipe. Cela peut se traduire par des réunions du service dans sa totalité, par l'élaboration d'un règlement co-écrit avec tous les agents, par une formation au sein du service.

Question complémentaire : *pouvez-vous imposer à l'agent incriminé de se soumettre à un test d'alcoolémie ? Il est possible que le jury d'admission profite également de cette question sur l'alcool pour vous interroger sur les différentes sanctions qui existent.*

4 Dans un premier temps, je vous proposerai une définition pour ces différents types de management, puis je vous indiquerai quel mode de management retient mes faveurs. Il existe effectivement plusieurs types de management adaptés aux niveaux de compétence et de motivation des agents.

- **Le management directif** se concentre sur les résultats obtenus. Un manager directif donne des consignes, des objectifs précis. Il est plus dans une posture d'« informations descendantes » envers des agents « faiblement compétents ».

Pour ses collaborateurs, son comportement est dans un sens rassurant, car il apparaît comme maîtrisant l'environnement technique et les objectifs du service. Il assume seul les décisions prises. En revanche, un tel management peut susciter un désengagement progressif de ses collaborateurs, ceux-ci n'étant pas en posture d'être force de propositions.

- **Le management explicatif** est relativement proche du management directif. La principale différence réside dans le fait que le manager conceptualise et explique les directives qu'il donne à ses collaborateurs en recherche de compétences. La mobilisation de ses agents est renforcée par rapport au management directif, mais à plus long terme, ce type d'encadrement engendre également un désengagement de ses collaborateurs, leurs suggestions étant rarement intégrées aux décisions.

L'explication des décisions ne suffit pas à maintenir la mobilisation des collaborateurs.

- **Le management délégatif** est radicalement différent des managements directif et explicatif. Le manager de type délégatif définit avec précision les missions et responsabilités confiées à chaque collaborateur. Les échanges avec les agents interviennent lors de chaque bilan ou lorsque ces derniers le demandent.

Les limites du management sont surtout liées au sentiment d'abandon que peuvent ressentir les agents (en d'autres termes, ils peuvent parfois « se sentir seuls » face aux responsabilités qui leur ont été confiées). Ceci vaut pour des agents compétents et motivés.

- **Le manager participatif** s'appuie surtout sur des projets d'équipe. Il cherche principalement à associer ses collaborateurs aux décisions et se préoccupe de leur engagement dans les projets. Comme pour le management délégatif, le management participatif risque de démobiliser les collaborateurs face à des responsabilités qu'ils peuvent percevoir comme trop grandes pour eux. Ceci vaut pour des agents compétents dont la motivation doit être renforcée.

Il est difficile de se placer dans un seul type de management. Il importe de s'appuyer sur les quatre styles de management, de s'adapter à chaque situation, à chaque collaborateur. En effet, certains agents ont besoin de cadre très précis au départ, mais progressivement, en prenant confiance en eux et en leurs compétences, ils sont capables de prendre des responsabilités. Il convient donc d'être à l'écoute en permanence de ses équipes afin de s'adapter aux situations et à ses collaborateurs, et ainsi d'atteindre les objectifs qui nous sont confiés.

5 Naturellement, il faut constater que le mode de management du secteur privé n'est pas directement projetable au sein d'une collectivité locale. En effet, le statut de fonctionnaire influence forcément les relations entre l'encadrant et les agents. Cependant, des éléments de mon parcours au sein d'entreprises peuvent être transposés avec succès. En tout premier lieu, les échanges directs et réguliers avec l'ensemble de l'équipe et avec chaque agent sont très importants. Par ailleurs, l'identification partagée d'objectifs à atteindre pour l'équipe et pour chaque agent est un mode opératoire de management particulièrement performant.
Il est essentiel d'être présent au quotidien pour que les agents ne se sentent pas isolés ou démunis face aux difficultés. Ils doivent pouvoir s'appuyer sur moi le plus rapidement possible.
Tous ces éléments sont pertinents quel que soit le statut des collaborateurs.
Enfin, il ne faut pas ignorer que si mes agents ont des droits, ils ont également des devoirs, et qu'une échelle de sanctions existe si cela est nécessaire.

6 Parmi les qualités attendues d'un « bon » manager, je pense qu'il est important :
– d'avoir une forte capacité à communiquer les orientations et les objectifs de sa collectivité auprès de son équipe et de ses collaborateurs ;
– de présenter une volonté de dynamiser ses équipes autour d'axes stratégiques ;
– de posséder des qualités de « reporting » permanent ;
– d'être capable de décider, mais aussi d'anticiper ;
– de pouvoir adopter une posture de neutralité, d'empathie auprès de ses collaborateurs, mais également de les sanctionner lorsque cela est nécessaire ;
– de permettre à ses agents de se transcender (par le biais de la formation continue ou des concours et examens de la Fonction publique territoriale par exemple).

7 Il est essentiel de mobiliser la totalité de l'équipe en expliquant non seulement les objectifs de la mise en partage des agendas de leur messagerie, mais également les avantages d'un tel outil. Une réunion de la totalité de l'équipe semble incontournable pour cela.
D'abord, j'effectuerai une présentation en quatre temps :
– une présentation des objectifs de la collectivité vis-à-vis de l'agenda partagé ;
– une présentation de l'outil « agendas partagés » ;
– une présentation des avantages d'un tel outil ;
– un rappel des obligations de chaque agent en termes de temps de travail, de transparence…
Ensuite, je proposerai une session d'échanges avec l'équipe.
En conclusion, je proposerai de mettre en place cet outil durant une période de test, de faire un bilan à la fin de cette période et d'essayer d'améliorer les procédures si nécessaires.
Si besoin, je recevrai individuellement les agents « réfractaires ».

8 **Préambule :** *cette question fait référence aux principes généraux de prévention à avoir : adapter le travail à l'homme, en particulier en ce qui concerne la conception des postes de travail ainsi que le choix des équipements de travail et des méthodes de travail.* Dans un premier temps, il est nécessaire d'identifier l'origine de ce « mal de dos » collectif.

Parmi les causes possibles, nous pouvons citer un matériel ou des équipements mal adaptés ou déficients. Une autre origine peut être un mauvais usage de certains équipements.

Pour réaliser ce diagnostic, il est possible de s'appuyer sur les compétences du service de médecine préventive, sur l'assistant ou le conseiller de prévention.

Fort des conclusions du diagnostic, il sera éventuellement nécessaire :

– de mettre en place de nouveaux modes d'intervention ;
– de renouveler les équipements de protection individuels ;
– de mettre en place des formations de gestes et postures.

Parallèlement, il sera nécessaire de prévoir des lignes budgétaires pour acquérir les matériels nécessaires et organiser des formations.

9 Un EPI est un équipement de protection individuel.

Dans une telle situation, il est nécessaire de convoquer la totalité de l'équipe à une réunion qui comportera plusieurs séquences :

– un point sur les droits et obligations des agents, afin que chacun puisse comprendre que les directives doivent être respectées par tous ;
– un temps pour exposer l'intérêt que chaque agent a à mettre ses EPI pour sa sécurité et sa santé ;
– une séquence pour montrer le bon usage des EPI mis à disposition de chaque collaborateur ;
– une séquence d'échanges avec les équipes.

Enfin, il sera proposé une nouvelle réunion pour faire le point sur l'usage des EPI. Si cela s'avère nécessaire, il peut être envisagé d'organiser une formation auprès de l'équipe, soit par l'intermédiaire de l'assistant de prévention, soit par celui du Centre national de la Fonction publique territoriale (CNFPT).

Pour les plus réfractaires, une réunion individuelle peut être organisée. En cas de refus d'obéissance, il pourra être envisagé des sanctions disciplinaires.

En revanche, toutes ces actions sont conditionnées au fait que chaque agent soit doté d'un jeu complet d'EPI fonctionnels.

10 Dans un premier temps, j'effectuerais un diagnostic du fonctionnement en mettant l'accent sur les indicateurs d'activité et les résultats du service.

Par la suite, j'identifierais les marges de progrès.

Enfin, je proposerais à ma hiérarchie les évolutions possibles en mettant en avant les actions à mettre en œuvre, les conséquences pour le service et les économies dégagées.

Questions sur l'environnement territorial et professionnel

Les questions liées à l'environnement territorial sont généralement posées dans les 4 à 5 minutes restantes de l'épreuve orale. Elles peuvent être également posées pour combler les « temps morts » au cours de l'entretien et permettre ainsi de relancer la dynamique de l'entretien. En effet, lorsqu'il ne reste que quelques minutes, les membres du jury d'admission hésitent à poser une question transversale qui nécessiterait un développement trop long.

Le domaine « Environnement territorial » se prête bien à cet exercice, et il est facile pour le jury d'admission de multiplier des questions très courtes. Il n'est alors pas nécessaire de proposer des réponses très construites, le jury d'admission attend surtout des réponses courtes et précises.

Cependant, les membres du jury d'admission peuvent être exigeants sur la qualité des réponses, car les questions posées n'imposent pas une expérience significative, mais plutôt un travail préparatoire.

Malgré tout, il ne s'agit pas de questions « pièges ».

Les questions posées sur l'environnement professionnel se classent en deux grandes catégories :

– le service public et les différents acteurs (environnement macro) ;

– l'agent (environnement micro).

1 **Qu'est-ce que la décentralisation, qu'est-ce que la déconcentration ?**

2 **Citez les 5 grands principes du service public.**

3 **Qu'est-ce que le service public ?**

4 **Citez les différents niveaux de collectivités territoriales.**

5 **Quels sont les principaux EPCI depuis la loi NOTRe ?**

6 **Citez les principales compétences obligatoires des communautés d'agglomérations.**

7 **Comment est élu le maire ?**

8 **Quelles sont les principales conditions à remplir pour être candidat à la fonction de maire ?**

9 **Quelles sont les principales compétences du maire ?**

10 Quelles sont les principales attributions du conseil municipal ?

11 Quelles sont les principales compétences de la commune ?

12 Quelles sont les principales compétences du département ?

13 Comment est élu le président du département ?

14 Quelles sont les modalités d'élection des conseillers départementaux ?

15 Quelles sont les principales compétences de la région ?

16 Comment est élu le président de la région ?

17 Comment sont élus les conseillers régionaux ?

18 Comment sont élus les conseillers communautaires ?

19 Quelles sont les principales recettes de la commune ?

20 Quels sont les différents types de fonction publique ?

21 Qu'est-ce qu'un CCAS ?

22 Que signifie le principe de neutralité du service public ?

23 Quel est le rôle du préfet à l'égard des collectivités territoriales ?

24 Citez les principaux droits du fonctionnaire.

25 Citez les principales obligations du fonctionnaire.

26 Que savez-vous de la loi d'avril 2016 sur la déontologie des fonctionnaires ?

27 Que savez-vous du compte personnel de formation (CPF) ?

28 Expliquez ce que sont le CT, le CHSCT, la CAP.

29 Qu'est-ce que le droit de retrait ?

30 Qu'est-ce que le CCP ?

31 Qu'est-ce qu'un marché public ?

32 Quels sont les seuils des marchés publics ?

33 Quels sont les différents modes de gestion d'un service public ?

34 Quels sont les grands principes budgétaires ?

35 Quels sont les différents documents budgétaires ?

36 Quelles sont les principales sanctions applicables au fonctionnaire ?

Corrigé

1 La **décentralisation**, c'est le transfert de compétences de l'État vers une collectivité territoriale : la région, le département, la commune. Ces collectivités disposent ainsi de l'autonomie juridique et financière, de compétences propres, d'un pouvoir de décision.
La **déconcentration**, c'est l'administration territoriale de l'État. Chaque ministère a des « antennes locales » dans les départements, dans les régions, appelés services déconcentrés ; ces services sont placés sous l'autorité des ministres concernés. Ils sont chargés de la mise en application des lois et règlements de chaque ministère, sur l'ensemble du territoire national, au plus près des citoyens. Ils assurent les relations entre l'État et les collectivités territoriales. Un des services déconcentrés le plus connu est la préfecture.

2 **Le principe d'égalité** : les administrés doivent être traités de façon identique, neutre, sans aucune discrimination.
Le principe de continuité : un fonctionnement régulier et ininterrompu (le droit de grève des agents atténue cette exigence) ; il n'y a pas de service minimum dans la fonction publique territoriale.
Le principe de mutabilité/adaptabilité : le service public doit pouvoir évoluer pour s'adapter aux besoins de la population ; c'est un gage d'efficacité (modifications d'horaires, création /suppression de services, outils numériques).
Le principe d'accessibilité : l'accessibilité aux bâtiments recevant du public, l'accessibilité aux documents et supports d'information.
Le principe de neutralité : les locaux publics doivent être neutres (pas de signes religieux) ; les agents publics doivent traiter tous les citoyens-usagers, de la même manière, sans distinction de race, d'origine sociale, de genre, d'appartenance politique, syndicale ou religieuses, etc.

3 Le service public est une activité d'intérêt général, assurée généralement par une entité publique – mais pouvant aussi être une entreprise privée – ayant des prérogatives de puissance publique.
C'est aussi un service, une organisation en vue d'exercer une mission d'intérêt général.

4 Il y a 3 principaux types de collectivités : les communes, les départements, les régions.

Il y a aussi des collectivités à statut particulier : **Paris, Lyon, Marseille** (villes divisées en arrondissements, qui élisent des conseils et des maires d'arrondissement) et la collectivité unique de Corse.

5 Un EPCI est un établissement public de coopération intercommunale :
– les communautés de communes (15 000 habitants) ;
– les communautés d'agglomération (50 000 habitants et plus) ;
– les communautés urbaines (250 000 habitants et plus) ;
– les métropoles (450 000 habitants et plus).

6 Les communautés d'agglomération ont **6 domaines de compétences obligatoires** :
– aménagement et développement économique, social et culturel de l'espace communautaire ;
– équilibre social de l'habitat ;
– politique de la ville ;
– protection et mise en valeur de l'environnement ;
– politique du cadre de vie ;
– gestion des services d'intérêt collectif.

7 Le maire est élu au suffrage universel indirect, par le conseil municipal, pour un mandat de 6 ans.

8 Il faut en effet remplir certaines conditions :
– avoir 18 ans ;
– être de nationalité française ou ressortissant d'un État de l'Union européenne ;
– jouir de ses droits civiques ;
– avoir satisfait aux obligations imposées par le Code du service national ;
– avoir une attache avec la commune où on se présente : y payer un impôt direct ou y être électeur.

9 Le maire a, ce qu'on appelle une « **double casquette** » : il est à la fois agent de l'État et agent de la commune.
En tant qu'agent de l'État, le maire a une double fonction :
– il est officier d'état civil (sous l'autorité du préfet) : organisation des élections, célébrations des mariages, recensement, délivrance de certains documents (CNI, passeports, actes de naissance, etc.) ;
– il est officier de police judiciaire (sous l'autorité du procureur de la République) : constat d'infractions, dresse des contraventions, etc.
En tant qu'organe exécutif de la commune :
– il est le chef du personnel communal ;
– il a des pouvoirs de police administrative : maintien de l'ordre public, de la tranquillité, de la salubrité publique ;
– il prépare et exécute les délibérations du conseil municipal ;
– il prépare et exécute le budget.

10 Le conseil municipal règle par ses délibérations les affaires de la commune :
– il vote le budget, approuve le compte administratif (budget exécuté) ;
– il crée et supprime des services publics municipaux,

– il adopte les contrats liés à des marchés de travaux, pour des délibérations de service public, etc.
Le conseil municipal **doit se réunir au moins une fois par trimestre.**

11 **Les compétences traditionnelles :**
– état civil ;
– fonction électorale ;
– voirie ;
– protection de l'ordre public.
Autres compétences :
– urbanisme ;
– enseignement ;
– santé ;
– action sociale ;
– culture ;
– sport et loisirs.

12 La loi portant nouvelle organisation territoriale de la République (**NOTRe**) du 7 août 2015 a **supprimé la clause de compétence générale** pour les départements (et les régions).
C'est désormais le principe de spécialisation des départements qui s'applique, entraînant une diminution du nombre de compétences du département.
– **Chef de file de l'action sociale, des solidarités** : l'**enfance** (aide sociale à l'enfance, protection maternelle et infantile ; les **personnes handicapées** (prestation de compensation du handicap, **PCH**) ; les **personnes âgées** (création et gestion de maisons de retraite, politique de maintien des personnes âgées à domicile avec l'allocation personnalisée d'autonomie, **APA**) ; les prestations légales d'**aide sociale** (gestion du RSA).
– **Éducation** : la construction, l'entretien et l'équipement des collèges ; la gestion des agents techniciens, ouvriers et de service (TOS) dans ces établissements.
– **Transports** : uniquement les **services de transport spécial des élèves handicapés** vers les établissements scolaires.
– Entretien de la **voirie départementale.**
– **Sécurité** : les services de secours et d'incendie (SDIS).

13 Le président du département est l'organe exécutif. Il est élu pour **6 ans**, au suffrage universel indirect, selon un **scrutin majoritaire** à 2 tours.

14 Les conseillers départementaux sont élus au suffrage universel direct, selon un **scrutin binominal majoritaire** à 2 tours.
Application du **principe de parité**, depuis les élections de mars 2015 : binôme de **2 conseillers** départementaux titulaires (1 homme/1 femme) par canton + 2 suppléants ; chaque candidat et son remplaçant sont du même sexe.

15 La loi NOTRe du 7 août 2015 a renforcé les compétences régionales. Les régions sont dorénavant au nombre de 13. Leurs principales compétences sont les suivantes.
– **Développement économique** : élaboration du **schéma régional de développement économique, d'innovation et d'internationalisation** (**SRDEII**) qui définit notamment « les orientations en matière d'aides aux entreprises, de soutien à l'internationalisation et d'aides à l'investissement immobilier et à l'innovation des entreprises, ainsi que les orientations relatives à l'attractivité du territoire régional. Il définit les orientations en matière de développement de l'économie sociale et solidaire ».
– **Aménagement du territoire** : élaboration du schéma régional d'aménagement, de développement durable et d'égalité des territoires (**SRADDET**) **avant le 7 août 2018**. Élaboration du **plan régional de prévention et de gestion des déchets**.
– **Transports** : gestion de **l'ensemble des services non urbains de transport**, réguliers ou à la demande ; gestion des **transports régionaux de voyageurs**, notamment ferroviaires (réseau des trains express régionaux, TER), et participation au financement des infrastructures, comme la construction de nouvelles lignes de TGV.
– **Formation professionnelle continue et apprentissage**, ce qui inclut l'insertion des jeunes en difficulté et les formations en alternance.
– **Enseignement** : construction et entretien des lycées d'enseignement général et des établissements d'enseignement agricole.
– **Environnement** : mise en œuvre du **plan régional pour la qualité de l'air** et classement des réserves naturelles régionales.

16 Le président de la région est l'organe exécutif.
Il est élu pour **6 ans**, au suffrage universel indirect, selon un **scrutin majoritaire à 2 tours**.

17 Les conseillers régionaux sont élus au suffrage universel direct, **pour 6 ans**, selon un scrutin **de liste mixte à 2 tours** (majoritaire + proportionnel).
Mise en application du principe de parité pour les listes (1 homme/1 femme).

18 Depuis 2014, les conseillers communautaires sont élus **en même temps** que les conseillers municipaux, **pour 6 ans**.
Dans les communes de 1 000 habitants et plus, application du système **de « fléchage »** : sur un même bulletin, désignation de 2 listes distinctes : listes des conseillers municipaux et liste des délégués communautaires.
Mise en application du principe de parité (1 homme/1 femme).

19 Il y a **4 grandes catégories de recettes** pour les communes.
- Les recettes provenant de la **fiscalité** :
  – la taxe d'habitation (disparition progressive) ;
  – la taxe foncière sur les propriétés bâties ;
  – la taxe foncière sur les propriétés non bâties ;
  – la contribution économique territoriale (**CET**) : cotisation foncière des entreprises qui a remplacé la taxe professionnelle.
- Les recettes provenant des **dotations et subventions de l'État** (DGF).
- Les recettes provenant **des services rendus aux usagers** : restauration scolaire, accueils de loisirs, crèches, piscines, etc.
- Les recettes liées à l'**emprunt**.

20 Il y a trois types de fonctions publiques : la fonction publique d'État, la fonction publique territoriale, la fonction publique hospitalière.
Il y a aussi des collectivités à statut particulier : **Paris, Lyon, Marseille** (villes divisées en arrondissements, qui élisent des conseils et des maires d'arrondissement) et la collectivité unique de Corse.

21 Le centre communal d'action sociale (CCAS) est un établissement public administratif ; il est géré par un conseil d'administration et dispose d'un budget propre.
Le CCAS est obligatoire uniquement dans les communes ayant au moins 1 500 habitants.
Le CCAS met en œuvre la politique d'action sociale de la commune :
– **des missions obligatoires** (pour tous les CCAS), notamment : l'instruction des demandes d'aide sociale et transmission des dossiers, pour décision, à l'autorité compétente, le département : par exemple le RSA ; la domiciliation postale des personnes sans résidence stable ;
– **des missions facultatives** (spécifiques à chaque CCAS, selon les priorités d'actions de la commune), par exemple : secours d'urgence octroyés sur justificatifs : chèques d'accompagnement personnalisé, aides financières, paiement de factures directement aux créanciers... ; les animations pour les seniors ; la gestion des structures petite enfance, les activités périscolaires ; les actions de lutte contre la précarité énergétique, le surendettement etc.

22 L'agent se doit d'accueillir tout usager de façon égale, impartiale, sans discrimination.
L'agent ne doit pas faire état de ses convictions religieuses, philosophiques, idéologiques, politique.
Les bâtiments publics doivent aussi être neutres : aucun signe distinctif religieux, politique.

23 Le préfet est le représentant de l'État.
Le préfet est le chef des services déconcentrés (administrations territoriales de l'État : rectorat, inspection académique, préfecture, etc.).
Le préfet est chargé du **contrôle de légalité** des actes administratifs des collectivités. Il fait des observations aux collectivités et, si elles ne sont pas suivies, et s'il estime l'acte illégal, il saisit le tribunal administratif, qui seul a le pouvoir d'annuler l'acte.
Le préfet informe les élus sur les politiques publiques nationales ; il a donc un **rôle de conseil**.
Le préfet veille aussi à la sécurité publique et civile, en lien avec le maire, agent de l'État.

24 Les principaux droits du fonctionnaire (loi du 13 juillet 1983 et loi déontologie d'avril 2016) sont les suivants :
– la liberté d'opinion politique, syndicale, philosophique ou religieuse : mais ceci doit se concilier avec l'obligation de neutralité des agents dans leur service et ne doit pas contrevenir à l'obligation de réserve des fonctionnaires ;
– le droit de grève ;
– le droit syndical ;

– le droit à la formation permanente ;
– le droit de participation ;
– le droit à rémunération après service fait ;
– le droit à la protection fonctionnelle : depuis la loi de 2016, ce droit est étendu à la famille ;
– le droit à des congés (congés annuels, maternité, parental ou maladie).

25 Les principales obligations du fonctionnaire (loi du 13 juillet 1983 et loi déontologie d'avril 2016) sont les suivantes :
– obligation d'informer le public ;
– obligation d'effectuer les tâches confiées ;
– obligation d'obéissance hiérarchique : le fonctionnaire *doit se conformer aux instructions de son supérieur hiérarchique, sauf dans le cas où l'ordre donné est manifestement illégal et de nature à compromettre gravement un intérêt public* ;
– le devoir de réserve : toujours tenir des propos mesurés, ne pas tenir de propos outranciers, diffamatoires vis-à-vis de l'autorité territoriale ; ne pas porter atteinte, par son comportement, à l'image du service public ;
– le devoir de discrétion professionnelle : ne pas divulguer des faits, des informations, des documents, dans l'exercice des fonctions, sans autorisation du supérieur hiérarchique, ou en dehors des cas prévus par la réglementation, notamment en termes d'accès aux documents administratifs ;
– le devoir de secret professionnel : il ne vaut que pour certains métiers/emplois (médecins, psychologies, travailleurs sociaux).
Le non-cumul d'emploi : tout fonctionnaire doit se consacrer exclusivement à l'exercice de son emploi public.

26 Les principaux axes de cette loi sont les suivants :
– le **renforcement de certaines obligations déontologiques** : exercer ses fonctions avec dignité, impartialité, intégrité et probité, l'obligation de neutralité, le respect du principe de laïcité ;
– le **renforcement des dispositifs applicables en matière de déontologie**. Le fonctionnaire doit faire cesser immédiatement ou prévenir les situations de conflit d'intérêts dans lesquelles il se trouve ou pourrait se trouver ;
– le **renforcement de la protection des lanceurs d'alerte**. Un agent public ne peut pas être sanctionné, être freiné dans sa carrière, pour avoir dénoncé de bonne foi un conflit d'intérêts ;
– un **élargissement du champ de la protection fonctionnelle** : sur demande du fonctionnaire, la protection est étendue à ses ayants-droits (conjoint, concubin, enfants, etc.).

27 Le CPF a remplacé, **depuis le 1er janvier 2017**, le DIF (droit individuel à la formation). Chaque année, le compte est crédité de **24 heures de formation** pour un agent à temps plein, et au prorata du temps travaillé dans le cas d'un contrat à mi-temps ; ceci dans la limite d'un plafond de **150 heures.**
Le CPF permet aux agents de suivre une **formation qualifiante ou certifiante** ; il donne aussi accès à la validation des acquis de l'expérience (VAE), au bilan de compétences.
Le CPF s'inscrit dans le cadre du **compte personnel d'activité** (CPA).

28 Ce sont les **instances du dialogue social.**

• **Le CT** (comité technique) :
– obligatoire dans toute collectivité /EPCI **de plus de 50 agents** ;
– sa composition : des représentants des personnels, un représentant de l'organe exécutif et un représentant de l'administration ; depuis les élections professionnelles de décembre 2014, le CT n'est plus paritaire ;
– son rôle : donne obligatoirement un avis sur les questions relatives à l'organisation et au fonctionnement des services : effectifs, emplois, compétences, règles statutaires, méthodes de travail, politique indemnitaire, plan de formation, insertion professionnelle, lutte contre les discriminations, plan de prévention des risques psychosociaux, égalité professionnelle homme/femme, etc. Donc les questions **d'ordre collectif** ;
– se réunit **au moins 2 fois par an** ; renouvellement tous les 4 ans ;
– ses avis sont consultatifs : l'administration n'est pas obligée de les suivre.

• Le **CHSCT** (comité d'hygiène, de sécurité et des conditions de travail) :
– obligatoire dans toute collectivité /EPCI **de plus de 50 agents** ;
– sa composition (paritaire) : des représentants désignés par les organisations syndicales, l'autorité territoriale, le DRH, l'assistant de prévention ;
– son rôle : contribuer à l'amélioration des conditions de travail, veiller à la mise en œuvre des prescriptions du Code du travail relatives à la santé et la sécurité au travail, applicables à la fonction publique. Il doit être consulté sur tout projet d'aménagement important modifiant les conditions de santé, de sécurité ou les conditions de travail. Il participe également à l'analyse et à la prévention des risques professionnels ;
– se réunit **au moins 3 fois/an** ; renouvellement tous les 4 ans.

• **La CAP** (commission administrative paritaire) :
– il y a une CAP par catégorie de fonctionnaires (A, B, C) et par cadre d'emplois ;
– sa composition (paritaire) : en nombre égal, de représentants des personnels et de représentants de l'administration ;
– son rôle : donne obligatoirement un avis sur les questions **d'ordre individuel liées à la carrière des fonctionnaires** (titularisations, avancements, détachements, etc.) ;
– ses avis sont consultatifs : l'administration n'est pas obligée de les suivre.

Pour l'examen de sanctions, la CAP se réunit en **conseil de discipline**.

29 Quand un agent estime que sa situation de travail comporte un **danger grave et imminent pour sa santé physique et/ou mentale**, il peut exercer son droit de retrait : il peut quitter son poste en consignant ce contexte, dans le registre de sécurité.

Il doit aussi en informer son supérieur hiérarchique, un membre du CHSCT ou du CT. Il n'aura aucune retenue sur sa rémunération.

30 Le CCP est le Code de la Commande Publique (actualisé au 1er avril 2019).

31 C'est un contrat conclu à **titre onéreux** par une personne de droit public et une personne généralement de droit privé, pour répondre à ses besoins en matière de travaux, de fournitures ou de services.

Il y a différents types de marchés publics :
– **marché de travaux** : réalisation d'ouvrages, de travaux du bâtiment et de génie civil (ponts, routes, ports, barrages, infrastructures urbaines, etc.) ;
– **marché de fournitures** : achat de matériels, de mobilier ou de produits ;
– **marché de services** : services matériels (comme l'entretien des locaux par exemple) ou immatériels (conseil juridique, projet informatique, etc.).

32

Seuils de publicité – Montants hors taxe					
Type de marché	**Acheteur**	**Publicité non obligatoire**	**Publicité libre ou adaptée**	**Publicité obligatoire au BOAMP ou dans un JAL**	**Publicité obligatoire au BOAMP et au JOUE**
Fournitures et services	Collectivités	en-dessous de 25 000 €	de 25 000 € à 89 999,99 €	de 90 000 € à 220 999,99 €	à partir de 221 000 €
Travaux	Tout organisme	en-dessous de 25 000 €	de 25 000 € à 89 999,99 €	de 90 000 € à 5 547 999,99 €	à partir de 5 548 000 €

33 Il existe **deux modalités principales de gestion de service public.**
• **La gestion directe** : la collectivité gère directement le service avec ses propres moyens et ses propres agents ; c'est le système de la régie.
• **La gestion déléguée** : elle prend différentes formes, notamment :
– *la délégation de service public* (DSP) : gestion du service assurée généralement par une société privée ;
– *la concession* : une collectivité confie à un délégataire la construction, le financement et l'exploitation d'un équipement à ses risques et périls, en vertu d'un contrat d'une durée suffisante pour permettre l'amortissement des immobilisations financées par le délégataire ; le concessionnaire **se rémunère par des redevances perçues sur les usagers** ;
– *l'affermage* : une collectivité confie à un « *fermier* » l'exploitation d'un service public dont les ouvrages ont été construits par elle. Les risques du fermier sont limités à la seule exploitation des ouvrages ; le fermier **se rémunère directement sur l'usager** et perçoit gratuitement pour la collectivité affermante une surtaxe.

34 Ces principes sont au nombre **de cinq** :
– **1er principe, le principe d'annualité** : le budget est élaboré pour une période de **12 mois**, du 1er janvier au 31 décembre. Il peut être voté jusqu'au **15 avril** de l'année à laquelle le budget s'applique (30 avril en année d'élections) ;
– **2e principe, le principe de l'équilibre réel** : les recettes doivent être égales aux dépenses, dans chacune des deux sections du budget (sections de fonctionnement et d'investissement) ;
– **3e principe, le principe d'unité** : les recettes et les dépenses doivent figurer dans un document budgétaire unique, le budget général de la collectivité (budget des services publics en DSP) ;
– **4e principe, le principe d'universalité** : toutes les opérations de dépenses et de recettes doivent être indiquées dans leur intégralité (exigence de sincérité) ; de plus, les recettes financent indifféremment les dépenses (principe de non-affectation d'une recette à une dépense) ;

– 5e **principe, le principe de spécialité des dépenses** : une dépense n'est autorisée qu'à un service et pour un objet particulier (spécialisation des crédits par chapitre).

35 **Le budget primitif** (BP) : document qui prévoit l'ensemble des dépenses et recettes pour une année civile (1er janvier au 31 décembre) ; il est voté au plus tard le 15 avril de l'année (le 30 avril en année d'élection).
Le budget supplémentaire (BS) : il permet notamment de réajuster, en cours d'exercice, les prévisions.
Les budgets annexes : ils présentent les opérations liées aux services publics délégués (CCAS, eau, restauration, etc.).
Le compte administratif (CA) : voté au plus tard le 30 juin de l'année N + 1 ; on y trouve toutes les recettes et les dépenses **effectivement exécutées**, c'est le résultat de l'exercice clos. C'est le relevé exhaustif des opérations financières, des recettes et des dépenses réalisées dans un exercice comptable donné.
Le compte de gestion : élaboré par le trésorier-comptable, agent de l'État. C'est une « **double** » **tenue de compte** qui décrit en permanence la situation patrimoniale de la collectivité, c'est-à-dire tout ce que la collectivité possède, tout ce qu'elle doit ou ce qu'on lui doit et la situation de la trésorerie (les disponibilités). Le trésorier-comptable encaisse les recettes et paye les dépenses, en application du principe de séparation de l'ordonnateur (organe exécutif de la collectivité) et du comptable. Le compte de gestion est également soumis au vote de l'assemblée délibérante qui acte ainsi la stricte concordance avec le compte administratif.

36 Les sanctions, au **nombre de 9**, sont réparties en quatre groupes.
Les sanctions les plus « courantes » appartiennent au **1er groupe** :
– l'avertissement ;
– le blâme ;
– l'exclusion temporaire de fonctions pour une durée maximale de 3 jours.
Les sanctions du **2e groupe** sont :
– l'abaissement d'échelon ;
– l'exclusion temporaire de fonctions pour une durée maximale de 15 jours.
Les sanctions du **3e groupe** sont :
– la rétrogradation ;
– l'exclusion temporaire de fonctions, pour 2 ans maximum.
Les sanctions du **4e groupe** sont :
– la mise à la retraite d'office ;
– la révocation.

Notes personnelles

IMPRIM'VERT
Votre imprimeur agit pour l'environnement

MIXTE
Papier issu de sources responsables
FSC® C022030
FSC
www.fsc.org

N° projet : 10271434 - Dépôt légal : Juin 2021
Achevé d'imprimer en Italie par L.E.G.O. S.p. A., Lavis (TN)